Anonymous

Schriften des Vereins für Sozialpolitik

Anonymous

Schriften des Vereins für Sozialpolitik

ISBN/EAN: 9783744628112

Hergestellt in Europa, USA, Kanada, Australien, Japan

Cover: Foto ©Suzi / pixelio.de

Weitere Bücher finden Sie auf **www.hansebooks.com**

Schriften

des

Vereins für Socialpolitik.

~~~~~~~~~~~~

LXXII.

Englische Auswanderung und Auswanderungspolitik.
Von **K. Rathgen.**

Einwanderung und Einwanderungsgesetzgebung in Nordamerika und in Brasilien.
Von **Richmond Mayo-Smith** und **K. A. Pehl.**

Leipzig,
Verlag von Duncker & Humblot.
1896.

Englische
Einwanderung und Auswanderungspolitik
im neunzehnten Jahrhundert.

Von

Karl Rathgen.

Einwanderung und Einwanderungsgesetzgebung
in
Nordamerika und in Brasilien.

Von

Richmond Mayo-Smith und A. A. Heßl.

Leipzig,
Verlag von Duncker & Humblot.
1896.

Zur gefl. Beachtung.

Von den Schriften des Vereins für Socialpolitik erscheinen die Bände 67. 69. 70 (Deutsches Handwerk VI. VIII. IX. [Schlußbb.]) und 71 (Oesterreichisches Handwerk) voraussichtlich im Herbste 1896.

Vorrede.

Dem im Jahre 1892 veröffentlichten Bande über die Auswanderung und Auswanderungspolitik Deutschlands sollte nach dem Wunsche des Ausschusses des Vereins für Socialpolitik und des mit der Herausgabe betrauten Unterzeichneten möglichst bald ein zweiter folgen, der eine Ergänzung jenes Bandes in zweifacher Richtung zu bieten hatte. Es sollte zunächst durch eine Darstellung der Auswanderungsbewegung und der ihr gegenüber eingeschlagenen Politik in anderen Staaten mit bedeutender Auswanderung oder beachtenswerter Auswanderungspolitik die Möglichkeit geboten werden, das in Deutschland Geschehende mit gleichartigen Geschehnissen anderwärts zu vergleichen, um in der großen Wanderbewegung, die von Europa ausgeht, das Allgemeine erfassen und neben das Nationale stellen zu können. Es kamen hierbei vor allem Großbritannien und die Schweiz in Betracht. Die Fragen, die zur Beantwortung gestellt waren, waren identisch mit jenen, die für Deutschland bereits Beantwortung gefunden hatten: Welches ist die allgemeine Entwicklung der Auswanderung, welches sind ihre Gründe, welches ihre Wirkungen auf das Mutterland? Welches ist die Stellung des Staates und der Gesellschaft ihr gegenüber in der Vergangenheit und in der Gegenwart? Welche Erfolge haben insbesondere die Bemühungen gehabt, eine Organisation der Auswanderung durch den Staat, durch Vereine, durch Unternehmungen herbeizuführen?

Die zweite Aufgabe war, die Wanderbewegung vom Standpunkte der Einwanderungsländer aus zur Darstellung zu bringen, die politischen, socialen wirtschaftlichen Bedingungen kennen zu lernen, welche die Einwanderer in den überseeischen Ländern vorfinden. Es war hierbei das Augenmerk außer auf die englischen Kolonien vor allem natürlich auf die Vereinigten Staaten von Nordamerika, aber auch auf Central- und Südamerika zu lenken, welch letztere Einwanderungsziele durch die abwehrende Stellung, welche die Einwanderungspolitik der Vereinigten Staaten einnahm, aber auch durch die Entwicklung des Verkehrs und durch europäische Kapitalanlagen in der nächsten Zukunft einer größeren Bedeutung entgegenzugehen schienen. Es waren daher rücksichtlich der Einwanderungsländer die folgenden drei Fragen zur Richtschnur für die Bearbeitung aufgeworfen worden: Welches ist die geschichtliche Entwicklung der Einwanderung und Einwanderungspolitik unter besonderer Berücksichtigung der Versuche systematischer Kolonisation? Welches sind in der Gegenwart die natürlichen, wirtschaftlichen, rechtlichen, politischen und socialen Bedingungen der Einwanderung? Welche Aussichten sind für die weitere Einwanderung, insbesondere aus Deutschland gegeben?

Es hat sich als außerordentlich schwierig erwiesen, dieses Programm zur Ausführung zu bringen. Nach vieler Mühe war es mir endlich bis Ende 1893 gelungen, in Deutschland und im Auslande Mitarbeiter zu gewinnen, als ein unglückliches Zusammentreffen widriger Umstände eine Zeit lang wieder die ganze Veröffentlichung in Frage zu stellen schien. Ein angesehener Beamter der Schweiz, der es übernommen hatte, die dortigen Auswanderungsverhältnisse zur Darstellung zu bringen, wurde in letzter Stunde durch seine amtliche Thätigkeit verhindert, seine Absicht auszuführen; der Bearbeiter der nordamerikanischen Einwanderung (die Vereinigten Staaten und Canada sollten unter Einem behandelt werden) legte nach längerer Zeit die übernommene Aufgabe zurück und Herr W. Heinrich Botemeyer, Generalsekretär der Deutschen Kolonialgesellschaft, der bereits mit vielem Fleiß das Material für die Darstellung der für die künftige deutsche Auswanderung so wichtigen Central- und südamerikanischen Staaten gesammelt hatte, wurde der Arbeit, der er sich mit Eifer und Liebe hingegeben hatte, durch den Tod entrissen. Dies sind die Gründe, weshalb dieser zweite Band dem ersten so verspätet nachfolgt und auch nicht das ganze Programm, das ihm gestellt war, erschöpft. Es schien wünschenswert, angesichts der zu gewärtigenden Wiedervorlage eines Auswanderungsgesetzentwurfes im Deutschen Reichstage, mit der Veröffentlichung nicht länger zuzuwarten, da die beiden wichtigsten Teile der beabsichtigt gewesenen Darstellungen in vortrefflichen Ausarbeitungen vorlagen. Die Darstellung der englischen Auswanderung durch Professor Rathgen, mit der die der Einwanderungspolitik der englischen Kolonien Hand in Hand geht, wird, wie ich glaube, ein Wesentliches dazu beitragen, die Beurteilung der Auswanderung von den kleinen Gesichtspunkten örtlicher Interessen freizumachen und die Überzeugung verstärken, daß wir in ihr eine Massenerscheinung vor uns haben, die auf der Verschiedenheit der wirtschaftlichen und socialen Verhältnisse in Europa und in überseeischen Gebieten beruht und darin ihre dauernden, durch keine Maßregeln der Auswanderungspolitik zu bekämpfenden Ursachen findet. Man wird auch nicht ohne Nutzen jene Kapitel lesen, welche die organisierten Auswanderungen in Großbritannien darstellen und daraus erkennen, daß eine Fülle positiver Arbeit möglich ist, um die gegebene Auswanderung zum Nutzen der Einzelnen wie der Gesamtheit zu leiten und daß es Aufgabe des Staates sein müßte, die Grenzen, innerhalb deren solche Arbeit fruchtbare Wirkungen erzielen kann, zu erweitern, da er manche Hindernisse beseitigen kann, die für Private unüberwindlich sind. Die Abhandlung von Richmond Mayo-Smith orientiert in übersichtlicher Weise über die tieferen Ursachen, welche der neueren Einwanderungspolitik der Vereinigten Staaten zu Grunde liegen. Herr Mayo-Smith gehört zu den Ersten, die auf die Gefahren unbeschränkter Einwanderung für sein Vaterland aufmerksam gemacht haben, und hat vielleicht am meisten dazu beigetragen, den Zusammenhang der Einwanderungen mit dem ganzen socialen Leben in der Union klar zu legen. Wenn er dazu kommt, die Überzeugung auszusprechen, daß die Tage der sorglosen Einwanderung vorbei sind, so darf man sicher sein, daß diese Meinung nicht ein bloßes Echo von Tagesäußerungen ist, sondern weit mehr noch die Anschauungen wiedergiebt, die in der Zukunft herrschen werden. Auch wenn die gegenwärtige Periode wirtschaftlichen Stillstandes in der Union überwunden sein und sie ihre alte Anziehungskraft auf Europa ausüben wird, wird die große Menge der besitzlosen Arbeiter dahier nicht mehr mit der alten Leichtigkeit hinüberströmen können. Um so größere Bedeutung gewinnen daher die Länder des lateinischen Amerika. Zur Orientierung in der Einwanderungsgesetzgebung eines der wichtigsten der hieher gehörigen Gebiete ist der Aufsatz des Herrn R. A. Hehl dienlich. Man wird darin auch die eine, meines Erachtens entscheidende Thatsache erkennen können, daß ein Erfolg deutscher Auswanderung in Brasilien nur dann erwartet werden kann, wenn große Kapitalien auf die wirtschaftliche Entwicklung der den Deutschen zugänglichen Gebiete verwendet werden und wenn die Reichsregierung ihre Mitwirkung für die Erhaltung des Rechtsschutzes der Eingewanderten in Aussicht stellen kann. Beide Voraussetzungen dürften auch für die übrigen Gebiete des lateinischen Amerika gelten. Starke Einwanderungen sind immer Begleiterscheinungen starker kapitalistischer Entwicklung eines Landes und diese ist nur da möglich, wo Verwaltung und Rechtsordnung gesichert sind. Diese Sicherung namentlich in Südamerika herbeizuführen wird durch die europäische Auswanderung zu einer Angelegenheit internationalen Interesses.

Die Übersetzung des Aufsatzes von R. Mayo-Smith hat Herr Robert Oppenheim in Berlin zu besorgen die Güte gehabt.

Wien, 20. Juni 1896.

Eugen von Philippovich.

Inhaltsverzeichnis.

I.

Die englische Auswanderung und Auswanderungspolitik im neunzehnten Jahrhundert. Von Karl Rathgen (Marburg).

Seite

Vorbemerkung 3

Einleitung 4

Erstes Kapitel. Der Beginn der organisierten Auswanderung. E. G. Wakefield und die Kolonisatoren 7

> Ausgangspunkte der Organisation 7. Erster Versuch in Südafrika 8. Komitees von 1826/27 9. Wakefield 10. Sein System 12. Beginn der Organisation 16. Südaustralische Gesellschaft 18. Der Ausschuß von 1836 19. Das neue Programm 20. Gründung Südaustraliens 21. Gründung der Kolonie Neuseeland 23. Ende der Deportation nach Australien 25. Sonstige Thätigkeit der Kolonisatoren 26. Weitergehende Pläne unterstützter Auswanderung 27.

Zweites Kapitel. Das Auswanderungsamt und die unterstützte Auswanderung. Die Maßregeln der Kolonien 33

> Die Geschäfte des Auswanderungsamts 33. Größe der unterstützten Auswanderung 35. Anwerbung der Auswanderer 38. Frauen-Auswanderung 41. Beförderung der Auswanderer 43. Unterstützung von Auswanderern durch den englischen Staat 46. Überblick über den Verlauf d. staatlich geleiteten Auswanderung 48. Wirkungen d. Goldentdeckung 50. Die Kolonien übernehmen die Leitung der Auswanderung 54. Nominationssystem 56. Ende der unterstützten Auswanderung nach Australasien 60. Westaustralien 62. Indirekte Einwirkung auf die Auswanderung 64. Bewässerungskolonien 65. Beschränkung der Einwanderung nach Australasien 66. Chinesen 67. Die unterstützte Einwanderung in der Kapkolonie 69, in Natal 73.

Drittes Kapitel. Auswanderungsrecht und Auswandererschutz . . 78

> Notwendigkeit des Auswandererschutzes 78. Erste Passengers Acts 79. Das Gesetz von 1842 82. Die Wirkungen der irischen Hungersnot 83.

Seite

Gesetz von 1852 85. Gesetz von 1855 und Inhalt der heutigen Auswandererschutzgesetzgebung 88. Einrichtungen zum Empfang der Einwanderer in den Kolonien 91.

Viertes Kapitel. Die Organisation der Auswanderung in neuester Zeit. Wünsche und Wirklichkeit 94

1. Das Armenrecht und die Auswanderung 94
In England 95. In Irland 97.

2. Die Auswanderung und die Wohlthätigkeit . . . 99
Anfänge 99. Bekämpfung von Notständen (Hochschottland. Webernot u. s. w.) 100. Der irische Notstand von 1882 und das Tuke-Committee 101. Auswanderungsvereine, allgemeine 104, besondere: für Juden 107, für Kinder 109, für Frauen 113. Direkte Ansiedelung armer Auswanderer 114. Beispiele 115. Das Freilding Settlement 119. Die staatliche Crofteransiedelung in Canada 121.

3. Die Auswanderung und die Selbsthülfe 123
Auswanderungsvereine von Auswanderern 123. Die Gewerkvereine 124.

4. Die Agitation für organisierte Auswanderung in den achtziger Jahren 126
Wechsel der Ansichten über die Auswanderung und den Wert der Kolonien 126. Beginn einer neuen Bewegung für staatliche Leitung der Auswanderung 128. Private Organisationsvorschläge 131. Vorschläge von Kolonialregierungen 134. Parlamentarische Vereinigung für staatliche Kolonisation 136. Der Ausschuß von 1889—1891, sein Bericht und das Ende der Bewegung 138.

Fünftes Kapitel. Das Emigrants' Information Office 144
Die bisherige Verbreitung von Nachrichten über die Kolonien 144. Eröffnung des Emigrants' Information Office und seine Organisation 146. Seine Veröffentlichungen 148. Zweigämter 151. Kosten 152. Wirksamkeit 152.

Sechstes Kapitel. Die Bedeutung der britischen Auswanderung . 156
1. Die Zahlen 156
Die Auswanderungsstatistik. Ihr Wert 156. Die irische Statistik 161. Gebürtigkeit der Auswanderer 161, besonders der irischen 164. Verhältnis zur natürlichen Bevölkerungsbewegung 166. Ziele der Auswanderer 167. Aus dem Verein. Königreich Gebürtige in anderen Ländern 170. Geschlecht der Auswanderer 172. Alter und Familienstand 174. Beruf 177.

2. Die Motive 178
Im allgemeinen 178. Die Schwankungen der Größe der Auswanderung und ihr Zusammenhang mit der allgemeinen wirtschaftlichen Lage 179. Zusammenhang mit der Verteilung des Grundbesitzes 182. Gründe der irischen Auswanderung 184, besonders im Westen 186.

Seite

3. Die Wirkungen 189
In Irland: Die Abnahme der Bevölterung 189. Geburten- und
Heiratsfrequenz 190. Stadt und Land 192. Wirkung auf die länd-
lichen Verhältnisse 193. Größe der landwirtschaftlichen Betriebe 194.
Wohnverhältnisse 195. Wirkungen der Lukeschen Auswanderung 196. Die
Geldsendungen der Auswanderer 197. Wirkungen in Großbritannien:
auf Größe und Zusammensetzung der Bevölkerung 198, auf den Arbeits-
markt 200. Die Auswanderung und das Kolonialreich 201. Politische
Folgen der irischen Auswanderung 202.

Anhang: Tabellen 204

II.

Die Einwanderung in die Vereinigten Staaten von Amerika.

Von **Richmond Mayo-Smith** (New-York) 213

III.

Die Entwicklung der Einwanderungsgesetzgebung in Brasilien.

Von **R. A. Hehl** (Rio de Janeiro) 273

I.

Die englische Auswanderung und Auswanderungspolitik im neunzehnten Jahrhundert.

Von

Karl Rathgen.

Vorbemerkung.

Die nachstehende Untersuchung an meinem gegenwärtigen Wohnort anzustellen, wäre unmöglich gewesen, wenn ich nicht bei der Sammlung des Materials mich bereitwilliger Hülfe zu erfreuen gehabt hätte, in erster Linie der des Herrn Prof. v. Philippovich in Wien. Von dem kameralistischen Seminar der Universität Freiburg erhielt ich durch Vermittelung des Herrn Prof. v. Schulze-Gaevernitz sämtliche Jahresberichte der Colonial Land and Emigration Commissioners. Alles übrige Material habe ich bei einem Aufenthalt in England im Frühjahr 1894 gesammelt. Ich fand liebenswürdige Unterstützung und Auskunft bei den Herren Geo. Drage, damals Sekretär der Commission on Labour, C. P. Lucas im Kolonialamt, Dunbar im Schottischen Amt, Burnett im Handelsamt, Paton, Redaktor, und Puller, Chief Clerk im Emigrants Information Office, Sir Charles Tupper, damals canadischem Oberkommissar, sämtlich in London, Malcolm MacNeill im Local Government Board in Edinburgh und Captain Wilcox, Auswanderungsbeamten in Liverpool. Die Herren in verschiedenen Teilen Irlands, deren Hülfe es möglich machte, einen leider nur kurzen Ausflug zu einem überaus lehrreichen zu gestalten, haben bei der Eigenart der öffentlichen Zustände Irlands alle ihre Unterstützung davon abhängig gemacht, daß ihr Name nicht genannt werde. Ihnen, wie den obengenannten Herren spreche ich meinen aufrichtigen Dank aus.

Marburg a. L., im Januar 1896.

Karl Rathgen.

1*

Einleitung.

Der Zweck der folgenden Darstellung ist, die Auswanderung aus dem Vereinigten Königreiche Großbritannien und Irland während unseres Jahrhunderts zu schildern, sowie die Politik, die ihr gegenüber befolgt ist, die Organisationsbestrebungen, die im Mutterlande und in den wichtigeren Einwanderungskolonien sich geltend gemacht haben. Jedoch wird dabei auf die britischen Kolonien in Nordamerika nicht näher eingegangen werden, da ihre Einwanderungspolitik von anderer Hand dargestellt wird.

Alle Auswanderung über See ist ursprünglich organisierte Auswanderung. Nur bei Zusammenfassung in genossenschaftlicher Form oder unter einheitlicher Leitung ist die erfolgreiche Besiedelung eines Gebietes zunächst denkbar. So ist die britische Auswanderung entstanden zum Zweck der Besiedelung der amerikanischen Besitzungen teils in der Form der religiös-politischen Genossenschaften, welche von Neu-England Besitz ergriffen, teils in der Form, daß die Eigentümer der Kolonien die Anwerbung und Ansiedelung von Auswanderern unternahmen, mochten diese Eigentümer einzelne Grundherren oder privilegierte Kompanien sein. Erst nachdem auf diese Weise die Grundlagen geordneter Gemeinwesen geschaffen waren, konnte der Einzelne es unternehmen, sich auf eigene Faust in den neuen Siedelungsgebieten niederzulassen. Im Laufe des achtzehnten Jahrhunderts haben die amerikanischen Kolonien bis zu ihrem Abfall auf diesem Wege einen ansehnlichen Zuwachs von Menschen empfangen, welchen durch Notstände von mancherlei Art die Heimat verleidet war. Waren im 17. Jahrhundert religiöse Nöte die Veranlassung, so im 18. Jahrhundert die wirtschaftlichen Umwälzungen im landwirtschaftlichen Betriebe, welche aus England, aus Schottland und vor allem aus Nordirland die kleinen Pächter, deren Farmen konsolidiert wurden, vertrieben und in ein neues Land führten, wo sie als freie Bauern ein eignes Heim begründen konnten. Ähnlich wirkte die Zerstörung der Industrie in Irland, das nicht nur die halbe Welt mit Söldnern versorgte, sondern auch die tüchtigsten Elemente der Nation, die arbeitsame bürgerliche Bevölkerung, die protestantischen Pächter und unzufriedenen Seltierer von Ulster an die amerikanischen Kolonien abgab. Im Unabhängigkeitskrieg soll die Hälfte der amerikanischen Truppen irischer Abkunft gewesen sein.

Neben heimische Notstände tritt als zweites Moment, das die Auswanderung beeinflußt, der Bedarf der Kolonien an Arbeitern, das um so nachhaltiger wirkte, als die Leichtigkeit des Landerwerbs die Zahl der Lohnarbeiter nie stark anwachsen ließ. Diese Schwierigkeit bekämpft das 18. Jahrhundert durch die Unfreiheit der Arbeit: die Sklaverei, die zeitweise Dienstbarkeit (indenture) an sich freier Einwanderer, die Zwangsarbeit transportierter Verbrecher[1]. Wie Theorie und Praxis im 19. Jahrhundert mit den Mitteln i h r e r Zeit die Schwierigkeit zu überwinden suchten, wird uns weiterhin eingehend beschäftigen. Von den Mitteln des vorigen Jahrhunderts kommen für unsere Untersuchung die zwei erstgenannten nicht in Betracht, wohl aber die dritte, die sich als staatliche zwangsweise Organisation der Auswanderung darstellt, mit dem doppelten Zweck, unerwünschte Elemente aus dem Mutterlande zu entfernen und den Kolonien Arbeitskräfte zu verschaffen. Doch hat dabei im ganzen die Rücksicht auf den Nutzen des Mutterlandes stets vorgewogen.

Der Keim der Deportation ist in der elisabethischen Gesetzgebung gegen Arbeitsscheu zu suchen, welche die Verbannung erlaubte[2]. Aus der Zeit Jacobs I. stammen die ersten bekannten Anwendungsfälle[3], unter Cromwell wurde ausgedehnter Gebrauch davon gemacht, namentlich gegenüber den Iren. Seit 1718 war die Deportation nach Amerika systematisch geregelt. Um zwei Kategorien von Personen handelte es sich dabei: um die Teilnehmer an aufrührerischen Bewegungen und um Verbrecher. Der Abfall der Kolonien machte einem System ein Ende, das zur Zeit seiner Blüte die englische Justizverwaltung von der Last befreite, jährlich für durchschnittlich 500 neue Sträflinge zu sorgen. Die Verlegenheit der Regierung, was sie nun mit den Verbrechern machen sollte, führte zu verschiedenen Plänen für

---

[1] Vergl. darüber A. Sartorius Freiherr von Waltershausen, Die Arbeitsverfassung der englischen Kolonien in Nordamerika (1894).

[2] S. Th. E. May, the Constitutional History of England. 6. ed. Bd. III (1878) S. 358.

[3] Der König befiehlt i. J. 1619 100 „dissolute persons" nach Virginien zu schaffen.

Anlegung einer Strafkolonie (namentlich in West-Afrika). Diese Erwägungen trafen zusammen mit privaten Projekten, die Entdeckungen Cooks in Neu-Holland nutzbar zu machen[1]. Ende 1786 wurde durch königliche Verord-nung auf Grund der Ermächtigung durch ein Gesetz von 1783 die Ostküste Neu-Hollands zur Strafkolonie bestimmt. Die Expedition des Kapitän Philipp, welche mit etwa 750 Sträflingen und 208 zur Bewachung bestimmten See-soldaten am 13. Mai 1787 England verließ und im Januar 1788 zuerst in Botany Bay, dann an der Sydney Bucht das Land betrat, eröffnete die britische Auswanderung nach Australien und legte den Grundstein für ein neues weites Kolonialreich. Die neue Kolonie Neu-Süd-Wales, ebenso wie seit 1803 Van Diemensland[2], wurde wesentlich bevölkert durch die Sträf-linge; die langsam entstehende freie Bevölkerung (abgesehen von Beamten und Soldaten) bestand überwiegend aus ehemaligen Sträflingen und ihren Nach-kommen. Bis 1840, in welchem Jahre die Deportation nach Neu-Süd-Wales suspendiert wurde, sind 83 290 Sträflinge dorthin geschickt, nach Van Diemensland bis 1845 etwa 55 000.

Sollten aber die australischen Besitzungen wahrhaft nutzbar gemacht und mehr als ein kostspieliges Gefängnis werden, so war die Besiedelung mit freien Einwanderern aus dem Mutterlande notwendig. Aber von selbst, ohne Hülfe, konnte solche Einwanderung in das weitentlegene Land nicht zu stande kommen. Das ist der Ausgangspunkt für die Organisation der britischen Auswanderung nach 1830.

[1] Unter anderem war vorgeschlagen, die amerikanischen Loyalisten dort an-zusiedeln.

[2] Auch auf Norfolk Island war seit 1788 eine Sträflingsniederlassung.

Erstes Kapitel.

Der Beginn der organisierten Auswanderung.
E. G. Wakefield und die Kolonisatoren.

Als in den Jahren 1814 15 der Friede in Europa und Amerika endgültig wieder hergestellt war, brachte er für England eine Periode schwerer socialer Kämpfe, politischer und wirtschaftlicher Krisen, die den Übergang zu neuen Ordnungen begleiteten. Die Auswanderung, die während der Kriegszeit unbedeutend war, nahm seit 1816 rasch zu. Der Gedanke, diese Strömung zu organisieren und nach bestimmten Zielen zu leiten, mußte sich bald geltend machen. Zwei Reihen von Gedanken sind es, denen wir begegnen und welche zum gleichen Ziele führten: eine alte, welche die Besiedelung der überseeischen Besitzungen ins Auge faßte, eine neue, welche die Notlage der unteren Klassen und die Gefahr der Übervölkerung bekämpfen wollte.

Weite überseeische Gebiete, in blutigen Kriegen behauptet und erweitert, boten unermeßlichen Raum für Ackerbau und Viehzucht, für die Vermehrung der kaufkräftigen Konsumenten britischer Industrieerzeugnisse. Aber in großer Zahl wendeten sich die Auswanderer nicht den eigenen Gebieten zu, sondern den rasch aufblühenden Vereinigten Staaten und selbst von denen, welche zunächst nach dem britischen Nordamerika sich wandten, ging nachträglich eine erhebliche Anzahl über die südliche Grenze. Es war begreiflich, daß diese Verstärkung des abgefallenen Tochterlandes nicht gern gesehen wurde, sobald man erst darauf aufmerksam geworben war. Aber auch aus rein politischen Gründen war die Hinleitung der Wanderung nach den britischen Kolonien erwünscht. Ein merkwürdiges Schicksal hatte es gefügt, daß von den in gemäßigtem Klima gelegenen, der europäischen Besiedelung zugänglichen Kolonien die, welche eine kompakte Bevölkerung britischer Abkunft be saßen, sich selbständig gemacht hatten, während man gleichzeitig Gebiete in Besitz genommen hatte, in welchen eine europäische Bevölkerung nichtbritischer Abkunft sich schon vorfand, von Holländern in Südafrika, von Franzosen in Canada. Diesen Elementen ein Gegengewicht durch britische Einwanderung zu verschaffen, mußte den Staatsmännern des Mutterlandes ebenso wünschenswert erscheinen, wie die Entwicklung der Hülfskräfte des menschenleeren Australiens.

Die andere Gedankenreihe ging von den Zuständen des Mutterlandes aus, von der Notlage der unteren Klassen, der periodischen Arbeitslosigkeit der gewerblichen Arbeiter, der Zunahme des Pauperismus im Zusammenhang mit einem verrotteten Zustand der Armenpflege und unerträglich wachsenden Armensteuern. Die theoretische Diskussion darüber ist beherrscht von den Gedanken, die Malthus formuliert hatte, von der damals überall herrschenden Furcht vor Übervölkerung. Es ist hier nicht der Ort, auf die Diskussionen der Anhänger und Gegner von Malthus näher einzugehen. Es muß der Hinweis genügen auf den engen Zusammenhang dieser Debatten mit den Bestrebungen, die Auswanderung zu organisieren. Die Anhänger von Malthus, wie Wilmot=Horton, glaubten in der Förderung der Auswanderung ein Hülfsmittel im Kampfe gegen die drohende Übervölkerung zu sehen, Gedanken, wie sie in allen Diskussionen über die Auswanderung, zuletzt noch in der großen Agitation in den achtziger Jahren, immer wiedergekehrt sind.

Diese beiden Gedankenreihen sind es, die in immer weiteren Kreisen Anhänger für eine staatliche Organisation und Leitung der Auswanderung warben. Sie treten schon in dem ersten Versuch dieser Art deutlich hervor.

In der seit 1805 endgültig unter englischer Herrschaft stehenden Kap = kolonie gehörten von der weißen Bevölkerung außer den Beamten nur einige Kaufleute der englischen Nationalität an. Lord Charles Somerset, seit 1814 Gouverneur, empfahl deshalb der Regierung (deren Haupt damals Lord Liverpool war) die Besiedelung der kaum bevölkerten östlichen Teile der Kolonie durch britische Auswanderer. Angesichts der großen Notlage der Industrie beantragte die Regierung im Juli 1819 unter dem Beifall aller Parteien die Bewilligung von 50 000 £, um 4000 Personen nach Südafrika zu schaffen. 90 000 Personen sollen um Mitnahme ersucht haben. Im Laufe des Jahres 1820 wurden 3659 Personen [1] (1020 Männer, 707 Weiber und 2032 Kinder) in der Algoa Bucht gelandet, wo die Stadt Port Elisabeth gegründet wurde. Im Albany= Distrikt angesiedelt, haben die übereilt und mit geringer Sorgfalt ausgesuchten

---

[1] Nach anderen Angaben sind es im ganzen über 5000 gewesen.

Leute, die meist vorher Ackerbau nicht betrieben hatten, schwere Zeiten durchgemacht. Geraume Zeit mußten sie auf Regierungskosten unterhalten werden,
so daß das Experiment schließlich 200 000 £ gekostet hat. Ein Kanon,
den die Ansiedler von ihrem Lande zahlen sollten, mußte erlassen werden.
Ein Teil der Leute verließ die angewiesenen Ländereien. Und trotzdem
scheint man sich heute einig darüber zu sein, den Ansiedelungsversuch als
einen für die Entwicklung der Kolonie segensreichen Schritt anzusehen.
Wenn in den östlichen Distrikten 1849 schon über 34 000 weiße Bewohner
waren, wenn deren Vermögen auf mehr als 4¹⁄₂ Millionen Pfund geschätzt
wurde, wenn diese Bezirke einen ausgesprochen englischen Charakter haben,
so wird das im wesentlichen auf jene, zunächst scheinbar mißglückte Kolonisation zurückgeführt [1].

Die entstandenen Schwierigkeiten und Kosten erklären auch wohl zur
Genüge, warum der Versuch zunächst nicht fortgesetzt wurde [2].

Die Ende 1825 ausbrechende Wirtschaftskrisis und der darauf folgende
Druck auf die Industrie lenkte wieder die Aufmerksamkeit auf den Gegenstand. Auf Antrag und unter Vorsitz von Sir Robert Wilmot-Horton tagten
in den Jahren 1826 und 1827 Unterhausausschüsse, welche
über die Förderung der Auswanderung beraten sollten. Sie kamen zu dem
Ergebnis, daß im Vereinigten Königreiche eine Überzahl von Arbeitern vorhanden, in den Kolonien ein Feld der Thätigkeit für diesen Überschuß bereit
sei. Es wurde empfohlen, Auswanderer auf Staatskosten in den Kolonien
auf Land anzusiedeln. Die Kosten sollten von den Ansiedlern allmählich

---

[1] Über die Thatsachen vergl. John Nobles, Official Handbook of the Cape
and South-Africa (1893) S. 169, auch die Aussagen Arnold Whites vor dem
Committee on Colonisation von 1890 qu. 2881 f. Charakteristisch für die matt-
herzige Beurteilung der Kolonien um die Mitte des Jahrhunderts sind die Äußerungen des Earl Grey in seiner Colonial Policy of Lord John Russells Administration (1853) Bd. II S. 248 ff., der das Unternehmen deshalb als unheilvoll
ansieht, weil dadurch der Kolonialbesitz in Südafrika mit seinen Schwierigkeiten
weiter ausgedehnt sei, während es viel besser gewesen wäre, wenn man sich auf die
nächste Umgebung der Kapstadt beschränkt hätte. Die Notwendigkeit, die Ansiedler
gegen die Räubereien der Kaffern zu verteidigen, habe die Kaffernkriege und die dadurch bewirkte große Ausgabe veranlaßt. Übrigens bilden die über die Kolonisation
von 1820 bekannten Thatsachen auch einen Beitrag zur Kritik der Auswanderungsstatistik, welche als Auswanderer nach anderen Ländern als Nordamerika und Australien
im Jahre 1820 nur 1063 nachweist, während es 1818 579 waren.

[2] Über staatliche Unterstützung, die 1823 und 1825 armen Auswanderern nach
Ober-Canada gewährt wurde, ist mir nichts näheres bekannt. Die Thatsache wird er-
wähnt in einem kanadischen amtlichen Schriftstück von 1840, mitgeteilt im ersten
Generalberichte des Colonial Land and Emigration Board von 1840 S. 103.

zurückgezahlt werden. Einen nennenswerten Erfolg haben diese Vorschläge
in der Praxis nicht gehabt[1]. Von Bedeutung sind sie aber dadurch geworden, daß bei diesen Debatten zuerst, soweit ich sehen kann, mit Ent-
schiedenheit darauf hingewiesen ist, daß ein Hauptgrund für die langsame
Entwicklung und Besiedelung der britischen Kolonien in dem System oder
vielmehr der Systemlosigkeit der Landvergebung zu suchen sei. Oberst
Torrens lenkte die Aufmerksamkeit auf das amerikanische System der
Landverkäufe. Durch ein ähnliches Verfahren könne man ohne Lasten für
das Mutterland die Mittel zur Unterstützung der Auswanderung beschaffen.
Kein Geringerer als Huskisson wurde dadurch angeregt, nachdem er Kolonialminister geworden war, im Jahre 1828 die Schaffung eines Colonial Land
Boards zur Verwaltung der Kronländereien in den Kolonien ins Auge zu
fassen. Nachdem der Herzog von Wellington, der damalige Premierminister,
bereits zugestimmt hatte, blieb der Plan liegen in Folge von Huskissons
Rücktritt[2].

Eine weitgehende, tiefergreifende Einwirkung erfolgte von ganz anderer
Seite. Im Jahre 1829 erschien ein anonymes Büchlein unter dem Titel:
A Letter from Sydney, the principal town of Australasia.
Together with the outline of a system of colonization. Es erregte
Aufsehen, sowohl wegen der lebhaften und anschaulichen Schilderung der
Mißstände in Neu-Süd-Wales, die in dem Mangel an Arbeitern ihren
Grund hätten, als wegen der theoretischen Grundgedanken und Vorschläge,
deren Verwirklichung einer Kolonie die Vorteile eines altbesiedelten Landes
sichern sollte. Bei dem Einflusse, welchen diese Gedanken sich erringen
sollten, ist es nötig, einen Augenblick bei ihnen zu verweilen, zunächst aber
uns nach ihrem Urheber zu erkundigen. Jeder Leser mußte annehmen, daß
das Buch wirklich von einem australischen Kolonisten geschrieben sei. Nur
einige Eingeweihte wußten, daß es der unfreiwilligen Muße eines Mannes
entstammte, den im Jahre 1827 ein skandalöser Entführungsprozeß auf
drei Jahre ins Gefängnis Newgate in London gebracht hatte, wo er Zeit
hatte, sein berühmt gewordenes Kolonisationssystem zu ersinnen und auszu-
bauen[3]. Es ist nötig, diesen Flecken auf der Vergangenheit Edward

---

[1] Sie verwickelten übrigens Wilmot-Horton nachträglich noch in einen litera-
rischen Streit mit Sadler über den Einfluß der Auswanderung auf den Pauperismus.

[2] Vgl. Torrens Aussagen vor dem Committee on disposal of Lands in the
British Colonies von 1836, qu. 1177 ff.

[3] Ein genauer Bericht über den Prozeß (the Trial of E. G. Wakefield)
findet sich im British Museum: ein ganzer Roman mit Extraposten, Schmied
von Gretna Green, Champagner u. s. w., der aber im Grunde nichts als eine recht

Gibbon Wakefields zu erwähnen, da sonst unverständlich bliebe, warum ein thatsächlich so bedeutender Mann öffentlich so wenig hervorgetreten ist, fast immer im Hintergrunde und durch Andere gehandelt hat. Seine schiefe sociale Stellung erklärt wohl manches, was in seiner späteren Thätigkeit auffällig, zuweilen geradezu gewissenlos erscheint. Es gelang ihm für seine Gedanken begeisterte Anhänger zu werben, so den Obersten Torrens, den älteren und den jüngeren Mill, Charles Buller, John Hutt und andere. Um sie zu verwirklichen, wurde 1830, bald nachdem Wakefield seine Strafe verbüßt hatte, die National Colonization Society gegründet. Der rastlosen Agitation ihrer Mitglieder gelang es, die öffentliche Gleich=gültigkeit gegenüber der Auswanderung aufzurütteln, die gerade jetzt von 1830—34 zu bisher unerhörter Bedeutung anschwoll, 1832 die Zahl von 100 000 Köpfen erreichte. Einige Jahre lang gab man eine eigene Zeitschrift heraus, die „Colonial Gazette" und fand im übrigen Unterstützung durch den einflußreichen „Spectator". Es war die Zeit, in welcher eine allgemeine Gärung das öffentliche Leben Englands erfaßt hatte. Die lange Kriegszeit, die darauf folgende Erschlaffung hatten zu allgemeiner Er=starrung geführt, aus der die herrschenden Kreise jetzt unsanft aufgerüttelt wurden. Reform war überall das Losungswort; Reform des Unterhauses und seines verrotteten Wahlrechts, Reform der Gerichte, Reform der Ver=waltung, vor allem in den Städten, Reform des Armenwesens, des Schul=wesens, des Wegewesens, des Zustands der gewerblichen Arbeiter. Auch auf die Verhältnisse der Kolonien erstreckte sich der Reformeifer und die Reform=notwendigkeit: die Negersklaverei, die Deportation, bald auch die kommerziellen und die verfassungsrechtlichen Beziehungen zum Mutterlande stellten verwickelte und schwierige Probleme dar, die früher oder später ihre Lösung verlangten. Man muß sich diesen Zusammenhang vergegenwärtigen, um zu verstehen, welchen Einfluß die mit Energie und Überzeugung vorgetragenen Lehren einer kleinen Gruppe unterrichteter Männer auf die weiteren Kreise hatten, die über die Verhältnisse der Kolonien nur unvollkommen unterrichtet waren. „Kolonisation, nicht Emigration", das ist das allgemeine Schlagwort der Wake=fieldschen Schule von Kolonisatoren. Wie aber solche Kolonisation vorzu=nehmen sei, das hatte das Haupt der Schule in ein sorgfältig ausgedachtes System gebracht und wurde nicht müde, es immer wieder zu erklären.[1]

---

unschöne Spekulation auf das Vermögen der jungen Dame darstellte, die der Ent=führer nicht einmal persönlich gekannt hatte. — Wakefield ist am 20. März 1796 in London geboren, am 16. Mai 1862 in Wellington (Neu=Seeland) gestorben.

[1] Außer der Letter from Sydney (London 1829) kommen in Betracht das gleichfalls anonyme: England and America. A comparison of the social and

Wakefields System läßt sich etwa in folgender Weise zusammen=
fassen:

Zum wirtschaftlichen Gedeihen eines Volkes ist notwenbig ein gewisses
Gleichgewicht der drei Produktionsfaktoren Land, Kapital und Arbeit.   Und
zweitens: Arbeit wird produktiv durch „combination“, wie Wakefield sich
ausdrückt, Arbeitsteilung und Vereinigung, wie wir sagen würden.

In Großbritannien ist jenes Gleichgewicht gestört.   Es besteht nicht
genug „Raum“ für die gewinnbringende Verwendung von Kapital.   Daher
die periodische Kapitalvernichtung durch den immer wiederkehrenden Wechsel
von Kapitalansammlung, Überproduktion und Krisis.   Daher im Mittelstande
die übermäßige Konkurrenz in allen Erwerbszweigen, die allgemeine Klage
wegen Überfüllung aller Berufe, wegen zunehmender Ehelosigkeit der Mädchen.
Daher in den unteren Klassen die furchtbare Konkurrenz um Arbeitsgelegen=
heit, die Unzufriedenheit, die in Chartismus und Socialismus ihren Aus=
druck findet und die um so gefährlicher ist, als wegen der Großindustrie
und der Abnahme der kleinen Grundbesitzer die Lohnarbeiter in Großbritannien
zahlreicher sind als irgendwo anders.

——— ———

political state of both nations. London 1833. 2 Bände. Das „System“ im
2. Band S. 61—262. Dann das Hauptwerk: A View of the Art of Colonization, with present reference to the british empire; in letters between a
statesman and a colonist. London 1849. Verschiedene der von der Südaustralischen Kompanie herausgegebene Schriften dürften aus Wakefields Feder stammen.
Besonders wichtig sind auch Wakefields Auslagen vor dem Unterhausausschuß on
the Disposal of Lands in the British Colonies (1836) qu. 503—1065. Endlich:
The Founders of Canterbury. Being letters from the late Edw. Gibbon
Wakefield to the late John Robert Godley and to other wellknown Helpers
in the Foundation of the Settlement of Canterbury in New-Zealand (Christ-
church, New-Zealand 1868) I (einziger) Band.
Von zahlreichen Erörterungen des Wakefieldschen Systems genüge es auf die
folgenden zu verweisen: den angeführten Bericht des Unterhausausschusses von 1836. —
J. St. Mill, Principles of Political Economy B. V Kap. XI §§ 12—14. —
R. Torrens, the Budget. On Commercial and Colonial Policy (London 1844). —
W. Roscher (und Jannasch), Kolonien, Kolonialpolitik u. Auswanderung. (3. Aufl.
Leipzig 1885.) S. 314 ff. — P. Leroy-Beaulieu, de la Colonisation chez
les peuples modernes (4. Aufl. Paris 1891.) S. 628 ff. Merivale, lectures
on colonization and colonies. II (1842) S. 32 ff. — E. v. Philippovich im Hand-
wörterbuch der Staatswissenschaften I 1027. — G. Ruhland, Die australisch-nord-
amerikanische Landgesetzgebung I. Tübinger Zft. 1892, S. 47 ff. — William Epps,
Land Systems of Australasia (London 1894), S. 14 ff., 117 ff. und 138 ff. Vgl.
auch den heftigen Ausfall von K. Marx, Kapital. I Kap. 25. Eine dogmengeschicht-
liche Untersuchung des Zusammenhanges der Wakefieldschen Theorie mit den Lehren
früherer Nationalökonomen soll hier nicht gegeben werden.

Um die Not übermäßiger Konkurrenz zu beseitigen, muß mehr produziert werden. Dazu aber ist nicht genug „Land" (womit der Ertrag des Bodens gemeint ist) vorhanden. Aber dies kann ersetzt werden. Der Export fabrizierter Waren, um mehr Nahrungsmittel zu importieren, bedeutet dasselbe. Daher sind Kunden nötig, die Nahrungsmittel produzieren und Fabrikate kaufen.

Wenn man genügend Kapital und Menschen auf neues Land brächte, würde das wirken, wie eine genügende Einschränkung von Kapital und Bevölkerung im Mutterlande, um das gestörte Gleichgewicht herzustellen. Gleichzeitig aber findet eine Ausdehnung des Marktes für das Mutterland und gesteigerte Zufuhr von Lebensmitteln und Rohmaterialien statt. Kolonie und Mutterland ergänzen sich in ihrer Produktion[1]. In der Kolonie ist im Gegensatz zum Mutterlande „Raum" in Menge für Arbeit wie Kapital. Arbeiter wie Kapitalist verdient normaler Weise mehr als er braucht. Beide sparen und das Kapital wächst. Die Kolonie hat eine große Überschußproduktion für den Export. So kommt es, daß Kolonisation die Tendenz hat, die Beschäftigung von Kapital und Arbeit auch im Mutterlande zu vermehren. „Wenn der Fortschritt der Kolonisation größer wäre, als die Vermehrung von Kapital und Bevölkerung, so würde die schädliche Konkurrenz zu Ende sein und doch könnten Kapital und Bevölkerung in Großbritannien sich rascher vermehren als jetzt" (Art of Colonization. S. 92). In Irland liegt es anders: dort handelt es sich nur um Mangel an „Raum" für die Armen.

Was den Kolonien fehlt, ist Kapital und Arbeit. Und zwar kommt es vor allem auf die Arbeit an. Ohne diese nützt die Übertragung von Kapital nichts, sie erfolgt überhaupt nur, wenn auf verfügbare Arbeitskraft gerechnet werden kann. Für eine erfolgreiche Kolonisation ist erforderlich, daß dies der Fall sei und die „Kombination" von Arbeit stattfinden könne. Wie kann das mit Sicherheit herbeigeführt werden? Wenn man Arbeiter in eine Kolonie bringt, wo Land in beliebiger Menge frei zur Verfügung steht, so wird jeder sich auf dem Land ansiedeln, jeder produziert dasselbe, Austausch findet nicht statt, Kombination der Arbeit ist unmöglich. Solange Land frei zur Verfügung steht, kann nur unfreie Arbeit zur „Kombination" verwendet werden, wie bei der Negersklaverei in Amerika, bei der Transportation in Australien. Beide Einrichtungen sind aber aus anderen Gründen zu ver-

---

[1] Wakefield setzt dabei voraus, was Torrens (Budget S. 102) klar ausgesprochen hat, daß die Kolonien und das Mutterland eine handelspolitische Einheit bilden „a British commercial league — a colonial Zollverein".

werfen. Ersatz durch „indenture“, langen Arbeitskontrakt mit Arbeits=
zwang ist unburchführbar.

Als Hauptbeispiel, daß bei beliebig zur Verfügung stehendem Land
erfolgreiche Kolonisation unmöglich sei, wird der Ansiedelungsversuch eines
gewissen Peel am Swan River in Westaustralien angeführt [1]. Peel erlangte,
daß ihm eine ungeheure Strecke Land, zunächst 500000 Acres, überlassen
wurde unter gewissen Bedingungen, namentlich daß er eine Zahl von Ein=
wanderern nach der Kolonie bringe. Im Jahre 1829 kam er mit 300
Köpfen an, worunter 60 erwachsene Arbeiter. Als die Leute dahinter kamen,
daß sie äußerst leicht Land erwerben konnten, ließen sie Peel im Stiche; sein
Kapital an Saatgut und Vieh ging zu Grunde, die mitgebrachten Holz=
häuser wurden nicht aufgerichtet und verfaulten am Strand. Während Peel
so ruiniert wurde und seine Landanweisung dem Staat wieder anheim fiel,
kamen seine früheren Arbeiter, die sich in weitem Umkreis vereinzelt nieder=
gelassen hatten, bald selbst in große Not und die Mehrzahl wanderte nach
Neu=Süd=Wales und Van Diemensland wieder aus.

Wakefield fordert, um dem Kapitalisten Arbeitskräfte zu sichern, daß
in der Kolonie Land überhaupt nicht frei vergeben, sondern nur ver=
kauft werde und zwar zu einem Preise, der genügend hoch ist, um zu ver=
hindern, erstens daß die einwandernden Arbeiter sofort sich selbständig an=
siedeln. Sie sollen erst eine Weile in der Kolonie für Lohn arbeiten, bis
sie sich so viel Lohn erspart haben, daß sie Land kaufen können. Sie haben
dann auch die wünschenswerte Erfahrung erworben, um mit Erfolg selbst=
ständig thätig zu sein. Der Preis des Landes soll weiter genügend hoch
sein, um zu verhindern, daß Landspekulanten sich weiter Landstrecken be=
mächtigen, deren Besiedelung verzögern und die eigentlichen Ansiedler zwingen,
sich allzu zerstreut in großen Entfernungen niederzulassen.

Wie hoch nun dieser „sufficient price“ des Landes sein sollte, war
eine schwierige Frage. Wakefield verlangte, daß er je nach den Umständen
einer Kolonie von Zeit zu Zeit durch eine eigene Behörde festgesetzt werden
müsse. Genaue Angaben könne er nicht machen. Es ist aber nicht richtig,
daß Wakefield gar keine Angaben gemacht habe, wie er zu bemessen sei. Er
hat ausdrücklich vor dem Landkomitee von 1836 gesagt, er denke es sich so,
daß man als Maßstab die Höhe des Arbeitslohnes und die Länge der Zeit
nehme, die ein Arbeiter brauche, um das zur selbständigen Ansiedelung nötige

---

[1] Vergl. darüber Wakefields Aussagen vor dem Committee on Lands 1836,
qu. 590 ff., 880, 969. Ferner Jenks, History of the Australasian Colonies
(1895) S. 113 ff.

Kapital zu sparen. Als angemessene Zeit, welche der mittellose Einwanderer erst einmal als Lohnarbeiter arbeiten sollte, könne man etwa drei Jahre ansetzen [1].

Wakefield fordert ferner die bare Bezahlung des Landes, einen gleichen Preis für alles Land (also keine Versteigerung) und freie Auswahl durch den Käufer, was durch ausgedehnte Vermessungen sicher zu stellen ist.

Wie soll nun der Kapitalist dazu kommen, Geld auf den Ankauf von Land zu verwenden? Er muß sicher sein, daß Arbeitskräfte auch wirklich in die Kolonie kommen.

Daraus entspringt der weitere Vorschlag, der wenigstens für Australien überaus wichtig geworden ist. Hatte man bisher mehrfach Land verliehen im Verhältnis zu der für Beförderung von Einwanderern ausgegebenen Summe, so wird nun vorgeschlagen, umgekehrt den Erlös aus den Landver= käufen für die Beförderung von Einwanderern auszugeben. Je mehr Land verkauft wird, um so mehr Arbeiter können in die Kolonie gebracht werden. Durch diese Wechselwirkung von Landverkauf und Unterstützung der Aus= wanderung wird diese „selfsupporting". Je stärker die Einwanderung von Arbeitern, um so niedriger muß der Landpreis sein, um den Arbeitslohn auf dem Maximum zu halten [2].

Die Beförderung von Auswanderern auf Kosten des Landfonds giebt auch die Möglichkeit, die Leute nach Alter und Geschlecht so auszuwählen, daß die Zusammensetzung der Bevölkerung der Kolonie günstig beeinflußt wird. Wenn man möglichst ganz junge Ehepaare, die noch keine Kinder haben, befördert, so wird man mit möglichst geringen Kosten den Bevölkerungs= zuwachs in der Kolonie beschleunigen, ihn im Mutterlande verlangsamen. Vor allem ist darauf hinzuwirken, daß ein regelmäßiger Zufluß von Arbeitern stattfinde, was die Unternehmungslust der Kapitalisten anregen wird. Ein wirksamer Schutz der Auswanderer gegen Ausbeutung durch gewissenlose Schiffsreeder ist nötig.

Im großen und ganzen kommt also das „System" darauf hinaus, die Produktionsbedingungen einer alten Gesellschaft auf neuen Boden zu übertragen. „The object of the price is to create circumstances in the

---

[1] Report von 1836 qu. 620 f. — Wakefields Gesinnungsgenosse, Oberst Torrens gab vor dem Land-Committee einen anderen Maßstab an: der Preis des Landes müsse so hoch sein, daß die zur Bebauung nötigen Arbeitskräfte dafür befördert werden können. Report S. 138 ff.

[2] Report 1836, qu. 859 ff. — Anfangs war Wakefield umgekehrt der Meinung gewesen, man müsse vom Käufer des Landes mehr verlangen, wenn man ihm den Kaufpreis in Form von Arbeit zurückgebe.

colony, which would render it, instead of a barbarous country an extension of the old country with all the good, but without the evils of the old society" (Report von 1836 qu. 954)[1].

Das Jahr 1831 zeigt bereits die Wirksamkeit der neuen Ideen. Eine Verordnung des Kolonialministers Lord Goderich (des späteren Earl of Ripon) vom 20. Januar machte der bisherigen willkürlichen und meist kostenfreien Vergebung der Kronländereien in den Kolonien ein Ende. Sie sollten fortan nur mehr verkauft werden und zwar auf dem Wege der Versteigerung bei festem Grundpreis (zunächst auf wenigstens 5 sh. für den Acre festgesetzt).

Ferner wurden um diese Zeit zum Schutze der Auswanderer gegen Ausbeutung, zur Fürsorge für Kranke und Hülfsbedürftige und zur raschen Überleitung der Einwanderer in Canada vom Landungsplatz zur Arbeitsgelegenheit Beamte, sogen. Auswanderungsagenten angestellt, in den Hauptauswanderungshäfen des Mutterlandes, wie in Canada, wo zur Bestreitung der Kosten eine Kopfsteuer von 5 sh. von jedem Einwanderer erhoben wurde (vielleicht nach dem Muster der seit 1824 in Newyork erhobenen Abgabe). Das bedeutete doch schon Fürsorge für einen erheblichen Teil der Auswanderung, denn in den drei Jahren 1830—32 wanderten von 243 000 registrierten Auswanderern 155 000 nach dem britischen Nordamerika.

Endlich berief in diesem Jahre die Regierung bei dem starken Anwachsen der Auswanderung eine beratende Kommission unter Vorsitz des menschenfreundlichen Herzogs von Richmond, der unter anderen der Unterstaatssekretär des Kolonialamts Lord Howick angehörte, als Earl Grey später Kolonialminister in Lord John Russells Administration (1846—52), der mit Eifer den Gedanken der Kolonisatoren sich angeschlossen hatte. Die Kommission[2] kam zu dem Ergebnisse, daß nach Canada eine große Auswanderung sich entwickelt habe ohne Unterstützung. In Bezug auf Amerika sei also eine besondere Hülfe nicht nötig außer dem Schutz, den die Auswanderungsagenten gegen Ausbeutung und Betrügereien gewährten. Ferner sei Veröffentlichung

---

[1] Man vergleiche damit Sir Charles Tilles Schilderungen der australischen Gesellschaft in „Greater Britain" und „Problems of Greater Britain"; immer wieder betont er, wie ähnlich sie der englischen sei, aber ohne das Düstere, Bedrückende der heimischen Verhältnisse. Die Heiterkeit des privaten, wie öffentlichen Lebens wird er nicht müde zu rühmen.

[2] Vergl. Rawson im Journal of the Statistical Society I 156, auch Earl Grey, Colonial Policy I 310 f. Auf des letzteren Charakter fällt kein sehr schönes Licht, wenn er, dessen Ansichten ganz unter dem Einflusse Wakefields gebildet waren, diesen überhaupt nicht nennt. Vergl. auch Wakefield, art of colonization S. 26.

genauer Angaben über den Stand von Preisen und Löhnen in Canada wünschenswert[1]. Anders sei es in Bezug auf Neu-Süd-Wales und Van Diemensland. Eine freiwillige Auswanderung dorthin bestehe nicht. Die dorthingehenden Schiffe seien nicht einmal auf Auswanderungsbeförderung eingerichtet, die Passagepreise hoch. Um die wünschenswerte Auswanderung freier Personen nach Australien in Gang zu bringen, schlug die Kommission im Anschluß an die neuen Theorien vor, den Erlös für den Verkauf von Kronländereien zur Unterstützung der Auswanderung zu verwenden, indem man geeigneten Handwerker- und Arbeiterfamilien einen später zurückzuzahlenden Vorschuß von 20 £ und zur Verbesserung des unerfreulichen Zahlenverhältnisses der Geschlechter in den australischen Besitzungen für die Beförderung junger unverheirateter Frauenzimmer eine Prämie von 8 £ gebe.

Die Kommission brachte diese Dinge in Gang, erlangte auch sofort eine Herabsetzung der Passagepreise, wurde aber 1832 bereits aufgelöst und gab ihre Geschäfte an das Kolonialamt ab. Bei der Auswahl der zu unterstützenden Auswanderer wurde dies unterstützt von einem freiwilligen Komitee, dessen Vorsitzender wiederum der Herzog von Richmond war. Wie es bei solchen freiwilligen Veranstaltungen zu gehen pflegt: man war sehr eifrig, so lange die Sache neu war, dann blieb ein Mitglied nach dem anderen weg und ein Clerk des Kolonialamts besorgte die Arbeit[2]. Der Betrag der Unterstützung war bald um die Hälfte erhöht worden. Auf die Rückzahlung wurde verzichtet auf Empfehlung des Gouverneurs von Neu-Süd-Wales, weil die Gelder nicht einzutreiben seien. Auf diese Weise sind im ganzen von 1831 bis Ende 1836 nach Australien befördert 4279 Personen in Familien und 3570 einzelne Frauenzimmer, zusammen 7849 Köpfe, davon nach Neu-Süd-Wales 4236, nach Van Diemensland 3613[3], immerhin ein schwaches Gegengewicht gegen die Menge der transportierten Sträflinge. In den 10 Jahren 1825—34 kamen nur in Neu-Süd-Wales deren 28 983 an, wovon nur 4141 Weiber[4].

----

[1] Die erste derartige mir bekannt gewordene Veröffentlichung datiert vom 9. Febr. 1832 und ist z. B. in Mc. Cullochs Dictionnary of Commerce s. v. colonies abgedruckt.

[2] Vergl. den mehrfach angeführten Bericht des Kolonial-Land-Komitees von 1836 qu. 926 und 1883f. — Mitglied dieses Komittees war unter anderen auch die bekannte Quäkerin Elisabeth Fry.

[3] Vergl. Journal of the Statistical Society I S. 157. Die registrierte Auswanderung nach Australien in diesen sieben Jahren betrug 17 171.

[4] Wie sich durch die Unterstützung der freien Einwanderung das Verhältnis seit 1832 besserte, zeigen folgende Zahlen:

Mit derartig beſcheidener Thätigkeit waren aber die Koloniſatoren nicht zufriedenzuſtellen. Vor allem wünſchten ſie für ihre Theorien ein freies Verſuchsfeld. Eine aus ihren Kreiſen hervorgehende Geſellſchaft wollte ſtreng nach ihren Principien eine ganz neue Kolonie gründen, wozu man ein Gebiet an der ſüdlichen Küſte Auſtraliens ins Auge faßte. Die erſten Pläne derart datieren ſchon vom Februar 1831 und nahmen im Laufe des Jahres feſtere Formen an, nachdem Oberſt Torrens, der urſprünglich Bedenken gegen Wakefields Theorie gehabt hatte, an die Spitze der ſich nachher South Australian Association nennenden Genoſſenſchaft getreten war. Dieſe wollte auf Grund eines königlichen Charters einen großen Landkomplex, zunächſt 500 000 Acres, zu 5 ſh. den Acre vom Staat erwerben, das Land zur Beſiedelung vorbereiten und nach dem Grundſatz der combination of labour das Land an Unternehmer verkaufen bei gleichzeitiger Beförderung von Arbeitern nach der neuen, von der Geſellſchaft ſelbſt zu verwaltenden Kolonie. Wenn der Plan gelungen, werde man die Genugthuung haben, „ein Syſtem als durchführbar zu erweiſen, deſſen volle Durchführung Großbritannien in die Lage verſetzen würde, ſeine Bevölkerungszahl nach Bedarf zu beſchränken und die Arbeiterklaſſe in behagliche Zuſtände zu verſetzen, nicht nur ohne Koſten für den Staat, ſondern auch mit dem weiteren Vorteil: erſtens von den 9—10 Millionen der Armenſteuer faſt den ganzen Betrag zu erſparen, der nicht für den Unterhalt der Alten und Kranken verwendet werde, und zweitens unſere unbewohnten oder ſpärlich bevölkerten Kolonial-Beſitzungen mit Anſiedlungen zu bedecken, die an Reichtum und Bevölkerung raſcher zunehmen würden, als irgend welche bisher begründeten, ein unermeßlicher Markt für unſere Fabrikate[1].“ Mit ſolchen Plänen fand man nun wenig Gegenliebe bei der Regierung, die garnicht geneigt war zu unterſtützen, was ihr als eine Förderung der ohnehin übermäßigen Aus-

---

In Neu-Süd-Wales kamen an

	Sträflinge	freie Einwanderer
1829	3664	564
1830	3225	309
1831	2633	457
1832	3119	2006
1833	4151	2885
1834	3161	1564

Bericht des Landkomitees 1836 qu. 1879.

[1] Plan of a Company to be established for the purpose of founding a colony in Southern Australia, purchasing land therein and preparing the land so purchased for the reception of immigrants. (London 1831.) S. 62. — Die Schrift iſt vermutlich von Wakefield verfaßt.

wanderung erschien. Das Kolonialamt zeigte wenig Lust, sich der „great public inconvenience" [1] auszusetzen, in so großer Entfernung eine neue Kolonie zu gründen, noch dazu in der Nähe der großen Strafniederlassungen. Keinesfalls aber wollte man eine solche Kolonie der Verwaltung einer Gesellschaft überlassen. Als nach langem Hin= und Herverhandeln mit Hülfe des Herzogs von Wellington im Jahre 1834 die Akte für Gründung der Kolonie Süd=Australien durch das Parlament ging, war aus dem ursprünglichen Vorschlage etwas ganz anderes geworden, als die Kolonisatoren gewollt hatten, sodaß man ihnen nicht verdenken kann, wenn sie alle Verantwortung dafür ablehnten [2]. Immerhin war von ihren Theorien das Princip des Minimalpreises für Land und die Beförderung von Auswanderern aus dem Erlös aufgenommen und es war ihrer Agitation zu danken, daß eine nicht für Sträflinge bestimmte Kolonie in Australien gegründet wurde.

Einen weiteren Erfolg der Kolonisatoren und der Verbreitung ihrer Ideen bedeutete es, daß im Jahre 1836 ein Ausschuß des Unterhauses beauftragt wurde, „die verschiedenen Methoden zu untersuchen, nach welchen bisher und gegenwärtig in Australien, Südafrika und Westindien Land vergeben werde mit dem Ziele, die Methode festzustellen, welche in Zukunft für die Kolonien wie für das Mutterland am wohlthätigsten sein würde". Dieser Ausschuß, der unter dem Vorsitze von Henry George Ward tagte und dem unter anderen Sir George Grey, Francis Baring, Hutt, Poulett Scrope, William Gladstone angehörten, bezeichnet den Ausgangspunkt einer thatkräftigen und systematischen Behandlung des Auswanderungswesens, wie der Besiedelung namentlich der australischen Kolonien. Die Protokolle sind ein wichtiges Hülfsmittel für die Kenntnis der früheren Zustände, wie der Ideen der Zeit. Der Bericht des Komitees vom 1. August 1836 steht ganz unter dem Einflusse der Kolonisationstheorie. Im wesentlichen kommt er zu folgendem Ergebniß: Das in den Vereinigten Staaten von Amerika angenommene System der Landverkäufe sei empfehlenswert, namentlich weil es einheitlich von einer nicht politischen Centralbehörde geleitet werde, weil eine ausgedehnte Vermessungsthätigkeit stattfinde, weil das Land bei einem festen Grundpreis meistbietend zum Verkauf gestellt werde und weil das System auf einer Kongreßakte beruhend dem Käufer Sicherheit für seine Dauer gewähre. Dagegen sei die Art, wie bis 1831 in den britischen Kolonien Land unter nicht durchführbaren Bedingungen veräußert wurde, wenig vorteilhaft für den Staat und oft schädlich für die

---

[1] S. England and America Bd. II S. 305 ff.
[2] Vergl. Torrens, the Budget S. 191. Wakefield, Art of Colonization S. 49 f.

Kolonisten gewesen, da zwischen den Ansiedelungen weite Strecken Land
unbebaut geblieben und dadurch die Fortschritte der Kultur gehindert seien.
Das 1831 durch Lord Ripon eingeführte System des Verkaufs gegen bar
bei einem festen Grundpreis sei nützlich, sollte aber um voll wirksam zu
werden durch Gesetz permanenten Charakter erhalten. Der Minimalpreis
müsse nach den besonderen Umständen jeder Kolonie besonders festgesetzt werden.
Zur Durchführung aber sei eine verantwortliche Centrallandbehörde mit dem
Sitze in London und Lokalbehörden · in den Kolonien nötig. Diese Organi=
sation solle sowohl der Vermessung des Landes dienen, als auch der Leitung
der Auswanderung, um so das Angebot von Arbeit der Nachfrage anzu=
passen [1]. In den Kolonien, deren Klima die Besiedelung mit Europäern
gestatte, solle der Reinertrag aus den Landverkäufen als Emigration Fund
dienen, sodaß jede Kolonie Arbeitskräfte im genauen Verhältnis zu ihren
Landverkäufen erhalte. Indem man bei der Leitung der Auswanderung
jungverheiratete Paare bevorzuge, könne man durch Beförderung einer relativ
geringen Zahl von Personen in erwünschter Weise die Volksvermehrung im
Mutterlande aufhalten, in der Kolonie beschleunigen. Um die systematische
Auswanderung in genügendem Umfange in Gang zu bringen, sei es durch=
führbar, die nötigen Gelder auf die Sicherheit der späteren Landverkäufe hin
anzuleihen. Die Interessen des Mutterlandes und der Kolonien seien in
Sachen der Auswanderung identisch. Was die Kolonien brauchten, sei
Arbeitskraft, die im Mutterlande im Übermaße vorhanden. Die Übertragung
dieser Arbeitskraft würde das Wohlergehen im ganzen Reiche unendlich
steigern.

Dies war das Programm, dessen Ausführung in wesentlichen Teilen
Lord John Russel, damals Staatssekretär für die Kolonien, unternahm.
Seit dem 17. April 1837 war ein Agent General for Emigration in
Thätigkeit (Elliott), dem die Auswanderungsbeamten in den Häfen unter=
stellt waren. Für die Regelung der Landverkäufe wurde ein Board of
Colonization Commissioners geschaffen, im Jahre 1840 (10. Jan.) aber
beide Behörden verschmolzen zum Colonial Land and Emigration
Board, unter dem Vorsitz des bisherigen General=Agenten, welches dann
bis 1873 bestanden hat. Die gesetzliche Regelung des Verkaufs von Kron=
ländereien in den australischen Kolonien und seine Verknüpfung mit der
Auswanderung erfolgte durch die Imperial Land Sales Act von 1842
(5/6 Vict. c. 36), wonach freie Landvergebung überhaupt nicht mehr statt=
finden, alles Land versteigert werden sollte, bei einem Minimalgrundpreis

---

[1] Die beiden letzten Sätze mit 5 gegen 3 Stimmen angenommen.

von 1 £ für den Acre. Von dem Erlös (nach Abzug der Vermessungs=
kosten) sollte wenigstens die Hälfte zur Beförderung von Einwanderern in
die betr. Kolonie verwendet werden, der Rest für öffentliche Arbeiten zur
Erschließung des Landes.

Damit waren die **Grundzüge der Land- und Einwanderungs=
politik** für diese Kolonien festgelegt, bis sie autonom wurden. Die Thätig=
keit des Auswanderungsamtes wird im nächsten Kapitel eingehend dargestellt
werden. Die Erfolge der „Kolonisatoren" waren aber nicht auf die Er=
richtung dieser Behörde beschränkt. Neben der Thätigkeit dieser ging zu=
nächst unabhängig die Besiedelung zweier wichtiger Kolonien, deren zunächst
kurz zu gedenken ist [1].

Es ist oben (S. 18) bereits dargestellt, wie die Kolonisatoren zunächst
Südaustralien ganz autonom nach ihren Grundsätzen besiedeln wollten.
Die Akte 4/5 Will. IV ch. 95, welche die „Provinz Südaustralien" ins
Leben rief, entsprach allerdings nicht den Absichten der Gründer, sowenig
wie man diese für die anfänglichen Fehler der Verwaltung verantwortlich
machen kann. Aber die Akte beruhte doch im wesentlichen auf ihren Ge=
danken, der Absicht, die Kolonie „selfsupporting" zu machen. Kein Land
sollte frei vergeben, der Verkauf zu mindestens 12 sh. für den Acre statt=
finden. Der Ertrag der Landverkäufe, wie der Weidepachtungen sollte un=
verkürzt zur Beförderung von Auswanderern im Alter von 15 bis 30
Jahren verwendet werden. Möglichst sollte die Zahl der Frauen der der
Männer gleich sein. Sträflinge sollten nie dahin transportiert werden. Die
Durchführung des ganzen Planes wurde einer besonderen Kommission an=
vertraut, den Colonization Commissioners for South Australia. Das
Gesetz sollte aber erst ausgeführt werden, wenn die Kommission 20 000 £
(die sie durch eine Anleihe beschaffte) hinterlegte, um das Mutterland für
möglicherweise entstehende Ausgaben sicher zu stellen, und wenn für 35 000 £
Land verkauft sei. Um dies rascher zu erreichen, verkaufte die Kommission
einen großen Block an eine Landgesellschaft [2] und betrieb im übrigen eine
sehr rührige Agitation, um Land zu verkaufen und Auswanderer anzuwerben.
Schon am 27. Juli 1836 kam das erste Auswandererschiff in der Känguruh=

---

[1] Auch die Erwerbung von Hongkong im Jahre 1840 ist zum Teil wohl An=
regungen Wakefields zu verdanken, der schon in „England and America" 1833 ge=
schrieben hatte, daß auf die sicherste, billigste und beste Art der Handel mit China
entwickelt werden könnte, wenn man Handelsstationen nahe der chinesischen Küste
errichte.
[2] Die Südaustralische Landkompanie besteht noch und giebt gute Dividenden.
Committee on Colonisation 1890 qu. 958 und 1002.

bucht in Südaustralien an und im selben Jahre folgten sieben weitere
Schiffe[1]. Bis 1840 beförderte die Kommission etwa 10 000 Menschen nach
der neuen Kolonie, um so den Landerwerbern die nötigen Arbeiter zu beschaffen. Die Kosten dafür wurden zum Teil aufgebracht, indem die Einnahmen des Landfonds durch hoch verzinsliche Anleihen vorausgenommen
wurden. Im ganzen wanderten bis Ende 1840 13 842 Personen aus dem
Mutterlande nach Südaustralien aus.

In jeder Kolonie pflegt der ersten Aufregung und den hochgespannten
Erwartungen bei der Gründung eine Periode der Enttäuschung und Mut-
losigkeit gegenüber den anfänglichen ungeheuren Schwierigkeiten zu folgen.
In Südaustralien mußte der Rückschlag besonders heftig sein, wo die rührige
Reklame der Kolonisatoren mit einer allgemeinen Periode großer Spekulation
in Kolonialländereien[2] zusammentraf. Daß im voraus Land in England
verkauft wurde[3], daß — entgegen den Absichten der Kolonisatoren — die
Besiedelung begann, ehe das Land vermessen, überhaupt die nötigen Vor-
bereitungen getroffen waren, erhöhte die Schwierigkeiten. Zwischen dem
direkt von der Krone angestellten Gouverneur und der Kolonisationskommission
entstanden Mißhelligkeiten. Der erste Gouverneur wurde bald abgerufen,
der zweite, Oberst Gawler, suchte die zu rasch herbeiströmende Bevölkerung
durch Beschäftigung an öffentlichen Bauten zu erhalten. Die Preise der
Lebensmittel, die zunächst eingeführt werden mußten, waren ungeheuer. Die
öffentlichen Ausgaben der Kolonie wuchsen bis auf 174 000 £ im Jahre
1840. Als die Kolonisationskommission Gawlers Tratten nicht honorierte,
brach eine heftige Krise in der Kolonie aus. Der Gouverneur wurde zurück-
gerufen (1841) und durch einen Mann ersetzt, dem wir noch wiederholt begegnen werden, Captain Grey. Mit großer Energie schränkte er die Staatsausgaben ein (auf 34 000 £ im Jahre 1843.) Die besondere Verfassung
der Kolonie wurde aufgehoben und der anderer Kolonien gleich gemacht. Die
Kolonisationskommission wurde aufgehoben. Die Land Sales Act von 1842

---

[1] Über die Gründung von Südaustralien vergl. die oben angeführte Litteratur
über die Wakefieldsche Theorie (S. 1. 2), namentlich den Report on Colonial Lands
qu. 1056 ff., Torrens, the Budget S. 191 ff., den Aufsatz von Ruhland; siehe
auch Jenks, History of the Australasian Colonies (1895) S. 128 ff.

[2] In Neu-Süd-Wales, in den Vereinigten Staaten, in Ceylon. Siehe Wakefield, Art of Colonization S. 487 Anm. Earl Grey, Colonial Policy II
163, Ertrag der Landverkäufe in den Vereinigten Staaten 1836: 5 243 296 £,
1838: 896 992 £.

[3] Von 1835—1840 sind im ganzen 297 167 acres für 272 878 £ verkauft
1841 und 1842 25 391 acres für 25 391 £.

(oben S. 20) bezog sich auch auf Südaustralien. Bald lenkte die Kolonie in die Bahn eines ruhigen und steten Fortschrittes ein.

Finanziell war die Gründung von Südaustralien mißglückt. Das Mutterland, das keine Kosten haben sollte, mußte 1841 und 1842 215 000 £ zuschießen, um Ordnung zu schaffen und hat davon 155 000 £ dauernd übernommen. In anderer Beziehung aber ist die Besiedelung Südaustraliens ein großer Erfolg gewesen. Die Kolonie ist ausgezeichnet durch die Stetigkeit ihres Fortschrittes, was von Kennern wie Sir Charles Dilke wesentlich der Wakefieldschen Verknüpfung der Landverkäufe mit der Einwanderung zugeschrieben wird. Übrigens wird der etwas aristokratischere Charakter der südaustralischen Gesellschaft gleichfalls aus der Geschichte seiner Besiedelung erklärt [1].

War den Kolonisatoren die Besiedelung Südaustraliens aus der Hand genommen, so suchten sie — oder wohl genauer gesprochen Wakefield — ein neues Feld der Thätigkeit, um ungehindert durch die Regierung nach eigenen Ideen zu kolonisieren. Das Land, auf das sie ihr Augenmerk richteten, war Neuseeland, dessen Besiedelung schon Cook und Benjamin Franklin vorgeschlagen hatten. Seitdem hatten allerlei Abenteurer, seit 1814 auch englische Missionare sich dort niedergelassen, 1825 war auch ein Ansiedelungsversuch von England aus gemacht. Unter dem Vorsitze Lord Durhams bildete sich 1837 die Neuseeland-Kompanie, deren Verwaltungsdirektor (Managing Director) Wakefield war. Die Gesellschaft verlangte von der Regierung einen Charter; diese war jedoch nicht gesonnen, auf die Absichten Wakefields und seiner Freunde einzugehen, selbst als Annexion der Inseln durch Frankreich drohte. Um diesem zuvorzukommen, beschloß die Gesellschaft 1839 vorzugehen und als die Regierung die Absendung von Auswanderern hindern wollte, schickte Wakefield eiligst das Schiff „Tory" ab mit einer Expedition unter dem Befehl seines Bruders, des Obersten Wakefield (12. Mai 1839), die im August ankam und Port Nicholson, das spätere Wellington, zum Mittelpunkt der Operationen der Gesellschaft machte. Die Regierung, der die Entscheidung über den Kopf weggenommen war, konnte nun nicht umhin, Neuseeland für eine britische Kolonie zu erklären und einen zunächst dem Gouverneur von Neu-Süd-Wales unterstellten Statthalter hinzuschicken, der im Jahre 1840 ankam, gleichzeitig mit dem ersten eigentlichen Auswandererschiff. Im ersten Jahre kamen 1200 Auswanderer an. Nunmehr gelang es auch den Kolonisatoren, durchzusetzen, daß die Neuseeland-

---

[1] Vergl. Sir Charles Dilke, Problems of Greater Britain (1890) I 376 ff. Auch Jenks, a. a. O. S. 128: the record of the colony of South Australia is one of the pleasantest chapters in Australian history.

Kompanie ihren Charter erhielt, 12. Februar 1841. Es ist nicht möglich, hier auf die Entwicklung der Kolonie Neuseeland näher einzugehen, auf die Schwierigkeiten und Wirren, die sich aus dem Dualismus von Kolonial=regierung und Kompanie und aus dem Verhältnis zu den Eingeborenen er=gaben [1]. Der Versuch, eine Kolonie durch eine Chartered Company zu regieren, war wiederum mißglückt. Die Neuseeland=Kompanie war eine Landgesellschaft, die durch den Einfluß ihrer Mitglieder durchsetzte, daß große Landstrecken ihr frei zugewiesen wurden unter der Bedingung, daß sie dafür gewisse Summen für Beförderung von Auswanderern ausgebe. Außer Wellington gründete sie 1841 die Niederlassungen New Plymouth und Nelson. Auch in Neuseeland trat 1843 ein Rückschlag nach der ersten Auf=regung ein; der Reorganisator Südaustraliens, Captän Grey wurde 1845 berufen, auch hier, in sehr viel schwierigeren Verhältnissen das Schiff wieder flott zu machen. Der Neuseeland=Kompanie [2] gelang es 1846 und 1847, von der englischen Regierung Darlehen von 236000 £ und die that=sächliche Verfügung über weite Landstrecken zu erhalten. Sie gründete, nach einem Plane Wakefields von 1845, zusammen mit Mitgliedern der schottischen Freien Kirche eine besondere Gesellschaft zum Zweck der Errichtung der Niederlassung Otago, die bis auf den heutigen Tag einen ganz überwiegend schottischen Charakter trägt. Endlich aber im Jahre 1851, wurde die Neu=seeland=Kompanie aufgelöst, da sie die neuen Konzessionsbedingungen von 1847 nicht erfüllen konnte, wodurch eine einheitliche Verwaltung für Neu=seeland ermöglicht wurde. Auch die Otagogesellschaft wurde 1852 aufge=löst, da sie nur einen kleinen Teil des von ihr bis dahin zu verkaufenden Landes wirklich veräußert hatte. Unabhängig davon hatte der rastlose Wake=field in Ausführung eines von ihm schon länger gehegten Gedankens eine neue Gesellschaft zusammengebracht, die mit Hülfe der Church of England die Niederlassung Canterbury gründete. Die Canterbury Association wurde 1849 inkorporiert und ihr ausgedehnte Ländereien überwiesen im ungefähren Umfang von 2½ Millionen Acres. Der Landpreis für die Kolonisten wurde auf 3 £ für den Acre festgesetzt; davon waren zu zahlen 10 sh. an den Staat, 10 sh. auszugeben für Vermessung, Wegebau u. s. w., 1 £ für

---

[1] Ein dritter Bruder Wakefield wurde in dem Massacre von Wairau 1843 getötet.

[2] Mit der übrigens damals Wakefield nichts mehr zu thun hatte. 1848 schreibt er über sie: Die Neuseelandgesellschaft war jahrelang mehr eine Gesellschaft zur Aufrüttelung des Kolonialministeriums und zu nützlicher Erörterung principieller Kolonialfragen. Jetzt ist sie nur eine Gesellschaft, die vergeblich zu kolonisieren sucht. — Art of Colonization S. 415.

Auswanderung, einschl. der Kosten der Reise des Käufers, seiner Familie Dienstboten und Arbeiter, endlich 1 £ für Kirchen- und Schulzwecke. Die Landkäufer erhielten ausgedehnte Weiderechte. Da die Gesellschaft nicht in der Lage war, jährlich für 50 000 £ Land an Ansiedler zu veräußern, wie sie bestimmungsgemäß sollte, hörte ihre Sonderexistenz Ende 1852 auf. Eine andere besondere Gesellschaft, die aber von der Neuseeland-Kompanie ausgekauft ist, war die französische Compagnie Nanto-Bordelaise, die eine Niederlassung zu Akaroa hatte.

So kann man wohl sagen, daß die Besiedlung Neuseelands so gut wie ganz durch Kolonisationsgesellschaften in Gang gebracht ist, seine Existenz als britische Kolonie Wakefield und seinen Freunden verdankt. Finanziell sind alle diese Gesellschaften freilich nicht erfolgreich gewesen. Die Canterbury Association, die Wakefields Gedanken wohl am reinsten verwirklichte, hat zu kurz existiert, als daß sie sich voll hätte entfalten können[1].

Nach den beiden Kolonien, deren Gründung durch die Kolonisatoren veranlaßt ist, sind Sträflinge nicht deportiert worden. Die Schule hat aber überhaupt die Transportation nach den Kolonien bekämpft im Verein mit Erzbischof Whately, wie den Bewohnern der Kolonien. Der Parlamentsausschuß, der 1837/38 das ganze System verurteilte, soll wesentlich unter Wakefields Einfluß gestanden haben. Schon 1840 setzte Neu-Süd-Wales es durch, daß die Transportation dorthin aufhörte, nachdem es bis dahin 83 290 Sträflinge aufgenommen hatte. Ein 1849 gemachter Versuch, Sträflinge wieder einzuführen, scheiterte an der Aufregung in der Kolonie, obgleich einflußreiche Elemente, namentlich die großen Viehzüchter im Norden, diese Vermehrung der Arbeitskräfte gern gesehen hätten. Vor allem die Arbeiter in Sydney und Melbourne[2] und die auf sie sich stützenden Politiker in der Kolonie setzten durch, daß die gesetzgebende Versammlung sich energisch gegen weitere Versuche aussprach, mochte es sich nun um Ticket-of-Leave Leute oder „Exiles" handeln, einen schönen Euphemismus, den das Kolo-

---

[1] Übrigens hatte auch hier Wakefield mit seinen Helfern sich bald entzweit. 1853, nach Verleihung einer parlamentarischen Verfassung an Neuseeland, siedelte er dorthin über, beteiligte sich lebhaft an den politischen Kämpfen als „extra-official adviser of the acting governor", zog sich aber schon 1854 ganz ins Privatleben zurück, da seine Gesundheit erschüttert war.

[2] „who were influenced by jealousy of the competition of convicts and a fear that their coming might lead to a reduction of the extravagant wages, they had been in the habit of obtaining", Earl Grey, Colonial Policy II 47.

nialministerium für solche Sträflinge erfunden hatte, denen der Rest ihrer
Strafe erlassen wurde unter der Bedingung, daß sie für die betreffende Zeit
nach einer Kolonie gebracht wurden. Nach der Schließung von Neu-Süd-
Wales ergoß sich der ganze Strom nach Van Diemensland. Von 1829 bis
1840 waren dort durchschnittlich jährlich 1658 männliche Sträflinge angekommen. 1841 bis 1845 waren es jährlich 3527, sodaß die ärgsten Mißstände sich entwickelten. Ende 1845 waren 25 000 männliche Sträflinge in der Kolonie, von denen 12 000 von der Regierung erhalten werden
mußten. Die Transportation mußte suspendiert werden und ist schließlich
1853 ganz aufgehoben. Die Verlegenheit der englischen Regierung,
der als Strafkolonien nur Bermuda und Gibraltar blieben, war groß.
Der Vorschlag, auf Kosten des Mutterlandes eine der Zahl der
Sträflinge gleiche Zahl freier Einwanderer zu schicken, wurde in keiner Kolonie günstig aufgenommen. Nur Westaustralien benutzte seit 1849 die
Gelegenheit, sich die fehlenden Menschen für sein weites Gebiet zu verschaffen.
Die andauernde Agitation der Nachbar-Kolonien hat auch dem 1868 ein Ende
gemacht. Die Interessen der Kolonien haben völlig über die des Mutterlandes triumphiert[1].

Aber in noch viel weiter gehender Weise haben die Kolonisatoren die
selbständige Entwicklung der Kolonien gefördert. Die Einführung des Responsible Government, zunächst in Canada, nach diesem
Muster später in Australien, ist ganz wesentlich auf ihre Gedanken zurückzuführen. Wakefield selbst begleitete Lord Durham als Sekretär auf seiner
Mission nach Canada nach dem Aufstande von 1837. Der berühmte Durham Report, der die Grundsätze der den Kolonien zu gewährenden parlamentarischen Verfassung enthält, stammt aus der Feder von Wakefields
Freund und Gesinnungsgenossen Charles Buller und ist von Wakefield in-
spiriert. Ja, dieser ging so weit, den Bericht vorzeitig in der Times zu
veröffentlichen, um der Regierung Änderungen der Vorschläge unmöglich zu machen[2].

Nicht politische Beherrschung, sondern Entwicklung des wirtschaftlichen
Zusammenhanges und Pflege der ideellen Bande zwischen Mutter und Tochter-
land war der Grundgedanke der Kolonialpolitik dieser Schule. Hinlenkung
des heimischen Kapitals auf Anlagen in den Kolonien sollte das Hauptmittel

---

[1] Vgl. namentlich Earl Grey, Colonial Policy II 1 ff. Auch Wakefield, Art of Colonization S. 53.

[2] Doch dürfte die Ausdehnung der Autonomie, wie sie thatsächlich erfolgte,
über Wakefields Gedanken hinausgegangen sein. Wenigstens für den Erlös aus dem
Verkauf der Kronländereien hat er Festlegung der Verwendungsgrundsätze durch
Reichsgesetz gefordert, während die Verfügung später den Kolonien ganz überlassen ist.

in der einen, die kirchliche Organisation der Weg in der anderen Richtung
sein. Von diesem Gedanken ausgehend, haben die Kolonisatoren für die
Ausdehnung der englischen Episkopalkirche gewirkt, die Errichtung von Bis-
tümern in Neuseeland, Tasmanien, Süd-Australien, Victoria, Südafrika
durchgesetzt. Die schottische Free Church Niederlassung von Otago, die Church
of England-Ansiedelung von Canterbury verdanken diesen Gedanken ihren
Ursprung [1].

Direkt mit der Auswanderungspolitik hängt es zusammen, wenn die
Kolonisatoren auf besseren A u s w a n d e r e r s c h u t z hinzuwirken suchten. Die
großen Änderungen und Verbesserungen in dieser Richtung sind weiterhin zu
schildern. Im Zusammenhang mit den Bestrebungen der Kolonisatoren steht
endlich auch die große Veränderung im Charakter der Auswanderung, daß
vor allem der Gedanke nach den Kolonien zu gehen und sich dort anzusiedeln,
auch unter den Angehörigen der Mittelklassen, unter den jüngeren Söhnen
der höheren Stände sich verbreitete und so vor allem nach Australasien neben
den Massen der aus dem Landfonds unterstützten Angehörigen der hand-
arbeitenden Klasse, auch zahlreiche mit etwas Kapital versehene Mitglieder
anderer Stände auf eigene Faust auswanderten.

Es ist eine höchst bemerkenswerte Erscheinung, wie in den vierziger
Jahren die Gedanken der Kolonisatoren in weite Kreise drangen. S t a a t-
l i c h e O r g a n i s a t i o n d e r A u s w a n d e r u n g a l s A b h ü l f e f ü r d i e
w i r t s c h a f t l i c h e Not jener Zeit ist ein Vorschlag, der von den verschiedensten Seiten, von Whig und Tory immer wieder gemacht wird. Dem
trostlosen Zustande Irlands, der Not in Nordschottland, der kläglichen Lage
der gewerblichen Arbeiter, auf die der Chartismus die Aufmerksamkeit hin-
lenkte, sollte durch Massenauswanderung und Besiedelung der Kolonien geholfen werden.

Was bis Mitte der vierziger Jahre an staatlicher Unterstützung der
Auswanderung nach Australien geschehen war, so wichtig es war für jene
Kolonien, bedeutete doch wenig im Verhältnis zur ganzen Auswanderung,
wenig gegenüber dem Massenelend in Irland, in den schottischen Hochlanden
und den englischen Fabrikbezirken. Von 1831 bis Ende 1836 waren wie
oben erwähnt 7849 Personen unterstützt, von 1837—1842: 71 674, von
1843—46 wieder nur 8423. Dagegen waren in den gleichen Perioden
überhaupt 444 944, 505 142 und 351 250 Auswanderer registriert. Und

---

[1] Vergl. über diesen wichtigen Punkt namentlich Art of Colonization S. 53 ff.
und S. 155 ff. (über die Wichtigkeit religiöser Fürsorge für die Kolonisten) sowie
das angeführte Werk: The Founders of Canterbury.

Torrens z. B. forderte 1842, daß allein aus Irland 5 Millionen Menschen entfernt werden müßten [1].

Sehr große Massen hätten auf Staatskosten natürlich der ungeheuren Ausgabe wegen nach Australien nicht befördert werden können. Vor allem hätte man sie nach Canada leiten müssen, für welches das System der Auswandererbeförderung aus dem Erlös der Landverkäufe nicht eingeführt war. Aber man trug sich sehr ernstlich mit dem Gedanken, das zu thun. Das Land- und Auswanderungsamt erstattete schon kurz nach seiner Einsetzung, am 21. und 25. April 1840, zwei bemerkenswerte Berichte darüber, ob es zweckmäßig sei, aus öffentlichen Mitteln die Auswanderung nach Canada zu unterstützen und systematisch zu leiten [2].

Der Wunsch auszuwandern sei sehr stark (in der That erreichte die Auswanderung 1841—42 eine bisher unerhörte Höhe), namentlich in Irland, wo sie auch von den Grundbesitzern gefördert werde, die die kleinen Pachtungen zusammenzulegen suchten und die Lasten der eben in Kraft tretenden Armengesetze fürchteten. Auf den Inseln und Hochlanden des westlichen Schottlands seien weit über 100 000 Menschen arbeitslos und lebten von den Almosen der Grundbesitzer. Der Moment sei besonders günstig für eine große und systematische Förderung der Auswanderung, die den Reichen Verminderung der Lasten, den Armen die Möglichkeit zu arbeiten schaffe. Dagegen würde Canada wirtschaftlich wie politisch den größten Nutzen von der schnellen Vermehrung seiner Bevölkerung durch britische Einwanderer haben. Wie könnten die Mittel dafür beschafft werden? Die Bewilligung von Geldmitteln durch das Parlament sei nicht zu empfehlen, da sie einzelnen Bevölkerungsklassen und einzelnen Kolonien zugute kämen. Auch würde das die privaten Anstrengungen lähmen. Sehr angemessen sei es dagegen, die Kirchspiele heranzuziehen, da die Ausgaben für Armenpflege vermindert würden. Vor allem müßten die Einnahmen aus den Staatsländereien herangezogen werden. Die Zahlungen der vorhandenen Land-Gesellschaften (es waren drei) sollten ganz oder teilweise für die Auswanderung verwendet werden. Endlich müßten die Grundbesitzer, die die Leute los sein wollten, beitragen.

Um die Sache in Gang zu bringen, sollte eine gewisse Summe, zunächst 50 000 £ vom Parlament bewilligt werden, um die Hälfte der Passagekosten zu bestreiten. Die Interessenten (Gemeinden und Grundbesitzer) sollten die Auswanderer ausstatten und die andere Hälfte bezahlen. Die in der Kolonie entstehenden Kosten sollte diese tragen. Die Auswahl, oder wenigstens

---

[1] The Budget (1844) S. 114 im 6. Brief, der vom 10. Februar 1842 datiert ist.

[2] Erster Generalbericht des Land- und Auswanderungsamts von 1840, S. 55 ff.

Genehmigung der Auswanderer, die Regelung des Verfahrens follte dem
Auswanderungsamt zustehen, wie die Kontrolle der Schiffe. Nach der An=
kunft müßten die Leute in Empfang genommen und schleunigst an ihren
Bestimmungsort und zu ihrer Arbeitsgelegenheit gebracht werden. Nur wenn
gar keine Arbeit zu beschaffen sei, sollten sie auf Parzellen von 5 Acres
(2 ha!) angesiedelt werden. Auf Versuche, nachträglich die Kosten wieder
herauszubringen oder Erfüllung irgend welcher Bedingungen zu verlangen,
dürfe man sich gar nicht einlassen.

Auf solche Pläne und Vorschläge ging die Regierung, schon wegen der
damaligen Finanzklemme nicht ein, sowenig wie auf eine Bitte der Provinzial=
versammlung von Obercanada um Unterstützung der Einwanderung[1]. Aber
der Gedanke kehrt immer wieder. Bei den Erörterungen im Winter 1842/43
darüber, wie der wirtschaftlichen Not gesteuert werden könnte, spielte neben
Reformen der Armengesetzgebung und ähnlichem auch die Förderung der
Auswanderung eine Rolle und am 6. April 1843 brachte ein Mitglied der
liberalen Minorität, Wakefields Freund Charles Buller im Unterhause den
Antrag ein, die Königin zu bitten „in Erwägung zu ziehen, durch welche
Mittel umfassende und systematische Kolonisation in der wirksamsten Weise
nutzbar gemacht werden könnte, die Hülfsquellen des Reiches Ihrer Majestät
zu vermehren, für Kapital und Arbeit vermehrte Verwendung im Vereinigten
Königreich und in den Kolonien zu schaffen und dadurch die Lage ihres
Volkes zu verbessern." Buller zog, nach einer eingehenden Befürwortung,
in der er sich ausdrücklich auf Wakefield berief, seinen Antrag zurück, als
er von Lord Stanley, dem Kolonialminister, im Namen der Regierung be=
kämpft wurde. Dessen Haupteinwand war, daß durch die förmliche Auf=
nahme eines solchen Planes zu leicht und zu viele irrige Hoffnungen erweckt
werden würden[2]. Auf konservativer Seite war es namentlich der Handels=
minister Gladstone, der die Gedanken des Wakefieldschen Kreises mit Leb=
haftigkeit aufnahm und Anfangs 1844 im Foreign and Colonial Review
einen phantastisch ausgemalten Plan für die Besiedelung Südafrikas ver=
öffentlichte, wofür zunächst 100 000 £ ausgeworfen werden sollten[3]. Praktische

---

[1] Die Petition vom 8. Febr. 1840 und das Gutachten des Colonial Land
and Emigration Boards vom 5. Aug. 1840, in deffen Bericht von 1840 S. 102 ff.

[2] Vergl. Pauli, Geschichte Englands III 49 und 55. Die Rede im Wort=
laut als Anhang bei Wakefield, Art of Colonization S. 457—500 — Daß diese
Rede den Anstoß gegeben habe, den Überschuß der Arbeiterbevölkerung nach den
Kolonien zu lenken, wie Pauli meint, stimmt mit den Thatsachen nicht überein.

[3] Vergl. darüber Roscher, Kolonien, Kolonialpolitik und Auswanderung
3. Aufl. (1885) S. 319 f. und E. Forcade, De la question commerciale en
Angleterre, Revue des deux Mondes Jahrg. 1844 vol. I S. 210 ff.

Folgen hat das meines Wissens ebensowenig gehabt, wie die Resolutionen, die Lord John Russell am 26. Mai 1845 im Unterhause beantragte, in denen Beseitigung des Elends auf dem Lande durch systematische Aus=wanderung gefordert wurde. [1].

Als die Not in Irland 1846 begann und eine rasche Verminderung der Zahl der unglücklichen Bevölkerung notwendig erschien, wurde von ver=schiedenen Seiten die Massenbeförderung nach Canada vorgeschlagen [2], von der neuen liberalen Regierung aber abgelehnt. Die Reisekosten, welche jetzt durch private Anstrengungen, oft von Angehörigen aufgebracht würden, die vorher ausgewandert seien, würden dann ganz dem Staate zur Last fallen. Auch die, welche nach den Vereinigten Staaten wandern wollten, würden sich zunächst auf Staatskosten nach dem britischen Amerika schaffen lassen. Von den Auswanderern würden viele noch nach der Ankunft unterstützt werden müssen. Die Ansprüche an Bequemlichkeit während der Reise würden größer sein als jetzt. Die Ausgaben würden enorm sein. Für das nächste Jahr schon würden sie mindestens zwei Millionen Pfund betragen und was schlimmer sei, „das System der freiwilligen Auswanderung, welches jetzt so zufrieden=stellend und in so großem Umfange arbeitet, würde ganz zerstört werden." (Depesche des Earl Grey an Earl of Elgin, Generalstatthalter von Canada, vom 29. Januar 1847) [3].

Seitdem scheidet die Forderung einer staatlich organisierten Massen=auswanderung aus dem Bereich der praktischen Politik aus, abgesehen von einer Erörterung im Parlament Anfang 1870, bis sie in den achtziger Jahren wieder aufgenommen und im wesentlichen mit den alten Argumenten verteidigt wurde.

Die Entwicklung der Ereignisse hatte den Gegnern einer staatlich organisierten Massenauswanderung Recht gegeben. Eine ungeheure freiwillige Auswanderung entstand. Von 1845 bis 1854 hatten zwei und eine halbe

---

[1] Pauli, Geschichte Englands III, 166.

[2] Ein interessantes Beispiel ist der offene Brief, den 1847 W. H. Gregory, M. J. O'Connell und J. R. Godley an Lord John Russell richteten, und darin systematische Massenansiedlung von Iren in Canada vorschlugen, wofür sie Staats=hülfe, die Mitwirkung privater Unternehmungen und Fürsorge für die religiösen Bedürfnisse der Auswanderer forderten, sich auch bereit erklärten, die Kosten der Aus=wanderung durch eine Einkommensteuer aufzubringen. Vergl. Bagenal, The American Irish and their Influence on Irish Politics (1882) S. 87 f.

[3] Abgedruckt im Generalbericht des Auswanderungsamtes von 1847 S. 56 ff. Die gleichen Argumente wiederholt ausführlicher das Amt selbst in seinem Bericht von 1850 S. 3 ff. Dafür wird ausgedehntere Anwendung der durch das Armen=gesetz gegebenen Möglichkeit der Unterstützung aus den Armensteuern empfohlen.

Million Menschen das Vereinigte Königreich verlassen und die Kosten dafür waren ganz überwiegend von den Auswanderern selbst und ihren voraus= gewanderten Angehörigen aufgebracht. Die Goldfunde und der allgemeine wirtschaftliche Fortschritt in Nordamerika und in Australien, die Verbesse= rungen der Verkehrsmittel wirkten mächtig. Die Unterstützung der Aus= wanderung nach Australien, die in den fünfziger Jahren einen bedeutenden Umfang annahm, wurde immer mehr, wie später gezeigt werden wird, von den Interessen der Kolonien selbst beherrscht und nach ihnen, nicht nach denen des Mutterlandes geregelt. Als den australischen Kolonien parla= mentarische Verfassungen gewährt wurden, erhielten sie auch freie Verfügung über die Kronländereien und den Erlös der Landverkäufe und damit über die zur Unterstützung der Auswanderung bisher gesetzlich bestimmten Fonds. Herrschte doch den Kolonien gegenüber allgemein jene politische Anschauung, welche als alleinige Aufgabe der britischen Kolonialpolitik eine möglichst schmerzlose Vorbereitung der doch unvermeidlichen Trennung ansah. Staat= liche Organisation der Auswanderung mußte umsomehr zu den Dingen der Vergangenheit gerechnet werden, je mehr der englische Staat überhaupt in wirtschaftlichen Dingen sich der eigenen Thätigkeit enthielt. Die Auffassung von dem Verhältnis des Mutterlandes zu den Kolonien, von dem Verhältnis der Staaten zu wirtschaftlichen Angelegenheiten mußte sich ändern, ehe von der staatlichen Organisation der Auswanderung wieder die Rede sein konnte [1].

[1] Das Auswanderungsamt hat ex officio sich über die staatliche Organisation der gesamten Auswanderung noch geäußert 1857 (Generalbericht S. 19 f.) und 1870 (Generalbericht S. 4 ff.). Die zweite ausführlichere Erörterung, welche die Argu= mente der ersten und des angeführten Berichts von 1850 teilweise wiederholt, war veranlaßt durch eine Verhandlung im Unterhaus. Es heißt da: die während der letzten zwei bis drei Jahre, besonders in London, herrschende Not habe die Aufmerk= samkeit auf die Auswanderung als Mittel zur Linderung gelenkt und den Wunsch erzeugt, daß Unterstützung dazu aus der Staatskasse gewährt werde. Gegen den Vor= schlag sei eingewendet, daß eine solche Bewilligung die Beiträge aus privaten Quellen, aus welchen jetzt die Auswanderung bestritten würde, zum Versiegen bringen würde; daß sie den Steuerzahlern eine unnötige Last auflegen würde; daß die besseren Arbeiter nicht auswandern, dagegen unterstützte Arme in den Kolonien wie in den Vereinigten Staaten abgewiesen werden würden. Diese Bedenken werden dann näher erläutert. Es wird unter anderem darauf hingewiesen, daß nach Nordamerika von 1847—1869 nach Abzug der Kajütpassagiere und der Ausländer, drei und eine halbe Million Personen ausgewandert seien. Ihre Beförderung müsse mindestens 15 Mill. Pfund, jährlich durchschnittlich über 650 000 £, gekostet haben. Diese ganze Summe sei aus privaten Mitteln, zum großen Teil durch Rimessen früher nach den Ver= einigten Staaten und Canada Ausgewanderter, aufgebracht. Die Sparsamkeit und Selbstverleugnung, welche diese Summen zusammengebracht habe, würde aufhören,

wenn erst der Grundsatz aufgestellt sei, daß für alle, die nicht Arbeit finden und
auswanderungslustig seien, die Überfahrt bezahlt werden müsse. Das Auswanderungsamt wendet sich gegen die, welche solche Staatsauswanderer sofort auf dem
Land ansiedeln wollen. Alle Erfahrung bezeuge, daß das unpraktisch, daß es viel
besser sei, wenn der Einwanderer in der Kolonie erst eine Weile arbeite, Erfahrung
sammele und die Mittel zu seiner späteren selbständigen Niederlassung durch Lohnarbeit erwerbe. Aber manche gingen noch weiter und stellten Ansiedlungspläne auf,
wonach das aufgewendete Kapital verzinst und zurückgezahlt werden sollte. Die Ansiedlung einer Familie in Canada würde mindestens 100 £ kosten. Es sei aber
keine Aussicht, daß eine größere Anzahl von Auswanderern, die vom Staat oder
Wohlthätigkeitsvereinen angesiedelt seien, solche Summen zurückzahlten. Aller bisherigen Erfahrung nach würde sehr wenig wieder einkommen.

Zweites Kapitel.

Das Auswanderungsamt und die unterstützte Auswanderung. — Die Maßregeln der Kolonien.

Das englische Auswanderungsamt (Board of Colonial Land and Emigration Commissioners, seit 1855 einfach Emigration Commissioners) hat als Unterbehörde des Kolonialministeriums von 1840—1873 bestanden. Es war bis 1856 mit drei, seitdem (in Folge des Übergangs der Landverkäufe auf die Kolonien) mit zwei Mitgliedern besetzt. Die von ihm jährlich er=statteten Generalberichte sind eine Hauptquelle für eine Untersuchung der britischen Auswanderung und Kolonial=Landpolitik. Der Pflichtenkreis des Amts war ausgedehnt und verantwortungsvoll [1].

Vor allem hatte es die Landverkäufe in Australien zu leiten, das Wirrsal älterer Landvergebungen zu ordnen, in dem Konflikt der Acker=bau= und Viehzüchterinteressen zu vermitteln. Auch für andere Kronkolonien wurde es die Oberinstanz für Regelung der Landnutzung. Naturgemäß er=gab sich daraus, daß das Amt nicht nur in Bezug auf die Besiedelung sondern auch in anderen Fragen der wirtschaftlichen Verwaltung der Kolonien teils ratend, teils helfend thätig war [2].

Das zweite große Gebiet seiner Kompetenz war die Überwachung

---

[1] Das Folgende nach den angeführten Berichten. Eine kurze Übersicht bei R. Gneist, Das englische Verwaltungsrecht, 2. Aufl. 1867. § 83 S. 939—943. Nach Gneists Angabe war der Gehalt des Vorsitzenden 1200 £, der des zweiten Kommissars 1000 £. Der Etat der ganzen Behörde belief sich damals, anfangs der sechziger Jahre, auf 10 720 £.

[2] 3. B. in Fragen des Eisenbahnbaus, Bericht von 1847 S. 8 f., der Be=wässerung a. a. O. S. 73, Beschaffung von Landmessern 1854, S. 36.

der Auswanderung überhaupt und die Leitung der staatlich unterstützten
Auswanderung.

Was die erstere betrifft, so war von Anfang an das Augenmerk auf
Verbreitung besserer Kenntnisse über die Einwanderungs=
ziele, vor allem über die britischen Kolonien gerichtet. Denn die Hin=
leitung der Auswanderung nach diesen war ein ausgesprochener Zweck der
ganzen Auswanderungspolitik. Wie erwähnt (S. 17) hatte man seit 1832
von Zeit zu Zeit kurze Nachrichten über Canada für Auswanderungsluftige
veröffentlicht. Das wurde nun systematischer betrieben, im Sommer 1840
Fragebogen an die Kolonialbehörden versandt, je einer für Auswanderer
mit und für solche ohne Kapital. Auf Grund der jährlich zu wiederholenden
Antworten wurden gelegentliche Broschüren über einzelne Kolonien, bald auch
eine regelmäßige allgemeine Zusammenstellung veröffentlicht, das Coloniz=
ation Circular [1]. Es enthält Nachrichten über die staatlichen Aus=
wanderungsbeamten und deren Funktionen, über Kosten und Dauer der Reise,
aus den Kolonien Mitteilungen über Landverkäufe und Vermessungen, Nach=
frage nach Arbeit, über Löhne, Preise landwirtschaftlicher Rohprodukte, Detail=
preise von Lebensmitteln und Kleidung u. dgl. Auch über Arbeitslosigkeit
in den Vereinigten Staaten und Rückkehr von dorthin Ausgewanderten wird
gern berichtet. Obgleich das Cirkular zum Teil unentgeltlich verschickt wurde
(z. B. an die Armenbehörden der Unions), fand das Auswanderungsamt
es doch nötig, auch auf andere Art für Verbreitung nützlicher Nachrichten
zu sorgen, durch Ausgabe von Flugblättern über einzelne Kolonien, durch
Plakate auf Bahnhöfen und Postämtern [2]. Vor allem wurde auch direkt
in umfassender Weise auf Anfragen Auskunft erteilt, sowohl seitens des
Amtes selbst, wie durch die Auswanderungsbeamten in den Häfen. Wenn
unter die Auswanderer auf den Schiffen ein Guide (später in Form einer
Karte) verteilt wurde mit nützlichen Ratschlägen über Verhalten bei der An=
kunft, Warnungen u. s. w., so gehört das schon in das Gebiet des Schutzes
der Auswanderer gegen Betrug und Ausbeutung. Diese wichtige Auf=
gabe des Auswanderungsamtes wird mit den Passengers Acts weiterhin ein=

---

[1] Berichte der Land a. Emigr. Comm. von 1841 S. 91, 1842 S. 3, 1847 S. 4,
1870 S. 52. — Das erste Cirkular ist vom 13./5. 1843. Von 1845 an erscheint es
am Anfang jedes Jahres zum Preise von 2 d. Vom Ende der 50er Jahre wird es
immer umfangreicher und teurer. Das von 1874 (Nr. 33) ist ein Oktavband von
602 Seiten im Preise von 1 sh. Nr. 34 erschien erst 1877 (581 S.) im Preise von
5 sh 6 d. — Je nach Bedarf erschienen von einzelnen Jahrgängen mehrere Aus=
gaben, bis zu neun im Jahre 1848.

[2] Vergl. z. B. Berichte von 1843 S. 35, 1844 S. 24, 1847 S. 4, 1857 S. 16,
1870 S. 52.

gehender besprochen werden. Nur sei hier hervorgehoben, daß dieser schützenden Aufsicht nicht nur die britische Auswanderung, sondern auch der Wanderverkehr zwischen englischen Kolonien, vor allem also der der indischen und chinesischen Wanderarbeiter unterstand, welche in Westindien, Guyana und Mauritius dem Arbeitermangel abhelfen sollten, der durch Aufhebung der Negersklaverei entstanden war. Auf diese Seite der Thätigkeit des Auswanderungsamtes kann hier nicht näher eingegangen werden [1].

Die Leitung der aus dem Erlös der Landverkäufe unterstützten Auswanderung war der eigenartigste und verantwortungsvollste Teil der Aufgaben des Auswanderungsamtes. Abgesehen von einer geringen zeitweisen Auswanderung nach Südafrika handelt es sich ausschließlich um Australien. Was in den dreißiger Jahren begonnen hatte (o. S. 17), wurde fortgeführt und systematisch ausgebildet. Bis zu den Goldentdeckungen ist fast die ganze Besiedelung Australiens durch die staatliche Auswanderung bewirkt, zuerst die zwangsweise in Form der Deportation, dann durch die unterstützte.

Von 1837 bis 1872 sind durch die Auswanderungsbehörde nach den sieben australasischen Kolonien befördert worden 369 961 Köpfe (außerdem 14 581 nach Südafrika). Es ist das jedoch nicht die ganze Menge der Unterstützten. Es kommen dazu aus früherer Zeit die von Neu-Süd-Wales aus direkt Unterstützten, 1837—1841 18 410 Personen, die von den Kommissaren für Südaustralien 1837—1839 Beförderten mit 9753 Köpfen und die von

---

[1] Die Jahresberichte des Auswanderungsamts enthalten reiches Material darüber. Wegen der vorgekommenen Mißbräuche wurde seit 1842 die Leitung dieser Wanderungen ganz in staatliche Hände genommen. Bericht für 1846 S. 20. — Es braucht kaum hervorgehoben zu werden, daß die Versorgung der Pflanzungskolonien mit Arbeitern, „the application of public money to the removal of labour from the overpeopled (viz. India) to the underpeopled parts of the Empire" (Bericht von 1855 S. 18) ganz in das Programm der Kolonisatoren gehörte.

Auf diese Weise sind befördert worden

	nach Mauritius 1843—1872	nach Westindien 1835—1872	einschl. Guyana mit 160 069
überhaupt	358 352	263 833	160 069
Davon aus			
Ostindien	352 785	146 663	80 599
China	843	16 222	12 631
Britisch-Westindien	—	31 336	23 649
Sierra Leone . . .	—	21 118	?
Madeira	—	34 364	28 553

der Neuseeländischen Kompanie Hinausgeschickten 1839—1844 mit 7530 und 1847—50 mit 2291 Köpfen [1].

In den fünfziger Jahren fingen die Kolonien, zuerst Neuseeland und Van Diemensland an, Auswanderer ohne Mitwirkung des Auswanderungs=amts zu befördern, worüber vollständige Zahlenangaben mir nicht zur Ver=fügung stehen. In dem angegebenen Zeitraum von 36 Jahren sind jeden=falls weit über 400000 Personen mit Unterstützung befördert worden.

Nach wichtigen Zeitabschnitten verteilt sich die von der heimischen Be=hörde gewährte Unterstützung folgendermaßen:

		Das sind durchschnittlich jährlich
Durch den Generalauswanderungsagenten		
1837—1839	13550	4516
Durch das Auswanderungsamt		
1840—1846 (bis zur vorübergehenden Einstellung)	30854	4408
1847—1851 (vor dem Einfluß der Gold= entdeckungen)	60194	12039
1853—1857 (unter dem Einfluß der Gold= entdeckungen)	176305	29384
1858—1872 (allmähliche Abnahme) . .	89058	5937

Von 1847 bis 1869 hatte das Auswanderungsamt im ganzen 1088

---

[1] Durch das Auswanderungsamt, die Kolonialregierung von Neu=Süd=Wales, die Südaustralischen Kommissare und die Neuseeland=Gesellschaft sind nach Austral=asien zusammen befördert:

1837	5524		
1838	11317		
1839	13078	} durchschnittl. jährlich	13852
1840	10552		
1841	26289		
1842	5023		
1843	2589		
1844	3439	} durchschnittl. jährlich	2869
1845	671		
1846	2624		

zusammen 80097.

Davon 44404 durch den Auswanderungsagenten resp. das Auswanderungsamt. (Bericht von 1847, Append. 4, S. 40.)

Von 1847—1872 durch das Auswanderungsamt allein dahin befördert: 325557. (Siehe Anhang Tabelle 7.)

Schiffe mit 339 338 Emigranten abgeschickt. Die Ausgaben für diese Aus=
wanderung beliefen sich auf 4 864 000 £, wovon etwa 523 000 £ von
den Auswanderern oder ihren Freunden in den Kolonien bezahlt waren. Im
ganzen waren also aus öffentlichen Mitteln durch das Auswanderungsamt
4 341 000 £ für diesen Zweck ausgegeben, rund 88²/₃ Millionen Mark,
etwa 264 Mk. per Kopf der Beförderten.

Der Vollständigkeit halber seien hier gleich einige Angaben hinzugefügt
über die von den Kolonien selbst direkt unterstützte Einwanderung.

Nach den vor dem Kolonisationsausschuß 1890 gemachten Aussagen
sind mit Unterstützung der Kolonien ausgewandert:

nach Neu=Süd=Wales 1860—1886   80 000

nach Südaustralien 1850—1889   104 000

Davon sind in der Statistik des Auswanderungsamts wahrscheinlich
bereits enthalten

nach Neu=Süd=Wales gegen 30 000 bleiben also 50 000

nach Südaustralien gut   64 000   =   =   40 000

Nach Victoria sind wohl sehr Wenige gebracht, die nicht bereits in der
Statistik des Auswanderungsamts enthalten sind.

In Queensland sind allein 1879—1888 99 000 Köpfe mit kolonialer
Unterstützung eingewandert, in Neuseeland 1870 bis 1890 115 534 [1].
Danach kommen zu den obigen mehr als 400 000 Auswanderern, da
die Angaben für Queensland und für Neuseeland unvollständig sind,
noch erheblich über 300 000. Vermutlich sind also zusammen rund gegen
³/₄ Millionen Menschen ganz oder teilweise auf öffentliche Kosten nach
Australien befördert worden.

Über die von den Kolonien aufgewendeten Mittel wurde bei derselben
Gelegenheit mitgeteilt, es hätten ausgegeben [2]:

Neu=Süd=Wales 1860—1886   1 500 000 £

Südaustralien 1850—1889 .   2 063 000 £

Victoria 1851—1890 . . . .   2 013 000 £ [3]

Neuseeland ca. . . . .   2 000 000 £

Die Aufgabe, die staatliche Auswanderung zu organisieren,
war keine geringe: die Leute waren auszusuchen, nach den Abgangs=

---

[1] Die Mehrzahl von 1873—1880. Vergl. Yearbook of the Imperial Institute 1894 S. 744.

[2] Comm. on Colonisation 1890, qu. 804, 939, 1324, 1494 u. Seite 483.

[3] Emigrants' Information Office Handbook 1893. Victoria S. 11. Nach

häfen zu bringen, die Schiffe zu chartern und auszurüsten, das Wohl der
Auswanderer zu behüten, bis sie am Orte ihrer Bestimmung waren. Der
erste Punkt war weitaus der wichtigste und schwierigste[1]. Es sollten ja
nicht beliebige Leute fortgeschafft werden, wie sie sich meldeten. Die Be=
dürfnisse der Kolonien waren in erster Linie zu berücksichtigen und auch diese
waren durchaus nicht einheitlicher Natur. Was die Kolonien wünschten,
waren Arbeitskräfte, wie man sie unmittelbar nutzbringend verwenden konnte,
vor allem also jugendliche Arbeiter und Dienstmädchen. Wer aber weiter
blickte, mußte solche Elemente verlangen, welche auf die Dauer eine gedeih=
liche Entwicklung des Gemeinwesens verbürgten. Ihr Beruf mußte den
Bedürfnissen der Kolonien entsprechen, ihre Familien nicht zu zahlreich sein,
da sie andernfalls schwer Arbeit fanden, auch die Sterblichkeit während der
Seereise leicht übermäßig war. Unverheiratete Frauenzimmer konnten nicht
ohne genügenden Schutz reisen. Besonders aber sollte das ungünstige
Zahlenverhältnis der Geschlechter in der Kolonialbevölkerung verbessert werden[2].

---

einem damals veröffentlichten Nachweis haben von 1879—1888 für Zwecke der Ein=
wanderung ausgegeben in Pfund Sterling:

	Neu Süd=Wales	Victoria	Süd=australien	Queens=land	West=australien	Tas=manien	Neu=seeland
1879	78 928	342	24 952	56 453	1 163	—	90 622 *
1880	56 034	28	17 837	53 919	1 368	—	10 537
1881	51 782	104	29 808	64 304	2 391	—	1 330
1882	64 240	—	43 646	178 706	3 000	1 870	41 523
1883	82 049	11	55 202	379 423	5 570	11 703	81 973
1884	128 756	47	31 130	61 695	4 860	13 679	17 072
1885	89 268	2	39 282	140 679	5 825	4 779	6 845
1886	92 091	—	13 777	178 610	15 611	3 808	13 748
1887	14 467	—	5 895	151 440	23 547	2 231	11 414
1888	3 317	—	1 767	120 882	4 208	—	3 192

    * In der Zeit vom 1. Juli 1879 bis 31. März 1880. Die folgenden Jahre je für die Zeit
vom 1. April des genannten, bis 31. März des folgenden Jahres.
    Return showing for each of the Australasian Colonies 1. the Expenditure incurred
by assisting Immigration etc. during the last ten years. Parl. Paper C 6224. 1890.
    [1] Vgl. namentlich die Berichte von 1842 S. 18, 1852 S. 22, 1856 S. 18.
    [2] Das Verhältnis der weiblichen zur männlichen Bevölkerung war anfangs
der 40er Jahre in Neu=Süd=Wales unter Freien wie 3 zu 4½, unter Sträflingen
wie 3 zu 23.

Es war nicht leicht, namentlich zu Anfang, die Auswanderung nach diesen Gesichtspunkten zu leiten; wie es in dem Bericht von 1842 (S. 18) heißt: „many of the applicants were unfit and few who were eligible were willing to go." Wie auch bei den neueren Plänen organisierter Auswanderung immer wieder die Schwierigkeit aufstößt, daß die für die Kolonien geeignetsten Personen auch im Mutterlande bleiben könnten und die Leute, die man los sein möchte, sich auch für die Kolonien wenig eignen. Sehr anschaulich sagt der Bericht von 1852 (S. 22): „the class of emigrants to which our selections are almost confined, as the only one entirely satisfactory to the colonists is more limited than at first sight would be imagined. Paupers, as they are called, are below the required class, mechanics are generally above it; old people are useless; young children inconvenient. Idlers are mischievous in a colony; active people can generally get on at home. Single men are not desired in excess of single women, and respectable single women are not generally anxious to try the risks of a new country. People whose savings would enable them to become employers of labour instead of labourers, swell the evil which they are sent out to remedy."

Zunächst [1], von 1837—1841, hatte das Auswanderungsamt die Auswanderer nicht selbst angenommen, sondern nur die Schiffe und ihre Ausrüstung überwacht. Der anfangs vorherrschende Gedanke war, daß wer Arbeiter brauche, sie selbst kommen lassen und die Kosten in Form einer Prämie (bounty) ersetzt erhalten sollte. Der ansässige Kolonist mußte sich nun zur Anwerbung im Mutterlande anderer Personen bedienen, was bald die Form annahm, daß er die sogen. bounty-orders an Unternehmer verkaufte, meist an Reeder, welche aus dem Transport ein Geschäft machten. Die Mißstände, die sich daraus entwickelten, führten dazu, daß man die Einfuhr der gewünschten Arbeiter direkt an Schiffsreeder vergab, von denen manche wenig gewissenhaft verfuhren, namentlich durch übertriebene Schilderungen zur Auswanderung reizten, was dann zu Enttäuschung und Unzufriedenheit bei den Ausgewanderten führte. Man übertrug daher den Transport direkt einer oder zwei angesehenen Firmen, was wieder lebhafte Klagen der Konkurrenten hervorrief. Dabei war auch nicht einzusehen, warum dann nicht lieber eine Staatsbehörde direkt neben der Aufsicht auch die Anwerbung

---

[1] Vergl. die Berichte von 1842 S. 16 f., und 1843 S. 10 und die 1853 in Victoria gepflogenen Verhandlungen in dem Bericht von 1854 S. 169 ff.

besorgen sollte. Auch verloren solide Reeder die Lust an dem Geschäft, als ihnen in den Kolonien bei der Auszahlung der Prämien Schwierigkeiten gemacht wurden, weil die Auswanderer den Anforderungen nicht entsprächen. Schwierigkeiten entstanden auch dadurch, daß bei dem Prämiensystem die Einwanderung in die Kolonie bald hinter dem Bedarf zurückblieb, bald ihn übertraf, wie namentlich 1841. So wurde 1842 auf Vorschlag des Gouverneurs von Neu-Süd-Wales, Sir George Gipps, das Prämiensystem beseitigt und dem Auswanderungsamt selbst die Anwerbung und Beförderung übertragen. Zeitweise sind jedoch Prämien für Einführung besonders qualifizierter Arbeiter von den Kolonialregierungen gezahlt worden, z. B. für Weinbauer und Seiden-züchter in Neu-Süd-Wales (Bericht von 1848 S. 91, von 1852 S. 26, 1853 S. 30).

Der wesentliche Inhalt der Bestimmungen über die Anwerbung von Auswanderern zu freier Beförderung, wie sie nach einigem Umhertasten 1849 (im Mai) festgesetzt und auch den späteren Anordnungen der Kolonien vielfach zu Grunde gelegt worden sind, ist die folgende [1]. Die Auswanderer sollten in der Mehrzahl Ehepaare sein, nicht über 40 Jahre (1840: 35 Jahre, 1851: 45 Jahre) alt, arbeitsfähig und Lohn-arbeiter. Den Vorzug sollten Neuverheiratete ohne Kinder haben. Personen, welche Land kaufen oder eine gewerbliche Unternehmung in der Kolonie gründen wollten, wurden nicht angenommen. Ebensowenig Personen, welche regelmäßig Armenunterstützung erhielten. Niemand wurde angenommen ohne Zeugnisse über guten Leumund und Tüchtigkeit in seinem Beruf. Die Kosten der Reise nach dem Hafen mußte der Auswanderer selbst tragen und ferner eine Einzahlung machen, als Anteil an den Reisekosten, wofür Bettzeug und Eßgeräte geliefert wurden. Diese Einzahlungen waren so abgestuft, daß der Zweck der planmäßigen Besiedelung der Kolonien möglichst gefördert wurde. Erwachsene hatten zu zahlen in £

	bei einem Alter von .. Jahren			
	14—40	40—50	50—60	über 60
I. Landarbeiter und Dienstboten . .	2	6	11	15
II. Schmiede, Maurer, Zimmerleute, Wagner, Bergleute, Gärtner u. dgl. und Frauen der handarbeitenden Klasse (soweit nicht unter I fallend)	5	8	12	15

---

[1] Bericht von 1849 S. 35 ff. Regulativ für die Auswahl von Arbeitern zur Beförderung nach Neu-Süd-Wales und Südaustralien. — Das erste Regulativ vom August 1840 im Bericht 1841 S. 18.

III. Alle sonstigen Angehörigen des Ar=
    beiterstandes, wenn Bedarf danach
    in der Kolonie   7   10   13   15

Kinder zahlten allgemein 1 £; hatte aber eine Familie mehr als zwei Kinder unter 10 Jahren, so war für jedes weitere Kind 5 £ zuzuzahlen. Bei den um 1850 herrschenden Passagepreisen bedeuteten diese Bedingungen eine wesent= liche Erleichterung nur für die begünstigteren Abteilungen obiger Tabelle. Anders wurde das, als nach der Goldentdeckung die Passagepreise auf 23, ja 26 £ für die Person stiegen. Zu Zeiten dringender Nachfrage sind übrigens die obigen Bestimmungen bezüglich der Auswahl gelegentlich sehr weit ausgelegt worden, auch die von den Auswanderern zu zahlenden Summen herabgesetzt [1].

Das Regulativ enthielt endlich genaue Anweisungen über die Aus= rüstung mit Kleidern, das mitzunehmende Gepäck und dergl. Am Schluß kam die Zusicherung, daß den so beförderten Auswanderern nach ihrer An= kunft völlig frei stehe, sich ihre Arbeitgeber auszusuchen und ihre eigenen Bedingungen wegen Lohn zu machen. Keine Rückzahlung, auch nicht in der Form von Diensten, sei nötig, nur Unterordnung unter die allgemeinen Be= stimmungen für die Reise und nach der Ankunft Fleiß und gutes Be= nehmen.

Im einzelnen war es dann die Aufgabe des Auswanderungsamtes, je nach den Mitteilungen über den Bedarf der Kolonien die gerade nötige Art von Arbeitern anzuwerben. Vor allem aber war man dauernd bestrebt, das Zahlenverhältnis der Geschlechter in den Kolonien zu ver= bessern, teils durch Förderung der Auswanderung von Familien mit möglichst viel weiblichen Mitgliedern, teils durch Anwerbung einzelner Mädchen. Nach diesen bestand freilich andauernd eine so starke Nachfrage, daß das Amt ihr nie genügen konnte. Nicht ohne leichte Ironie wird in den Berichten wieder= holt darauf hingewiesen, daß die vortrefflichen Dienstmädchen, die man in den Kolonien verlange, auch in England nicht häufig seien. Irische Mädchen, die in beliebiger Zahl zur Verfügung standen, wurden aber auch in den Kolonien wegen ihrer Unwissenheit und Unreinlichkeit nicht immer gern ge= nommen. Unverheiratete Männer wurden bei der Beförderung nach Victoria und Südaustralien meist nicht angenommen, wenn sie nicht zu einer Familie gehörten. Zeitweise sind auch die Frauen und Kinder früher Ausgewanderter frei hinaus befördert worden.

Freilich konnte man auf diese Weise doch nicht viel mehr erreichen,

---

[1] Vergl. namentlich Bericht von 1852 S. 25.

als daß man ein Gegengewicht gegen die nichtunterstützte Einwanderung in die Kolonien schuf, die seit den Goldentdeckungen sich rasch entwickelte. In Neu-Süd-Wales waren in den 25 Jahren 1832 bis 1856 151 394 Einwanderer angekommen, davon 109 286 unterstützte[1], 42 108 nicht unterstützte. Bei den Erwachsenen (für die Kinder ist die Unterscheidung anfangs nicht durchgeführt) waren

	männlich	weiblich
Unterstützte	37 135	43 186
nicht Unterstützte	20 527	11 418
zus.	57 662	54 604

In Neu-Süd-Wales waren Einwohner

	männl.	weibl.	auf 100 weibliche kamen männliche
1841	87 298	43 558	200
1846	114 769	74 840	153
ohne Port Philipp	94 585	62 145	151
1850 dgl.	109 080	80 261	136
1856	147 091	119 098	124
1861	202 099	156 179	129
1871	275 551	228 430	121
1891	612 562	519 672	118

In Victoria wirkten die Goldfunde sehr ungünstig auf das Zahlenverhältnis der Geschlechter, da zahlreiche Männer aus den Nachbarkolonien zuwanderten. Vom Juli 1851 bis Ende 1859 beförderte das Auswanderungsamt dorthin neben 32 809 männlichen, 53 290 weibliche Personen. Ohne die unterstützte Auswanderung wäre das Verhältnis noch ungünstiger geworden, als es ohnehin war.

In Victoria waren

	männl.	weibl.	auf 100 weibliche männliche
1846	20 184	12 695	159
1850	45 495	30 667	148
1854	205 629	106 678	193
1857	258 116	145 303	178
1861	328 651	211 671	155
1871	401 050	330 478	122
1891	598 414	541 991	110

Berücksichtigt man nur die Zahlen der Erwachsenen, so war das Verhältnis noch viel ungünstiger: 1857 kamen unter den mehr als 20 jährigen

---

[1] Bei einem Aufwand von 1 959 280 £ aus öffentlichen Mitteln. Bericht von 1858 S. 29.

auf 100 weibliche 217 männliche. Im Alter von 20 Jahren und mehr gab es 88 355 unverheiratete Männer und nur 12 545 unverheiratete Frauen.

Ganz anders Südaustralien. Dort war von Anfang an systematisch die Auswanderung geleitet worden. Das Zahlenverhältnis der Geschlechter war nie besonders ungünstig und wurde, so lang die organisierte Auswanderung dauerte, stets wieder durch Zufuhr von Frauen ausgeglichen[1]. Die Bevölkerungszahlen waren

	männl.	weibl.
1850	35 302	27 737
1855 (Ende)	48 843	48 544
1861	65 048	61 782
1871	95 408	90 218
1891	166 801	153 630

Bei den 1847 bis 1872 durch das Auswanderungsamt nach Australien beförderten 325 557 Auswanderern zusammen stellte sich das Verhältnis folgendermaßen

	männl.	weibl.
Erwachsene, verheiratet	48 221	48 497
= unverheiratet	58 274	94 046
Kinder von 1 Jahr bis 14 resp. 12 Jahren[2]	32 949	34 570
Kinder unter 1 Jahr	4 433	4 567
zusammen:	143 877	181 680

Von den im gleichen Zeitraum nach der Kapkolonie beförderten 12 251 Auswanderern waren 6795 männlichen Geschlechts, von den nach Natal geschickten 2280 waren es 1226, von den nach den Falkland Inseln gesendeten 211 waren es 140[3].

Waren die Auswanderer zusammengebracht, so galt es sie möglichst billig, aber auch möglichst geschützt an ihr Ziel zu befördern. Wenn irgend thunlich charterte das Auswanderungsamt eigene Schiffe, deren

---

[1] Z. B. ergab der Census vom 31. März 1855: 44 177 männliche und 41 644 weibliche Personen. Im selben Jahre wurden vom Auswanderungsamt nach Südaustralien befördert 3810 männliche und 6137 weibliche Personen.

[2] Bis 1855 14 Jahre, seit 1856 12 Jahre nach den Bestimmungen der Passengers Acts.

[3] Die Bestrebungen, bei den indischen Auswanderern die Zahl der Frauen zu vermehren, waren nur teilweise erfolgreich. Auf 1000 nach Mauritius beförderte erwachsene Männer kamen 1843 nur 125 erwachsene Frauen, 1870—72 immerhin 396. Im ersten Jahre waren unter 1000 Auswanderern nur 32 Kinder, 1870—72 trotz herabgesetzter Altersgrenze 126.

ganze Ausrüstung es dann überwachte. Besonders besorgt war man, Krank=
heit und Sterblichkeit während der Reise zu bekämpfen. Die vielen kleinen
Kinder machten besondere Schwierigkeiten. Die Transporte wurden von
Ärzten begleitet, denen mehr und mehr die Aufsicht über die Auswanderer
während der Fahrt überhaupt anvertraut wurde. Seit 1847 waren diese
Ärzte dauernd angestellt und erhielten je nach den sanitären Ergebnissen der
Reise steigende Prämien. Der Erfolg war günstig. Im Jahre 1838 waren
von den nach Australien beförderten Personen 4,88 Prozent unterwegs ge=
storben, 1839 waren es 2,71 Prozent. Im Durchschnitt der Jahre 1847
bis 1869 starben dagegen 1,69 Prozent, 1860—1869 nur mehr 0,82 Proz.
(gleich einer Mortalität von 32 auf 1000 im Jahr), ein Ergebnis, auf
welches die Behörde mit gerechter Befriedigung hinweisen konnte.

Für die zahlreichen unverheirateten Frauenzimmer war ein besonderer
Schutz erforderlich. Der Versuch, sie dem Schutze mitreisender Familien an=
zuvertrauen, bewährte sich nicht. So ging man 1846 dazu über, eine „Matron",
eine ältere zuverlässige Person zur Aufsicht für jeden Transport anzustellen [1].
1858 nahm man solche Frauen dauernd in Dienst. Auch so konnte es
freilich nicht ausbleiben, daß unter den Elementen, die zur Auswanderung
bereit waren, trotz aller Vorsicht bei der Anwerbung gelegentlich recht be=
denkliche sich einschlichen, was bei mangelnder Energie des Arztes schon auf
dem Schiff zu ärgerlichen Vorkommnissen führte und vor allem bei den
Kolonisten Unzufriedenheit erregte (z. B. Bericht von 1850 S. 8). Für
die Kinder wurde ein Schullehrer bestellt, irgend ein halbwegs geeigneter
Auswanderer, falls nicht ein Geistlicher oder berufsmäßiger Schullehrer mit=
reiste. Begreiflicherweise waren dann die Ergebnisse des Unterrichts sogar
nach englischem Maßstab nur dürftig (vgl. Bericht von 1851 S. 4).

Auf die technischen Einzelheiten der Verpflegung, Ausrüstung u. s. w.
soll nicht näher eingegangen werden. Im ganzen hat man den Eindruck,
daß namentlich für die frühere Zeit es wohl berechtigt war, wenn z. B.
1849 der Einwanderungsbeamte in Adelaide schrieb: there is no doubt
that the emigrants who come out under the auspices of the Land and
Emigration Commissioners are in every respect much better taken
care of. (Bericht von 1850. S. 64.)

Die Fürsorge für die Auswanderer hörte erst auf, wenn sie Stellung
gefunden hatten. Bis dahin waren sie in Regierungsdepots untergebracht.

---

[1] Seit 1849 wurde das Amt bei Auswahl der Matronen unterstützt von der
British Ladies Female Emigrant Society. Bericht von 1859 S. 15. — Über
religiöse Fürsorge, vermittelt durch Gesellschaften, wie die Society for the Propa-
gation of the Gospel s. z. B. Bericht von 1849 S. 6.

Doch wird es regelmäßig als etwas besonderes hervorgehoben, wenn sie nicht in kürzester Frist, meist direkt vom Schiff weg, gemietet waren.

Das ist nicht zu vergessen, daß es bei dieser unterstützten Auswanderung sich nur um Leute handelte, welche zunächst wenigstens als Lohnarbeiter in den Dienst der Kolonisten treten sollten. Die praktische Schwierigkeit war dann freilich immer, wie man die eingeführten Arbeiter im Dienst halten könnte. Alle Versuche, sie durch längere Arbeitsverträge (indenture[1]) zu binden, sind erfolglos geblieben, sobald irgend ein besonders starker Reiz, sich den Verpflichtungen zu entziehen, eintrat, wie bei Gelegenheit der Goldentdeckungen. Noch weniger gelang es, den Auswanderern Verpflichtungen zur spätern Rückzahlung aufzuerlegen. Während von den Auswanderern eine kleine Zuzahlung verlangt wurde[2], fiel der Hauptteil der Kosten auf die kolonialen Landfonds. Wie erwähnt (S. 37) sind aus den letzteren von der Ausgabe 1847—1869 fast neun Zehntel bestritten. Es ist begreiflich, daß trotz früherer ungünstiger Erfahrungen der Gedanke doch wieder auftauchte, die Auswanderer zur Rückzahlung der Unterstützung zu verpflichten, um die Kosten späterer Unterstützungen zu verringern. In Neu-Süd-Wales wurde 1853 beschlossen, von den Auswanderern (mit Ausnahme unverheirateter Frauenzimmer) eine kleine Anzahlung zu verlangen und das schriftliche Versprechen, den Rest entweder 14 Tage nach Ankunft zu bezahlen oder auf zwei Jahre in den Dienst eines Arbeitgebers zu treten, der die Summe aus dem Lohn abzahlen sollte. Die Summe war z. B. für einen verheirateten Landarbeiter unter 45 Jahren 1 £ vor der Abreise, 12 £ nach Ankunft, was übrigens erheblich hinter den wirklichen Beförderungskosten, die damals etwa 23 £ betrugen, zurückblieb. Außerdem waren Ehefrauen, sowie Kinder unter 14 Jahren frei. Man kann nicht behaupten, daß unter diesem System dem Auswanderer besonders viel zugemutet wurde. Und doch erwies es sich als praktisch undurchführbar, nachdem von 1854—1856 20815 Personen unter diesen Bedingungen befördert waren. Die Auswanderer wurden unzufrieden über die Lohnabzüge und arbeiteten widerwillig und verdrossen, sodaß die Kolonisten zögerten, die betr. Summen vorzuschießen und schließlich die Leute nicht in Dienst nehmen wollten. So wurde das Gesetz von 1853 im Jahre 1856 wieder aufgehoben[3]. Ein ähnlicher, Ende der sechziger Jahre in Queensland ge-

---

[1] Vergl. z. B. Bericht von 1843 S. 13.

[2] Später eventuell von Freunden oder Angehörigen in der Kolonie, worüber unten.

[3] Berichte von 1854 S. 22, 39, 152 ff. und von 1857 S. 25. — In Victoria wurde der gleiche Vorschlag abgelehnt 1854 S. 170.

machter Versuch mißglückte ebenso. Nur ein kleiner Teil der Summe konnte
wieder eingetrieben werden[1].

Das Auswanderungsamt übernahm neben der regelmäßigen oben be=
schriebenen Beförderung von aus Kolonialmitteln unterstützten Personen
gelegentlich auch den Transport von Leuten, deren Auswanderung vom
Mutterlande aus bezahlt wurde, aus staatlichen, kommunalen oder privaten
Mitteln[2]. Namentlich als Earl Grey Kolonialminister war, hat **der
englische Staat** in einer Anzahl von Fällen direkt **die Auswande=
rung unterstützt**. So wurde 1848 eine Anzahl englischer, aber in
Calais wohnender und durch die Revolution brotlos gewordener Arbeiter
nach Australien befördert. (Bericht von 1849 S. 4.) Besonders aber
wurde seit demselben Jahre 1848 jährlich im englischen Budget eine Summe
eingestellt, um in die Kolonien, wohin Sträflinge deportiert wurden, West=
Australien und anfangs vor allen Van Diemensland, eine der Zahl der
männlichen Sträflinge gleiche Anzahl freier Einwanderer zu schaffen,
nämlich der Reihenfolge nach die Frauen und Kinder sich gutführender
Sträflinge, pensionierte Soldaten, die als Aufseher der Sträflinge hinaus=
gingen, Frauen aus Armenhäusern und für den Überschuß gewöhnliche freie
Auswanderer[3]. Die jährlich für diesen Zweck bewilligte Summe betrug
anfangs 30 000 £, ist aber später allmählich herabgesetzt bis auf 10 000 £.

Ein Versuch, die militärische Verteidigung der Kolonien mit der Be=
siedelung zu verbinden, wurde gleichfalls während des Ministeriums des
Earl Grey gemacht. Pensionierten Soldaten war schon früher der Land=
erwerb in den Kolonien erleichtert. Als seit Mitte der vierziger Jahre in
Neuseeland das Verhältnis zu den Eingeborenen immer schwieriger und
starke militärische Besetzung der Kolonie nötig wurde, schlug 1846 der
Gouverneur George Grey vor, 500 verabschiedete Soldaten dorfweise anzu=
siedeln mit der Verpflichtung zu militärischem Dienst. Die Leute wurden
mit ihren Familien frei hinausbefördert. Nach sieben Jahren erhielten sie
die Landstelle nebst dem Haus zum Eigentum.

Der Versuch mit dieser Kolonialmiliz (New Zealand Fencibles) soll
sich gut bewährt haben, wurde aber nicht fortgesetzt, nachdem die englische

---

[1] Bericht von 1873 S. 32.
[2] Vergl. darüber die allgemeinen Ausführungen im Bericht von 1849 S. 3—6.
[3] Vergl. Earl Grey, Colonial Policy I 42 ff. und 60 und Bericht 1856
S. 118 ff.

Das Auswanderungsamt und die unterstützte Auswanderung. **47**

Garnison zurückgezogen war[1]. In kleinerem Maßstabe geschah ähnliches in Van Diemensland und Westaustralien zur Überwachung der Sträflinge. Ein Versuch, verabschiedete Soldaten auf den Falkland-Inseln anzusiedeln (1850), scheint sich dagegen wenig bewährt zu haben[2].

Ein besonderer Fall von Staatsunterstützung war 1869 der Transport von 1704 Auswanderern, Arbeitern und Handwerkern, die auf staatlichen Werften entlassen waren, mit ihren Familien, auf Truppentransportschiffen, die leer nach Canada fuhren. Die Kosten ihrer Verpflegung und Ankunft (2 £ 5 sh. für den Erwachsenen) wurden durch Wohlthätigkeit aufgebracht[3]. Auf dieselbe Weise wurden 1870 weitere 1368 Personen befördert. Pensionierten Arbeitern aus den Werften und Arsenalen, welche auszuwandern wünschten, wurde seit 1870 ihre Pension in ein Kapital umgewandelt, daraus vom Auswanderungsamt Ausrüstung und Passage bezahlt und der Rest am Auswanderungsziel ausgehändigt[4]. Auf diese Weise sind 1870—1872 295 Personen befördert.

Ein besonderer Fall war es auch, wenn 1862 während der Baumwollnot die Kolonie Victoria 5000 £, die Provinz Canterbury in Neuseeland 10 000 £ dem Auswanderungsamt überwies, um Notleidende dafür nach der betr. Kolonie auswandern zu lassen[5].

So lang das Auswanderungsamt bestand, war es auch beteiligt mit seinem Rat wie durch direkte Mitwirkung, sowohl bei der kommunalen Unterstützung der Auswanderung armer Gemeindeglieder, namentlich armer Kinder, als bei privaten Bestrebungen dieser Art, die von Großgrundbesitzern oder Wohlthätigkeitsgesellschaften ausgingen. Beides wird weiterhin noch besonders zu behandeln sein[6].

Gelegentlich hat auch die englische Regierung die Erfahrung des Auswanderungsamts sich zu nutze gemacht für einfache Transportgeschäfte, indem ihm die Beförderung von Soldaten mit ihren Familien nach verschiedenen Kolonien, vor allem aber 1859/60 die von 6647 Soldatenweibern und

---

[1] Vergl. Bericht von 1849 S. 15, 1850 S. 22. — Earl Grey, Colonial Policy 1853 Bd. II, S. 141—147. — Committee on Colonisation 1890 qu. 1287 bis 1294.

[2] Earl Grey, Colonial Policy II S. 268.

[3] Namentlich von der British and Colonial Emigration Society. Bericht von 1870 S. 3 und 49.

[4] Bericht von 1871 S. 4.

[5] Bericht von 1863 S. 25 und 33.

[6] Über seine Aufgaben in dieser Richtung äußert sich das Auswanderungsamt namentlich in den Berichten von 1844 S. 8, 1847 S. 17, 1849 S. 4, 1850 S. 5, 1863 S. 35.

Kindern nach Indien übertragen wurde, was nach den Berichten eine wenig erfreuliche Aufgabe war [1]. Im ganzen hat das Auswanderungsamt 8198 solcher Passagiere befördert, davon fast die Hälfte Kinder. Die Gesamtzahl aller 1847—1872 vom Auswanderungsamt überhaupt beförderten Personen stellt sich damit auf 348 497 [2].

Überblicken wir den Verlauf der systematisch geleiteten staatlichen Auswanderung. Der Beginn fiel zusammen mit einer allgemeinen Bewegung oder vielmehr war eine ihrer Folgen: eines lebhaften Interesses für überseeische Zustände und vor allem einer lebhaften Auswanderung und Landspekulation, die nicht bloß auf Südaustralien, sondern ebenso auf die anderen australischen Besitzungen, wie auf Nordamerika sich bezog. Der Rückschlag der Landspekulation konnte so wenig ausbleiben, wie die Schwierigkeit, für die Auswanderermassen Beschäftigung zu finden. In Nordamerika trat die Krisis 1837 ein. Die Bewegung warf sich ganz auf Australien, wo der Krach 1841 kam, in Neu-Süd-Wales verschärft durch das Aufhören der Ausgaben für die Deportation. In Neu-Süd-Wales (einschl. Port Philipp) war der Erlös aus Verkauf von Staatsländereien von 12 500 £ im Jahre 1832 auf die verhältnismäßig enorme Summe von 167 500 £ im Jahre 1839 und 317 250 £ im Jahre 1840 gestiegen; 1841 waren es noch 93 500 £, dem folgte ein starker Absturz 1842 auf 19 400 £; 1844 mit nur mehr 9 032 £ war der tiefste Stand. In Südaustralien waren 1835—40 fast 273 000 £ eingegangen, 1843 nur 613 £. Im Jahre 1841 allein kamen in Neu-Süd-Wales 23 200 Einwanderer an, wovon 19 523 unterstützte; zu Ende desselben Jahres hörte die freie Beförderung fast auf. Während 1841 aus dem Mutterlande nach Australasien 32 625 Personen auswanderten, wovon 26 289 mit Unterstützung, waren es 1845 nur noch 830, wovon 671 mit Unterstützung. Inzwischen waren aber die Verhältnisse wieder gesundet, ein kräftiger Fortschritt war überall bemerkbar. Die Landverkäufe brachten in Südaustralien 1845 schon wieder 74 000 £, in Neu-Süd-Wales 1846 30 000 £, 1849 fast 94 000 £, 1850 gegen 157 000 £. Damit flossen auch die Mittel reichlicher zur Unterstützung der Auswanderung, während die Nachfrage nach Arbeitskräften wuchs. Die staatliche Auswanderung wurde 1847 energisch

---

[1] Was für Elemente das waren, wird durch die Mitteilung beleuchtet, daß die Männer dieser Frauen meist seit zwei Jahren in Indien waren, trotzdem aber die Zahl der Kinder unter einem Jahr sehr groß war, auch 60 Kinder unterwegs geboren wurden.

[2] Vergl. die Tabelle im Anhang.

wieder aufgenommen und bis Ende 1851 sind befördert nach Neu-Süd-
Wales 19 911, Victoria 17 561, Südaustralien 20 986. Nach Neuseeland beförderten die verschiedenen Ansiedelungsgesellschaften in dieser Zeit
über 5000 Personen. Die Kolonien waren in gesunder Entwicklung schon
vor den Goldentdeckungen, welche den ruhigen Fortschritt eher störten.
Dieser Fortschritt aber war veranlaßt durch die Zunahme der Bevölkerung.
Da die Deportation nach Neu-Süd-Wales 1840 eingestellt war, war der
große Volkszuwachs wesentlich die Wirkung der staatlich unterstützten Einwanderung. Ohne sie würden sich bei der großen Entfernung Australiens
und der Höhe der Passagepreise die dortigen Ansiedelungen sehr langsam und
kümmerlich entwickelt haben. Erst seit den Goldentdeckungen wendete sich
ein stärkerer Wanderstrom freiwillig dorthin. Ein Blick auf die folgenden
Zahlen für Neu-Süd-Wales aus den Jahren 1838, ein halbes Jahrhundert
nach der Gründung von Sydney, und 1850 zeigt deutlich die günstige Entwicklung der Kolonie in dieser Zeit. Anfang 1832, bei Beginn der neuen
Politik hatte die Bevölkerung erst gut 50 000 betragen.

Es war nun

	1838	1850
die Einwohnerzahl	97 912	265 503[1]
die Fläche bebauten Landes Acres	92 912	196 824
der Wert der Einfuhr £ . . .	1 579 277	2 078 338
davon aus Groß-Britannien £ .	1 102 127	1 670 295
der Wert der Ausfuhr £ . . .	802 768	2 399 580
davon Wert der Wolle £ . . .	405 977	1 614 241
= = des Talgs £ . . .	—	300 721

In Neu-Süd-Wales ohne Port Philipp (das spätere Victoria) wuchs
von 1843 bis 1850 die Zahl der Schafe von 3 453 000 auf 7 092 000[2],
die der Rinder von 850 000 auf 1 496 000, die der Pferde von 55 700
auf 111 500. In Südaustralien, dessen Besiedelung 1837 begonnen hatte,
lebten Ende 1850 63 700 Menschen europäischer Abkunft (darunter 7000
Deutsche). 174 000 Acres Land waren unter Kultur, die Zahl der Schafe
1 152 000. Der Wert der Einfuhr war 845 572 £ (davon aus Groß-
Britannien 535 677 £), der der Ausfuhr 570 817 £. Die Zahl der
weißen Bewohner des seit 1839 (übrigens nicht unter Mitwirkung des
Auswanderungsamts) besiedelten Neuseeland war 1851: 26 707.

---

[1] Earl Grey, Colonial Policy II 76 schätzt, daß 1850 in Australien 48 000
ehemalige Sträflinge waren.
[2] In der ganzen Kolonie damaligen Umfangs waren 1846 7,9 Millionen,
1850 13 Millionen Schafe.

Ganz außerordentliche Anforderungen aber wurden an das Auswanderungsamt gestellt, seit die Entdeckung von Gold in Neu-Süd-Wales und Victoria alle gesellschaftlichen Verhältnisse dieser Kolonien umzustürzen drohte.

Im Mai 1851 verbreitete sich in Sydney die Kunde, daß Gold in der Kolonie entdeckt sei. Im August folgte die erste Entdeckung in Victoria. Die Aufregung in der ohnehin leicht beweglichen Kolonialbevölkerung war ganz außerordentlich. In Mengen verließen die Männer die bisherige Beschäftigung, um dem aufregenden Beruf des Goldgräbers sich zu widmen. Viele freilich verließen bald wieder die Goldfelder, enttäuscht oder abgeschreckt durch die harte Arbeit[1]. In Victoria waren die Goldfelder viel leichter zu erreichen, dabei die Bevölkerung nicht so zahlreich wie in Neu-Süd-Wales. So machten sich dort die Folgen sehr viel bemerklicher. Der Lieutenant-Governor Latrobe berichtete am 10. Oktober 1851[2]: bei Ballarat sei es vorgekommen, daß eine Gesellschaft von vier Mann schon am frühen Morgen 16 Pfund, am ganzen Tag 31 Pfund Gold gewonnen habe. Daß an einem Tage 10 Pfund von einer Gesellschaft gewonnen seien, habe er selbst gesehen. Und er fährt fort:

„Es ist mir ganz unmöglich die Wirkungen zu beschreiben, welche diese Entdeckungen auf die ganze Gesellschaft ausgeübt haben, und den Einfluß, welchen ihre Folgen gegenwärtig auf die Lage und Aussichten von Hoch und Gering haben Die Entdeckungen von Bathurst in Neu-Süd-Wales versetzten die arbeitenden Klassen in ganz Australien in Aufregung und hatten einen merklichen und unmittelbaren Einfluß auf den Arbeitsmarkt und die Lebensmittelpreise." Doch sei der Einfluß wegen der Jahreszeit und der großen Entfernung immer noch mäßig gewesen. Anders nach den Entdeckungen unweit Melbourne. „Während der letzten drei Wochen scheinen die Städte Melbourne und Geelong sich von männlichen Einwohnern fast entleert zu haben. Die Straßen, die eine Woche lang voll Karren standen, die mit Ausrüstungsgegenständen beladen wurden, sind öde. Verschwunden sind nicht nur die gewöhnlichen Müßiggänger, die Tagelöhner in Stadt und Land, die Ladendiener, die Handwerker jeder Art, die ihre Stellen aufgaben, ihre Arbeitgeber und Frau und Kinder sich selbst überlassen haben. Auch selbstständige Kaufleute, Farmer, bessere Commis und nicht wenige aus den höheren Ständen waren jenen gefolgt. Manche aus Unternehmungslust, manche weil sie der Manie nicht widerstehen können, aber auch manche, weil ihnen nichts übrig bleibt nachdem ihre Arbeiter sie sitzen gelassen haben. Hütten stehen verlassen, Häuser sind zu vermieten, die Geschäfte stehen still und sogar die Schulen sind geschlossen. In einigen Vorstädten ist kein Mann mehr zu

---

[1] Von den zuerst entdeckten Feldern berichtet der Regierungskommissar am 11. Juni, daß täglich 200 Leute kämen und 100 wieder gingen.

[2] Mitgeteilt im Bericht des Auswanderungsamts von 1852 S. 131 ff.

finden und die Weiber hüten ängstlich die Häuser, statt wie sonst ihren Nachbarn in die Töpfe zu gucken und zusammenzustehen Die Schiffe im Hafen sind meist verlassen und sogar Schiffskapitäne sind nach den Gold= feldern gegangen, als sie sahen, daß sie ihre Leute doch nicht halten konnten, wie auch die größeren Landwirte mehrfach ihren Leuten gefolgt sind. Glücklich die Familie, die mit allen Opfern sich ihre Dienstboten hat halten können und die gewohnten Dinge von den wenigen Handelsleuten erhält, die übrig·ge= geblieben sind und die Mittel haben, ihre Kunden zu exorbitanten Preisen zu befriedigen. Die Preise der Lebensmittel steigen in den Städten, denn wenn auch genug in der Nähe vorhanden ist, fehlt es doch an Händen, es nutzbar zu machen. Hier, wie in Geelong stehen alle Arbeiten an Bauten, öffentlichen wie privaten, still, und es ist unmöglich, auf der Erfüllung der Kontrakte zu bestehen.“

Kaum war eine größere Rückwanderung von den Goldfeldern erfolgt, als im Dezember schon eine neue Massenauswanderung nach dem Bendigo= Distrikt erfolgte. Am 19. Dezember erklärte der Statthalter: „the whole structure of society and the whole machinery of government is dis-located.“

Auf die schwierigen Aufgaben, die ·den Kolonialregierungen gestellt waren, kann hier nicht näher eingegangen werden [1]. Die Finanzen der eben selbständig gewordenen Kolonie Victoria kamen in Schwierigkeiten, da die Staatsausgaben rascher wuchsen als die Einnahmen, trotz der Licenzen der Goldgräber und obgleich die Zolleinnahmen von 1851 auf 1852 auf mehr als das Dreifache stiegen. Allein der Zoll auf Branntwein lieferte fast das Fünffache, der auf Tabak das Dreifache.

Die Wirkungen auf den Stand und die Zusammensetzung der Bevölke= rung waren ganz außerordentlich. Bei allen regelmäßigen Beschäftigungen trat plötzlich Arbeitermangel ein. Der Ertrag der Schafschur von 1852 drohte verloren zu gehen und die Wollausfuhr ging thatsächlich zurück. In Neu=Süd=Wales, in Van Diemensland nahm die Fläche des Ackerlandes ab. Auch wo kein Gold gefunden wurde, schwand die Arbeiterbevölkerung, da rüstige Männer in großer Zahl nach den Goldfeldern zogen. In Victoria waren bis zum Dezember aus den Nachbarkolonien allein zur See 8000 Menschen angekommen. Wie viele zu Land gekommen waren, ist unbekannt. Im ganzen war doch die Wirkung nicht ungünstig für diese Kolonien. Der Männerüberschuß wurde vermindert, sogar in Neu=Süd=Wales (von wo 1852 12 523 männliche und nur 1264 weibliche Personen auf dem Seeweg in Victoria ankamen [2]). Vor allem aber kam ihnen die gesteigerte Nachfrage

---

[1] Als die Polizisten in Massen ihre Posten verließen, wurde militärische Hülfe geschickt.

[2] Von Van Diemensland 17 107 m. und 1596 w., von Süd= und Westaustra-

4*

der rasch wachsenden Bevölkerung von Victoria zu gute. Auf die Landwirt=
schaft und die Zunahme der Bebauung von Südaustralien hatte dies den
günstigsten Einfluß. Die wachsenden Landverkäufe lieferten große Summen
für die Einwanderung.

In Victoria selbst war der Arbeitermangel ganz empfindlich, die Lohn=
steigerung ungeheuer. Weibliche Dienstboten erhielten jährlich vor den Goldent=
deckungen 16 £, im Oktober 1852 25 £, Grobschmiede vorher wöchentlich
2 £, nachher 5 £ 10 sh., Zimmerleute vorher 1 £ 12 sh. 6 d, nachher
6 £ 10 sh., ungelernte Arbeiter außer der Verpflegung vorher wöchentlich
10 sh. 6 d, nachher 3 £ 6 sh. Matrosen hatten für die Rückkehr nach
England 14 £ Heuer bekommen, jetzt verlangten sie 65 £. Die Preise
der Lebensmittel stiegen entsprechend. In derselben Zeit betrug der Preis
eines 4 Pfund=Brots vorher 8½ d, nachher 2 sh. 6 d, Hammelfleisch per
Pfund 1½ d und 5½ d, Butter 1 sh. 3 d und 2 sh. 7½ d, ein Paar
Hühner 2 sh. und 15 sh.

Solche Erwerbsmöglichkeiten, „die ungeheure Lotterie, die vor den Gold=
suchern von der Natur ausgebreitet war", zog von allen Seiten Menschen
heran, aus den Nachbarkolonien, namentlich aber aus dem Mutterlande.

Die nicht vom Auswanderungsamt geleitete Auswanderung nach
Australasien betrug

1847	965	gegen	3 984	Unterstützte
1848	6 152	=	17 752	=
1849	12 763	=	19 428	=
1850	9 198	=	6 839	=
1851	9 839	=	11 693	=
1852	53 527	=	34 354	=
1853	34 578	=	27 723	=
1854	42 172	=	41 065	=
1855	24 293	=	28 016	=
1856	24 199	=	20 385	=
1857	36 700	=	24 548	=

Die Goldentdeckungen waren das Reizmittel, das jetzt zuerst eine starke
nichtunterstützte Auswanderung nach Australien weckte, die sich vor allem
nach Victoria richtete.

Dahin allein gingen Nichtunterstützte:

1851	2 020
1852	37 255

lien 12 908 m. und 1940 w. Über die Verschlechterung des Verhältnisses in Victoria
siehe oben S. 42.

1853   26 683
1854   35 384

Freilich waren darunter viele, die durchaus keine wünschenswerte Bereicherung der Kolonie waren. Schon der sehr starke Männerüberschuß war nicht gut. Der Statthalter berichtete 1852, daß die große Mehrheit nach Lebensgewohnheiten, Beruf und Temperament ganz ungeeignet sei. Was solle aus der Menge von Leuten werden aus guter Gesellschaft mit geringen Mitteln und vielen Kindern, den heruntergekommenen Kaufleuten, halbgebildeten Commis, jungen Leuten ohne bestimmten Beruf, die ihre Bereitwilligkeit erklärten alles zu thun, ohne die Fähigkeit zu haben, etwas ordentlich zu thun. Und nun gar die „Horde schwacher und irregulärer Charaktere" die von Verwandten nicht sowohl ihrer selbst, als ihrer Angehörigen wegen fortgeschafft seien, und endlich die offenkundig Unwürdigen und Verkommenen [1].

Um so wichtiger war die Aufgabe des Auswanderungsamtes, dafür zu sorgen, daß den Kolonien möglichst die nötigen Arbeitskräfte zugeführt würden. Sowie im September 1851 die ersten Nachrichten nach England kamen, legten die Kommissare sich die Frage vor, wie man in der unvermeidlichen Krisis den Kolonien helfen könne. Es war klar, daß eine dringende Nachfrage nach Arbeitskräften entstehen würde, aber ebenso klar, daß niemand den Verlockungen der Goldfelder so leicht nachgeben würde, als ein frisch gelandeter gesunder Emigrant, den nichts in der freien Wahl seines Aufenthalts hinderte. Man hatte die Wahl, die Auswanderung einzustellen, in dem Augenblick, in welchem das von den Kolonisten am schmerzlichsten empfunden wurde, oder die vorhandenen Mittel zur Beförderung von Personen zu benutzen, welche nach der Ankunft die Beschäftigung, für welche die Kolonisten sie brauchten, sofort ablehnen würden. Das Auswanderungsamt zögerte zunächst, die bis dahin befolgte Methode zu verlassen, um so mehr als die Ratschläge, die es erhielt, ganz entgegengesetzter Natur waren. Der Gouverneur in Sydney empfahl die Unterstützung der Auswanderung ganz einzustellen, weil die freiwillige Einwanderung nun ausreichen würde. Dagegen drängten die Kolonisten und alle am australischen Wollhandel interessierten Kreise auf möglichste Vermehrung der Auswanderung, die das einzige Mittel sei, der Arbeitsnot zu steuern. Es wurde direkt empfohlen, Leute zu schicken, die nicht stark genug für die Arbeit auf den Goldfeldern, aber als Schafhirten doch zu brauchen wären. Aus den Kolonien flossen die Mittel reichlich und so entschloß man sich im Frühling 1852, die Beförderung auf alle Weise

---

[1] Mitgeteilt im Bericht von 1853 S. 21.

zu beschleunigen. Vorher waren nach jeder der drei Kolonien Neu-Süd-Wales
Victoria und Südaustralien monatlich ein bis zwei Schiffe befördert, im
Jahre 1851 zusammen 35 Schiffe, dagegen 1852 nach Neu-Süd-Wales
und Südaustralien je 22, nach Victoria 54. In den vier Monaten Juli
bis Oktober gingen allein 53 Schiffe ab.

Die Schwierigkeit, eine genügende Zahl von Auswanderern anzuwerben,
war bald überwunden, als die Nachrichten von den Goldfeldern sich allgemeiner
verbreitet hatten. Die Gesuche mehrten sich; 1852 lagen einmal 18 000
Gesuche gleichzeitig im Auswanderungsamt. Nachhaltiger wirkte ein anderes
Hemmnis: das Steigen der Passagepreise. Die plötzliche Nachfrage nach
Schiffen (auch nach Amerika war die Auswanderung besonders groß in diesen
Jahren) hätte das allein schon bewirkt. Aber bei Fahrten nach Australien
kam dazu die Gefahr, daß man das Schiff von dort nicht zurückbekam, weil
die Mannschaften nach den Goldfeldern desertierten. So kam es, daß der
Passagepreis, der vorher stetig gefallen war, bis er im Juni 1851 9½ bis
10 £ betrug, im Juni 1852 auf 17 £ gestiegen war und schließlich 23,
ja 26 £ gefordert wurden. Aber die Landeinnahmen in den Kolonien waren
so groß, daß trotzdem die oben angegebenen großen Zahlen staatlicher Auswanderer erreicht wurden. Den Höhepunkt bildet das Jahr 1854 mit 127
Schiffen und 41 065 unterstützten Auswanderern. Von 1852—1857 hat
das Auswanderungsamt über 176 000 Personen befördert, davon nach
Victoria 76 172, nach Neu-Süd-Wales 55 265, nach Südaustralien 38 046.

Von der Masse der Geschäfte erhält man eine Vorstellung durch die
Mitteilung, daß die Zahl

	der angekommenen	der abgegangenen Briefe war:
1850	26 369	29 612
1852	91 092	95 277
1854	125 879	117 144
1856	85 466	84 377

Und dabei ist zu beachten, daß ein großer Teil der ankommenden Briefe
kleine Geldsummen übermittelte, daß ein großer Teil der Korrespondenten
ungebildete Leute waren, die sich nicht klar ausdrückten oder schwer verstanden,
was geschrieben wurde, daß ihnen genau Zeit und Art der Auswanderung
beschrieben werden mußte, damit sie nicht zu Schaden kamen.

Groß waren die Leistungen des Auswanderungsamtes während der den
Goldentdeckungen folgenden Aufregung gewesen. Aber der Ungeduld der
Kolonisten genügten auch sie nicht immer. Klagen wurden laut über die
Langsamkeit des Geschäftsganges, die die Folge davon sei, daß das Centrum

der Geschäftsleitung in England sich befinde. Der wachsende Selbständig=
keitsdrang der Kolonisten verlangte die Leitung durch Beamte, die ihnen
direkt verantwortlich seien [1]. Mit der Einführung autonomer Verfassungen
erhielten die Kolonien freie Verfügung über den Ertrag der Landverkäufe [2].
Die neuen Landgesetze der Kolonien beseitigten die Bestimmung daß mindestens
die Hälfte des Erlöses für die Auswanderung verwendet werden müsse.
(Zuerst in Südaustralien 1857.) Eine Kolonie nach der andern
ging nun dazu über, die Unterstützung der Auswanderung
selbständig zu regeln und eigene Emigrationsagenten im Mutterlande
anzustellen [3]. Anfangs freilich haben diese meist mit dem Auswanderungs=
amt zusammen gearbeitet, sich auf die Anwerbung und Auswahl der Aus=
wanderer beschränkt und die Beförderung der Leute durch jenes bewirken
lassen.

Nur Neuseeland ging ganz seine eigenen Wege. Wie schon
bisher die Kolonie nicht sowohl durch die Thätigkeit des Auswanderungs=
amtes [4], als durch die verschiedenen Kolonisationsgesellschaften besiedelt war,
so nach deren Auflösung durch die einzelnen Provinzen. Der Regel nach bezahlten
diese aus dem Erlös der Landverkäufe die Hälfte der Reisekosten, wenn die
andere Hälfte von Freunden in der Kolonie getragen wurde. Im Jahre
1870 ging die Unterstützung der Einwanderung von den Provinzen auf
die Centralregierung der Kolonie über. Die „Immigration and Public
Works Act, 1870“ stellte, im Zusammenhang mit dem Beginn großer
öffentlicher Arbeiten, eine Million £ für die Beförderung von Einwanderern
zur Verfügung, eine Summe, die durch spätere Bewilligungen auf mehr als
zwei Millionen angewachsen ist. Eigenartig ist in diesen Maßregeln die
Bestimmung, daß Unternehmer von Eisenbahn= und anderen öffentlichen
Bauten die Transportkosten für von ihnen unter Kontrakt eingeführte Arbeiter
in Geld oder Land vergütet erhalten konnten.

In Van Diemensland, wo nach Aufhören der Deportation große
Nachfrage nach Arbeit entstand, kehrte man 1854 zu dem Bounty System
zurück, sodaß die englischen Behörden mit der Auswanderung dorthin gar
nichts mehr zu thun hatten. Auch Victoria hat 1861—1863 noch einmal
Prämien an den Schiffseigentümer gezahlt.

---

[1] Vergl. z. B. die victorianischen Klagen in dem Bericht von 1854 S. 169 ff.
[2] 1855 in Australien, 1853 in Neuseeland, wo aber schon 1846 die Land
Sales Act aufgehoben war.
[3] 1857 Victoria und Südaustralien, 1861 Neu=Süd=Wales, 1864 Queensland.
Bald unternahmen es auch die Kolonien selbständig, Nachrichten für Auswanderungs=
lustige zu verbreiten.
[4] Das Auswanderungsamt hat außer den erwähnten 779 verabschiedeten Sol=
daten nur 839 Personen nach Neuseeland befördert.

Es ist nicht möglich, im einzelnen die **Maßregeln der australischen Kolonien zur Förderung der Auswanderung in Kürze**
darzustellen. Die Kolonialgesetzgebung zeigt auf diesem wie auf anderen
Gebieten jenes sprunghafte Experimentieren, das sie im Gegensatz zur Gesetzgebung des Mutterlandes charakterisiert. Je nach den Bedürfnissen, nach
den wechselnden Strömungen und Majoritäten der gesetzgebenden Versamm-
lungen wird zeitweise die Unterstützung der Einwanderung ganz eingestellt,
zeitweise tritt ein fieberhaftes Streben nach Entwickelung der Hülfskräfte des
Landes hervor, auf welches mit allen Mitteln die Bearbeiter geschafft werden
sollen. Gleichmäßig läuft daneben her die nie befriedigte Nachfrage nach
weiblichen Dienstboten. Im übrigen ist aber allgemein ein allmählicher
Wechsel im Charakter der unterstützten Einwanderung bemerkbar. Eine
Leitung der Wanderung nicht durch eine unabhängige Behörde im Mutter-
lande, sondern durch eine dem Kolonialparlament verantwortliche Regierung
mußte ganz anders als bisher den momentanen Interessen der Wähler
Rechnung tragen. Mit der bisherigen planmäßigen Leitung ist es vorbei.
Aber weiter: es sind überhaupt veränderte Interessen, die sich geltend machen.
Die Demokratisierung der kolonialen Gesellschaft wird auch hier bemerklich.
Früher, wie wir sahen, herrscht das Interesse der kolonialen Arbeitgeber,
welche Arbeiter und zwar billige Arbeiter zu erhalten wünschen. Aber je
zahlreicher und einflußreicher das labour vote wird, um so weniger geht das
Verlangen nach Vermehrung der gewöhnlichen Lohnarbeiter, sondern nach
der der kleinen Unternehmer, der Bauern. Das Ideal der neuen kolonialen
Gesellschaft ist ein ganz anderes, als das der Kolonisatoren, welche die Verhältnisse der englischen Gesellschaft nach Australien übertragen wollten.

Das zeigt sich auch in den Methoden, welche jetzt bei der Unterstützung
der Einwanderung durch die Kolonien in den Vordergrund treten: der Nomination und der direkten Landanweisung.

Das **Nominationsystem** bestand darin, daß jemand in der Kolonie eine im Mutterlande befindliche Person benannte, welche dann von
der Auswanderungsbehörde hinaus befördert wurde. Das nächste direkte
Interesse der Kolonisten wurde auf diese Weise berücksichtigt. Wenn der
Nominierende die Beförderungskosten des Auswanderers vorher in Australien
hinterlegte (remittance system), so lag eine Unterstützung der Auswanderung
nur insofern vor, als die Auswanderungsbehörde die Auszahlungen aus dem
Depositum besorgte, den Nominierten benachrichtigte und beförderte. Der
wesentliche Zweck dieses Systemes war, bereits Ausgewanderten es zu erleichtern, Mitglieder ihrer Familie nachkommen zu lassen. Man war 1848
darauf gekommen durch die Beobachtung, in wie großem Umfang die

irischen Auswanderer nach den Vereinigten Staaten durch Heimschicken von Geldern oder bezahlten Fahrscheinen ihre Angehörigen nach sich zogen, sodaß die irische Auswanderung dorthin zum größten Teil aus der Arbeit der Ausgewanderten selbst bezahlt worden ist. Auch in Australien waren es vorwiegend die Iren, welche von der Einrichtung Gebrauch machten, wenn auch nicht annähernd in dem Umfange, wie von Amerika aus[1]. Da nebenbei die verschiedenen direkten Arten der Unterstützung bestanden, war das nicht merkwürdig. Je leichter diese zu erlangen waren, um so geringer waren die Einzahlungen unter dem Remittance System.[2]

Regelmäßig verstand man unter Nomination aber etwas weiteres, daß nämlich der nominierende Kolonist nur einen Teil der Kosten einzahlte, der je nach Alter und Beruf des Genannten verschieden hoch war, während die Kolonie den Rest bezahlte. Und zwar war dies bei jüngeren Leuten regel= mäßig der größere Teil. Schon in den Verordnungen von 1848 war für gewisse Fälle Zuzahlung von etwa einem Drittel der Kosten durch das Auswanderungsamt vorgesehen. Die Kolonien selbst dehnten aber dies System erheblich aus. Beispielsweise wurde in Neu=Süd=Wales 1856 an= geordnet, daß die Einzahlung für Handwerker und Handarbeiter jeder Art für jede Person betragen sollte

bei einem Alter von 1—12 Jahren 2 £
12—40 = 4 =
40—50 = 8 =
über 50 = 12

---

[1] Bericht von 1848 S. 9, 1858 S. 22 und sonst vielfach. Die Verordnung von 1848, im Bericht von 1849 S. 43 ff. Vor dem Committee on Colonisation gab 1889 Major Ruttledge=Fair an, daß die Rimessen aus Australien nach Irland durchschnittlich auf höhere Beträge lauteten, als die aus Amerika. qu. 2382.

[2] Vgl. Bericht von 1855 S. 23. Nach den in den Berichten enthaltenen An= gaben sind auf Grund der Remittance Regulations für Passage und Ausrüstung eingezahlt

		dafür nominiert Personen
in Neu=Süd=Wales (einschl. Queensland)		
1848—1861	141 232 £	28 563
Victoria 1852—1858 (vorher bei Neu=		
Süd=Wales)	83 728 =	16 258
Südaustralien 1848—1857	13 278 =	8 712
zusammen	238 238 £	53 533.

Von dieser Summe sind von 1848—1851 (vor Bekanntwerden der Goldfunde) nur 2461 £ eingezahlt. Die Einrichtung ist in Victoria 1858 aufgehoben. Die Zahlen sind nicht mehr mitgeteilt für Südaustralien seit 1858, für Neu=Süd=Wales und Queensland seit 1862.

Für Personen anderer Berufe 12 ℒ. Zur selben Zeit war aber der
von der Kolonialregierung zu bezahlende Passagepreis etwa 18 ℒ. Seine
Ausstattung kostete den Auswanderer etwa 3 ℒ. Für Benutzung von Bett=
zeug und Eßgeräten auf dem Schiff hatte er 10 sh. zu bezahlen. Auch
diese Summe konnte vom Nominierenden in der Kolonie eingezahlt werden.
Der Name des Nominierenden brauchte nicht gleich bei der Einzahlung ge=
nannt zu werden. Ein Vertreter des Deponenten im Mutterland konnte den
Auswanderer auswählen [1].

Dagegen waren bei der gleichzeitigen Regelung der Nomination in
Victoria die Berufe derer, welche Unterstützung erhalten konnten, genau an=
gegeben, nur Landarbeiter, Dienstboten und Handwerker zugelassen, die Ein=
zahlung für weibliche Personen geringer. In der ersten Klasse, die Land=
arbeiter, Dienstboten und eine Anzahl wichtiger Handwerker umfaßte, betrug
die Einzahlung:

			männl.	weibl.
für Personen unter	1 Jahr	1 ℒ	1 ℒ
= =	von 1—12 Jahren	3 =	2 =
= =	= 12—30 =	4 =	2 =
= =	= 30—40 =	6 =	3 =
= =	= 40—50 =	8 =	4 =
= =	= 50—60 =	12 =	10 =
= =	= mehr als 60 =	16 =	16 =

In der zweiten Klasse, die alle anderen Handwerker umfaßte, waren die
Sätze etwas höher [2]. Auch in Südaustralien wurde bei der Neuregelung
1857/58 die Nomination auf Arbeiter und Handwerker beschränkt, die Ein=
zahlung auf 3 bis 8 ℒ festgesetzt [3]. Daneben bestand die freie Beförderung
fort. Beide Klassen von Einwanderern mußten sich verpflichten, zwei Jahre
in der Kolonie zu bleiben, eine durch die Abwanderung nach Victoria zur
Zeit des Goldfiebers veranlaßte Vorsichtsmaßregel.

Das Nominationssystem war entstanden in engem Zusammenhang
mit den Landverkäufen. Schon bei der Gründung von Südaustralien
hatten die Landkäufer das Recht erhalten, eine entsprechende Zahl von Aus=
wanderern (Arbeitern) zu freier Beförderung zu nominieren. 1840 war
das in Neu=Süd=Wales eingeführt. Durch die Imp. Land Sales Act

---

[1] Bericht von 1857 S. 109 ff. Das Regulativ wurde 1860 suspendiert, 1861
im wesentlichen wieder in Kraft gesetzt und galt bis 1867. Vergl. auch 1858 S. 110.

[2] 1857 S. 111 ff.; geändert 1857, siehe Bericht 1858, S. 15.

[3] Das Regulativ im Bericht von 1858 S. 139 ff., für die freie Beförderung
a. a. O. S. 137 ff.

von 1842 war es aber wieder hinfällig geworden. Gleichzeitig mit der Einführung des Remittancesystems wurde 1848 die weitere Einrichtung getroffen, daß zum Ankauf von Kronländereien bestimmte Gelder in der Kolonie verzinslich hinterlegt werden konnten. Die Depositenscheine wurden bei Landverkäufen in Zahlung genommen und der Deponent erhielt gleichzeitig das Recht, so viele Auswanderer[1] zu nominieren, daß bis zu 80 Prozent seines Depositums dafür verwendet wurden. Als bald darauf in Folge der Goldentdeckungen ungeheure spekulative Landläufe erfolgten, gab dies den Käufern zugleich die Möglichkeit, sich Arbeiter zu verschaffen. Es wurde das Verfahren denn auch in umfassendem Maße ausgeübt. Da es mit der Anwendung des Remittancesystems in Widerspruch stand — denn wozu sollte man das ganze Passagegeld für einen Auswanderer einzahlen, wenn man durch Hinterlegung einer um ein Viertel größeren Summe auch noch in Australien Landansprüche erwarb — wurde das System in Victoria bald aufgehoben[2]. In Neu-Süd-Wales wurde es durch das oben erwähnte Nominationssystem von 1856 ersetzt.

In Südaustralien dagegen wurde 1857/58 ein neues System eingeführt, Landverkäufe und Einwanderung in Verbindung zu setzen: wer Einwanderer von der Art, daß sie auf Staatskosten hätten befördert werden können, auf seine Kosten einführte, sollte ein Certifikat über eine Summe erhalten, gleich den Kosten der staatlichen Auswandererbeförderung. War der Einwanderer nach zwei Jahren noch in der Kolonie, so wurde das Certifikat beim Verkauf von Kronländereien in Zahlung genommen[3]. 1872 wurde dies in der Weise geändert, daß die Certifikate (landorders) einen festen Betrag darstellten, nämlich 20 £ für Personen über 12 Jahren, 10 £ für Kinder zwischen 1 und 12 Jahren. Ebensolche Landorders erhielten unterstützte Einwanderer oder ihre Nominatoren, wenn sie binnen 12 Monaten nach Ankunft den Staatszuschuß zur Beförderung zurückzahlten. Dritte Personen oder Vereine, welche Einwanderer auf eigene Kosten einführten, erhielten Landorders für 16 £, während die Passagekosten etwa 15 £ betrugen[4].

Diese neuere Einrichtung war wohl der inzwischen in Queensland (seit Anfang 1861) eingeführten nachgebildet. Danach verlangte die Regierung

---

[1] Die natürlich den allgemeinen Bestimmungen des Auswanderungsamtes für unterstützte Auswanderer entsprechen mußten. Die Verordnung im Bericht von 1849 S. 45.

[2] Bericht von 1855 S. 22.

[3] Das Regulativ im Bericht von 1858 S. 144.

[4] Bericht von 1873 S. 38.

eine Garantie für die Transportkosten und gab dem Einwanderer oder dem,
der für ihn bezahlt hatte, eine Landorder über 18 £ und nach zweijährigem
Aufenthalt in der Kolonie eine weitere Landorder über 12 £[1].

Eine noch andere Form dieses Systems war die 1869 in Queensland
eingeführte, wobei die Landorder auf eine bestimmte Menge Land lautete,
40 Acres für den Erwachsenen, 20 Acres für jedes Kind[2].

———— —

Daß bei allen diesen verschiedenen Systemen die planmäßige voraus=
sorgende Leitung der Einwanderung in die Kolonien, namentlich die Sorge
für Ausgleichung der Zahl der Geschlechter immer mehr verloren gehen mußte,
liegt auf der Hand. Soweit das Auswanderungsamt überhaupt noch mit=
wirkte, war es darauf beschränkt, die Anweisungen der Kolonialregierungen
auszuführen. Aber seine Thätigkeit schrumpfte überhaupt immer mehr zu=
sammen. Nach den Kolonien, auf welche sich seine Thätigkeit hauptsächlich
erstreckte, beförderte es nur mehr

	1861—1869	1870—72
nach Neu=Süd=Wales	16 194	868
= Queensland . . .	7 684	—
= Victoria	12 151	—
= Südaustralien .	13 313	—
= Westaustralien .	524	26

Die wachsende Selbständigkeit der Kolonien und die wachsende kolonial=
politische Gleichgültigkeit, die in England immer mehr um sich griff, wirkten
zusammen, das Auswanderungsamt immer unnötiger erscheinen zu lassen.
Anfang 1873 wurde die Überwachung der Auswanderung durch die Merchant
Shipping Act 1872, 35·36 Vict. c. 73, dem Handelsamt übertragen. **Am
30. April 1873 erstatteten die Auswanderungskommissare
ihren letzten Bericht.**
Um dieselbe Zeit begann in der Kolonie, deren Entwicklung am weitesten
vorgeschritten war, in Victoria, eine dritte Periode der Auswanderungspolitik,
die bis 1890 in allen australischen Kolonien ihren Einzug hielt. In der
ersten Periode, wie wir sahen, etwa von 1836 bis 1855 war der leitende

---

[1] Bericht von 1861 S. 27 und 107.
[2] Bericht von 1870 S. 38. — Das Landorder=System ist wiederholt geändert,
1876 abgeschafft, 1886 wieder eingeführt in der Form, daß ein Auswanderer, der
seine Überfahrt selbst bezahlte, eine Landanweisung für 20 £ für jeden Erwachsenen,
10 £ für jedes Kind erhalten sollte. Für 20 £ konnte eine Heimstättenfarm von
160 Acres erworben werden. Ende 1894 ist das System aufgehoben. S. Will.
Epps, Landsystems of Australasia (1894) S. 88, 90 f. und 98.

Gedanke die planmäßige Versorgung der Kolonien mit Lohnarbeitern. Das Interesse der dortigen größeren Arbeitgeber, der großen Viehzüchter u. s. w. wog vor. Die zweite Periode stellt in den Vordergrund das Interesse der einzelnen nominierenden Kolonisten. Man sucht auch schon die direkte Ansiedlung des Einwanderers auf dem Land zu befördern durch die Landorders. Die Rücksicht auf den Wähler macht sich geltend. In der dritten Periode tritt diese ganz in den Vordergrund. Das Labour Vote bekämpft die rasche Vermehrung der Arbeitskräfte in den Kolonien, um durch deren Konkurrenz die hohen Löhne, die günstige Regelung der Arbeitszeit, die ganze hohe Lebenshaltung nicht herabdrücken zu lassen. Die Beseitigung der Sträflingseinfuhr ist die erste Regung dieser Politik. Das Labour Vote, durch die freie Einwanderung gekräftigt, wendet sich nun gegen die Unterstützung der europäischen Einwanderung überhaupt. Es bekämpft endlich heftig die Einwanderung farbiger Arbeiter mit niedriger Lebenshaltung, namentlich der Chinesen.

In Victoria hört die staatliche Unterstützung der Einwanderung in der Hauptsache bereits 1873 auf. Die anderen wichtigeren Kolonien folgen diesem Beispiele erheblich später, Südaustralien 1885, Neu-Süd-Wales 1886, Tasmanien 1887 und Neuseeland 1887 in der Hauptsache und 1890 ganz. Außer Westaustralien blieb nur noch Queensland übrig, das bis 1890 erhebliche Aufwendungen machte, seit 1891 aber die Unterstützung immer mehr einschränkte, Ende 1894 auch die Erteilung von Landorders an die Einwanderer einstellte. Während 1883 die Auswanderung aus dem Mutterlande nach Australasien noch einmal die Höhe der Jahre 1852 und 1854 erreichte, sank sie in den folgenden Jahren anhaltend. Die Verschlechterung der Erwerbsverhältnisse in Australien und die große Krisis zu Anfang der neunziger Jahre ließ die Auswanderung dahin 1893 und 1894 auf ein Minimum zusammenschwinden.

Die von dem Committee on Colonisation 1889 und 1890 verhörten Zeugen stimmen darin überein, daß es unmöglich sein würde, die Kolonialparlamente zu veranlassen, Geld zur Unterstützung der Einwanderung zu bewilligen. Von dem Nominationssystem haben sich nur spärliche Reste noch in Queensland erhalten [1]. Anfang 1896 sollte in derselben Kolonie eine Vereinbarung mit den wichtigeren Dampfergesellschaften ins Leben treten, des Inhalts, daß

---

[1] Bewohner der Kolonie können Verwandte und persönliche Freunde benennen, die gegen eine mäßige Zuzahlung von 1—8 £ befördert werden. Doch bezieht sich das nur auf Dienstboten, Gärtner und Landarbeiter. Handbook of the Emigrants' Information Office, Queensland 1895 S. 17. Vergl. auch Yearbook of the Imperial Institute 1894 S. 684.

diese Einwanderer für 12 £ die Person befördern sollten, dann wollte die Regierung die Leute in Brisbane vorläufig unterbringen und ihnen freie Eisenbahnfahrt gewähren, um sich Land auszusuchen. In Neuseeland erhalten Einwanderer mit festem Einkommen oder mit einem Kapital von mindestens 100 £ und 50 £ für jedes Kind von mehr als 12 Jahren Fahrpreisermäßigungen. Das ist der Rest der großartigen Unterstützung der Auswanderung nach Australasien. Einen Maßstab dafür, in wie hohem Maße noch jetzt die Bevölkerung dort aus Einwanderern zusammengesetzt ist, ergeben die Zahlen der Gebürtigkeit.

	Im Jahre 1881 war			Im Jahre 1891 war		
	die Bevölkerung	davon im Vereinigt. Königreich geboren	das sind Prozent	die Bevölkerung	davon im Vereinigt. Königreich geboren	das sind Prozent
Neu-Süd-Wales	751 468	204 945	27,3	1 132 234	266 101	23,6
Victoria	862 346	282 339	32,7	1 140 405	298 881	26,2
Südaustralien	276 211	88 034	30,8	320 431	72 064	22,5
Queensland	213 525	75 614	35,4	393 718	142 623	36,4
Westaustralien	32 054	10 467	32,6	49 782	14 522	29,2
Tasmanien	115 705	28 243	24,4	146 667	26 975	18,4
Neuseeland	534 030	223 303	41,8	670 150	219 965	32,8[1]

Im Jahre 1881 wurden in den sieben Kolonien 912 945 im Vereinigten Königreich Geborene gezählt; 1891 waren es 1 041 134.

Westaustralien ist in den bisherigen Ausführungen nicht weiter berücksichtigt worden. In vielen Beziehungen ist es in seiner Entwicklung hinter den übrigen australischen Kolonien zurückgeblieben. Nachdem die Besiedelung 1829 schon begonnen hatte, (vgl. S. 14), machte es nur kümmerliche Fortschritte[2]. Im Jahre 1850, als Südaustralien 63 000, Neuseeland 26 700 Bewohner hatte, waren es dort erst 5 886. Mitte der vierziger Jahre dachte man schon daran, die Kolonie aufzugeben. Als letztes Hülfsmittel schlugen die Kolonisten 1846 vor, es sollten ihnen Arbeitskräfte verschafft werden, durch Anwerbung von Deutschen, Aussendung von Armen und von Sträflingen. Der dritte Vorschlag kam der englischen Regierung

---

[1] 35,1 %, wenn man die Maoris nicht mit berücksichtigt.
[2] Vergl. zum folgenden Earl Grey, Colonial Policy II S. 57—64 und Jenks, History of the Australasian Colonies (1895) S. 113—128.

sehr gelegen in einem Augenblick, in welchem die übrigen Kolonien sich leb=
haft gegen die Aufnahme dieser Elemente sträubten. Am 1. Mai 1849
wurde Westaustralien zu einer Strafkolonie erklärt und seit 1850 kamen
Sträflinge an, begleitet von verabschiedeten Soldaten, die als Aufseher an=
gesiedelt wurden. Wie erwähnt (S. 46) wurde gleichzeitig auf Kosten des
Mutterlandes eine Anzahl freier Einwanderer befördert, um ein Gegengewicht
zu schaffen. Die bedeutenden Ausgaben für Unterhaltung der Strafanstalten
hoben das Wirtschaftsleben der Kolonie, so daß auch trotz der anfänglichen
verfehlten Landpolitik die Landverkäufe sich mehrten und die Mittel zur
Unterstützung der Einwanderung lieferten. So entwickelte sich die Kolonie
allmählich, dank der Transportation. Durch das Auswanderungsamt waren
von 1847 bis Ende 1861 8938 freie Einwanderer dahin geschafft (davon
2370 weibliche); die Bevölkerung betrug im letzteren Jahre 15 691 Köpfe
(worunter 5839 weibliche). Es war ein schwerer Schlag für die Kolonie,
als die Anti=Convicts=Bewegung von außen her die Quelle des Wohlstandes
verschüttete. Die „Expirees", die Sträflinge, die ihre Zeit voll abgebüßt
hatten, blieben nur zum Teil in der Kolonie [1]. 1859 sollen 41 Prozent
der männlichen Bevölkerung Sträflinge oder ehemalige Sträflinge gewesen
sein. Den anderen Kolonien war die ständige Zuwanderung aus West=
australien unangenehm und 1865 setzten sie es durch, daß die Einstellung
der Transportation auch nach Westaustralien, trotz des Widerspruches der
Kolonisten, verfügt wurde. 1868 kamen die letzten Sträflinge in West=
australien an. Ende März 1870 waren noch 1470 Sträflinge vorhanden [2].
Von 1862 bis 1872 sind vom Auswanderungsamt noch 1539 freie Ein=
wanderer befördert worden. Die Bevölkerung betrug im ganzen 1871
25 353 Köpfe, 1881 erst 29 708. Seitdem ist der Zuwachs größer ge=
wesen: 1891 waren es 49 782. Die Goldfunde haben in den letzten Jahren
den Zuwachs erheblich beschleunigt. Die Kolonie hat andauernd in mäßigem
Umfang die Einwanderung unterstützt, dabei aber die unangenehme Erfahrung
gemacht, daß die auf Kosten der Kolonie beförderten Leute bald nach an=
ziehenderen Gegenden, nach Melbourne, Sydney u. s. w. weiter wanderten.
1886 und 1887 hat auch eine Eisenbahngesellschaft mit Staatshülfe Arbeiter
eingeführt, ohne sie anzusiedeln, so daß die Leute nachher der Kolonie zur
Last lagen. Von 1883 bis 1887 wurden im ganzen 4103 Personen auf

---

[1] Die Zahl der Auswandernden war regelmäßig größer als die der freien Ein=
wanderer. Die Bevölkerung zählte Ende 1865 20 260 Köpfe. Bericht von 1867 S. 39.

[2] Ende März 1895 wurden auf englische Staatskosten in Westaustralien noch
unterhalten: 9 Strafgefangene, 4 Ticket of leave=Inhaber, 21 Irrsinnige und
45 Arbeitsunfähige, zusammen 79.

Kosten der Kolonie eingeführt. Seit 1888 wurde nur mehr eine beschränkte Zahl weiblicher Dienstboten frei befördert. Landleute, die im Besitz von etwas Kapital sind (für einen einzelnen Mann mindestens 100 £), das sie deponieren und nach der Ankunft zurückerhalten, und die sich verpflichten, mindestens 12 Monate in der Kolonie zu bleiben, erhalten, wenn sie angenommen sind, einen Beitrag zu den Überfahrtskosten von 10 £ für den Erwachsenen und bis zu 5 £ für jedes Kind. Endlich kann eine beschränkte Zahl von weiblichen Einwanderern in der Kolonie nominiert werden. Es müssen kinderlose Mädchen oder Witwen unter 35 Jahren sein. Der Nominierende muß 8 £ 5 sh. (im Jahre 1895; 1893 waren es 7 £ 10 sh.) zuzahlen, fast zwei Drittel des Fahrpreises dritter Klasse[1]. 1888 bis 1893 kamen 930 frei beförderte und nominierte Einwanderer an. Ende 1893 kamen auf 41 000 männliche 24 000 weibliche Einwohner. Westaustralien ist die einzige australasische Kolonie, in welcher eine Unterstützungspolitik im größeren Stile noch denkbar wäre, wenn die Finanzen und Erwerbsaussichten fortfahren sich zu bessern.

_____

Fällt die Unterstützung der Auswanderung aus öffentlichen Mitteln weg, so ist die Gestaltung der Erwerbsverhältnisse im Einwanderungsland, wie später noch weiter ausgeführt werden wird, das beherrschende Moment in der Bewegung der Auswanderung. Alle Maßregeln der Wirtschaftspolitik in den Kolonien, welche ihre Anziehungskraft verstärken oder schwächen, müssen indirekt auf die Einwanderung einwirken. Unmöglich ist es im Rahmen dieser Untersuchung, die ganze höchst eigenartige Wirtschaftspolitik der australischen Kolonien zu schildern. Nur darauf sei hingewiesen, wie die im Interesse der Lohnarbeiter erfolgte Entwicklung des Arbeitsrechts und der Arbeitsverhältnisse[2] hier ebenso in Betracht kommt, wie die Regelung des Landerwerbs und der Grundbesitzverhältnisse, welche für die Entwicklung der Besiedelung entscheidend ist. Seit die Kolonien selbstständige Verfügung über die Kronländereien erhalten haben, ist jede Kolonie ihre eigenen Wege gegangen, um den alten Interessenkonflikt zwischen den großen Viehzüchtern und den Bauern zu überwinden[3].

_____

[1] Emigrants' Information Office Handbook. Auch Yearbook of the Imperial Institute 1894 S. 699 und Supplement 1895. Committee on Colonisation 1890 qu. 45 ff., 104 ff., 343 ff., 468.

[2] S. Sir Ch. Dilke, Problems of Greater Britain (1890). — St. Bauer, Arbeiterfragen und Lohnpolitik in Australasien in Jahrb. f. Nationalökonomie und Statistik 3. F. II Bd. (1891). — G. Ruhland, Der achtstündige Arbeitstag und die Arbeiterschutzgesetzgebung der australischen Kolonien. Tübinger Zeitschrift Bd. 47 (1891). — R. Commission on Labour, Foreign Reports vol. II (1893) S. 21 ff.

[3] Über die australische Landpolitik seien hier nur einige der wichtigeren Publika-

Was nun den Zusammenhang von Landpolitik und Einwanderung an=
betrifft, so haben die australasischen Kolonien sich stets darauf beschränkt,
durch ihre Landgesetzgebung die Anlage von Ansiedelungen zu ermöglichen.
Sie haben nicht selbst die Einwanderer angesiedelt [1].   Die Einrichtung von
„village settlements", wie sie 1885 in Neuseeland begann, 1886 in
Queensland, 1893 in Victoria, Südaustralien und Neu=Süd=Wales er=
folgte, ist nicht eine Maßregel der Einwanderungspolitik, sondern der inneren
Kolonisation, welche einerseits die Arbeitslosen aus den Städten schaffen
soll, anderseits in den Zusammenhang der ganzen auf die Vermehrung der
kleinen Besitzungen gerichteten Landpolitik der neuesten Zeit gehört [2].

Landgesellschaften, welche Ansiedelungen für Einwanderer vorbereiten und
Einwanderer zur Besiedelung heranziehen, haben in Australien selten beson=
dere Gunst gefunden.   Ein erfolgreiches Unternehmen dieser Art in Neu=
seeland, die „Emigrant and Colonists Aid Corporation" wird später
eingehend gewürdigt werden.

Erwähnt müssen die „Bewässerungskolonien" (irrigation
colonies) der Gebrüder Chaffey werden [3].   Zu den großartigen wirt=
schaftlichen Unternehmungen der victorianischen Regierung gehören große
Bewässerungsanlagen, um das Wasser des Murray dem dürren Land an
seinen Ufern zuzuführen.   Als man sich mit diesen Plänen beschäftigte

tionen genannt. Über die älteren Zustände unterrichtet der bereits angeführte Report on the disposal of lands in the British Colonies von 1836 — Über die neuere
Zeit: Sir Ch. Dilke, Greater Britain (1. Aufl. 1868) Bd. II. — Derselbe,
Problems of Greater Britain (1890). — G. Ruhland, Die australisch=amerika=
nische Landgesetzgebung, Tübinger Zeitschr. Bd. 48 (1891). — E. Jenks, the Government of Victoria (1891). — Derselbe, the History of the Australasian Colonies
(1895). — Eine recht gute Übersicht der Thatsachen für alle sieben Kolonien giebt
Will. Epps, Landsystems of Australasia (1894). — A. Zimmermann, Die
gesetzliche Regelung des Grunderwerbs in den englischen ꝛc. Kolonien, Jahrbücher
für Nationalökonomie und Statistik, III. F. Bd. VIII (1894). — Eine Übersicht
des gegenwärtigen Zustandes in den Handbüchern des Emigrants' Information Office und den üblichen Nachschlagebüchern, wie the Australian Handbook.

[1] Doch könnte die 1875 gegründete Ansiedelung in Taranaki in Neuseeland
von der Regierung angelegt sein. Genaueres ist mir nicht bekannt. S. Hazell
and Hodgkin, the Australasian Colonies (1887) S. 74.

[2] In diesen Zusammenhang gehören auch die Working Men's Blocks in
Südaustralien (seit 1885) und die Ansiedelungsgenossenschaften in Neuseeland (1885)
und Victoria (1893). Nach den Mitteilungen im Bericht des Em. Inf. Off. für
1895 scheinen diese Kolonisationsversuche wenig erfolgreich zu sein.

[3] Hazell and Hodgkin, the Australasian Colonies (1887) S. 75 ff. —
Emigrants' Information Office Handbooks. — Broschüren u. s. w., die von der
Firma Chaffey Brothers Lim. herausgegeben werden.

(1886), erboten sich die Brüder Chaffey, Canadier, welche in Californien zwei Bewässerungskolonien für Obstkultur erfolgreich angelegt hatten, eine gleiche Niederlassung in dem öden Mallee=Lande am Murray zu begründen. Das= selbe Anerbieten wurde der Regierung von Südaustralien gemacht und 1888 die beiden Niederlassungen Mildura in Victoria und Renmark in Südaustralien begründet. Jede Ansiedelung soll 250000 Acres um= fassen. Davon waren 1893 in Mildura gut 40 000, in Renmark gut 5000 Acres in Angriff genommen. Das Land wird fertig zur Bebauung in kleineren Landstellen vergeben, verbunden mit dem Recht auf Bewässerung. Das Land kostet bei Barzahlung für den Acre 25 £ für Obstland, 15 £ für Ackerland. Die Niederlassung ist nur möglich für Leute mit einigem Kapital. Diese zu gewinnen, wird in England eine rührige Agitation be= trieben, doch besteht wohl nur ein kleiner Teil der Ansiedler aus Einwan= derern. 1893 hatte Mildura schon 4000 Einwohner, Renmark erst 650[1].

Im Gegensatz zu der früheren Ermunterung der Einwanderung nach Australien tritt in neuerer Zeit geradezu eine Gegenbewegung auf, die Maßregeln analog den in den Vereinigten Staaten getroffenen anstrebt. Wie man in den vierziger Jahren gegen die Einführung von Sträflingen sich wehrte, so jetzt gegen die von Personen, welche der Armen= pflege zur Last fallen könnten. Seit 1865 hatte man in Victoria, seit 1873 in Neuseeland und Tasmanien die Einwanderung Geisteskranker zu verhindern gesucht. Bald ging man weiter.

In Neuseeland wurde 1882 und in Tasmanien 1885 ein fast gleich= lautendes Gesetz angenommen, daß bei Ankunft von Personen, welche irr= sinnig, blödsinnig, taub, stumm, blind oder bresthaft (infirm) oder aus irgend einem Grunde unfähig sind, sich selbst zu erhalten und welche nach Ansicht des Zolleinnehmers möglicherweise der Armenpflege zur Last fallen, der Eigentümer oder Kapitän des Schiffes für 100 £ Sicherheit für etwa er= wachsende Kosten geben muß auf die Zeit von fünf Jahren.

Das südaustralische Gesetz von 1891 hat dieselbe Bestimmung, verlangt eine Sicherheit von 200 £ für dieselben Personen und für Personen, welche außerhalb Südaustraliens wegen eines Verbrechens (felony) verurteilt sind, für den Fall, daß sie binnen fünf Jahren wegen eines Vergehens oder Verbrechens (misdemeanor or felony) verurteilt werden.

----

[1] Ende 1895 trat die Firma Chaffey Brothers Lim. in Liquidation. Der Fortbestand der Niederlassungen, nötigenfalls mit Staatshülfe, ist jedoch gesichert.

In Victoria ist 1890 ein Gesetz erlassen, das dem von Neuseeland entspricht, jedoch ohne die Klausel „aus irgend einem Grunde unfähig, sich selbst zu erhalten". In Neu-Süd-Wales kann auf Grund eines Gesetzes von 1893 der Master in Lunacy bei Ankunft von geistig Kranken oder Schwachen Sicherheit bis zu 500 £ verlangen.

In Queensland und Westaustralien (übrigens auch in den beiden süd-afrikanischen Kolonien) bestehen derartige Gesetze bisher nicht.

Uebrigens unterliegt wohl keinem Zweifel, daß der Wunsch allgemein ist, nach amerikanischem Muster die Einwanderung unterstützter Armer und von „Kontraktarbeitern" zu verbieten[1]. In Neuseeland werden bereits ein-schneidende Maßregeln gegen Schwindsüchtige, gegen Verbrecher u. s. w. er-örtert.

Größere Bedeutung haben die Maßregeln gegen die Chineseneinwanderung[2]. Bald nach den Goldentdeckungen hatten sich auch Chinesen in Victoria eingefunden und rasch vermehrt. Anfangs 1855 wurde ihre Zahl auf 10 000 geschätzt und mehr standen in Aussicht. Von Anfang an wurden sie ungern gesehen. Der Bericht des Auswanderungsamts von 1856 (S. 26) sagt über sie, sie brächten keine Frauen mit und gingen alle nach den Goldfeldern. Sie würden des Diebstahls, Spiels und anderer Laster beschuldigt und seien geneigt, sich an die Anordnungen der Ver-waltung nicht zu kehren. Bemerkenswert sei auch, wie stark sie zusammen-hielten. Um der gefürchteten Überschwemmung entgegenzutreten, wurde 1855 das erste Chinesengesetz erlassen: Kein Schiff sollte mehr als einen Chinesen auf je 10 Tonnen Ladung bringen; die Kosten der Aufsicht sollten durch eine Steuer auf die Immigranten aufgebracht werden, was die natürliche Folge hatte, daß die Chinesen nach Südaustralien fuhren und von dort zu Lande kamen. Südaustralien erließ nun 1857 ein ähnliches Gesetz. Neu-Süd-Wales, wohin die Chinesen seit 1860 sich in größerer Zahl wandten, folgte 1861, Queensland 1877, Neuseeland 1881, Tasmanien 1887. Die Bestimmungen waren im wesentlichen die gleichen: Beschränkung der Zahl je nach der Größe der Schiffe, Kopfsteuer meist von 10 £ und Ausschluß von allen Stimmrechten, in Neu-Süd-Wales sogar das Verbot der Naturalisation. Nachdem die Gesetzgebung im einzelnen mehrfach ge-

---

[1] Vergl. Foreign Reports of the Royal Commission on labour, vol. II (C 6795 XI), 1893 S. 201 und Emigrants' Information Office Handbook Nr. 12 von 1896 S. 34 ff.

[2] Auf die Regelung der Einfuhr von Kanaken von den Südseeinseln nach dem tropischen Queensland zur Plantagenarbeit sei hier nur hingewiesen. Vergl. dar-über die Übersicht in dem eben angeführten Berichte S. 44—46 und 226—233.

schwankt hatte, wurde im Jahre 1887 die Aufregung gegen die Chinesen
besonders heftig, ein Einwandererschiff (der „Afghan") in Port Philipp,
wie in Sydney verhindert seine chinesischen Passagiere zu landen, am letzteren
Orte im offenen Widerspruch mit dem Wortlaut des Gesetzes. Vertreter
der Kolonien traten in Sydney zusammen und vereinbarten, daß die
Kolonien Gesetze nach dem Muster des eben in den Vereinigten Staaten
beratenen einführen sollten. Diese Gesetze sind sofort 1888 in Neu=Süd=
Wales, Victoria, Südaustralien und Neuseeland erlassen, 1889 in West=
australien, 1890 in Queensland und nur Tasmanien hat es bei dem alten
Gesetz bewenden lassen. Nach den neuen Gesetzen darf ein Schiff nur auf
je 500 Tonnen einen chinesischen Passagier haben (in Neuseeland und Tas=
manien 1 auf 100 Tonnen, in Westaustralien 1 auf 50 Tonnen.) Die
Abgabe beträgt überall 10 £, in Neu=Süd=Wales aber 100 £. In
dieser Kolonie darf auch kein seit Erlaß des Gesetzes angekommener Chi=
nese Bergbau treiben, ohne besondere Erlaubnis des Bergbau=Ministers. —
Übrigens ist in dem (tropischen) Nord=Territorium von Südaustralien die
Chineseneinwanderung bisher frei.

Diese Gesetze sind völkerrechtlich nicht unbedenklich. Über die Schwierig=
keit, daß es zahlreiche Chinesen giebt, die britische Unterthanen sind, nament=
lich in Hongkong und Singapore, ist man weggekommen, indem die Gesetze
auf diese nicht Anwendung finden. Gegenüber China sind sie aber offen=
kundig vertragswidrig, worauf auch die chinesische Regierung wiederholt hin=
gewiesen hat. Die englische Regierung hat es aber für unmöglich gehalten,
in einer Angelegenheit einzuschreiten, in der die Bevölkerung der australischen
Kolonien ganz einig ist. Spielen doch die Anti=Chinesen=Maßregeln bei
den Föderationsversuchen seit 1880 eine bedeutende Rolle. Am liebsten
würde man sie ganz aus Australien ausschließen. Ihre niedrigen Löhne
und lange Arbeitszeit, ihre schmutzige Lebensweise, ihr religiöses, sittliches,
physisches Sondertum, ihre sociale und politische Inferiorität bei großen
wirtschaftlichen Tugenden wirken zusammen, das lebhafte Gefühl der Ab=
neigung wach zu erhalten. Sie sind eine fremde Rasse und werden es stets
bleiben. Der bekannte Staatsmann von Neu=Süd=Wales, Sir Henry Parkes
hat die Volksstimmung wiedergegeben, als er sagte: „Ich wünsche den
Typus meines eignen Volkes in diesen schönen Ländern zu erhalten und
deshalb bin ich und war ich stets ein Gegner der Zulassung der Chinesen[1]".

---

[1] Vergl. zum Obenstehenden den angeführten Band der Reports der Com=
mission on Labour p. 46—48, 199—200, 218—223. — Auch R. M. Smith,
Emigration and Immigration (1890) 227 ff. — Sartorius v. Waltershausen,
Chinesenfrage im H.W.B der Staatswissenschaften, I Suppl. (1895).

Die Zahl der in Australasien lebenden Chinesen ist, wohl wesentlich in Folge der feindseligen Haltung der Bevölkerung im ganzen nicht sehr groß gewesen. Es sind ermittelt

1861	38 300 Chinesen
1871	31 100 =
1881	43 706 =
1891	42 207 =

In den einzelnen Kolonien hat die Zahl ziemlich geschwankt. 1859 sollen in Victoria 42 000 Chinesen gewesen sein. 1861 waren es 24 732, 1871: 17 935, aber 1881 nur mehr 12 128 und 1891 9 377. In Neu=Süd=Wales waren 1861 fast 13 000, 1877 nur etwa 6 500. Seitdem haben sie sich auf mehr als 14 000 gehoben. Im Jahre 1891 waren in

Victoria	9 377	gegen 1881	— 2 751
Neu=Süd=Wales	14 156	= =	+ 3 951
Queensland	8 754	= =	— 2 655
Südaustralien	3 800	= =	— 351
(davon im Nord=Territorium	3 392)		
Westaustralien	917	= =	+ 772
Tasmanien	939	= =	+ 95
Neuseeland	4 444	= =	— 560

In neuester Zeit fängt man in Australien schon an, sich über die Zu=wanderung von Japanern in das Nord=Territorium von Südaustralien zu beunruhigen und der Premier dieser Kolonie hat Ende September 1895 die anderen Kolonien zu einer Konferenz eingeladen. Inzwischen hat aber die gesetzgebende Versammlung von Südaustralien begonnen, auch für das Nord=Territorium beschränkende Maßregeln zu beschließen. Vor allem sollen Asiaten kein Bergwerkseigentum erwerben dürfen [1].

Ganz abweichend von den Verhältnissen Australiens sind die von Süd=Afrika [2]. Bei der dortigen Einwanderung handelte es sich nicht um die Besiedelung eines so gut wie menschenleeren Landes, sondern erstens um die Vermehrung der weißen gegenüber einer zahlreichen einheimischen Bevölkerung

---

[1] Times, Weekly Edition, vom 4. und 22. Nov. 1895. — Der Ende Oktober 1895 den Volksvertretern von Neuseeland vorgelegte Vertrag über Einrichtung einer direkten Postdampfschiffahrt zwischen Vancouver und Neuseeland enthält die Bestimmung, daß die Dampfer keine farbigen Arbeiter befördern dürfen.

[2] Vergl. die übersichtlichen Schilderungen in John Noble's Official Handbook of the Cape and South Africa. London 1893.

unb zweitens um die Stärkung des britischen Elements gegenüber den älteren
Kolonisten meist holländischer Abkunft. Die im britischen Reichsinteresse
liegende Einwanderung war jedoch stets unbedeutend, wenn ihr nicht be=
sondere Unterstützung zu Teil wurde, da die Erwerbsaussichten niemals
sehr günstige waren. Erst seit den Diamant= unb Goldfunden hat sich das
geändert.

Die staatliche Ansiedelung Notleidender im Jahre 1820 ist oben (S. 8)
bereits erwähnt. Im Jahre 1844 begann die Kap=Kolonie, auf ihre
Kosten die Einwanderung von Dienstboten, Landarbeitern unb gewissen Hand=
werkern (Schmieden, Bauhandwerkern) zu unterstützen, indem zu den Be=
förderungskosten ein Zuschuß (bounty) gezahlt wurde. Die dafür nötigen
Summen wurden im Kolonialrat der Kolonie bewilligt. Verknüpfung mit den
Landverkäufen fand nicht statt. Schon 1845 übernahm das Auswanderungs=
amt die Überwachung unb Durchführung dieser Maßregeln, die aber 1850 ein=
gestellt wurden. Die Kolonie hatte in dieser Zeit 36 000 £ bewilligt.
Unter Aufsicht des Auswanderungsamts sind dafür 3692 Personen befördert,
eine kleine Zahl schon vorher. Außerdem sind 1846 etwa 90 britische Staats=
angehörige, die in Monte Video unterstützungsbedürftig geworden waren, auf
Staatskosten nach dem Kap befördert[1].

Ein weiterer Versuch, der Kolonie Arbeitskräfte auf Staatskosten zuzu=
führen, stieß dagegen auf sehr energischen Widerstand. In der Verlegenheit,
wohin die zu transportierenden Sträflinge gebracht werden könnten, kam der
Kolonialminister Earl Grey 1849 auf den Gedanken, eine Anzahl Sträflinge
nach dem Kap zu schicken. Dreihundert vorläufig Entlassene (Ticket of
Leave Men) sollten aus Bermuda dorthin gebracht werden, Iren, die während
der großen Hungersnot Eigentumsverbrechen begangen hatten, also verhältnis=
mäßig unbedenkliche Elemente. Der Minister bildete sich sogar ein, daß er
den Kolonisten durch Überlassung dieser Arbeiter einen Gefallen thäte unb
mit der ihm eigenen Leichtherzigkeit wartete er nicht einmal auf Antwort
vom Kap. Dort aber entstand eine ungeheure Aufregung über die angebliche
Absicht der Regierung, aus dem Kapland eine Strafkolonie zu machen, die
auch durch das Versprechen, weitere Transporte nicht zu schicken, nicht be=
ruhigt wurde. Als der „Neptune“ in Simons Bay mit seiner Ladung
ankam, wurden von der Bevölkerung Anstalten getroffen, die Landung zu
verhindern unb der Verkauf von Vorräten aller Art an die königlichen Be=
hörden eingestellt. Die unglücklichen Deportierten mußten Monate lang auf

---

[1] Berichte des Auswanderungsamts, 1846 S. 32 u. 73, 1847 S. 31, 1851 S. 3.

dem Schiff bleiben, bis sie schließlich nach Van Diemensland geschickt wurden [1].

1857 machte die Kolonie einen neuen Anlauf zur Unterstützung der Einwanderung. Bis 1860 wurden 155 000 £ bewilligt. Die Auswanderer wurden zwar vom Auswanderungsamt befördert, aber soweit sie nicht in der Kolonie nominiert waren, bis 1862 von einem eigenen Agenten der Kolonialregierung angeworben, nicht immer zur Zufriedenheit der Kolonisten. Die Zahl der Beförderten betrug 9283, davon 8616 in den Jahren 1858 bis 1861 [2].

Bemerkenswerter und eigenartiger war ein um dieselbe Zeit mit Deutschen angestellter Ansiedelungsversuch, von dem der General=agent der Kapkolonie, Sir Charles Mills, 1890 vor dem Comittee on Colo=nisation erklärte: „that colonization scheme has, perhaps, been the greatest success of any scheme that has ever been tried in any colony" (qu. 1344).

Während des Krimkrieges hatte die englische Regierung eine Fremben=legion gebildet, die meist aus Deutschen, aber auch Schweizern und Franzosen bestand, von denen der größte Teil nicht nach Hause zurückkonnte. Eine An=zahl (350) wurde nach Neuschottland gebracht, der größere Teil, 2 800, aber nach dem Kap. Dort wurden sie auf Vorschlag des Gouverneurs Sir George Grey, sicher in Erinnerung an seine erfolgreichen Soldatennieder=lassungen in Neuseeland, als Grenztruppe in Britisch=Kafferland angesiedelt, wo große Aufregung und Kriegsgefahr bestand. Um sie dauernd zu fesseln, wurde ihnen Land angewiesen und Geld zum Häuserbau gegeben. Das Aus=wanderungsamt schickte auch 231 irische Mädchen hinaus. Ehe jedoch die ganze Niederlassung einen bauernden Charakter angenommen hatte, brach der indische Aufstand aus und etwa 2000 Mann ließen sich für den Kriegsdienst in Indien anwerben. Es war gefährlich, angesichts der Unruhe unter den Kaffern eine solche Lücke in der Besiedelung zu lassen. So vereinbarte Sir George Grey mit dem Hause Godeffroy in Hamburg, daß es binnen zwei Jahren viertausend deutsche Auswanderer nach dem Kap schicken solle, die die verlassenen Ansiedlungen der deutschen Legion übernehmen sollten Sie er=

---

[1] Sie wurden dort begnadigt, mit Ausnahme des Hochverräters John Mitchel, der bald darauf, wie andere irische Rebellen, nach Amerika entkam. Vergl. über den Vorgang auch Earl Grey, Colonial Policy II 200—225.

[2] Bericht von 1858 S. 47 und 224, 1864 S. 49. Committee on Colonisa-tion 1890 qu. 1353 und 1448 ff. „It was entirely carried on by the Cape Government, but it was a failure". „The people sent out, were badly selected". qu. 1347. Sir C. Mills.

hielten für jeden Erwachsenen 20 Acres Land und einen Hausplatz, hatten für den Boden 12 bis 20 sh. den Acre zu bezahlen, die Kosten der Über= fahrt und 18 £ für die Hütten. Das Ganze bildete eine 5 prozentige Schuld und Zinsen wie Kapital sind pünktlich bezahlt worden, eins der seltenen Beispiele, daß Auswanderer ihren Verpflichtungen voll nachgekommen sind. Die englische Regierung, auf deren Kosten das Experiment gemacht wurde, hat nur die Verpflegungskosten für ein Jahr, 90 000 £, zugesetzt, und damit eine sehr erhöhte Sicherheit — die Kaffern sind später den deutschen Dörfern mit ihrer wehrfähigen Mannschaft sorgfältig aus dem Wege gegangen — und in Folge des bewundernswerten Fleißes der An= siedler eine erhebliche Steigerung des Wohlstandes der Kolonie erreicht [1].

Im Jahre 1879 hat die Kap=Kolonie abermals begonnen, die Ein= wanderung zu unterstützen. Kolonisten, welche Dienstverträge mit Dienst= boten, Landarbeitern oder Kolonisten schließen und die Hälfte des Fahrgeldes, 5—6 £, hinterlegen, erhalten die andere Hälfte von der Kolonie bezahlt, wenn der Generalagent die Wahl genehmigt. Unter Umständen wirbt er die Leute für die Kolonisten an. In der Kolonie müssen die Einwanderer dann den betr. Dienst antreten und mindestens 12 Monate darin verbleiben. Von 1884—1888 war die Anwendung des Gesetzes suspendiert. Im Jahre

---

[1] Vergl. über die deutsche Ansiedelung von 1858 die Aussagen von Sir Charles Mills, der selbst amtlich dabei thätig war, vor dem Committee on Colonisation 1890 qu. 1344—1347, 1386—1392, 1408, 1431—1443, 1469—1473. Auch Arnold White zollt den Teutschen das höchste Lob eod. qu. 2882. Die Zahlenangaben stimmen nicht ganz überein. Sir Charles Mills sagt einmal, es seien 3689, dann spricht er wiederholt von etwa 3000 Familien. Es waren Landleute, also vermut= lich Landarbeiter, aus Pommern, Posen und Schlesien. Als sie ankamen, mußten sie die Büchse beim Pflügen umhängen, aber beim nächsten Kaffernkrieg wurde auch keines ihrer Häuser niedergebrannt. Ihre Sparsamkeit und Tüchtigkeit wird über= aus gerühmt. Von Morgen bis Abend hätten sie gearbeitet. Anfangs brachten sie allerlei Gartenerzeugnisse auf dem Rücken zu Markt, 15—20 Meilen weit. Allmäh= lich kamen sie mit Handkarren, mit Kuhwagen, mit Ochsen und Maultieren. Jetzt fahren sie mit kräftigen Rossen zu Markt und zur Kirche. Besonders gerühmt werden auch die evangelischen Geistlichen. Anfangs gingen Söhne und Töchter in entfernteren Teilen der Kolonie in Dienst. Von den heimgeschickten Ersparnissen wurde Vieh gekauft, das die Kinder dann bei der Hochzeit erhielten. — Die Nieder= lassungen sind in der Gegend von King Williams Town am Buffalo River Nach Bemerkungen in den Berichten des Auswanderungsamtes war übrigens der damalige Kolonialminister Lord Stanley mit der Maßregel nicht einverstanden (Be= richt von 1858 S. 47), „wegen der Kosten und aus anderen Gründen." — Im Be= richt des Em. Inf. Off. für 1895 werden auch deutsche Kolonisten erwähnt, welche von der Kolonialregierung vor einigen zwanzig Jahren in der Nähe von Kapstadt mit Erfolg angesiedelt seien.

1892 wurde nur noch die Beförderung von weiblichen Dienstboten unter=
stützt. Wie groß die Zahl der seit 1879 Unterstützten ist, kann ich nicht
angeben [1]. -

Von der Bevölkerung der Kapkolonie waren 1891 europäischen Ursprungs
376 987 Personen (195 956 m., 181 031 w.). Es waren gebürtig aus

England und Wales   27 689

Schottland . . .   6 648

Irland 4 186

Verein. Königreich .   38 523

Deutschland . . .   6 549

Da die Weißen aus dem übrigen Europa und die aus Amerika und
Australien Gebürtigen höchstens 5000 ausmachen, so ist der Prozentsatz der Zu=
gewanderten nicht hoch. In Folge der Goldentdeckungen hat in den letzten
Jahren die Einwanderung ziemlich zugenommen, doch ist das zum Teil wohl
nur Durchwanderung nach anderen Teilen Südafrikas [2]. Eine anhaltende
Wanderbewegung vollzieht sich vom Kap nordwärts, teils nach den Gold=
regionen des Transvaal, vor allem dem Witwatersrand, teils weiter ins
Innere nach Bechuanaland und den Gebieten der Britisch=Südafrikanischen
Kompanie (Rhodesia).

Natal, wohin 1837 ein Teil der mit der englischen Herrschaft un=
zufriedenen Boeren gezogen war, während eine Anzahl Engländer an der
Küste die Stadt Durban gegründet hatte, wurde 1843 für eine britische
Besitzung erklärt, 1848 als besondere Kolonie mit eigener Verwaltung kon=
stituiert. Da die Boeren bald wieder weiterzogen, wurde es wichtig, weiße
Ansiedler heranzuziehen. Die Auswanderung dahin kam durch einen ge=
wissen Byrne in Gang.

---

[1] Bei Gelegenheit der Colonial Conference von 1887 fand eine Besprechung
mit den südafrikanischen Delegierten über die Pläne zur Unterstützung der Aus=
wanderung statt. (Proceedings of the Colonial Conference Bd. I S. 123). Bei
dieser Gelegenheit erklärte Herr Upington, die Kapregierung habe über eine Million
Pfund für Auswanderung ausgegeben. Nur eine geringe Zahl sei auf den ursprüng=
lichen Niederlassungen geblieben. Der Grund des Mißerfolgs sei der, daß die Frauen
und Kinder nicht arbeiten wollten, wie die Teutschen. Sie mieteten Kaffern und
so ging der ganze Gewinn drauf. Herr Hofmeyr stimmte dem im wesentlichen zu.
Von 50 Schotten könne nicht einer die Pacht von 6 d für den Acre bezahlen.

[2] Zur See

	kamen an	reisten ab
1889—91	37 013	24 944
1892	12 633	7 845
1893	15 617	7 922

Den Preis der von ihm gekauften Kronländereien hinterlegte er beim
Auswanderungsamt und daraus wurden ihm für jeden von ihm beförderten
und angesiedelten Auswanderer 10 £ vergütet. Dagegen unternahm er es,
gegen Zahlung von 10 £ durch den Auswanderer ihn hinüberzuschaffen und
mit 20 Acres Land für den Erwachsenen und 5 Acres für jedes Kind aus=
zustatten. (Regulativ vom 16. April 1849). Da schwarze Arbeiter in
Natal genügend vorhanden waren, hatte man es vor allem auf Leute mit
etwas Kapital abgesehen. Der rührigen Agitation Byrnes gelang es 1848
bis 1850 3792 Personen zur Ansiedelung in Natal zu veranlassen. Dort
erwartete sie mancherlei Enttäuschung. Die Vorbereitung war ungenügend
und die Leute mußten zunächst von der Regierung verpflegt werden. Die
Landstellen waren ungenügend. Viele suchten sich andere Beschäftigung —
wie der Gouverneur berichtete, ging es diesen am besten — und Alle hatten
mit Entbehrungen zu kämpfen. Denen, die auf dem Land blieben, gab die
Kolonialregierung 25 Acres zu, erleichterte es auch, daß ein Ansiedler die
Landstelle eines anderen hinzu erwerben konnte. Byrne selbst scheint bank=
rott geworden zu sein. Außer ihm haben auch einige Andere in geringem
Umfang auf Grund jener Bestimmungen Auswanderer ausgeführt. Die
ganze Einrichtung wurde 1850 aufgehoben. So schlecht das ganze Unter=
nehmen durchgeführt war, so ist es in seinem Erfolg doch wichtig für die
Kolonie geworden. Viele haben sich erfolgreich durchgekämpft, und der vor=
zugsweise englische Charakter der Kolonie ist in erster Linie dem Byrneschen
Unternehmen zu danken[1].

Im Jahre 1857 begann die Kolonie, die 1856 eine Volksvertretung
erhalten hatte, auf eigene Kosten die Einwanderung zu unterstützen in der
Form des Nominationssystems. Die Kolonie zahlte zur Beförderung des
Nominierten 10 £ zu, falls der Nominierende sich verpflichtete, diese Summe
in Jahresfrist zurückzuzahlen. Das Auswanderungsamt hat auf Grund
dieser Bestimmungen bis Ende 1869, wo die Unterstützung zeitweise auf=
hörte, 2277 Personen nach Natal befördert. In ähnlichem Sinne ist die
Unterstützung Nominierter 1872 wieder eingeführt[2]. Neuerdings (nach den
Bestimmungen von 1877) ist die Unterstützung auf 5 £ herabgesetzt,
dafür aber von der Rückzahlung abgesehen. Die Nominierten mußten Land=
oder Bergarbeiter, Dienstboten oder Handwerker und vom Nominierenden auf
mindestens drei Monate in Dienst genommen sein. Dienstmädchen mit

---

[1] Vergl. Berichte von 1849 S. 24, 1850 S. 29 und 98, 1851 S. 27, 1852
S. 64. Noble's Official Handbook of the Cape and South-Africa (1893) S. 358.
[2] Berichte von 1858 S. 50, 1867 S. 50, 1869 S. 43, 1870 S. 50, 1873
S. 13 u. 135.

guten Zeugnissen erhielten freie Fahrt. Alle diese Bestimmungen sind Ende 1894 aufgehoben und die Unterstützung auf Verwandte von ansässigen Kolonisten beschränkt. Von 1878 bis Juni 1893 sind mit Unterstützung der Kolonie überhaupt 7495 Einwanderer befördert[1].

Schon seit Mitte der sechziger Jahre beschäftigte man sich in der Kolonie mit Plänen, wie Ansiedler mit einigem Kapital ins Land gezogen werden könnten. Während alle anderen bisher besprochenen Kolonien sich darauf beschränkt haben, die Ansiedelung der Einwanderer von Staatswegen nur indirekt zu fördern durch die Vermessung des Landes, Regelung der Landverkäufe u. s. w. und man höchstens in einigen Fällen soweit gegangen ist, die Organisation von Ansiedelungen zu begünstigen, hat man in Natal den Versuch gemacht, von Staatswegen Ansiedelungen zu schaffen und die Bewohner dafür in Europa anzuwerben, an Ort und Stelle zu befördern und anzusetzen. Der erste Versuch ist von 1866—1869 gemacht. Ein eigener Agent wurde nach England geschickt und den Ansiedlern je nach ihrem Kapitalbesitz Stellen von 200 und von 50 Acres zugewiesen. Auf diese Weise sind 1867 bis 1869 259 Ansiedler mit ihren Familien nach Natal gebracht. Das von ihnen mitgenommene Kapital wurde auf 100000 £ geschätzt[2]. Wegen finanzieller Schwierigkeiten wurde Ende 1869 alle Unterstützung der Einwanderer aufgegeben. Der Gedanke wurde aber nach einiger Zeit wieder aufgenommen, 1876 ein Land and Immigration Board eingerichtet und nun von diesem verschiedene Niederlassungen angelegt auf Ländereien, die der Behörde zu diesem Zweck überwiesen wurden. Die erste Ansiedelung, Wilge Fontein, wurde 1880 in der Nähe von Pieter Maritzburg auf einer für 4000 £ gekauften Farm eingerichtet. Die Ansiedler sollten für die benachbarte Stadt Gemüsebau treiben. Der Mann mußte mindestens 100 £ Kapital haben. 23 Familien mit 137 Köpfen (darunter 48 Männer) wurden frei befördert mit einem Aufwand von gut 2000 £. Für das Land, 40—160 Acres, hatten sie in Raten 24 sh. für den Acre zu zahlen. Die ausgedehnte Gemeinweide ist frei. Den Leuten geht es ganz gut. Die Ansiedelung ist aber für die Kolonie sehr kostspielig gewesen. 1882 wurden dann in Marburg 50 norwegische Familien, 229 Köpfe, mit zusammen 4000 £ auf Kronland angesiedelt. Die Beförderung geschah umsonst, was der Kolonie etwa 1900 £ kostete. Jede Stelle war 100 Acres

---

[1] Emigrants' Information Office Handbook. Natal. 1893, 1894, 1895.

[2] Berichte namentlich von 1867 S. 50 und 1870 S. 50. Über den Erfolg dieses Versuchs ist mir weiteres nicht bekannt. Vor dem Committee on Colonisation ist er nicht erwähnt.

groß mit Weiberecht über 2000 Acres. Die Leute hatten für den Acre in
Raten 7 sh. 6 d zu zahlen und haben das ohne Schwierigkeit gethan. Das
Wohlbefinden der Kolonie wird der ungewöhnlichen Energie der Leute und
dem Umstand zugeschrieben, daß die Männer bis auf große Entfernung auf
Lohnarbeit gingen. In der dritten Niederlassung Weenen sind, außer der Gemein=
weide von 13 000 Acres, 17 Landstellen von 50 Acres bewässerbaren Landes, das
zwei bis drei Ernten im Jahre giebt. Die Stellen sind abwechselnd an
Kolonisten und an Einwanderer mit 200 £ Kapital (die frei befördert werden)
vergeben. Die Pacht beträgt jährlich 2 sh. 6 d für den Acre und dauert
12 Jahre, worauf das Land für 2 £ den Acre gekauft oder die Pacht auf
9 Jahre erneuert werden kann.

Sechs weitere Niederlassungen, die diesen Typen entsprechen, sind aus=
gelegt oder in Aussicht genommen. Ob diese Pläne ausgeführt werden,
nachdem das Land and Immigration Board Ende 1894 aufgehoben ist,
steht dahin. Dagegen ist neu eingeführt (ähnlich wie in Neuseeland und
Westaustralien), daß Landleute und andere, welche im Besitz von Kapital
sind und sich in der Kolonie niederlassen, nach Genehmigung durch den
Generalagenten der Kolonie eine Reiseunterstützung von 10 £ 2 sh. bis
12 £ 12 sh., etwa drei Viertel des Fahrpreises, erhalten. Die Verleihung
der autonomen Verfassung im Jahre 1893 hat bisher nicht, wie der Aus=
wanderungsagent der Kolonie vor dem Committee on Colonisation 1891
meinte, zu einer Erweiterung, sondern zu einer Beschränkung der Einwanderungs=
politik geführt [1].

In den Küstengebieten von Natal mit ihren Pflanzungen tropischer Ge=
wächse bedurfte man anderer Arbeiter als der Europäer. Nach dem Muster
von Mauritius bezog man indische Kulis, zeitweise (seit 1863) sogar mit
Unterstützung der Kolonie. Die Arbeiter sind auf fünf Jahre kontraktlich
verpflichtet (indentured) und müssen weitere fünf Jahre in der Kolonie
bleiben, worauf sie die Wahl haben, in der Kolonie zu bleiben oder frei
zurückbefördert zu werden.

Von 1860—1891 sind unter diesem System angekommen 46 918 Köpfe
gestorben oder wieder ausgewandert . . . . 15 770 =
verblieben . . . . 31 148 =

Außerdem sind indische Kaufleute und Handwerker in ziemlicher Zahl
eingewandert, so daß die Zahl der Indier bei der Volkszählung von 1891
größer war, als die der Europäer.

---

[1] Vergl. zu dem Obenstehenden Committee on Colonisation 1891 qu. 594
bis 759 und die Emigrants' Information Office Handbooks.

Im August 1894 wurde daher ein Gesetz angenommen, wonach Asiaten das Wahlrecht nicht verliehen werden soll. Das Wahlrecht derer, welche bereits in den Wählerlisten eingetragen sind, bleibt unberührt[1].

Die Bevölkerung Natals bei der Zählung von 1891 wird auf 555 576 angegeben. Darunter waren 43 070 Indier, wovon etwa 10 000 „indentured“. Die Zahl der Weißen betrug 42 759, wovon männlichen Geschlechts 24 795. Von den Weißen waren gebürtig

aus England und Wales . . 11 434
= Schottland 3 226
= Irland 1000
- dem Vereinigten Königreich 15 660 = 37 Prozent.
= dem übrigen Europa . . 2 269

Es gehört nicht in den Rahmen dieser Untersuchung, aber es muß der Vollständigkeit halber erwähnt werden, daß auch die nordamerikanischen Ansiedelungskolonien Großbritanniens zeitweise eine lebhafte Thätigkeit zur direkten Unterstützung der Einwanderung entfaltet haben, namentlich nachdem 1874 die einzelnen Provinzen die Ausführung dieser Maßregeln dem Dominion übertragen hatten. Um dieselbe Zeit, wie in den australischen Kolonien, wurde aber diese Unterstützung eingeschränkt und 1888 ganz eingestellt[2].

Die bisher selbständig gebliebene Kolonie Neufundland hat meines Wissens Aufwendungen für Unterstützung der Einwanderung nie gemacht.

Das Ergebnis der Entwicklung ist auf allen Gebieten: „Die Kolonien, die einst mittellose Leute aufnahmen, wehren sie jetzt ab. Und wo neue Gebiete der Auswanderung sich öffnen, in Centralafrika wie anderwärts, verlangt man Ansiedler, die wenigstens etwas Kapital besitzen[3]“.

---

[1] Bericht von 1864 S. 50. Yearbook of the Imperial Institute 1894 S. 212. Supplement 1895 S. 19. Royal Commission on Labour. Foreign Reports vol. II S. 201.

[2] Die seit 1891 Ansiedlern im Westen gezahlte Prämie wird seit dem Frühjahr 1894 nicht mehr gewährt.

[3] Worte des Vorsitzenden des Emigrants' Information Office im Jahresbericht für 1894 (C 7631) S. 6.

Drittes Kapitel.

Auswanderungsrecht und Auswandererschutz.

Die Auswanderung hat in unserem Jahrhundert im Vereinigten Königreich Beschränkungen im allgemeinen nicht unterlegen. Doch bestanden bis
1824 gesetzliche Verbote, gewisse gelernte Arbeiter zur Auswanderung nach
fremden Ländern zu verlocken oder zu ermutigen. Durch die Acte 5. Geo. IV.
c. 97, sind diese Gesetze aufgehoben [1].

Dagegen ist ein anderes Hindernis der Auswanderung erst 1870 beseitigt, indem es bis dahin nach englischem Gemeinem Recht nicht möglich
war, die englische Staatsangehörigkeit aufzugeben. Für die Auswanderung
nach den Kolonien war das natürlich bedeutungslos.

Das heutige Recht der Auswanderung hat zu seinem Inhalt den S c h u t z
d e r   A u s w a n d e r e r gegen Ausbeutung, Betrug und schlechte Behandlung.
Diese Gesetzgebung, im wesentlichen Gründen der Menschlichkeit entsprungen,
ruckweise aus Anlaß besonderer Mißbräuche, skandalöser Vorkommnisse fort-
entwickelt, dann wieder aus Rücksicht auf den Verdienst der Reeder und auf
die Armut der Auswanderer gemildert, nimmt zwei Dinge unter Aufsicht:
die Beförderung auf dem Schiffe selbst und die Vermittelung des Verkaufs,
von Fahrscheinen.

Die Entbehrungen und Leiden, denen arme, unwissende Auswanderer
während der Seefahrt, wie vor und nach der Einschiffung früher ausgesetzt waren, sind oft geschildert worden. In einer bereits angeführten
(S. 29) Rede im Unterhause sagte Charles Buller, der Staat habe
die Beförderung menschlicher Wesen so zugelassen, wie der Habsucht

---

[1] Es sind die Gesetze 5. Geo. I c. 27 und 23 Geo. II c. 13 betr. gelernte
Arbeiter (artificers) in den Manufakturen; 22. Geo. III c. 60 betr. Baumwoll-
drucker; 25. Geo. III c. 3 betr. irische gelernte Arbeiter; 25. Geo. III c. 67 betr.
Stahl- und Eisenarbeiter; 39. Geo. III c. 56 betr. schottische Kohlengräber.

und dem Leichtsinn der Reeder beliebte. „Das Ergebnis dieser acht- und schamlosen Vernachläsſigung der Auswanderer war, daß hunderte und tausende von Familien von Paupers in ihren Lumpen von den Quays in Liverpool und Cork in schlecht verproviantierte, ungesunde Schiffe stiegen, in denen menschliche Weſen in die Räume gepfercht wurden, in die auf der Rückreise Bauholz verladen wurde. Selbſt unwissend und von der Regierung nicht darüber belehrt, was auf einer solchen Reise nötig sei, litten sie Mangel an Nahrung und Kleidung. Solche Entbehrungen, Schmuz und schlechte Luft erzeugten Krankheit und die Schiffe, die ihr Ziel sicher erreichten, brachten das Fieber mit dem Bettel auf die Quays von Quebec und Montreal. Ärztliche Fürsorge wurde nicht gefordert und wenn sie zuweilen vorhanden war, so war das eine rühmliche Ausnahme von der Regel" [1].

Die erste [2] Passengers Act datiert von 1803 (24. Juni 43. Geo. III c. 56). Sie wird erlassen, weil „in verschiedenen Teilen des Vereinigten Königreichs eine Anzahl Personen verleitet worden ist, ihre Heimat zu verlassen und große Not auf den Schiffen gelitten hat, wegen Mangel an Wasser und Lebensmitteln und sonstigen nötigen Dingen, sowie an ordent- lichem Raum." Britische Schiffe sollen bei Reisen nach überseeischen Ländern nicht mehr als eine Person auf zwei Tonnen Raum tragen, die Besatzung eingerechnet. Auf nichtbritischen Schiffen sollen es dagegen nicht mehr als eine Person auf fünf Tonnen sein. Ferner sollen Schiffe nach Nordamerika für 12 Wochen mit Lebensmitteln versorgt sein. Schiffe, die 50 Passagiere oder mehr tragen, sollen einen Arzt haben. Die Kontrollen bestehen darin, daß der Schiffer der Zollbehörde eine Liste der Personen an Bord vorzulegen hat. Der Zollbeamte kann mit einem Friedensrichter das Schiff besichtigen, und wenn nötig, zurückhalten. Der Zollbehörde ist Sicherheit zu geben, daß das Schiff seetüchtig ist und die Passagiere am Bestimmungsort landen wird. Die Bestimmung dieses Gesetzes von 1803, daß nichtbritische Schiffe nur eine Person auf fünf Tonnen tragen dürfen, wurde 1816 (56. Geo. III. c. 114.) auch auf die britischen Schiffe ausgedehnt, welche Personen aus dem Vereinigten Königreich nach den Vereinigten Staaten von Amerika beförderten. Der Zweck war also, die Auswanderung dorthin zu erschweren.

Große Wirksamkeit scheinen diese sehr summarischen Bestimmungen nicht

---

[1] Vergl. auch den Bericht der Landkommission von 1836 S. 98.
[2] Das Gesetz von 1785 (25. Geo. III c. 67), welches englischen Schiffen den Transport von Personen zum Zwecke der Schuldknechtschaft verbot (Sartorius von Waltershausen, Die Arbeitsverfassung der englischen Kolonien in Nord- amerika [1894] S. 66), kann man wohl kaum schon zu den Passengers Acts zählen.

gehabt zu haben, schon weil arme Auswanderer gar keine Möglichkeit hatten, den Schiffsführer am Ankunftsort zur Verantwortung zu ziehen.

Wichtig war es daher, daß für einen Teil der Auswanderer einige Besserung geschaffen wurde durch die Schutzgesetzgebung der Vereinigten Staaten, welche 1819 begann, und die des Staates Newyork seit 1824; freilich wurde sie wirksamer erst seit 1847. Die amerikanische Gesetzgebung seit 1855 hat dann in enger Wechselwirkung mit der englischen gestanden [1].

In England wurde durch ein Gesetz vom 5. Juli 1825 (6. Geo. IV. c. 116) für alle Beförderung von Passagieren nach Ländern, außer den in Europa und am Mittelmeer gelegenen, vorgeschrieben, daß nur eine Person auf fünf Tonnen unbeladenen Raums kommen dürfte. Es wurde auch zum ersten Male die Berechnung bestimmt, wieviel Raum als unbeladen anzusehen sei (was in dem amerikanischen Gesetz von 1819 noch fehlte). Die frühere Bestimmung über Mitnahme eines Arztes war wiederholt. Wichtig war aber, daß die Zollbehörde Erlaubnis geben konnte, daß ein Schiff eine Person auf zwei Tonnen beförderte, und für die Fahrt von Irland nach Britisch-Nordamerika überhaupt von der Befolgung des Gesetzes dispensieren konnte.

Trotzdem erhob sich gegen das Gesetz ein Sturm von Klagen. Es erhöhe die Transportkosten ganz unnötig. Im Jahre 1827 wurde es aufgehoben, mit den Folgen, die vorauszusehen waren: bald erhoben sich laute Klagen aus den Kolonien, wie von seiten respektabler Firmen über schamlose Ausbeutung der Auswanderer. Krankheiten und Hunger herrschten auf verschiedenen Schiffen. Ein Schiff lief Neufunbland an, weil die Passagiere in offene Meuterei ausgebrochen waren, der Kapitain die Lebensmittel mit den Waffen in der Hand bewachen mußte [2]. Schon in der nächsten Parlamentssession erging das kurze Gesetz vom 23. Mai 1828 (9. Geo. IV. c. 21), welches nur für die Passagierbeförderung aus dem Vereinigten Königreich nach den nordamerikanischen Besitzungen (die Bahamas und Westindien sind ausdrücklich ausgenommen) einige Bestimmungen traf. Auf vier Tonnen unbeladenen Raums durften drei Personen (die Besatzung eingeschlossen) befördert werden. Die Höhe zwischen den Decks mußte mindestens 5½ Fuß betragen. Für jeden Reisenden sollten 50 Gallonen reines Wasser und 50 Pfd. Zwieback, Brot oder dergl. vorhanden sein. Die Aufsicht über die Ausführung

---

[1] Vergl. Richmond Mayo Smith, Emigration and Immigration (New York 1890). S. 214 ff. und namentlich die dort angeführte Arbeit Fr. Kapps: Immigration etc. (1870). Auch die Berichte des englischen Auswanderungsamtes, so den von 1847 S. 6 f.

[2] Bericht des Auswanderungsamts von 1847 S. 2.

des Gesetzes stand den Zollbehörden zu. Das ganze Gesetz war überaus dürftig; über Mitnahme eines Arztes stand nichts darin. Viel wichtiger war, daß die öffentliche Besprechung der Auswanderung seit 1830 dazu führte, daß besondere Beamte (Emigration Agents) eingesetzt wurden, in den wichtigsten britischen Häfen, sowie im britischen Nordamerika, welche über die Durchführung der Passengers Acts und die Interessen der Auswanderer zu wachen hatten, deren Rechte vor den Friedensrichtern unentgeltlich vertraten und ihnen im allgemeinen Auskunft zu geben verpflichtet waren. Namentlich sollte den ankommenden Einwanderern Arbeit verschafft, sie in möglichst kurzer Zeit aus dem Landungsort weggebracht werden. Wie man um diese Zeit überhaupt anfing, Nachrichten für Auswanderer zu veröffentlichen (S. 17), so auch Warnungen vor den Betrügereien, denen Auswanderer ausgesetzt seien, namentlich vor den Schleppern bedenklicher Wirtshäuser, in denen die Leute möglichst lange festgehalten und zum Ausgeben ihrer Sparpfennige veranlaßt würden. Es wurde auch die Einrichtung getroffen, daß die Auswanderer ihr Geld bei den Regierungsagenten vor der Abfahrt einzahlen konnten, um es am Bestimmungsort wieder zu erhalten.

Ein weiterer wichtiger Schritt war das Gesetz vom 31. Aug. 1835 (5/6. Will. IV. c. 53), das an Stelle des Gesetzes von 1828 trat. Es bezog sich auf alle Reisen vom Vereinigten Königreich nach Ländern, die außer Europa und dem Mittelmeer gelegen (1840 wurde es erstreckt auf Reisen auch zwischen allen britischen Besitzungen in Amerika. 3/4. Vict. c. 21.). Es setzte die Zahl der zulässigen Personen auf drei für je fünf Tonnen herab und forderte weiter ein Minimum freier, nicht durch Waren oder Proviant belegter Grundfläche fest, nämlich 10 Quadratfuß und 15, wenn das Schiff die Linie passierte. Mitnahme eines Arztes wurde vorgeschrieben, falls das Schiff mehr als 100 Passagiere hatte. Von sonstigen wohlthätigen Bestimmungen sei die hervorgehoben, daß den Passagieren erlaubt sein sollte, nach der Ankunft 48 Stunden an Bord zu bleiben.

Aber auch unter der Herrschaft dieses Gesetzes kamen Klagen häufig vor, namentlich veranlaßt durch die davon nicht betroffenen Manipulationen der Auswanderungsexpedienten [1]. Diese schickten z. B. Leute zu Anfang des Jahres in Irland auf das Land, welche Auswanderer für die im Frühling abgehenden Schiffe anwarben und sich die Hälfte der Passage voraus bezahlen ließen. Kamen die Auswanderer zur bestimmten Zeit zum Hafen

---

[1] Ich vermeide die Bezeichnung Auswanderungsagenten, weil in England unter Emigration Agents die vom Staat zum Schutz der Auswanderer angestellten Beamten verstanden werden.

und das Schiff war noch nicht gefüllt, so wurden sie unter allerlei Vorwänden lange hingehalten. War großer Andrang, so wurde oft ein höherer Passagepreis verlangt. „Die Leute werden durch interessierte Personen verleitet, ihre Heimat zu verlassen; durch falsche Behauptungen getäuscht, kommen sie zum Hafen, fremd und unbekannt mit den rechten Mitteln, sich gegen Täuschungen zu schützen; hier sind sie völlig in der Hand des verschlagenen Expedienten, der bei großer Konkurrenz auf alle Weise die vortrefflichen Eigenschaften des von ihm vertretenen Schiffes herausstreicht. Häufig wird unverfroren behauptet, daß die Reise in 25 bis 30 Tagen zurückgelegt werde und Lebensmittel für diese Zeit reichlich genügen (man beachte, daß damals der Zwischendeckspassagier sich selbst verköstigte), während in der letzten Saison (1839) 133 Auswandererschiffe durchschnittlich 45 Tage brauchten und 15 Schiffe mehr als 60 Tage in See waren." In zwei solchen Fällen, in denen das Schiff 80 und 69 Tage unterwegs war, mußten die Auswanderer dann vom Kapitain Lebensmittel für ungeheure Preise kaufen und landeten von allen Geldmitteln entblößt [1]. In demselben Bericht wird erklärt, daß schon bei geringerer Zahl von Auswanderern als 100 ein Arzt nötig sei. Auch wie sie sei, werde die Bestimmung nicht streng genug durchgeführt. Die Errichtung einer besonderen, mit der Überwachung der Auswanderung betrauten Behörde, (1837 und 1840), bei der die Klagen zusammenliefen und sachlich behandelt wurden, führte bei dem großen Anwachsen der Auswanderung bald dazu, daß ein neues, das erste ausführliche Gesetz ausgearbeitet wurde. Als dessen Aufgabe bezeichnete das Amt: 1. die Zahl der Passagiere zu regeln und für genügenden Raum an Bord zu sorgen; 2. angemessene Versorgung mit Lebensmitteln und Wasser zu sichern, 3. für die Seetüchtigkeit des Schiffes zu sorgen und 4. die Auswanderer vor den zahlreichen Betrügereien zu schützen, denen sie in Folge ihrer Hülflosigkeit und Unerfahrenheit ausgesetzt seien. Dabei aber war nicht außer Augen zu lassen, daß die Passagekosten für die Armen nicht so erhöht würden, daß sie die Mittel für die Auswanderung nicht aufbringen könnten [2].

Das neue Gesetz vom 12. Aug. 1842 (5 6. Vict. c. 107) zeichnet sich vor allem durch größere Genauigkeit und Ausführlichkeit aus. Wie bisher sollte kein Auswandererschiff mehr als 3 Personen auf 5 Tonnen Raum tragen. Zwei Kinder unter 14 Jahren gelten als ein Erwachsener im Sinne des Gesetzes (statute adult). Kinder unter einem Jahr werden nicht ge

---

[1] Aus einem Bericht des Hauptagenten für die Überwachung der Auswanderung in Canada, vom 12. Januar 1840. Mitgeteilt im ersten Bericht des Auswanderungsamtes S. 68 f.

[2] Generalbericht von 1842 S. 15.

rechnet. Die Höhe zwischen den Decks wird auf 6 Fuß heraufgesetzt. Den
Passagieren muß eine Ration von Brot, Hafermehl oder Kartoffeln geliefert
werden. Ein Arzt muß an Bord sein bei 100 Passagieren, oder bei 50,
wenn die Fahrt mehr als 12 Wochen dauert. Ausgenommen davon sind
Fahrten aus dem Vereinigten Königreich nach der Ostküste von Nordamerika.
Das Gesetz gilt auch bei Beförderung von Auswanderern aus den Kolonien
teils sofort, teils kraft Verordnung des Gouverneurs. Auch auf ausländische
Schiffe, die Auswanderer in einem britischen Hafen aufnehmen, bezieht sich
das Gesetz. Es bezieht sich aber nicht auf die Beförderung von Kajütpassagieren und nicht auf Schiffe, die weniger als 30 Passagiere tragen.
Die Einzelheiten der Ausrüstung, Seetüchtigkeit u. s. w. werden vor der
Abreise durch den staatlichen Auswanderungsbeamten geprüft, was eine der
wichtigsten Neuerungen des Gesetzes war. Weiter brachte es für die Aus-
wanderungs-Expedienten, die Passagen nach Nordamerika vermitteln, das Erfordernis der Konzession[1]. Das Auswanderungsamt benutzte die Gelegenheit
der Veröffentlichung des Gesetzes, um eine Anzahl von Regeln für die
praktische Einrichtung von Auswandererschiffen aufzustellen und bekannt zu
machen.

Das Gesetz hatte einen großen Schritt vorwärts bedeutet[2]. Aber in
jenen Tagen der Segelschiffahrt war Auswanderung für die Ärmsten immer
gleichbedeutend mit Entbehrung und Not. Man könne nicht alle wünschenswerte Bequemlichkeit schaffen, meinten 1847 die Auswanderungskommissare
in ihrem Bericht (S. 3). „Übertriebene gesetzliche Anforderungen würden
nur die Wirkung haben, nicht daß die Armen über See unter besseren Verhältnissen gingen, sondern daß sie überhaupt nicht gehen und gegen ihren
Willen in einem Land festgehalten würden, wo sie die Mittel nicht hätten
zu leben." Als direkten Mißstand sahen die Auswanderungsbehörden nur
an, daß Schiffe mit weniger als 30 Auswanderern vorheriger Kontrolle
nicht unterworfen waren.

Schon traten aber Umstände ein, welche die bestehenden Schutzein-
richtungen auf eine schwere Probe stellten. Der Beginn der Hungersnot in Irland steigerte die Auswanderung über jede bekannte Größe,
führte den Schiffen hungernde Menschenmassen zu, die den Keim von Fieber

---

[1] In den üblichen Formen durch Justices in Petty oder Quarter Sessions.
Dem Auswanderungsamt ist davon Mitteilung zu machen.
[2] Gegenüber der Zufriedenheit mit dem neuen Gesetz ist auch nicht außer Auge
zu lassen, daß auch die Zahl der Auswanderer plötzlich abnahm (von 128 344 i. J.
1842 auf 57 212 i. J. 1843), die Schiffseigner also ohnehin entgegenkommender sein
mußten.

und Tod in sich trugen. Die Zahl der Auswanderer, die 1846 schon fast
130 000 betrug, stieg 1847 auf 258 000, 1848 auf 248 000, 1849 auf
fast 300 000 und erreichte 1852 mit fast 370 000 das Maximum. Und
von diesen Auswanderern kamen allein aus dem hungernden Irland 1846
fast 110 000, 1847 fast 218 000, 1848: 188 000, 1849: 219 000 und
1851 sogar 255 000 (von 336 000 Auswanderern überhaupt.)

Als der Menschenstrom begann, scheute sich die Regierung zunächst,
größere Änderungen an einem Gesetz vorzunehmen, das bis dahin günstig
gewirkt zu haben schien, um nicht der an sich erwünschten Auswanderung
ungewöhnliche Schwierigkeiten in den Weg zu legen[1]. Doch wurde wenigstens
der Wunsch des Auswanderungsamts erfüllt, auch kleinere Auswandererschiffe unter Kontrolle zu bekommen, nämlich dann, wenn auf 25 Tonnen
Gehalt mehr als ein Passagier kam (10/11 Vict. c. 103, vom 22. Juli 1847).
Die Regierung ließ sich ferner den Fonds für die Unterstützung dürftiger
Auswanderer bei der Ankunft in Canada von 1000 auf 10 000 £ erhöhen
und vermehrte die Auswanderungsbeamten in Liverpool und den kleineren
irischen Häfen. Das Auswanderungsamt schärfte seinen Beamten die äußerste
Aufmerksamkeit ein. Aber was bedeutete das alles gegenüber der Masse
von Elend und Krankheit, die sich in die Auswandererschiffe ergoß. Im
März segelten die ersten Schiffe ab und schon im Mai berichtete der General-
gouverneur von Canada, daß Fieber und Dyssenterie auf allen Schiffen
herrsche, die irische Einwanderer an Bord hätten. Außerordentliche Maßregeln für die Ankömmlinge waren nötig. Die Militärverwaltung gab
Zelte für 10 000 Personen. Weitere Geldmittel wurden bewilligt. Fast
in jedem Schiff, das die infizierten Häfen verließ, brach nach wenig Tagen
das Fieber aus. Trotz Quarantäne wurde es über die ganze Kolonie ver-
schleppt. Von den Auswanderern selbst starb 1847 der sechste Teil. Nach
Canada und Neu-Braunschweig schifften sich im Laufe des Jahres 1847
106 802 Personen ein. Davon starben während der Reise 6116, in der
Quarantäne 4149, in Spitälern 7180, zusammen also 17 445, 16 1/3 Prozent
der Gesamtzahl.

Solche Ereignisse gaben dem Verlangen auch nach besserem gesetzlichen Schutz
neue Stärke. Canada und Neu-Braunschweig gaben sich Einwanderungsgesetze, welche die Einwanderung vorübergehend erheblich erschwerten. Im
Mutterlande wurden für die Fahrt nach Nordamerika die Anforderungen
hinaufgesetzt (10/11 Vict. c. 6, vom 28. März 1848): statt drei Passagiere
auf 5 Tonnen Raum war nur noch einer auf 2 Tonnen zulässig. Die

---

[1] Vergl. zum folgenden die Berichte des Auswanderungsamtes von 1848 an.

freie Grundfläche wurde von 10 auf 12 Quadratfuß erhöht. Bei 100 und
mehr Passagieren mußte ein Schiffsloch angestellt werden. Die Anstellung
eines Schiffsarztes bei der gleichen Zahl von Passagieren wurde für die
amerikanische Fahrt auch jetzt nur dann gefordert, wenn für den Passagier
weniger als 14 Quadratfuß freier Raum vorhanden war. Endlich wurde
gestattet durch königliche Verordnung (Queen in Council), Vorschriften zur
Sicherung von Ordnung und Reinlichkeit auf britischen Schiffen zu erlassen,
eine Vollmacht, von der sofort Gebrauch gemacht wurde. Von besonderer
Wichtigkeit war ferner, daß eine regelmäßige ärztliche Prüfung des Gesundheits=
zustandes der Auswanderer bei der Einschiffung eingeführt wurde. Das
Gesetz von 1848, das nur auf die Fahrt nach Nordamerika sich bezog,
wurde vom 1. Oktober 1849 an auf alle Seereisen erstreckt, gleichzeitig auch
genaue Vorschriften gegeben über die den Auswanderern zu liefernden Lebens=
mittel. Auch die Aufsicht über die Auswanderungsexpedienten wurde
verschärft.

Besondere Bedeutung für den Auswandererschutz hatte es, daß die
Vereinigten Staaten im Mai 1848 ein Gesetz erließen, welches den englischen
neuen Bestimmungen ähnliche Vorschriften enthielt. Das war um so wichtiger,
als, teils wegen des scharfen neuen canadischen Gesetzes, teils weil die
irischen Arbeiter im britischen Nordamerika schwer Arbeit fanden, teils weil
die Passagepreise nach den Vereinigten Staaten erheblich herabgingen, der
Auswandererstrom sich mehr von den britischen Kolonien Nordamerikas ab=
wendete. 1847 waren nach diesen fast 110 000, nach den Vereinigten
Staaten 142 000 Personen ausgewandert. Dagegen bewegten sich die
Zahlen der Auswanderer nach jenen von 1848—1854 zwischen 31 000 und
44 000, während nach den Vereinigten Staaten jährlich von 188 000 (1848)
bis 268 000 (1851) wanderten.

Neben der Verminderung von Hunger und Krankheit in Irland war
es wohl der schärferen Aufsicht zu danken, wenn die schrecklichen Ereignisse
des Jahres 1847 sich nicht wiederholten, trotz dieser ungeheuren Zahl von
Auswanderern. Der Hauptagent in Canada berichtete 1850, daß überhaupt
keine bemerkenswerten Klagen vorgekommen seien. Aber die Bestrebungen,
die Behandlung und Verpflegung der Auswanderer zu bessern, ihren Schutz
wirksamer zu gestalten, ruhten nicht[1]. 1851 untersuchte ein Unterhaus=
Ausschuß die Wirksamkeit der Passengers Acts. Seine Vorschläge führten zum
Erlaß eines neuen Gesetzes im Jahre 1852 (15 16 Vict c. 44), wodurch eine

---

[1] Zu erwähnen sind die Bemühungen des Herrn Vere Foster, der 1850 selbst
im Zwischendecke reiste und in der Presse die Leiden der Auswanderer packend schilderte.

Reihe von weiteren Verbesserungen herbeigeführt wurde. Hervorgehoben zu werden
verdient, daß das Gesetz die Auswanderung nach Australien voll mit erfaßte,
daß unverheiratete Männer von den übrigen Reisenden getrennt untergebracht
werden mußten, die Verpflegung der Auswanderer und der Mannschaft gleich
gut sein mußte. Der Proviant wird nunmehr täglich und zubereitet verabreicht,
nicht mehr wie bisher zweimal wöchentlich die Rohmaterialien, und um das
durchzuführen, muß ein Steward angestellt werden u. s. w. Postdampfer
sind von den Bestimmungen des Gesetzes befreit. Ein ganz neuer wichtiger
Schritt zum Schutz der Auswanderer war, daß der Versuch gemacht wurde,
die Dienstmänner (Runners), die sich mit Hülfeleistungen und Ratschlägen
im Interesse von Schiffsmaklern, Gasthäusern, Händlern u. s. w. an die
Auswanderer herandrängen, unter Kontrolle zu stellen [1]. Endlich machte das
Gesetz es zur Pflicht des Staates, schiffbrüchige Auswanderer weiter zu

---

[1] Über diese bedenklichen Burschen — Litzer nennt man sie in Hamburg —
heißt es in dem Generalbericht des Auswanderungsamtes von 1852 S. 16: „Die
Untersuchungen, welche in New York und hier angestellt sind, haben ein System von
Betrug und Schurkerei enthüllt, welches seitens der sogen. Runners in New York
und Liverpool geübt wird, wie es ohne Beweise kaum geglaubt werden würde." Es
ergab sich, daß die Runners, „obgleich die Mißbräuche notorisch und unbestreitbar
sind, in Liverpool so mächtig sind und so zusammenhalten, daß alle Versuche sie zu
kontrollieren bisher gescheitert sind; daß es ihre Gewohnheit ist, sich des Gepäckes
der Auswanderer sofort bei ihrer Ankunft zu bemächtigen und es mit Gewalt in
eine Herberge zu bringen, mit der sie in Verbindung stehen, wohin der Auswanderer
notgedrungen ihnen folgt; daß die Auswanderer in diesen Herbergen durch betrüge-
rische Vorspiegelungen veranlaßt oder gezwungen werden all ihr Geld auszugeben;
daß die, welche noch keine Fahrscheine haben, festgehalten werden, bis sie nicht mehr
die Mittel haben zu reisen; und daß unbeschützte junge Frauenzimmer, die so aufgehalten und beraubt sind, auf die Straße gestoßen und gezwungen werden, durch
Prostitution ihren Unterhalt zu verdienen. Es kam auch heraus, daß diese Runners
die Auswanderungsexpedienten zwingen, für die ihnen zugeführten Auswanderer Pro-
zente zu zahlen, mindestens 7½ Prozent, was natürlich dem Auswanderer angerechnet
wird".... „In New York scheint das Übel mindestens eben so arg zu sein. 1847 wurde
in New York festgestellt, daß der Auswanderer vom Augenblicke der Ankunft an,
bis er sein Endziel erreicht hatte, auf jede Art betrogen wurde: bei der Bezahlung
in den Herbergen, bei der Bezahlung des Reisegeldes nach dem Innern, in dem ihm
eine zuweilen sechsmal zu hohe Summe abgenommen wurde oder indem ihm ein
Billet nach einem näheren Ort angehängt oder indem ihm nachträglich Fracht für sein
Gepäck abgenommen wurde."

Das Auswanderungsamt warnte vor den Runners, zweifelte selbst aber, ob sich
gesetzlich auf dem 1852 eingeschlagenen Wege etwas erreichen ließe. Erst 1855 ist
eine wirksamere Kontrolle eingeführt.

befördern und gab ihm einen Regreß gegen Eigentümer oder Charterer des Schiffs (bis zum Betrage der gezahlten Fahrpreise)[1].

Trotz der erhöhten Ansprüche an die Reeder scheint die Durchführung keine Schwierigkeiten gemacht, auch die Fahrpreise, den Voraussagungen mancher Interessenten zum Trotz, nicht ungünstig beeinflußt zu haben. Nur auf den Fahrten nach Australien, wohin eine umfangreiche rein private Aus= wanderung erst seit den Goldfunden sich entwickelte, versuchten viele Kapitäne, sowie sie in See waren, sich über die gesetzlichen Bestimmungen hinweg= zusetzen, sodaß eine strenge Kontrolle bei der Ankunft nötig wurde. 1853 wurde in Australien in nicht weniger als 70 Fällen ein Strafverfahren gegen Kapitäne eingeleitet, was sofort einen überaus heilsamen Einfluß hatte. In der ersten Hälfte von 1854 kamen nur noch 18 unbedeutende Fälle vor.

Darauf kommt das Auswanderungsamt immer wieder in seinen Be= richten zurück: der Schutz der Auswanderer ist nur dann vollständig und zu= verlässig, wenn auch bei der Ankunft eine wirksame Kontrolle stattfindet, wie in den britischen Kolonien. Viel weniger wirksam sind die Gesetze bei der Beförderung in fremde Staaten und besonders dann, wenn sie unter fremder Flagge erfolgt. Von fremden Auswandererschiffen Hinterlegung einer gewissen Summe als Sicherheit zu verlangen, die bei der Mißachtung des britischen Gesetzes verfallen sollte, brachte nur teilweise Abhülfe[2]. Erreichen lasse sich ein völlig wirksamer Schutz nur, wenn im Ankunftsland, d. h. in den Ver= einigten Staaten ein möglichst genau entsprechendes Gesetz erlassen werde. Die dortige Gesetzgebung war aber hinter der englischen erheblich zurückge= blieben und erst 1855 kam sie wenigstens zum Teil nach[3].

---

[1] Diese humane Bestimmung kam schon 1853 in vier Fällen von Schiffbruch zur Anwendung.

[2] Ob bei dem häufigen Hinweis auf den besseren Schutz des Auswanderers auf der Reise nach britischen Kolonien nicht der Wunsch mitgewirkt hat, die Aus= wanderung dorthin zu lenken, mag dahin gestellt bleiben.

[3] Die weitergehenden Vorschläge eines Senatsausschusses wurden nicht an= genommen. Die Klagen über Verletzung der Passengers Acts auf amerikanischen Schiffen und auf der Fahrt nach den Vereinigten Staaten hörten nicht auf. Ein Dr. Custis erregte 1857 Aufsehen durch sensationelle Enthüllungen über schlechte Behandlung von Auswanderern auf der Reise, sowie über häufig vor= kommende Vergewaltigung ohne Schutz reisender Frauen; die vorgenommene Unter= suchung ergab, daß die Sache aufgebauscht war, aber das Auswanderungsamt gab doch zu, daß die Zustände auf gewöhnlichen Auswandererschiffen Gelegenheit zu „irregularity and immorality" gäben. Auch sei kein Zweifel, daß auf ausländischen Schiffen die Passengers Act während der Reise häufig, wenn nicht regelmäßig übertreten würde. „Aber man darf nicht vergessen, daß ein Auswanderer, der in

Inzwischen war man in England durch den Erfolg des Gesetzes von 1852 ermutigt, einen Schritt weiter zu thun und es durch das verbesserte Gesetz vom 14. August 1855 (18/19 Vict. c. 119) zu ersetzen, das inhaltlich in der Hauptsache bis heute gilt. Gegenüber dem bisherigen Recht brachte es folgende Änderungen: Die Zahl der Passagiere, die nötig ist, um ein Schiff unter die Bestimmungen des Gesetzes zu bringen, wird herabgesetzt auf eine für je 50 Tonnen (statt 25). Das Alter der Erwachsenen im Sinne des Gesetzes wird herabgesetzt auf 12 Jahre (statt 14). Es wird ein Unterschied zwischen Ober= und Unterdeck gemacht, der den Passagieren zustehende Raum vergrößert, die Verpflegung verbessert, die Kontrolle der „Runners" (f. o. S. 86) wirksam gemacht u. f. w.

1863 sind zu dem Gesetze einige wenig bedeutende Zusätze gemacht (26/27 Vict. c. 51), von denen der wichtigste der ist, welcher die Befreiung der Postschiffe von den Bestimmungen des Gesetzes aufhebt. Durch die Merchant Shipping Act von 1872 (35/36 Vict. c. 73) ging die Ausführung des Gesetzes auf das Handelsamt über. Einige kleine sonstige Gesetze sind nicht erwähnenswert. Endlich ist 1894 der Inhalt der Passengers Acts in die neue Merchant Shipping Act übergegangen, deren dritten Teil er bildet.

Der wesentliche Inhalt der seit 1855 gültigen Gesetze ist in Kürze der folgende [1]:

Der Zweck des Gesetzes ist, für die Bequemlichkeit und Sicherheit der Auswanderer zu sorgen durch Vorschriften über Seetüchtigkeit des Schiffes, über den den Passagieren zu gewährenden Raum, über die Verpflegung und über Maßregeln zur Verhinderung von Betrügereien.

Die Ausführung des Gesetzes erfolgt durch besondere Auswanderungsbeamte (1895 in Belfast, Bristol, Cardiff, Dublin, Glasgow, Hull, Leith, Liverpool, London, Londonderry, Plymouth, Queenstown, North Shields und Southampton), andernfalls durch die Zollbehörden.

---

einem ausländischen Schiff nach einem ausländischen Hafen sich einschifft, sich dem Schutze seiner eigenen Regierung und der Wirksamkeit seines eigenen Rechtes entzieht". — 1857 waren von 247 Schiffen, die mit 100 121 Auswanderern nach Nordamerika segelten, 200 mit 85 837 Auswanderern amerikanische. Vergl. Auswanderungsamt 1858 S. 15 ff.

[1] Eine übersichtliche Inhaltsangabe jährlich im Emigrants' Information Office Handbook Nr. 12 (Emigration Statutes and General Handbook Preis 3 d) — 1887 hat das Board of Trade unter der Aufschrift „Notice to Passengers" die Gesetze von 1855 und 1863 mit allen Ausführungsverordnungen und Ergänzungsgesetzen veröffentlicht (8° 116 S. Preis 8 d). — Es veröffentlichte ferner 1893 ein für das genauere Verständnis sehr nützliches „Memorandum", eine Zusammenstellung der geltenden Bestimmungen mit Ausführungsanweisung für den Gebrauch der Auswanderungsbeamten. (8° 83 S. Eine italienische Übersetzung davon in Statistica della Emigrazione Italiana. Roma 1894).

„Auswandererschiff" im Sinne des Gesetzes ist jedes Schiff, welches nach einem Hafen außerhalb Europas oder des Mittelmeers mehr als 50 Zwischendeckspassagiere befördert, oder mehr als einen Erwachsenen auf 33 Tonnen Gehalt, wenn es ein Segelschiff ist, mehr als einen auf 20 Tonnen, wenn es ein Dampfschiff ist. „Erwachsene" sind Personen über 12 Jahren. 2 Kinder von 1—12 Jahren werden als ein Erwachsener gerechnet. Auf die Beförderung von Kajütpassagieren bezieht sich das Gesetz im allgemeinen nicht. Die den gesetzlichen Vorschriften zu Grunde zu legende Länge der Reise nach den verschiedenen Zielen wird durch Verordnung des Handelsamtes festgesetzt.

Kein Auswandererschiff darf in See gehen, wenn es nicht im Auftrag des Auswanderungsbeamten durch mindestens zwei Besichtiger besichtigt und für seetüchtig erklärt worden ist.

Die Verpflegung ist vom Schiff zu liefern und durch den Auswanderungsbeamten nach Beschaffenheit und Menge zu prüfen. Für die Verpflegung sind verschiedene Zusammensetzungen zulässig; die gewählte muß auf dem Fahrschein im einzelnen angegeben sein. Bei Reisen bis zu 84 Tagen auf Segelschiffen oder 50 Tagen auf Dampfschiffen ist die regelmäßige Verpflegung für einen Erwachsenen und für die Woche: Brot oder Biscuit 3 Pfund 8 Unzen [1]; Weizenmehl 1 Pfund; Hafermehl, Reis und Erbsen je 1 Pfund 8 Unzen; Kartoffeln 2 Pfund; Rindfleisch 1 Pfund 4 Unzen; Schweinefleisch 1 Pfund; Thee 2 Unzen oder $3^{1}/_{2}$ Unzen Kaffee oder Cacao; Zucker 1 Pfund; Salz 2 Unzen; Senf $^{1}/_{2}$ Unze; Pfeffer $^{1}/_{4}$ Unze; Essig 0,142 l. — Frisches Brot, das auf den besseren Schiffen jetzt allgemein an Bord gebacken wird, kann an die Stelle von Biscuit, Mehl, Reis, Erbsen treten u. s. w. Täglich sind 3 Quarts (3,4 l) Wasser zu liefern. Mindestens ein Koch und die nötige Kocheinrichtung müssen vorhanden sein.

Befördert ein Auswandererschiff über 50 Zwischendeckspassagiere oder über 300 Personen, die Mannschaft eingerechnet, muß es einen Arzt haben, sowie die nötigen Instrumente und Medizinen.

Alle Zwischendeckspassagiere, die Mannschaft und die Medizinen sind durch einen vom Auswanderungsbeamten angestellten Arzt vor der Abreise zu besichtigen. Personen, welche die Gesundheit des Schiffes gefährden, können von der Fahrt ausgeschlossen werden.

Findet die Reise nicht zur angegebenen Zeit und nicht binnen 10 Tagen darnach statt, erhält der Passagier sein Fahrgeld zurück und Entschädigung bis zu 10 £. Fährt das Schiff nicht bis 3 Uhr nachmittags am angekündigten Tag, so muß jedem Zwischendeckspassagier 1 sh. 6 d. Kostgeld täglich bezahlt werden, nach 10 Tagen 3 sh. täglich bis zur Abreise, es sei denn, daß die Auswanderer an Bord verpflegt werden [2].

Nach Ankunft am Bestimmungsort haben die Zwischendeckspassagiere Anspruch, noch 48 Stunden an Bord verpflegt zu werden.

---

[1] 1 Pfund englisch = 16 Unzen = 453,5 Gramm.

[2] Auf Grund dieser Bestimmungen sind 1893 durch Vermittelung der Auswanderungsbeamten 737 £ an Auswanderer gezahlt.

Spirituosen dürfen auf Auswandererschiffen nicht an Zwischendecks=
passagiere verkauft werden.

Niemand darf, direkt oder indirekt, eine Zwischendeckspassage an einen
Passagier in irgend einem Schiff, das nach einem Ort außerhalb Europas
oder des Mittelmeers geht, verkaufen, wenn er nicht eine Konzession als
Expedient (broker) hat oder von einem solchen schriftlich als Vertreter be=
stellt ist. Ein Expedient muß vor seiner Konzessionierung 1000 £ als
Sicherheit hinterlegen. (Die Folge dieser Bestimmung ist übrigens, daß auch
der Eigentümer, Charterer oder Kapitain eines Schiffs Zwischendeckspassagen
selbst nur verkaufen darf, wenn er eine Konzession hat). Form und Inhalt
der Fahrscheine ist genau vorzuschreiben:

Die „Runners" (s. o. S. 86) müssen gleichfalls konzessioniert sein
und auf der Brust ein Schild tragen.

Alle Konzessionen sind jährlich zu erneuern.

Das Gesetz enthält weiter genaue Vorschriften über Ausstattung und
Einrichtung der Auswandererschiffe. Die Kojen sind in bestimmter Weise
anzubringen, nicht mehr als zwei Reihen übereinander[1], und müssen mindestens
6 Fuß zu 18 Zoll groß sein. Männliche unverheiratete Personen müssen
ganz getrennt untergebracht sein. Auf die Bestimmungen über Lazarette,
Abtritte, Beleuchtung und Ventilation, Boote, Chronometer, Kompasse, Anker,
Karten, Nacht= und Nebelsignale, Feuerspritzen, über die Art, wie die Ladung
verstaut sein muß, unter welchen Bedingungen der Transport von Vieh er=
laubt ist u. s. w., sei nur hingewiesen.

Auszüge aus dem Gesetz sind auf Auswandererschiffen, die nach britischen
Besitzungen gehen, sichtbar anzuschlagen.

Soviel mir bekannt, ist man in England mit dieser Gesetzgebung und
ihrer Ausführung zufrieden[2]. Nicht sehr erbaut sind die Behörden begreif=
licherweise, wenn neuerdings englische Auswanderer sich in kontinentalen
Häfen, namentlich Antwerpen, einschiffen, wo die Möglichkeit der Kontrolle
fehlt. Das Emigrants' Information Office unterläßt nie in seinen Hand=
büchern für Auswanderer nach Australien dem Hinweis auf die englische
Gesetzgebung den Vermerk folgen zu lassen „Emigrants by the North

---

[1] Man beschwert sich darüber, daß deutschen Schiffen drei Reihen übereinander
erlaubt seien.

[2] Durch die Liebenswürdigkeit des Auswanderungsbeamten in Liverpool Capt.
Wilcox wurde mir Gelegenheit gegeben, die Besichtigung eines Auswanderungs=
schiffes — und zwar absichtlich nicht eines Postdampfers, sondern eines auf der
Heimreise aus Canada zum Viehtransport dienenden Dampfers — in allen Einzel=
heiten mitzumachen. Der Eindruck war ein sehr günstiger, doch erlaube ich mir
über die technischen Einzelheiten kein eigenes Urteil, wenn ich auch auf Schiffen
aller Größen längere oder kürzere Zeit gereist bin. — Auch die durch dieselbe Ver=
mittelung ermöglichte Besichtigung von Logierhäusern ergab leibliche Sauberkeit und
Ordnung.

German Lloyd, and other companies, whose vessels do not clear from English ports, are not protected by these regulations.

Die Zahl der Strafverfolgungen ist nicht groß. Praktisch fast wichtiger für die Auswanderer ist die von Anfang an geübte Vermittelungsthätigkeit der Auswanderungsbeamten, auf gütlichem Wege Streitigkeiten zu schlichten, ev. Entschädigung für die Auswanderer zu erlangen. Mit gelegentlichen direkten Schwindeleien, namentlich bei dem Verkauf von amerikanischen Eisenbahnfahrkarten hat man in England ebenso zu kämpfen gehabt, wie in Deutschland.

Daß die Schutzgesetze für die Auswanderer deren Lage während der Reise erheblich verbessert haben, ist allerdings wesentlich unterstützt durch die Änderung der Schiffahrtsverhältnisse, namentlich durch die Verdrängung der Segelschiffe durch Dampfschiffe beim Personentransport. Für die Reise nach Amerika erfolgte das schon seit dem Ende der fünfziger Jahre. Seit 1867 reisten mehr als neun Zehntel auf Dampfschiffen. Die Reise ist jetzt unendlich viel kürzer und sicherer. Die Konkurrenz der Schiffahrtsgesellschaften hat gleichfalls auf die Behandlung der Auswanderer günstig gewirkt. Die Durchführung der Passengers Acts ist erleichtert dadurch, daß die Beförderung der Auswanderer ganz überwiegend unter heimischer Flagge erfolgt.

Das freilich läßt sich nicht aus der Welt schaffen, daß eine Reise im Zwischendeck nicht so behaglich ist, wie in der Kajüte und daß die kleinen Leiden und Unbequemlichkeiten der Seereise dort viel stärker empfunden werden, um so mehr als es sich vielfach, man denke an die Iren, um sehr unwissende und unbehülfliche Menschen handelt[1]: Mancherlei Mißbräuche werden bei aller Strenge immer wieder vorkommen, solange es unter Seeleuten und Auswanderern rohe und liederliche Menschen giebt. Auch neben dem staatlichen Schutz ist für die religiöse und sittliche, wie für die wirtschaftliche Fürsorge durch die freie Vereinsthätigkeit ein breites Feld und erfreulich ist es zu sehen, was alles in England in dieser Richtung geschieht (f. u. S. 99 ff). Über das 1886 eingerichtete Emigrants' Information Office wird weiterhin berichtet werden.

Die Thätigkeit der Regierung des Mutterlandes hört regelmäßig mit der Ankunft im Bestimmungshafen auf. Für die Auswanderer nach den Vereinigten Staaten wird durch die dortigen Landungseinrichtungen, namentlich Castle Garden in New-York, für die Iren speciell auch durch irische Gesellschaften und die Priester gesorgt.

---

[1] So lassen sich die Leute vielfach vor der Abreise ganz unnötiges Zeug, blecherne Kochgeschirre u. dgl. aufschwatzen.

In Canada sind in den Landungshäfen (Quebec und Montreal,
Halifax in Neu-Schottland und St. John in Neu-Braunschweig) Einwanderungsagenten vom Dominion angestellt, welche sich der Einwanderer
annehmen. Auch bestehen dort Depots für vorläufige Aufnahme der Einwanderer, die aber für Betten und Nahrung selbst sorgen müssen. Im
übrigen haben die Provinzen Einwanderungsagenten angestellt. In Manitoba und dem Nordwesten dienen die Landagenten des Dominion auch als
Einwanderungsagenten, welche unentgeltlich Rat erteilen.

In den australischen Kolonien sind mit der Einstellung der staatlichen
Unterstützung der Einwanderung auch die Einrichtungen zum Empfang der
Einwanderer verschwunden. In Victoria und Südaustralien thun die
Regierungen gar nichts mehr. In anderen Kolonien bestehen seit einigen
Jahren staatliche Arbeitsnachweise, an die sich der Einwanderer wenden
kann, so in Sydney für Neu-Süd-Wales, in Tasmanien, in Westaustralien
und namentlich in Neuseeland, wo der staatliche Arbeitsnachweis 200 Neben-
stellen hat. Auch die Landagenten erteilen Rat. In Queensland bestehen
für die Staatseinwanderer Depots und die Einwanderungsbeamten geben
auch anderen Einwanderern Rat. Auch besteht ein Arbeitsnachweis in
Brisbane. Einige Kolonien gewähren Einwanderern Ermäßigung der Eisen-
bahnfahrpreise. Am Kap und in Natal bestehen keine besonderen Einrichtungen[1].

Auswanderer, welche in anderen Ländern sich ansiedeln, können dort
auf britischen Schutz an sich nicht rechnen. Doch besteht überall die Pflicht
der Konsuln, sich britischer Unterthanen anzunehmen und in Fällen, in
welchen solche durch Betrügereien, oder offenen Rechtsbruch geschädigt sind,
z. B. in Brasilien oder in Argentinien, ist oft durch die Konsuln, eventuell
durch diplomatische Maßregeln eingeschritten worden. In Folge des An-
wachsens der Auswanderung nach Argentinien wurde 1889 der britische
Gesandte in Buenos Ayres ermächtigt, einen Agenten oder besonderen
Sekretär anzustellen, der die Pflicht haben sollte, britische Auswanderer zu
beraten und zu unterstützen (jedoch nicht mit Geld) und ferner alle Nachrichten über die allgemeine Behandlung, Lage und Aussichten einzusenden.
Auch wurde der Gesandte ermächtigt, jemanden in die Ansiedelungsgebiete zu
schicken[2].

---

[1] Alles obige nach den Angaben in den Emigrants' Information Office Handbooks. Vergl. auch Committee on Colonisation 1890 qu. 2357—2362 und 1609
bis 1611, sowie Hazell and Hodgkin, the Australasian Colonies (1887)
S. 30—45, Arrangements on Landing in the Colonies.

[2] Siehe das Parl. Paper C 5873 (commercial Nr. 32, 1889): Correspon-

Vor der Auswanderung nach Brasilien, insbesondere nach San Paolo, wird anhaltend amtlich gewarnt [1].

---

dence respecting Emigration to the Argentine Republic S. 17. — Das im Juli 1892 vom Emigrants' Information Office herausgegebene Heftchen Argentine Republic. General Information for intending Emigrants (2 d) erwähnt die Einrichtung nicht.

[1] Vergl. Correspondence respecting British Immigrants in Brazil C 6706 (1892) und C 6914 (1893).

Viertes Kapitel.

Die Organisation der Auswanderung in neuester Zeit. — Wünsche und Wirklichkeit.

Es ist früher gezeigt worden, daß die direkte Unterstützung der Auswanderung aus Mitteln der Kolonien in den achtziger Jahren allmählich aufhörte.

Aber um dieselbe Zeit entstand in England eine Bewegung, welche die Gedanken der dreißiger und vierziger Jahre über „Kolonisation", d. h. organisierte Auswanderung wieder aufnahm, um dadurch Linderung und Hülfe zu schaffen für den wirtschaftlichen Druck und die Not der unteren Klassen. Eine Organisation und Unterstützung der Massenauswanderung wurde befürwortet. Die öffentliche und private Unterstützung der Auswanderung, die in mannigfacher Weise bestand, wurde für ganz ungenügend erklärt. Was derart existierte, verdient aber zunächst etwas näher betrachtet zu werden, da es zeigt, daß die Unterstützung der Auswanderung auch in neuester Zeit nie ganz aufgehört hatte.

Das Armenrecht, die private Wohlthätigkeit, die Selbsthülfe der Arbeitervereine bildeten die Grundlage, auf der diese Bestrebungen ruhten.

I. Das Armenrecht und die Auswanderung [1].

Die Unterstützung Armer zum Zweck der Auswanderung ist in England und Wales, wie in Irland ein Teil der gesetzlich geordneten öffentlichen Fürsorge für die Armen.

---

[1] Vergl. die Zusammenstellung der betr. Bestimmungen in Emigrants' Information Office Handbook Nr. 12. — Ferner Committee on Colonisation: betr. England 1889, qu. 2813—3071, 1890 qu. 1821, 3172, 3617 und sonst; betr. Irland 1889 qu. 2014 ff., 1890 qu. 5670 ff., 7431 ff. — P. F. Aschrott, Das englische Armenwesen (Leipzig 1886) S. 291 ff. — Irish Poor Law and Irish Emigration in Quarterly Review Bd. 157 (1884) S. 440 ff.

In England enthielt bereits das Armengesetz von 1834 (4 5 Will. IV. c. 76) die Bestimmung, daß die Gemeinden Gelder in der Höhe der halben jährlichen Armensteuer (im Durchschnitt der letzten drei Jahre) erheben durften, um Arme, die in der Gemeinde heimatsberechtigt sind, bei der Auswanderung zu unterstützen. Jedoch mußten die Steuerzahler in einer besonders berufenen Versammlung zustimmen. 1848 wurde das ausgedehnt auf Personen, welche irremovable sind, d. h. im Falle der Hülfsbedürftigkeit nicht ausgewiesen werden dürfen (11/12 Vict. c. 110). Besonders wichtig war, daß 1849 (12 13 Vict. c. 103) das Erfordernis der Zustimmung der Steuerzahler beseitigt wurde, falls die für jede Person zu verwendende Summe nicht mehr als 10 £ beträgt. Übrigens brauchen die zu unterstützenden Personen nicht bereits „Paupers", der Armenpflege schon zur Last gefallen zu sein. Die Begrenzung der Kosten auf 10 £ ist endlich durch die Union Chargeability Act von 1865 thatsächlich beseitigt. Die lokale Armenbehörde (Board of Guardians) kann also gegenwärtig soviel Arme, als sie für richtig hält, bei der Auswanderung unterstützen, aber mit einer wichtigen Begrenzung: Jeder einzelne Fall der Unterstützung muß von der Centralbehörde (Armenamt, seit 1871 Local Government Board) genehmigt werden. Da die Vereinigten Staaten von Amerika seit 1882 unterstützten Armen die Landung verbieten, wird Genehmigung zur Unterstützung dahin nicht erteilt [1]. Ausgedehnter Gebrauch wird von diesen Bestimmungen überhaupt nicht mehr gemacht. Von 1836—1846 haben die Gemeinden 14 000 Personen unterstützt. Der Höhepunkt war das Jahr 1852 mit 3271 Personen. Dann sank die Zahl anhaltend und betrug 1878 nur mehr 23. Seitdem hat sie sich wieder gehoben. Es waren zusammen

1879—1883 717 Personen
1884—1888 2600   „   , wovon 1547 Kinder
1889—1893 2123   „   „   1781   „

Das höchste Jahr in der letzten Zeit war 1888 mit 809 Personen, darunter 596 Kinder. 1894 waren es 344 Personen, wovon 299 Kinder, während die Ausgabe 3879 £ betrug.

Wenn wir von den Kindern absehen, für welche besondere gleich zu erwähnende Bestimmungen gelten, ist die Zahl der so Unterstützten sehr gering: 1891—1894 je 43, 59 38 und 45 Erwachsene [2]. Die von dem Committee

---

[1] Geschäftsanweisung der Local Government Board vom September 1889. Bis dahin war erlaubt worden, die Kosten bis zum Einschiffungshafen zu gewähren. Für die Kosten der Seereise war es schon vorher nicht gestattet. Comm. on Colon. 1889 qu. 2846 ff.

[2] Von den 38 Einwanderern des Jahres 1893 gingen 2 nach Australien, 10 nach Neuseeland, 26 nach Canada. Gesamtbetrag der Unterstützung 197 £.

on Colonisation 1889 und 1890 vernommenen Zeugen waren sämtlich der
Meinung, die Guardians seien keine geeignete Behörde für die Förderung
der Auswanderung. Sie bekümmerten sich nur um die Leute, die bereits
der Armenpflege anheimgefallen seien und diese seien körperlich der Regel
nach keine geeigneten Auswanderer. Die Guardians hätten nur Interesse
für die unmittelbare Entwicklung der Kommunalsteuern[1].

Es war wohl ein Ausfluß der Kolonisationsbewegung der achtziger
Jahre, wenn die Local Government Act 1888 (51·52 Vict. c. 41) den
neu errichteten Grafschaftstagen (County Councils) die Befugnis erteilte, mit
Genehmigung des Local Government Board Anleihen zu machen, um die
Auswanderung zu unterstützen, vorausgesetzt, daß eine Lokalbehörde oder eine
Kolonialregierung die Rückzahlung garantiere. Von dieser weitgehenden
Ermächtigung ist bisher in England ebenso wenig Gebrauch gemacht worden,
wie in Schottland, dessen Local Government Act von 1889 die gleiche Bestimmung enthält. Es ist das auch nach der Aussage verschiedener Zeugen vor
dem Kolonisations-Komitee nicht zu erwarten, wegen der Garantie-Klausel.

Die besonderen Bestimmungen über die B e f ö r d e r u n g a r m e r
K i n d e r datieren von 1850 (13·14 Vict. c. 101): danach können arme
verlassene oder Waisenkinder unter 16 Jahren, welche kein Heimatsrecht
haben oder deren Heimatsrecht unbekannt ist, und die einer Gemeinde zur
Last fallen, von den Guardians wegbefördert werden; doch muß das Kind
vor den Friedensrichtern in Petty Sessions seine Zustimmung erklärt haben.
Nachdem die Beförderung armer Kinder nach Canada durch wohlthätige
Vereine (s. S. 109 ff.) größeren Umfang angenommen hatte, sah das Local
Government Board sich veranlaßt, besondere Bestimmungen darüber zu
treffen, da Zweifel über das weitere Schicksal der Kinder entstanden waren,
auch in Canada Bedenken geäußert wurden, ob nicht dadurch weniger
wünschenswerte Elemente ins Land gebracht würden. Vor allem ist vorgeschrieben, daß ein solches Kind vor der Auswanderung mindestens sechs
Monate entweder in einer Armenschule bez. in einer Volksschule auf Kosten
der Armenbehörde oder in einer „certified industrial and training school"
gewesen ist. Letztere sind staatlich anerkannte und beaufsichtigte Anstalten

---

[1] Comm. on Colon. 1890 qu. 3173: Boards of guardians are all in fa-
vour of colonisation so long as they have not got to pay for it. In der
Sitzung des Royal Colonial Institute vom 13. Dez. 1887 (Procedings Bd. XIX
S. 57), erklärte der Vortragende, W. Hazell, daß die Guardians das Wegwandern
der Arbeiter nicht gern sähen. Dagegen meinte H. Kimber (S. 66), daß die Guardians
ihre Befugnisse deshalb so wenig anwendeten, weil sie fürchteten, dadurch Arme anzulocken.

unter privater Leitung zu praktischer Erziehung und Ausbildung armer Kinder. Solcher Schulen gab es 1883 etwa 80, 1894 fast 200. Die Kinder müssen vor der Auswanderung ärztlich untersucht werden. Die lokale Armenbehörde muß sich davon überzeugen, daß die die Auswanderung leitenden Personen die Kinder in geeigneter Weise in Canada unterbringen. Mädchen sollen, ihrer besonderen Schutzbedürftigkeit wegen, der Regel nach nicht über 10, keinesfalls über 12 Jahr alt sein. Über den Verbleib der Kinder ist genau Nachricht zu geben. Sie dürfen nur in Familien gleichen Bekenntnisses untergebracht werden. In Canada übt die dortige Regierung ihrerseits die Aufsicht.

Wie die oben mitgeteilten Zahlen zeigen, bilden Kinder die große Mehrzahl der aus den Mitteln der Armenverwaltung weggeschickten Personen. Doch ist die Kinderauswanderung durch Vermittelung privater Wohlthätigkeit erheblich größer.

Während in Schottland die Armenverwaltung ähnliche Befugnisse, wie in England, nicht hat, finden wir in Irland seit Einführung der staatlichen Ordnung der Armenpflege (1838) diese regelmäßig bei der Unterstützung der Auswanderung beteiligt. Nach jenem ersten Gesetz (1/2 Vict. c. 56 sec. 51) konnte das Armenamt die Guardians auf deren Antrag anweisen, die Versammlung der Steuerzahler zu berufen, um eine Steuer zur Unterstützung der Auswanderung zu erheben. Früher als in England, schon 1843 (6/7 Vict. c. 92 sec. 18) wurde das Erfordernis der Einberufung einer besonderen Versammlung beseitigt. Die Guardians wurden ermächtigt, Arme, welche drei Monate in einem Arbeitshaus zugebracht hatten, auf Kosten des Armenbezirks nach einer britischen Kolonie zu schicken. Doch sollte nicht mehr als 6 d auf das Pfund steuerpflichtigen Vermögens so ausgegeben werden. Viel Gebrauch scheint von dieser Bestimmung nicht gemacht zu sein. Daß 1846 797 £ ausgegeben waren, wird als etwas neues und wichtiges im Jahresbericht des Armenamtes erwähnt. In der Zeit der Hungersnot wurde 1847 (10/11 Vict. c. 31 sec. 14) die Beschränkung auf Insassen des Arbeitshauses aufgehoben. Jeder Fall war aber vom Kolonialminister zu genehmigen. Unter dieser Bedingung wurde den Guardians auch gestattet, die Grundbesitzer bei der Fortschaffung kleiner Pächter zu unterstützen, vorausgesetzt, daß die Kleinpachtung dem Grundbesitzer zurückgegeben würde und dieser auf alle Pachtrückstände verzichte, sowie zwei Drittel der durch die Auswanderung der Pächterfamilie veranlaßten Kosten bezahle.

Das bis zur Gegenwart maßgebende Gesetz ist das von 1849 (12/13

Vict. c. 104)[1], durch welches den Guardians erlaubt wurde, zu dem Zweck der Unterstützung der Auswanderung Geld zu leihen und ferner die Beschränkung auf die Auswanderung nach den Kolonien aufgehoben wurde. Auf Grund dieses Gesetzes sind von 1849 bis zum 25. März 1894 44 183 Personen unterstützt worden mit einem Aufwand von 160 377 £. Es waren 5737 Männer, 20 618 Weiber und 17 828 Kinder unter 15 Jahren. Von dem Gesetz ist am meisten Gebrauch gemacht in den ersten sechs Jahren, in welchen zusammen 17 198 Personen mit 83 833 £ unterstützt wurden[2]. Dann sanken die Zahlen stark bis auf 122 Köpfe im Jahre 1861/62, stiegen 1865/66 wieder auf 1120, fielen bis 1877/78 auf 148. In den vier Notjahren 1880/81 bis 1883/84 sind wieder zusammen 6593 Personen unterstützt worden. Seitdem ist ein starker Rückgang eingetreten. Es sind unterstützt worden

1890/91	491	Personen mit	880	£
1891/92	429	=	= 1027	=
1892/93	237	=	= 372	=
1893/94	88	=	= 131	=

Die Zahlen des letzten Jahres sind die niedrigsten seit Bestehen des Gesetzes. Wie man sieht, sind auch die Geldbeträge sehr niedrig. Thatsächlich wurden in neuerer Zeit nur noch ausnahmsweise die Passagekosten bezahlt. Der Hergang ist regelmäßig der, daß Leuten, denen ein bezahltes Billet von Verwandten aus Amerika geschickt ist, zwei bis drei £ für ihre Ausrüstung gegeben werden[3]. Von der außerordentlichen Unterstützung der Auswanderung aus Staatsmitteln, die 1882 und 1883 bewilligt wurden, wird später die Rede sein.

Durch die bekannte Land-Akte von 1881 (44/45 Vict. c. 49 sec. 32) wurden der Landkommission 200 000 £ zur Verfügung gestellt, um daraus öffentlichen Körperschaften oder Gesellschaften, die der Kommission genügend sicher erschienen, Vorschüsse zu machen zur Unterstützung der Auswanderung, namentlich von Familien und aus den ärmeren Bezirken Irlands. Da sich eine derartige Körperschaft nicht fand, ist von der Befugnis kein Gebrauch

---

[1] Das Gesetz von 1882 (45/46 Vict. c. 47) bezieht sich nur auf Formalien.

[2] Anfangs, solange das Auswanderungsamt noch selbst die Auswanderer für Australien aussuchte, haben die Armenbehörden viel mit diesem zusammen gearbeitet. 1848—1850 wurden aus 118 Unions 4175 Waisenmädchen nach Australien in der Weise befördert, daß die Unions 5 £ per Kopf für Ausrüstung und Beförderung bis zum Hafen gaben, den Rest das Auswanderungsamt bezahlte. Comm. on Colon. 1890 qu. 5670; 1889 App. S. 200.

[3] Comm. on Colon. 1889 qu. 2030.

gemacht und die ganze Bestimmung durch die Purchase of Lands Act 1891 (54/55 Vict. c. 48) aufgehoben. Dagegen bestimmt dieses Gesetz (sec. 37 und 39), daß das Congested Districts Board[1] ermächtigt ist, Ausgaben zu machen zur Unterstützung der Auswanderung, wenn dadurch die Zusammenlegung von ländlichen Kleinstellen gefördert wird. Die Leitung solcher Auswanderung ist Ende 1891 dem für die Ansiedlung schottischer Crofter in Canada[2] geschaffenen Colonisation Board übertragen. Gebrauch ist von diesen Bestimmungen bisher nicht gemacht worden.

2. Die Auswanderung und die Wohlthätigkeit.

Unterstützung aus Privatmitteln, um bedürftigen Personen die Auswanderung zu ermöglichen, scheint in größerem Umfange zuerst vorzukommen im Zusammenhang mit den Bestrebungen großer Grundbesitzer in Irland und im westlichen Schottland, der Not ihrer Kleinpächter abzuhelfen. Da die Zusammenlegung der Kleinstellen dazu nötig war, haben humane Grundbesitzer die dadurch heimatlos werdenden Leute auf ihre Kosten namentlich nach Canada geschickt, in manchen Fällen auch für ihre dortige Neu-Ansiedlung Sorge getragen[3]. Das Auswanderungsamt stellte dabei seine Hülfe zur Verfügung.

Als erstes Beispiel der neuerdings so ausgedehnten Vereinsthätigkeit in dieser Richtung finde ich die Anfang 1848 gegründete Colonization Society, welche unterstützten Auswanderern nach Australien, die für ihre Ausrüstung nötigen und die von ihnen einzuzahlenden Gelder (s. oben S. 40) gewährte und sich gleichzeitig der religiösen Fürsorge für die Auswanderer annahm[4].

---

[1] Die neue so segensreich wirkende Behörde zur wirtschaftlichen Hebung der „congested districts" in Irland.

[2] Über diesen 1888 und 1889 gemachten kleinen Versuch staatlicher Kolonisation siehe Näheres unten S. 121 f

[3] So wird rühmend die Ansiedlung von 181 Leuten aus County Clare durch Col. Geo. Wyndham in Obercanada im Jahre 1839 erwähnt. Auswanderungsamt 1840 S. 71. — Vergl. auch das. 1844 S. 8, 1847 S. 2, 1850 S. 5. Edw. E. Hale, Letters on Irish Emigration (Boston 1852) S. 9, hebt unter den Großgrundbesitzern, die ihre Pächter bei der Auswanderung unterstützten, den Marquis of Normanby und Lord Palmerston hervor. Die ausgewanderten Pächter des letzteren sind oft erwähnt worden.

[4] Auswanderungsamt 1849 S. 5 f. Die schon am Ende der 30er Jahre in Quebec und Montreal bestehenden Emigration Societies, welche bedürftigen Ein-

7*

Mit dem ungeheuren Anwachsen der Auswanderung in den nächsten Jahren entwickelte sich auch die Vereinsthätigkeit, wie die werkthätige Philanthropie Einzelner auf diesem Gebiete, um Bedürftigen die Auswanderung zu ermöglichen und für ihren Schutz auf der Reise, wie bei und nach der Ankunft zu sorgen. So wird Anfang der fünfziger Jahre eine Family Loan Society erwähnt, die von der Regierung von Neu-Süd-Wales, und eine Family Colonization Society, die durch Errichtung eines Asyls für Ankommende von der Regierung von Victoria unterstützt wurde. Die Loan Colonization Society der Mrs. Chisholm beförderte Auswanderer nach Australien, indem sie 6 £ per Kopf zuzahlte, die binnen zwei Jahren zurückgezahlt werden sollten. In 1½ Jahren waren so rund 1000 Leute nach Australien befördert [1].

Vor allem entstand solche Vereinsthätigkeit bei der Bekämpfung von Notständen. So wurde 1852 die **Highland and Island Emigration Society** gegründet, zur Fortschaffung der dortigen Kleinpächter. Eine erhebliche Zahl von Auswanderern wurde nach Australien befördert. Sie verpflichteten sich, die für sie ausgegebenen Gelder zurückzuzahlen, was sie freilich später nicht gethan haben [2].

---

wanderern die Mittel gewährten, rasch weiter ins Land zu kommen, hatten vor allem den Zweck, diese Städte von arbeitslosen Armen zu befreien. Auswanderungsamt 1840 S. 70.

[1] Vergl. Bericht des Auswanderungsamts von 1854 S. 174. — A. Scratchley, Industrial Investment and Emigration (3. Aufl. 1853) S. 220. — Inwieweit mehrere der oben genannten Gesellschaften miteinander identisch sind, kann ich nicht ermitteln. — Caroline Chisholm (1808—1877) ist wohl als eine der ersten anzusehen, welche thatkräftig die private Hülfe für die Auswanderer zu organisieren suchte. 1841 eröffnete sie ein Home für weibliche Einwanderer in Sydney, 1846 bis 1854 war sie in London thätig, namentlich für die Nachsendung der Frauen und Kinder von Sträflingen, von da an war sie wieder in Australien für das Wohl der Einwanderer bemüht. Vergl. Dictionary of National Biography Bd. 10 S. 260.

[2] S. Auswanderungsamt 1853 S. 16, 1854 S. 53, 1870 S. 10 (they never recovered five per cent. of their advances). — Bericht der königl. Untersuchungskommission über die Lage der „Crofters and Cottars in the Highlands and Islands of Scotland". 1884 (Parl. Paper C. 3980), S. 104 und Appendix S. 32. Nach dem zuletzt angeführten Bericht haben die Leute erhebliche Summen an ihre Angehörigen zurückgeschickt. Viele haben ihre hinterlassenen Schulden sehr bald bezahlt.

Der Staat trat bei dem Unternehmen helfend ein; das Auswanderungsamt überwachte das ganze Verfahren; ein Teil der Leute wurde auf einem Truppentransportschiff befördert. Auch die Gesetzgebung wurde angerufen. Für die Hochlande und Inseln von Schottland wurde 1851 gestattet (14/15 Vict. c. 91), daß Grundbesitzern, welche die Kosten der Auswanderung armer Personen ganz oder teilweise übernehmen

Zur Zeit der Webernot 1862 bis 1864 sind aus England und Schottland wiederholt auf dem Wege der Wohlthätigkeit Hülfsbedürftige namentlich nach Canada gebracht worden, so 1863 von der wohlthätigen Baronin Burdett-Coutts eine Anzahl von Webern aus Ayrshire, so 1864 durch verschiedene Gesellschaften eine größere Zahl von schottischen Handwebern, namentlich aus Paisley[1]. 1864 kamen in Canada 813 so unterstützte Personen an.

Ende der sechziger Jahre wurden infolge der Not unter den niederen Klassen, namentlich in London und Umgegend, zahlreiche Personen bei der Auswanderung unterstützt. Die „British and Colonial Emigration Society" allein unterstützte 1869: 4500, 1870: 5089 Personen bei der Auswanderung nach Canada[2]. Für 1870 wurde die Zahl der durch private Wohlthätigkeit Unterstützten überhaupt auf mindestens 8000 geschätzt. (Im selben Jahre wurden auch die oben S. 47 erwähnten 1368 Werstarbeiter auf Staatskosten nach Canada befördert.)

Das letzte Beispiel einer **außerordentlichen Unterstützung der Auswanderung** sowohl durch Privatwohlthätigkeit als durch Staatshülfe ist gegeben während der großen Not **im westlichen Irland am Anfang der achtziger Jahre**[3].

---

wollten, Geld von der englischen Generalkommission (Inclosure Commissioners for England and Wales), zu diesem Zweck vorgeschossen werden könne, rückzahlbar als 22 jährige Rente von 6½ Prozent. Auf Grund dieser Bestimmungen sind 1853 und 1854 5249 £ 11 sh. an sieben Grundbesitzer vorgestreckt. Die Zahl der Unterstützten ist nicht ermittelt. — Der eigentliche Organisator der ganzen Bewegung dürfte Sir John McNeill (der bekannte Diplomat und Organisator der schottischen Armenverwaltung) gewesen sein, der von der Notwendigkeit ausgedehnter Auswanderung aus jenen Gegenden durchdrungen war. Vgl. Report to the Board of Supervision by Sir John McNeill on the Western Highlands and Islands, Edinburgh 1851. Auch die Citate in dem Report on the Condition of the Cottar Population in the Lews. 1888 (Parl. Paper C. 5265) S. 34. — Über die wirtschaftliche Lage der dortigen Bevölkerung vergl. auch noch: Report of the Commission appointed to inquire into certain matters affecting the interests of the population of the Western Highlands and Islands of Scotland. 1890 (Parl. Paper C. 6138).

[1] Auswanderungsamt 1864 S. 38, 1865 S. 50, 1870 S. 10. Committee on Colonisation 1889 qu. 1122 ff. Tufe in Nineteenth Century Bd. 17. Lady Burdett-Coutts veröffentlichte 1869 in der Times, sie habe die betr. Summe nur geliehen. Die Auswanderer hätten aber nie auch nur den Versuch gemacht, etwas zurückzuzahlen, obgleich sie an ihre Angehörigen Geld geschickt hätten, um sie nachkommen zu lassen.

[2] Auswanderungsamt 1869 S. 41, 1870 S. 50, 1871 S. 2 f. — Auch der East London Family Emigration Fund wird als besonders thätig erwähnt.

[3] Vergl. darüber: Reports and Papers relating to the Proceedings of the Committee of „Mr. Tukes Fund" for assisting Emigration from Ireland du-

Die damalige Aktion ist wesentlich James H. Tuke[1] zu danken. Als die schlechte Kartoffelernte von 1879 einen großen Notstand hervorrief, kam Tuke zu der Überzeugung, daß der immer wiederkehrenden Not im Westen Irlands nur abzuhelfen sei durch Unterstützung der Familienauswanderung; zugleich sei Sorge dafür zu tragen, daß die Auswanderer dorthin gebracht würden, wo sie sich ansiedeln oder wenigstens Arbeit finden könnten. Diesen Gedanken gab er Ausdruck in einer Flugschrift „Irish Distress and its Remedies", machte dann eine Studienreise in den Vereinigten Staaten und Canada und brachte schließlich im März 1882 ein Komitee zusammen zur Förderung seines Zweckes. Er begann seine Thätigkeit in einem der ärmsten Teile Irlands, der Clifden Union in Connemara (Cy. Galway)[2] und beförderte im Laufe des Jahres 1300 Auswanderer nach Amerika. Dem Drängen des Komitees gelang es, das Ministerium Gladstone zur Bewilligung von staatlichen Mitteln zu veranlassen. Durch Sec. 20 und 21 der Arrears of Rent Act 1882 wurden 100 000 £ bewilligt mit der Maßgabe, daß für eine Person nicht mehr als 5 £ gewährt werden sollten. Den Rest sollten die Guardians aufbringen. In einer Anzahl Unions erhielt das Tukesche Komitee den Zuschuß. Auf erneute Vorstellungen Tukes schlug 1883 die Regierung vor, in der Tramways and Public Companies Act (sec. 12) nochmals 100 000 £ zu bewilligen[3], auf Betreiben der irischen National-

---

ring the Years 1882, 1883 and 1884 (Collected for the Private Use of the Committee. Mir durch private Gefälligkeit zugänglich gemacht). Darin auch die Aufsätze, die Tuke 1882 in der Contemporary Review und im Nineteenth Century veröffentlichte. — J. H. Tuke, News from some Irish Emigrants, Nineteenth Century Bd. 25 S. 431 ff. (März 1889). — Committee on Colonisation 1889. Aussagen von Major Ruttledge Fair, qu. 2075 ff. und App. S. 199 f.; 1890 Aussagen von Herrn Hobglin, qu. 2316 ff.; von Herrn J. H. Tuke, qu. 3401; von Herrn H. A. Robinson qu. 5752 ff.; Aufsatz des Herrn Rathbone, 1890 App. S. 490, auch qu. 7431 ff. und App. S. 496 ff. — Irish Poor Law and Irish Emigration in Quarterly Review Bd. 57 S. 440 ff. (1884). — Richmond M. Smith, Emigration and Immigration (1890) S. 174 ff. — Die einschlägigen gesetzlichen Bestimmungen in Handbook Nr. 12 des Emigrants' Information Office. Vergl. darüber auch Comm. on Colon. 1889 qu. 2083 ff. u. 2503.

[1] James Hack Tuke (1820—1896), Bankier, hervorragendes Mitglied der „Gesellschaft der Freunde". Er war während der Hungersnot in Irland 1846/47 thätig bei der Hülfsarbeit. Nach Ende der Belagerung von Paris 1871 beteiligte er sich dort an der Linderung der Not. Auch nach der unter seinem Namen bekannt gewordenen Aktion von 1880—84 hat er die Liebesarbeit in den ärmsten Gegenden Irlands fortgesetzt. Die von Balfour seit 1887 unternommenen Notstandsarbeiten und die Einsetzung und Thätigkeit des Congested Districts Boards gingen wesentlich von seinen Vorschlägen aus.

[2] Ein einstimmiger Beschluß des dortigen Boards of Guardians (22. Febr. 1882), der Staatshülfe für die Auswanderung verlangte, gab die Veranlassung. Nachher hat es freilich seinerseits nichts beigetragen.

[3] Viel weiter gingen die Vorschläge, die der Vertreter für Mayo, O'Connor Power, im April 1883 machte. Um der chronischen Not in Mayo, Galway, Sligo und

partei wurden aber nur 50 000 £ für die Auswanderung, 50 000 £ da=
gegen für „migration" d. h. innere Kolonisation bewilligt. In gewissen
Fällen durfte der Beitrag nunmehr 8 £ betragen. Die Ausführung dieser
Gesetze erfolgte übrigens auch da, wo die Unions Zuschüsse gaben, nicht
durch die Guardians, die nur die Leute vorschlugen, sondern durch einen be=
sonderen Auswanderungsausschuß im Local Government Board. Die Aus=
wahl durch die Guardians soll nicht immer genügend sorgfältig gemacht sein,
was nachher dazu beitrug, das ganze Unternehmen in Amerika zu ver=
dächtigen.

Das Local Government Board setzte die Grundzüge fest, nach welchen
Unterstützung zu gewähren war. Sie konnte erfolgen in bestimmten be=
zeichneten Gegenden (scheduled districts) mit zusammen 840 000 Ein=
wohnern. Es sollten der Regel nach nur Familien unterstützt werden und
nur dann, wenn sie nicht eine zu große Zahl von kleinen Kindern hatten.
Die Auswanderer hatten die Wahl, wohin sie gehen wollten, mit folgenden
Einschränkungen: Auswanderer nach Canada und Australien mußten vom
Oberkommissar resp. Generalagenten der betreffenden Kolonie genehmigt sein.
Nach den Vereinigten Staaten wurden Auswanderer befördert, wenn sie
durch Briefe von dortigen Freunden nachweisen konnten, daß Arbeitsgelegen=
heit vorhanden sei.

Von den staatlich bewilligten 150 000 £ sind thatsächlich nur gut
133 000 £ ausgegeben. Die Zahl der damit Unterstützten betrug 24 596,
fast alle in den Jahren 1882 bis 1884, einige noch bis zur Aufhebung
der betr. Bestimmungen 1891. Etwa zwei drittel gingen nach den Ver=
einigten Staaten. Zu jener Gesamtzahl kamen noch die vom Tukeschen
Komitee ohne Staatshülfe Beförderten 1300 [1]. Dieses hatte 1882 bis
1884 69 615 £ eingenommen, davon Staatszuschuß 44 438 £. Rund
20 000 £ hatte das Komitee selbst gesammelt, 3600 £ stammten aus
dem Hülfsfonds der Herzogin von Marlborough. 1883 waren 5380 Per=
sonen befördert, 1884: 2802 Personen. Aus den Unions, in welchen das
Komitee hauptsächlich gearbeitet hatte, waren über 17 Prozent der Be=
völkerung von 1881 entfernt worden. Die Zeugnisse sind einstimmig da=
rüber, daß die große Mehrzahl der Ausgewanderten ihre eigene Lage er=
heblich verbessert und daß die Lage in den Auswanderungsgebieten sich ge=
hoben habe.

Donegal abzuhelfen, sollte der Staat 25 000 Familien mit je 100 £ Aufwand zur
Ansiedelung über See bringen, 25 000 Familien mit je 200 £ Aufwand (120 £ für
20 Acres Land und 80 £ für Meliorationen und Gebäude) anderwärts in Irland
ansiedeln. Gesamtaufwand 7½ Million £. — Der Verfasser des Aufsatzes in
Quarterly Review befürwortet die Verpflanzung ganzer Gemeinden mit ihrem
Priester in die Kolonien.

[1] Dieser Zahl von rund 25 900 Unterstützten 1882—1884 steht gegenüber eine
Gesamtzahl der Auswanderer aus Irland (nach der irischen Statistik) von

1880: 95 517	1882: 89 136	1884: 75 863
1881: 78 417	1883: 108 724	1885: 62 034

Es scheint überraschend, daß die Hülfsaktion eingestellt wurde, als noch erhebliche, bereits bewilligte Mittel des Staats zur Verfügung standen. Der eigentliche Grund dafür liegt in der Gegenagitation, welche aus den Kreisen derer heraus entstand, welche die Verminderung der Bevölkerung nicht gern sahen: der irischen Politiker, der Priester, der Shopkeeper in den kleinen Städten. Daß die Kartoffelernte 1884 gut gewesen, die Erwerbsaussichten in Amerika ungünstig waren, erleichterte die Gegenagitation. Besonders auf= fällig war die Änderung in der Stellung des Klerus. Die Priester in den Notstandsgegenden waren anfangs lebhaft für die Unterstützung der Aus= wanderung. In einer Versammlung am 5. Juli 1883 erklärten sich aber die Bischöfe dagegen und forderten statt Auswanderung Ansiedelung in anderen Teilen Irlands. Von da an erklärte sich auch der niedere Klerus wenigstens in der Öffentlichkeit gegen die Auswanderung [1]. Übrigens stellte sich die amerikanisch=irische Geistlichkeit nicht auf diesen Standpunkt, namentlich nicht die bewährten Freunde der irischen Auswanderer, Bischof Ireland und Pater Nugent (s. u. S. 117 f).

Zu der Agitation in Irland kam der wachsende Widerspruch in Amerika, wo die Mitwirkung der Armenbehörden ungünstige Vorurteile gegen die Staatsauswanderer erweckte, als ob es sich um eine Massenab= schiebung von Paupers handele.

Das Tukesche Komitee beschloß im Juni 1884, seine Thätigkeit ein= zustellen. Mit staatlichen Mitteln ist nach 1884 nur noch ganz wenig geleistet.

— — — —

Großen Umfang und zugleich dauernden Charakter hat die allgemeine **Unterstützung der Auswanderung durch Vereine** namentlich seit dem Anfang der achtziger Jahre gewonnen. Für diese neue Organi= sationsbewegung auf der Grundlage des Voluntarismus ist charakteristisch, daß sie vor allem die städtischen Arbeitslosen möglichst nach britischen Kolonien bringen will, daß sie von den Unterstützten regelmäßig einen Beitrag zu den Kosten verlangt und vor allem, daß sie die Leute nicht ein= fach aus dem Lande schafft und dann für sich selbst sorgen läßt, sondern eine dauernde Organisation von Vertretern und Korrespondenten im Mutter= lande und in den Kolonien schafft, welche den Auswanderungslustigen Rat aller Art erteilt und ihnen sofort nach der Ankunft Arbeit zu verschaffen sucht oder wenigstens Rat und Schutz sichert [2].

---

[1] Comm. on Col. 1890 qu. 2528: „it not unfrequently happened that the clergy who publicly opposed the matter would privately send us a note asking us to support such and such a person, who wished to go out etc." — Daß der katholische Klerus die Auswanderung aus Irland bekämpfe aus Furcht vor Machtverminderung, hat schon Edw. E. Hale (protestantischer Geistlicher) in seinen Letters on Irish Emigration (Boston 1852) S. 23 erklärt.

[2] Vergl. E. von Philippovich, Auswanderungsvereine, in der Deutschen Kolonialzeitung. N. F. I Nr. 37 vom 15. Sept. 1888; W. B. Paton, the handy

Um in die zersplitterte Aktion der verschiedenen Vereine mehr Einheit zu bringen, bemühten sich seit 1885 eine Anzahl an ihnen beteiligter Männer, namentlich Herr Tuke, eine Föderation der Vereine zu stande zu bringen. Doch gelang es erst 1890, für drei Vereine einen gemeinsamen „Emigration Council" einzurichten. Allerdings sind das drei der wichtigsten Vereine dieser Art[1], nämlich die Self-Help Emigration Society, der Auswanderungsausschuß der Charity Organization Society und der East End Emigration Fund (mit dem der St. Katherine's Mission Emigration Fund verschmolzen ist).

Der East End Emigration Fund wurde 1882 ins Leben gerufen, um der Not in diesem ärmsten Teile Londons zu steuern. Bis 1895 sind 5042 Personen unterstützt worden. In den letzten Jahren war

	1892	1893	1894	1895
die Zahl der Unterstützten . .	367	462	321	250
die Ausgabe für Überfahrt und Ausrüstung	2019 £	2510 £	1770 £	1340 £
Verwaltungskosten	263 =	325 =	314 =	280 =
die Auswanderer selbst trugen bei	570 =	434 =	248 =	398 =

Von diesen 1400 Auswanderern gingen 1046 nach Canada, 181 nach Australien, 59 nach Südafrika und 114 nach den Vereinigten Staaten. Jedoch wird Unterstützung in Geld nur Auswanderern nach britischen Kolonien gewährt.

Die Self-Help Emigration Society ist 1884 gegründet[2]. Sie, wie andere Gesellschaften dieses Namens (z. B. in Liverpool, zu Crystal Palace) beabsichtigten vor allem, die Sparthätigkeit zum Zwecke der Auswanderung zu fördern. Auch jetzt noch wird Wert darauf gelegt,

---

Guide to Emigration to the British Colonies (herausgegeben von der Society for promoting Christian Knowledge, London 1886); E. W. Gates, Hints to Emigrants (herausgegeben von der Self-Help Emigration Society. 2. Aufl. London 1894); die jährlichen Zusammenstellungen in Nr. 12 der Handbücher des Emigrants' Information Office; Committee on Colonisation 1890 qu. 2336 ff., 2439, 2746, 3452 und sonst.

[1] Bei den kleinen Vereinen ist zum Teil ihr lokaler Charakter hinderlich, zum Teil wohl auch die Eitelkeit der Vorstandsmitglieder. Gelegentlich habe ich auch den Eindruck gehabt, wie ich nicht verschweigen kann, als hätten solche Vereinsgründungen eine „commercial basis" insofern, als einer ihrer Zwecke ist, für den oder die Vereinsbeamten eine Stellung zu schaffen, eine Seite des Vereinswesens, die bekanntlich nicht England eigentümlich ist.

[2] Vergl. auch die Mitteilungen eines der Gründer, W. Hazell, in Proceedings of the R. Colonial Institute Bd. XIX (1887) S. 49—64.

daß ein erheblicher Teil der Kosten von dem Auswanderer oder von Anderen für ihn getragen wird. Der Verein war einer der ersten, systematisch in den Kolonien Vertreter zu gewinnen zur Beratung ankommender Einwanderer. Gegenwärtig hat er deren einige 70 in Canada, 36 in Australien. Von 1884 bis 1895 hat der Verein 5139 Personen unterstützt. In den letzten Jahren war

	1892	1893	1894	1895
die Zahl der Unterstützten .	405	480	354	234
die Ausgabe	2755 £	3887 £	2267 £	1545 £
davon trugen die Auswanderer oder Andere für sie bei .	1923 ⸗	3120 ⸗	1821 ⸗	1201 ⸗

Die große Charity Organization Society hat einen Unter=ausschuß für Auswanderung, der in angemessenen, jedesmal zu untersuchenden Fällen die Auswanderung bedürftiger Londoner nach den britischen Kolonien unterstützt. Sie gewährte ihre Hülfe 1890/91: 178 Personen, 1891/92: 211, 1892/93: 337, 1893/94: 220, 1894/95: 130 Personen.

Eine sehr entwickelte Organisation hat die Church of England Emigration Society. Sie wurde 1886 gegründet, um auswandernde Mitglieder der Englischen Kirche so unterzubringen, daß sie der Kirche nicht verloren gehen. Doch hat man bald die Thätigkeit auch auf Angehörige anderer Bekenntnisse ausgedehnt. Der Verein benutzt die große Organisation der Englischen Kirche im Mutterlande und den Kolonien als Basis. Er versieht die Auswanderer mit Empfehlungen, sammelt alleinstehende Mädchen zu Trupps an, die unter Leitung einer älteren Frau reisen, zahlt dem Auswanderer nach der Ankunft vorher für ihn oder von ihm eingezahlte Gelder aus und schießt in geeigneten Fällen die Passagekosten vor, doch kommt von diesen Vorschüssen so gut wie nichts wieder ein, weshalb oft der Betrag einfach geschenkt wird. Jährlich sind so etwa 200 Personen unterstützt worden.

Dieser Verein arbeitet Hand in Hand mit der Society for Promoting Christian Knowledge, die selbst Unterstützung nicht giebt, aber seit 1882 sich die kirchliche Fürsorge für die Auswanderer angelegen sein läßt. In den großen englischen und schottischen Häfen sind Kapläne, welche sich der Abreisenden annehmen. Ebenso in den Haupthäfen der Kolonien für die Ankommenden. Auf großen Auswandererschiffen machen die Kapläne die Reisen mit, was z. B. 1893 auf 80 Schiffen der Fall war[1].

---

[1] Mitteilung des Schriftführers an die „Times".

Mit diefer Gefellfchaft zufammen arbeitet in ähnlicher Weife die St. Andrew's Waterside Church Mission.

Einen firchlichen Charafter trägt auch der Tower Hamlets Mission Emigration and Colonization Fund, der feit 1884 zahlreiche Auswanderer unterftützt hat.

Auch außerhalb Londons finden fich einige bedeutende allgemeine Aus* wanderungsvereine. So die Brighton Emigration Society, die 1880—95 3167 Perfonen unterftützte, die Bristol Emigration Society, die in den letzten Jahren durchfchnittlich über 130 Perfonen jährlich forthalf und andere.

Zahlreich find die Vereinigungen, die ihren Mitgliedern Empfehlungen an Zweigvereine in den Kolonien geben: Friendly Societies, Freimaurer, Odd Fellows, Forresters, Templars, Young Mens Christian Associa- tion u. f. w.

Zu den allgemeinen Auswanderungsvereinen kommen die be= fonderen, welche ihre Hülfe einer beftimmten Kategorie von Armen ge= währen. Da find zunächft die jüdifchen Auswanderungsvereine[1]. Die 1853 begründete Jews Emigration Society (Vorfitzender L. v. Roth- fchild) unterftützt Juden bei der Auswanderung, welche fchon längere Zeit in England gelebt haben. Es find fo befördert bis 1884: 6077 Per= fonen, von 1885 bis 1894: 2292 Perfonen. Ganz anders ift die Thätig- feit des Board of Guardians for the Relief of the Jewish Poor in England (begründet 1859). Nur zum kleinen Teil handelt es fich um die Unterftützung der Auswanderung englifcher Juden, überwiegend um die möglichft rafche Weiterbeförderung fremder, namentlich ruffifcher und pol= nifcher armer Juden, von denen ein großer Teil nicht nach überfeeifchen Ländern gebracht, fondern nach dem Kontinent zurückgefchoben wird. In Verbindung mit diefem Verein fteht auch der fogenannte ruffifche Fonds, der 1882 für die Unterftützung aus Rußland ausgewanderter Juden aufgebracht ift und dazu benutzt wird, die Leute aus England wegzufchaffen. Von 1882 bis 1895 ift Unterftützung gewährt

seitens des Jüdifchen Boards in 9 793 Fällen mit 17 397 Perfonen,
aus dem Ruffifchen Fonds = 4 249 = = 8 124 =

zufammen in 14 042 Fällen mit 25 521 Perfonen.

---

[1] Vergl. auch P. F. Afchrott, Das Englifche Armenwefen (Leipzig, 1886) S. 293. — Die jährlichen Statistical Tables relating to Emigration and Immi- gration, feit dem Bericht für 1889, in dem Abfchnitt: Emigration and Immigration to and from Continental Ports.

Von der Gesamtzahl der Fälle kamen auf Beförderung

	nach dem europäischen Kontinent	überseeischen Ländern	anderen Teilen Großbritanniens
seitens des Boards	6196	3131	476
seitens des Russischen Fonds	2024	2225	—
zusammen	8220	5356	476

Also nur in 38 Prozent der Fälle handelte es sich um wirkliche Aus=
wanderung. Fast drei Fünftel aller Fälle war man so freundlich, nach dem
übrigen Europa abzuschieben. Bei den Unterstützungen durch das Board
allein waren es sogar fast zwei Drittel der Fälle. Daraus erklärt sich
auch der verhältnismäßig geringe Aufwand, mit dem man sich in England
dieser Landplage erwehrt. Von 1892 bis 1894 war

	beim Jewish Board	beim Russ. Fonds
die Zahl der unterstützten Fälle	1999	1 711
= = = = Personen	3910	3 338
von den Fällen betrafen Ausländer	1931	1 711
nach dem Kontinent abgeschobene Fälle	1291	901
der Wohlthätigkeitszuschuß war	5201 £	9 294 £
der Beitrag der Auswanderer	3236 =	966 =
die Gesamtkosten	8437 =	10 260 =
das sind auf den Kopf	2 £ 3 sh. 2 d.	3 £ 1 sh. 6 d.

Im Jahre 1892 betrugen die Gesamtkosten beim Board sogar nur
1 £ 14 sh. 8 d auf den Kopf.

Mit so mäßigen Opfern erreicht man es, daß die Zahl der uner=
wünschten „destitute aliens", über welche Ende der achtziger Jahre so
große Aufregung entstand, sich in mäßigen Grenzen hält[1].

Die Zahl der aus England wieder entfernten Juden ist übrigens noch
größer, als nach diesen Zahlen erscheint. Eine erhebliche Zahl von aus
dem Auslande in dem Poor Jews' Temporary Shelter in Whitechapel
ankommenden Juden erhält dort Unterstützung, wieder abzuwandern. Vom

---

[1] Immerhin haben die in England und Wales lebenden Russen und Polen
sich von 1881 bis 1891 von 14 468 auf 45 074 vermehrt und verschiedene Zähler im
East=End waren überdies der Meinung, daß eine ziemliche Zahl russischer und pol=
nischer Juden sich fälschlich für naturalisiert ausgegeben habe. Census 1891 vol. IV
General Report (1893), S. 66 ff. — Wie in den „Statistical Tables" für 1893
S. 11 f. mitgeteilt wird, warnen die britischen Konsuln, wie das Russisch=Jüdische
Komitee in London in kontinentalen jüdischen Zeitungen vor der Einwanderung
nach England.

1. November 1888 bis 31. Oktober 1895 kamen aus dem Auslande 11 812 arme Juden an. Davon sind mindestens (von einer größeren Anzahl ist das Reiseziel nicht bekannt) 1740 nach ihrer Heimat zurückbefördert, 6459 nach anderen Ländern gegangen. Von diesen hatten bis 1892 die Vereinigten Staaten, seit 1893 Südafrika die größte Anziehungskraft. — Eine geringe Zahl von Juden wird auch jährlich durch die jüdischen Wohlthätigkeitsvereine in Manchester, Liverpool und Bradford weggeschafft [1].

Ganz besondere Bedeutung hat die Beförderung armer und verlassener Kinder nach den Kolonien erhalten. Indem man sie ihrer bisherigen Umgebung entzieht und in die gesunde Atmosphäre der kolonialen Bauernfamilie versetzt, verstopft man eine der Quellen des Verbrecher- und Vagabundentums in der Heimat, fördert die Besiedelung der Kolonien und hebt die Kinder selbst moralisch und körperlich. Die ausgedehnte und immer zunehmende Vereinsthätigkeit auf diesem Gebiete, die Aufmerksamkeit, welche ihr die englische und canadische Regierung zuwenden, bilden einen der erfreulichsten Teile der modernen Auswanderungspolitik [2].

Die Armenbehörden haben seit dem erwähnten Gesetz von 1850 (s. o. S. 96) die Möglichkeit gehabt, ihnen zur Last fallende verlassene und Waisenkinder nach den Kolonien zu schicken. Schon 1848 erwähnt das Auswanderungsamt die Beförderung von 150 Armenschülern (Ragged School Boys) nach Australien auf gemeinschaftliche Kosten der Kolonien und der Armenverbände. Daß aber verwahrloste Kinder durch besondere Anstalten für das Leben in den Kolonien vorbereitet und dahin befördert wurden, ist erheblich

[1] Auch die amerikanischen Jüdischen Wohlthätigkeitsvereine schaffen übrigens jüdische Einwanderer, die „unfit for work" sind, nach Europa zurück, allein aus Newyork 1887—1890 4800 Personen. S. Reports to the Board of Trade on Alien Immigration (1893. Parl. Paper C. 7113) S. 252. Der vortreffliche Bericht Burnetts behandelt von S. 228 an ausführlich die höchst interessante jüdische Einwanderung in die Vereinigten Staaten.

[2] Vergl. über den Gegenstand: Berichte des Auswanderungsamts von 1849 (S. 6) und später. — Die Mitteilungen im Emigrants' Information Office Handbook Nr. 12. — Committee on Colonisation, namentlich 1889 qu. 2845 ff., 1890 qu. 1748 ff., 1891 qu. 648. — Correspondence on the subject of Emigration from Great Britain to the Colonies (1886. Parl. Paper C 4751) S. 1 ff., 21 ff., 66 ff. — Report of four Conferences held by the Central Emigr. Soc. at the Colonial Exhibition. 24. u. 25. Juni 1886. 4. the Emigration of Children (London 1886) S. 46 ff. — Verwaltungsberichte des canadischen Ministers des Innern. — Veröffentlichungen der betr. Anstalten, namentl. der des rührigen Dr. Barnardo. Von letzterer Anstalt sind mir auch weitere schriftliche Mitteilungen gemacht. — Zeitungsnachrichten.

späteren Ursprungs. Den Gedanken finde ich zwar ausgesprochen schon 1850 in einem Aufsatze von Jos. Fletcher über die Polizei der Metropolis [1], worin derartiges vorgeschlagen wird, um das jugendliche Verbrechertum zu bekämpfen. Ausgeführt ist das aber erst, soviel ich sehe, 1868 durch die treffliche Miß Rye, welche ihre Bestrebungen zur Förderung der Frauen= auswanderung (unten S. 113) in diesem Jahre auf verlassene kleine Mädchen ausdehnte [2]. Die Kinder werden aus der Anstalt in London nach dem Distributing Home zu Niagara (Canada) und von dort in Stellung ge= bracht. Viele ganz junge Mädchen sind auch adoptiert worden. Bis 1894 waren bereits über 4000 Kinder durch diese Anstalt befördert. Das Beispiel der Miß Rye fand bald Nachahmung. Eine der ältesten Anstalten dürfte Miß Macphersons Home of Industry sein, aus dem bis Juni 1894 rund 6000 Kinder nach Canada gebracht sind. Die ersten derartigen An= stalten außerhalb Londons wurden gegründet 1872 in Birmingham (Children's Emigration Home, bis 1895 2286 Kinder) und in Glasgow (Quarriers Home, über 4300 Kinder) und 1873 in Liverpool (Sheltering Home, Urheber Samuel Smith, M. P., über 3000 Kinder). Ein Bericht des canadischen Ministers des Innern zählt für 1893 23 solcher Anstalten auf. Im Hand= buch des Emigrants' Information Office sind 15 genannt, wovon 8 in London [3]. Die bei weitem wichtigste ist gegenwärtig die des Dr. Barnardo in London.

Seine „Homes" für Waisen und verwahrloste Kinder gehen in ihren bescheidensten Anfängen auf das Jahr 1866 zurück, als ihr Gründer und Direktor noch Student der Medizin in einem Londoner Hospital war. Aus einem kleinen Asyl für verwahrloste Knaben des East=End ist eine ganze Reihe von nicht weniger als 51 Anstalten erwachsen, wovon 34 in London, 12 im übrigen England, 1 in Schottland und 3 in Canada sich befinden.

Es ist hier nicht der Ort, das ganze großartige Werk Barnardos zu schildern. Durchschnittlich sind zwischen vier und fünftausend Kinder in den Homes. Die Einnahmen aus Schenkungen betrugen 1891 und 1892 je etwas über 130 000 £.

---

[1] Journal of the Statistical Society Bd. XIII (1850) S. 266.

[2] Wie Miß Rye auf der von der Central Emigration Society 1886 ab= gehaltenen Konferenz (a. a. O. S. 54) erzählte, ist sie angeregt durch Mitteilungen aus den Vereinigten Staaten, wo man nach dem Bürgerkrieg verlassene Kinder aus den Städten, namentlich aus Newyork, nach dem fernen Westen mit dem schönsten Erfolg verpflanzt habe.

[3] Darunter die Young Colonists' Aid Incorporated, die einen abweichenden Charakter hat. Sie befördert nicht Verwahrloste, sondern giebt Kinder respektabeler Familien bei canadischen Landwirten in die Lehre. Das für Beförderung u. s. w. nötige Geld schießt der Verein vor und erhält es aus dem Arbeitsverdienst der Lehr= linge zurück.

In den siebziger Jahren begann Barnardo einzelne besonders geeignete Kinder nach den Kolonien zu schicken. Allmählich wurde deren Zahl immer größer, sodaß von 1882 an systematisch und in immer größerem Umfang vorgegangen wurde. Bis Ende 1895 sind aus den Homes 8044 Kinder ausgewandert, davon 1892: 727, 1893: 834, 1894: 724, 1895: 734. Es sind die körperlich und sittlich tüchtigsten Kinder aus den Asylen, die nach Canada geschickt werden. Die Knaben erhalten vorher eine gewerbliche Ausbildung. Die Mädchen werden in häuslichen Verrichtungen unterwiesen. In Canada werden die Mädchen in ein Home in Peterborough, Ontario gebracht, die kleineren Knaben in ein solches in Toronto. Von dort aus werden sie in Familien untergebracht und anbauernd durch regelmäßige Besuche, wie durch Korrespondenz kontrolliert. Die älteren Burschen von mehr als 17 Jahren kommen seit 1888 auf die fast 10 000 Acres große Industrial Farm zu Russel in Manitoba. (Das Land hat die canadische Regierung geschenkt.) Die Knaben werden dort eine Zeit lang mit landwirtschaftlicher Arbeit beschäftigt und gehen dann (nach durchschnittlich 8 Monaten) entweder als Knechte zu Bauern im Nordwesten oder werden direkt angesiedelt. Sie wählen dann nach canadischem Recht eine Heimstätte, auf der der Gutsverwalter für den jungen Kolonisten ein Haus baut und ihn mit Vorräten und Geräten versieht, deren Kosten der Kolonist in Raten zurückzahlt.

Für Auswanderung und die canadischen Homes wurde 1892 17603 £ ausgegeben. Die Kosten, ein Kind zu befördern, werden hier, wie bei anderen Anstalten auf 10 £ angegeben.

Der Zuwachs, den die canadische Bevölkerung auf diese Weise empfängt, ist nicht unerheblich. 1893 kamen aus 23 Anstalten 2720 Kinder an[1]. So ist es begreiflich, daß nicht nur die englische Regierung Vorschriften über die Kinderauswanderung erlassen hat (oben S. 96), sondern auch die canadische Regierung sich damit beschäftigt. Sie übt fortlaufende Aufsicht über die Kinder und zahlt den Anstalten für jedes nach Canada gebrachte Kind zwei Dollars Unterstützung. Die Regierung ist überzeugt davon, daß die Kindereinwanderung für die Kinder, wie für das Land gut ist. „Die Kinder sind sorgfältig ausgesucht und in behaglichen Asylen, bis sie von den Bauern aufgenommen werden. Es besteht ein allgemeines Verlangen, sie zu nehmen. Das Ergebnis unserer Untersuchungen war, daß sie eine glückliche behagliche Heimat gefunden hatten und höchst befriedigt waren." „In der großen Mehrzahl der Fälle ist das Ergebnis im höchsten Grade befriedigend" (Sir Ch. Tupper, Oberkommissar für Canada, vor dem Kolonisationsausschuß 1890, qu. 1749 ff.[2])

---

[1] Davon 1736 aus nur 6 Anstalten: 828 von Barnardo, 268 von Quarrier, 239 von Wallace (Manchester), 138 von Miß Rye, 138 aus Salford (katholisch), 128 von Fegan (London).

[2] Von Zeit zu Zeit erheben sich in Canada allerdings auch feindliche Stimmen. Das Land werde dadurch mit verbrecherischen Elementen erfüllt. Das erklärte z. B.

Da die Kinderauswanderung allgemein als die Art der Auswanderung angesehen wird, gegen die weniger Bedenken als gegen irgend eine andere Art vorliegen (J. Rankin, M. P. vor dem Kolonisationsausschuß 1890, qu. 1817), so hat die Bewegung zur staatlichen Förderung der Auswanderung in den achtziger Jahren auch hier einzusetzen und die Bewilligung von Staatsmitteln durchzusetzen gesucht, um Kinder aus „Industrial Schools" in größerer Zahl nach den Kolonien zu bringen. Jedes Kind in diesen Schulen koste den Staat 20 £. Wenn es ein Jahr zur Vorbereitung in der Schule sei und dann nach einer Kolonie gebracht würde, sei die Ausgabe geringer als jetzt. Allein in der Anstaltspflege der Armenverwaltung seien 56 000 Kinder, meist verwaist oder unehelicher Geburt, von denen ein großer Teil in die Kolonien gebracht werden könnte. Bisher habe die Staatsverwaltung statt zu helfen, geradezu gehemmt[1]. Die konservative Regierung hat 1885 und 1890 die Absicht gehabt, sich die nötigen Vollmachten zur Unterstützung der Auswanderung von Kindern aus Industrial und aus Reformatory Schools geben zu lassen. Doch ist bisher nichts daraus geworden. — In der öffentlichen Diskussion ist vor allem die staatliche Unterstützung der Anstalten befürwortet, welche sich bei der Ausbildung und Übersiedelung der Kinder bereits bewährt haben.

Ende 1893 eine Anklage-Jury im westlichen Manitoba. Barnardo hat dem gegenüber darauf hingewiesen, daß bis Anfang 1894 gegen seine Auswanderer 52 Verurteilungen vorliegen, z. T. wegen ganz unbedeutender Dinge. Nur dreimal handelte es sich um eine zweite Bestrafung. Die Zahl der Bestraften war 0,84 Prozent der bis dahin Ausgewanderten, von 1884—93 jährlich durchschnittlich 0,136 Prozent, während auf 100 Einwohner in Canada überhaupt 0,755 Verurteilungen kamen. Abgesehen von den Bestraften hatten nach B.'s Angabe nur 66 sich nicht bewährt. Davon hat die Anstalt 47 nach England zurückgebracht. — S. auch im Anhang zum Jahresbericht des Emigr. Inform. Office für 1894 S. 9 den Bericht des Parlamentsmitgliedes H. L. W. Lawson über eine Informationsreise nach Canada: „In the number that have gone out there have been a few black sheep, but colonial opinion is now converted to the view that these are exceptional and not typical and it is generally believed that the system will be of as much benefit to the Dominion and particularly to Manitoba, as to the mother country".

[1] Vergl. namentlich den Bericht über den Empfang einer von der Central Emigration Society organisierten Deputation durch den Minister des Innern, 14. Juli 1885, in dem angeführten Parl. Paper 4751 S. 21 ff. Weitergehende Vorschläge z. B. a. a. O. S. 66 ff., wo ein canadischer Kolonist allen Ernstes vorschlägt, die Knaben in den Volksschulen systematisch für die Auswanderung vorzubilden. S. daselbst auch die Vorschläge von Peace S. 1 ff. (1884) und die ablehnende Denkschrift des Local Government Board.

Die ftaatliche Auswanderung früherer Zeit fuchte die Auswanderung von Frauen zu befördern, um dem Mangel in den Kolonien abzuhelfen. Die Privatthätigkeit wendet fich der Förderung diefer Auswanderung zu, um der Überzahl der Frauen im Mutterlande und ihrer Notlage zu fteuern. Dabei handelt es fich gleichzeitig darum, den Auswanderinnen auf der Reife, wie im Abfahrts= und im Ankunftshafen Schuß und Rat zu erteilen, namentlich auch „Homes" für fie in den Häfen zu errichten.

Die älteften Vereine zur Unterftüßung der Frauenauswanderung find meines Wiffens 1849 ins Leben getreten: der Irish Female Emigration Fund des Herrn Vere Fofter zu Belfaft und die British Ladies Female Emigrant Society, die beide in Verbindung mit den Kolonialregierungen geftanden haben. Durch den Fofterfchen Fonds find bis Ende 1895 23 690 Mädchen zwifchen 18 und 30 Jahren aus Weftirland, die fich zu Haus= und landwirtfchaftlicher Arbeit eignen, mit zufammen 42 220 £ unterftüßt worden[1]. Die Unterftüßten verpflichten fich einen Teil des gewährten Betrages zurückzuzahlen. Doch thun fie das thatfächlich nicht[2].

Während die Unterftüßung der Frauenauswanderung fich urfprünglich nur auf Angehörige der unteren Klaffen bezog, wandte fich die Vereins= thätigkeit fpäter auch der Fürforge für Mädchen aus dem Mittelftande zu. Miß Rye gründete 1862 einen Verein zu diefem Zweck und brachte zu Ende diefes Jahres eine Anzahl folcher Mädchen erfolgreich in Neufeeland unter[3]. Die neueren Gefellfchaften verfolgen diefes Ziel regelmäßig mit.

Die wichtigften Vereine in England find heute die Colonial Emi-gration Society, begründet 1882, (Vorfißende Prinzeß Mary, Her= zogin von Teck) mit Zweigvereinen in Manchefter und Leeds.

Ferner feit 1884 die United British Women's Emigration Association mit zahlreichen Zweigvereinen und Korrefpondenten. Diefer Verein hat einzelne Frauenzimmer befördert 1891/92: 319, 1892/93: 311, 1893/94: 470, 1894/95: 393. — Beide Vereine unterftüßen übrigens auch andere Auswanderer. Ausfchließlich Frauen und befonders folche von befferer

---

[1] Davon hat meines Wiffens Herr Fofter weit mehr als die Hälfte felbft gefchenkt.

[2] Tufe vor dem Comm. on. Colon. 1890 qu. 3532 „not a single penny, I believe, has been received by Mr. Vere Foster."

[3] Auswanderungsamt 1863 S. 14. Miß Rye hat dann mehrfach für die Kolonialregierungen die Frauenauswanderung überhaupt beforgt. l. c. 1867 S. 10. Sie hat nach Neufeeland und Victoria nach ihrer Angabe 3—4000 Mädchen gebracht, fpäter auch eine Anzahl nach Canada.

Erziehung unterstützt die Womens Emigration Society in London (Vor-
sitzende: Prinzeß Louise, Marquise von Lorne)[1].

Gegenüber der bloßen Unterstützung der Auswanderer stehen die weitergehenden Pläne derer, welche die Leute direkt auf dem neuen Boden ansiedeln wollen, vor allem auch, um der Abneigung der Kolonisten gegen die
Einwanderung armer Arbeiter aus dem Wege zu gehen.

Erwähnung verdienen zunächst die Versuche der Wohlthätigkeitsvereine,
Arbeitslose für die Ansiedlung in den Kolonien vorzu-
bereiten resp. zu prüfen durch landwirtschaftliche und Erdarbeiten. So
besitzen die Charity Organization und die Selfhelp Emigration Society
in Essex eine Arbeiterkolonie. Von Mai 1891 bis Ende Juni 1893 sind
dort 72 Mann aufgenommen und davon 39 nach Canada, einer nach
Australien geschickt, die sich bis auf drei bewährt haben. Die Mansion
House Unemployed Conference hat im Winter 1892/93 Arbeiten zu Abbey
Mills (West Ham) unternommen. Dort sich bewährende Personen werden dann
durch einen der großen Auswanderungsvereine fortgebracht. Von 224 beschäftigten Personen geschah das aber nur bei 16. Viele weigerten sich
schließlich zu gehen, weil die Frau nicht wolle[2]. Im Winter 1893/94
sind die Versuche wieder aufgenommen. Auf demselben Gedanken beruhen
die großen Pläne des „General" Booth, des Hauptes der Heilsarmee.
Ausgehend von dem Gedanken, daß die am tiefsten gesunkenen Glieder der
Gesellschaft vor allem erst wieder arbeiten lernen müssen, werden die, welche
die Hülfe der Heilsarmee in Anspruch nehmen, zunächst in Werkstätten
(„Elevators") beschäftigt, die geeigneten Elemente dann nach der Arbeiterkolonie zu Hadleigh überführt. Einzelne dieser Leute sind dann nach den

---

[1] Wie groß die Zahl der durch öffentliche Wohlthätigkeit bei der Auswanderung
Unterstützten im ganzen ist, läßt sich nicht genau sagen. 1893 sind in Canada 2720
Kinder angekommen. Von 10 Gesellschaften, für welche im Em. Inf. Off. Handbook die Zahlen mitgeteilt sind (außer den jüdischen), wurden 2135 Personen unterstützt, von den Armenbehörden in England 398, in Irland 88. Das sind zusammen
im Jahre 1893 5341 Köpfe. Doch muß die Gesamtzahl erheblich höher sein.

[2] Vergl. Report on the Agencies and Methods for dealing with the
Unemployed (1893 Parl. Paper 7182) S. 172, 178, 238 ff. Zeitungsnachrichten
z. B. Weekly Times 16. Febr. 1894. Den Gedanken eines „Test Settlement"
scheint Arnold White zuerst ausgesprochen zu haben. Vergl. dessen Tries at Truth
(London 1891), S. 33. Nur dort lasse sich feststellen, ob die Leute fleißig seien, nicht
trinken u. s. w. Auf die üblichen Empfehlungen von Geistlichen und Andern sei
gar nichts zu geben.

Kolonien geschickt. Der eigentliche Plan geht aber dahin, in den Kolonien große eigene Kolonien anzulegen, was in nächster Zeit geschehen soll[1].

In einer Reihe von Fällen haben wohlthätige Grundbesitzer oder Komitees direkte Ansieblungsversuche gemacht. Der großen Mehrzahl dieser Versuche ist gemeinsam, daß die Lage der Auswanderer außerordentlich gebessert ist, daß aber eine große Zahl der Ansiedler nicht auf dem Land geblieben, sondern weiter gewandert ist, daß endlich die meisten solcher Ansiedler genau so wenig wie gewöhnliche Auswanderer geneigt sind, die ihnen gemachten Vorschüsse zurückzuzahlen. „Colonization on a commercial basis" ist fast immer ein totaler Mißerfolg gewesen[2].

Einer der bekanntesten Versuche war der 1882 gemachte der East London Artisans Colony zu Moosemin in Assiniboia (Nordwest-Canaba) mit 19 Familien. Nach einigen Jahren war die Hälfte der Ansiedler fortgezogen[3].

Für eine der erfolgreichsten gilt die 1883 bis 1886 erfolgte Ansieblung von 76 Crofter Familien der Insel South Uist zu Pipestone Creek durch Lady Gordon Cathcart (unter Mitwirkung der North West Land Company). Fast alle sind auf dem Land geblieben und es geht ihnen im allgemeinen gut. Aber den Vorschuß von 100 £ für jede Familie hatte 1890 erst eine einzige zurückgezahlt. Die übrigen hatten nicht einmal die Zinsen regelmäßig bezahlt[4].

---

[1] Vergl. Booth, In Darkest England and the Way out. — The Darkest England Social Scheme Report for 1893. — Nach münblichen Mitteilungen, die mir im „Hauptquartiere" gemacht wurden, hoffte man balb einen Versuch in Westaustralien machen zu können. Im Sommer und Herbst 1895 befand sich „General" Booth auf einer großen Tour durch die Kolonien. Nach Zeitungsnachrichten (Weekly Times 20. Sept. 1895) sind ihm in Swaziland (Südafrika) 20 000 Acres Land überlassen. — Wenn die Sache erfolgreich im Gang ist, hofft man, wie mir gesagt wurde, auf staatliche Unterstützung. Übrigens gehört in den Kreis der Aufgaben der Heilsarmee auch die Erteilung von Rat und Schutz an Auswanderer, letzteres namentlich an alleinstehende Frauenzimmer.

[2] Über die Versuche in Canada: Sessional Paper 15 a 1889, Summary of Reports on the London, Crofter, Scandinavian, Hungarian, Commercial, Church, German and Icelandic Colonies von Rufus Stephenson. — Umfangreiches Material in den Verhandlungen des Committee on Colonisation, wo jedoch nicht alle neueren Versuche behandelt sind. Zusammenstellung 1891 S. 47 ff.

[3] Comm. on Colon. 1890 qu. 1843, 2351, 2588 ff.

[4] Vergl. namentlich Comm. on Colon. 1890 qu. 3622 ff. — Ähnlich lautet der Bericht über die mit 84 Croftern und Londonern besetzte Commercial Colony und die Church Colonization Land Society's Colony mit 24 Ansiedlern, darunter vielen faulen Raisonneuren (in dem angef. canabischen Bericht).

Bei einem seit 1882 von Herrn Rankin gemachten Versuch mit dem Halbpachtsystem ist der eigentliche Erfolg ausgeblieben. Abgesehen davon, daß für die Vorbereitungsarbeit zu viel ausgegeben war, so daß das Experiment ohnehin nicht rentieren konnte, sind von 25 hinausbeförderten Familien (mit 120 Köpfen) einige überhaupt nicht auf das Land gegangen und nur sechs dort geblieben.

Auch ein Versuch Lord Brasseys, Philanthropie und business zu verbinden, ist erwähnenswert, die Canadian Cooperative Colonization Company[1]. Der Gedanke war, ein großes Gut durch die Kompanie selbst zu bewirtschaften mit hinausgeschickten Arbeitern. Wenn diese einige Zeit lang gearbeitet und dadurch Erfahrung und Ersparnisse gesammelt hätten, sollten sie auf Heimstätten angesiedelt werden (offenbar eine Rückkehr zu Wakefields Ideen). 1889 wurden bei Qu'Apelle in Assiniboia 45 000 Acres Land gekauft. Für den ersten Versuch wurden 1890 67 Personen hinausbefördert. Noch ehe die Ernte beendet war, hatten von 20 Männern 12 die Farm verlassen. Die Gesellschaft verwandelte sich in eine einfache spekulative Landgesellschaft, welche ihren Besitz erschließt und stückweise verpachtet und verkauft. Als solche wirft sie gute Dividenden ab. Die Kolonisation war ein Mißerfolg.

Auf Kosten und im Auftrage der 1889 verstorbenen Lady Offington hat Herr Arnold White in der Kapkolonie 1886 und 1887 die Niederlassungen Wolseley mit 24 Familien und Tennyson mit 25 Familien gegründet, um das Problem zu lösen, „wie man englische unbenutzte Arbeit auf unbenutztes Land in das England jenseits des Oceans verpflanzen könne"[2]. Whites Meinung, daß ihm die Lösung gelungen sei, scheint von anderen nicht geteilt zu werden. Die erste Ansiedlung ist völlig verunglückt. Trotz der sorgfältigen Vorbereitung der Niederlassung war nach $2^{1}/_{2}$ Jahren niemand mehr dort, nachdem für jede der Familien durchschnittlich 270 ℒ ausgegeben war. Zurückbezahlt ist kein Heller. Doch blieb natürlich der Landbesitz. Die zweite Ansiedlung wurde mit größerer Vorsicht unternommen (Ausschluß von Schnaps, Austeilung von Lebensmitteln nur an die, welche wirklich arbeiten, Wahl der Leute aus einer Gegend). Die Ansiedlung gedeiht, doch sind eine Anzahl Ansiedler nur kurze Zeit ge-

---

[1] Mündliche Mitteilungen; Zeitungsberichte; Brief Brasseys an die Times (23. Jan. 1891) und Rede vor dem Manitoba Board of Trade, 25. Sept. 1894. Beide abgedruckt in Papers and Adresses by Lord Brassey (London 1895) S. 266 ff.

[2] A. Whites Aussagen vor dem Committee on Colonisation 1890 qu. 2875 ff. — Mündliche Mitteilungen.

blieben und durch andere ersetzt. White ist auch der Meinung, daß dauern-
des Verbleiben in der Niederlassung nicht nötig sei, wenn die Leute nur
anderwärts Erfolg hätten. Die Kosten sind erheblich, 270 £ für die
Familie, ohne Land, das nur gepachtet ist.

Verschiedene Versuche sind in neuerer Zeit gemacht, die i r i s c h e n
A u s w a n d e r e r, die sich bisher in den großen Städten und Industrie-
bezirken der Vereinigten Staaten zusammendrängen, zur d i r e k t e n A n s i e d -
l u n g a u f d e m L a n d e zu veranlassen[1]. Während — nach Bagenals Ansicht — früher die katholische Geistlichkeit die irischen Auswanderer in den
Städten zusammenzuhalten suchte, ist die neue Bewegung gleichfalls von
ihr ausgegangen, seit die katholische Kirche feststeht und die Konzentration
überflüssig ist. Der Gedanke der „katholischen Kolonisation" stammt von
zwei Bischöfen französischen Ursprungs, L o r a s in Dubuque und C r e t i n
in St. Paul, Minnesota. Jener begann seine Thätigkeit 1837, dieser 1851
und diesen beiden Männern wird es zugeschrieben, daß in Minnesota und
Jowa eine große Zahl katholischer Farmer sich niedergelassen hat. Immerhin war das nur möglich bei Leuten, die wenigstens etwas Kapital mit-
brachten. Als namentlich seit 1873 in Amerika der große Bevölkerungs-
strom nach dem Westen begann, bemühte sich der Klerus, auch die Jren
zu dieser Besiedelung heranzuziehen, namentlich Cretins Nachfolger, der
B i s c h o f J r e l a n d. In St. Paul begründete er ein Catholic Colonization Bureau, dem die Organisation der Reise, wie des Landerwerbes
oblag. 1879 gründete eine Anzahl von Bischöfen die Irish Catholic
Colonization Association, um in erster Linie die irische Bevölkerung der
amerikanischen Städte auf das Land zu bringen, aber auch, um einwandernden
irischen Bauern Rat zu erteilen. Man suchte aber weiter auch die kapitallosen irischen Einwanderer auf das Land zu bringen, was bisher mehr
zufällig geschehen war, wenn Eisenbahn- oder Kanalarbeiter, meist auf
Rat des Priesters, sich angesiedelt hatten[2]. Seit 1876 hatte Bischof Jre-
land begonnen, katholische Kolonien anzulegen. Die Leitung übernahm ein

---

[1] Vergl. J. L. S p a l d i n g, Bischof von Peoria, the Religious Mission of
the Irish People and Catholic Colonization (2. Aufl. New York 1880). —
Th. B a g e n a l, the American Irish and their Influence on Irish Politics
(London 1882). Dazu Dublin Review Jahrg. 1883 Januarheft, auch 1881 Januarheft. — John Sweetmann, Recent Experiences in the Emigration of Irish
Families. (Dublin 1883). — Committee on Colonisation 1890 qu. 2531 ff.,
2575, 3409, 3462 ff. und App. S. 488. —

[2] Auch der irische Fabrikarbeiter erwirbt gern ein Stückchen Land in der Nähe
seiner Arbeitsstelle.

Priester. Kein Wirtshaus oder Schnapsverkauf wurde geduldet. Die Land=
stellen wurden vorbereitet (20 Acres gepflügt) übergeben. Während
zunächst in diesen Kolonien irische Katholiken aus den östlichen Städten
der Union angesiedelt wurden — wie es scheint mit Erfolg —, brachte
1880 ein warmer Freund der irischen Auswanderer, Pater Nugent
aus Liverpool, 800 mittellose Leute aus Westirland dahin. Der Ver=
such mißlang vollständig. Nach drei Jahren hatten alle, bis auf fünf
Familien, sich in die Städte verlaufen, ohne etwas zurückzuzahlen. Um
dieselbe Zeit gründete ein Herr John Sweetman mit einigen Freunden
(darunter Tuke) die Irish American Colonization Company, um in
Minnesota eine Kolonie mit kapitallosen irischen Arbeitern zu besiedeln.
Die Familie erhielt 100 £ Vorschuß, die in 12 Jahren zurück=
gezahlt werden sollten. 1881 wurde mit einigen fünfzig Familien be=
gonnen, aber als die Zahlungstermine herankamen, ging ein großer Teil in
die Städte. 1883 beschloß Sweetmann, nur noch Kolonisten zu nehmen,
die wenigstens die Ausreise selbst bezahlten, und ein Jahr darauf beschränkte
er sich auf Kolonisten, die etwas Kapital, mindestens 60 bis 100 £,
hätten [1].

Das Ergebnis ist das gleiche fast ausnahmslos gewesen: Die
Versuche, Leute ohne Kapital direkt anzusiedeln, sind ge=
scheitert. „Kolonisation" gelingt nur mit Auswanderern,
die Kapital besitzen [2]. Für Auswanderer ohne Kapital, d. h. aus=
wandernde Arbeiter, bleibt es bei dem Grundsatze Wakefields, daß sie erst
eine Weile im Lande sein, Erfahrungen und Ersparnisse sammeln und dann
sich ansiedeln sollen, worin die Mehrzahl der Sachverständigen übereinstimmte,
welche der Kolonisationsausschuß 1889 91 vernommen hat.

Nur zwei Beispiele erfolgreicher Ansiedelung kapitalloser Auswanderer
hat der Ausschuß ermittelt: die der Deutschen in Südafrika (1857), von
der oben S. 71 die Rede war, und die Feilbingsche in Neuseeland.
Jene beweist nichts für britische Auswanderer, denn die Zeugen sind der
Meinung, daß diese die gleichen Anstrengungen wie die Deutschen nicht
machen würden.

---

[1] Ein eigentlicher Verlust trat nicht ein, wegen des Wertzuwachses des Landes.

[2] Vergl. außer den angeführten Stellen auch Comm. on Colon. 1890 qu.
2743, „people sent out should be supplied with sufficient capital to take
up the land." Ein gutes Beispiel glücklicher Kolonisation mit solchen Auswanderern
scheint die 1887 gegründete Commercial Colonization Company in Manitoba zu
sein (jetzt Canada Settlers Loan and Trust Company) a. a. O. qu. 1982 ff. Ein
Beispiel einer derartigen gescheiterten Gesellschaft (Dominion Lands Colonization
Company) a. a. O. qu. 2453 ff.

Feilbings Niederlassung ist geglückt durch die Vereinigung glücklicher Umstände mit besonders sorgfältiger Leitung. Es dürfte der Mühe wert sein, etwas näher darauf einzugehen [1].

Ende der sechziger Jahre wurde die **Emigrant and Colonist Aid Corporation** unter Vorsitz des Herzogs von Manchester gegründet, um einen praktischen Kolonisationsversuch zu machen, der Philanthropie und geschäftlichen Erfolg verbinden sollte. Die Seele des Vereins war Oberst, später General William Feilbing († 25. März 1895 in Siam), der schon einmal 200 Leute aus Deptford in Queensland angesiedelt hatte. Wie er vor dem Kolonisationsausschuß erklärte, fand er bei seinen Erkundigungs= reisen nur bei der Regierung von Neuseeland staatsmännische Ansichten über die Verwendung der Staatsländereien. Ende 1871 erwarb er dort in der Provinz Manawatu für den Verein ein Stück Land, den später sogenannten Manchester=Block, von 106 000 Acres (ein Drittel größer als Reuß ä. L.), nördlich von Wellington, zum Preise von 75 000 £, in Raten zu bezahlen und bis dahin mit 5 Prozent zu verzinsen. Bedingung war, daß die Gesellschaft binnen vier Jahren 2000 Ansiedler (statute adults) auf das Land bringen und eine Eisenbahn bauen sollte, die einen Teil einer staatlich projektierten Linie (New Plymouth=Wellington) bildete. Das Land lag damals ganz abgelegen und war gerade deshalb von Feilbing ausgesucht, damit nicht, wie in ähnlichen Fällen, die Ansiedler nach kurzer Zeit davon= liefen. „Mögen sie den Rückweg zur Civilisation finden durch Bau von Wegen und Eisenbahnen".

Den Seetransport der Leute, mit 16 £, bezahlte die neuseeländische Regierung. Der Verein bezahlte vorschußweise 1 £ für Ausrüstung und 3 £ für die Kosten der Auswahl, der Reise zum Hafen in England und des Transports vom Hafen in Neuseeland. In der Niederlassung wurden auf Gartenparzellen von $1/2$—1 Acre Häuser errichtet (Kosten 32 £), die an die Einwanderer für 7 sh. die Woche vermietet wurden; nach sieben Jahren war dann Haus und Garten Eigentum des Kolonisten. Der Verein kam dabei reichlich auf seine Kosten und die Leute waren sofort in der Lage auf Arbeit zu gehen. Die Auswanderer waren so ausgesucht, daß jede Schiffs= ladung möglichst alle Elemente eines Dorfes einschloß, Bäcker, Schuhmacher, Zimmerleute u. s. w. Die Mehrzahl waren Landarbeiter, möglichst einfache Leute. Die drei Monate Reisezeit machte die Leute schon miteinander be= kannt, so daß sie geneigter waren, beisammen zu bleiben. Die Hauptsache war, daß sie sofort Arbeit zu gutem Lohn fanden. Sie wurden vom Verein beschäftigt, Wege zu bauen und Schienengleise durch den Wald zu legen. Dadurch wurde es möglich, das Holz an Bauunternehmer zu ver= kaufen, die es fällen ließen. Ferner gab der Eisenbahnbau Arbeitsgelegen= heit. So wurde das Land verkäuflich, da Wege und Arbeitskräfte vorhanden

---

[1] Committee on Colonisation 1890 qu. 1501—1601 (Aussagen Feilbings), qu. 2349—2354, 2374 (Hodgkin). Appendix S. 54 oben. — Hazell and Hodgkin, the Australasian Colonies (London 1887), S. 71—74.

waren und man das Holz mit Vorteil los werden konnte. Ende 1874
begann der Verein Land zu verkaufen nach dem System der Versteigerung
von einem Grundpreis aus. Den Verein kostete der Acre durchschnittlich gut
14 sh. Kaufpreis und etwa 30 sh. für Erschließung. Die ersten 60 000 Acres
wurden gegen bar verkauft. Ansiedler konnten sich das Geld dazu vom
Verein leihen. Als später in unmittelbarer Nähe Staatsländereien sehr
billig zu haben waren — für 10 sh. den Acre, während der Verein nicht
unter 3 £ verkaufte — wurde gegen Kredit verkauft: drei Jahre lang
brauchte der Ansiedler nichts zu zahlen, wenn er jährlich 10 sh. per Acre
an improvements aufwendete. Nach drei Jahren mußte er den Anfangspreis
mit 7 Prozent verzinsen und in Jahresraten abzahlen. Für den Verein
ergab das eine Verzinsung von 5³/₄ Prozent. So ist der Rest des Landes
verkauft. 1890 gehörten dem Verein nur noch 2000 Acres.

Das Ergebnis ist gewesen: die Gesellschaft fing 1876 an Dividenden
zu zahlen und hat durchschnittlich für die ganze Zeit ihrer Thätigkeit
5¹/₂ Prozent Dividende gegeben. Sie hat weiter einen Reservefonds an=
gesammelt, der am Schluß die volle Rückzahlung des Kapitals an die Mit=
glieder gestattet. Die Rückzahlung der den Auswanderern gemachten Vor=
schüsse, wie der beim Landkauf ihnen, wie anderen Ansiedlern gewährten
Kredite hat keine Schwierigkeiten gemacht. Die Einwanderer sind ganz über=
wiegend bauernd in der Niederlassung geblieben. Ihre Lage ist fast durch=
weg eine sehr erfreuliche. Den Grund des Erfolgs sah Feilding darin, daß
die Leute anfangs schwer wegkonnten und darin, daß entgegen dem üblichen
Verfahren, Land erst verkauft wurde, nachdem die Wege gebaut waren, und
endlich darin, daß die Einwanderer vom ersten Augenblick an lohnende
Arbeit fanden. Nicht zu vergessen ist aber, daß die Überfahrt von der
Kolonialregierung bezahlt war.

Über den Erfolg weiterer Pläne Feildings und seiner Freunde zur
Gründung ähnlicher Niederlassungen in Neuseeland (Provinz Auckland) und
in Südafrika ist mir näheres nicht bekannt.

In diesen Zusammenhang gehört auch ein eigentümlicher Versuch der
britischen Regierung, selbst einen heimischen Notstand zu mildern durch
Ansiedlung in Canada: die vielbesprochene Crofter=Kolonisation von
1888 und 1889 ¹.

---

¹ Vergl. die S. 100 Anm. 2 angeführten Berichte über die Lage der Crofter,
auch die Jahresberichte der Crofters Kommission. — Über die Ansiedelung selbst: die
ausführlichen Verhandlungen des Kolonisationsausschusses, namentlich 1889 qu. 1 bis
325 (Cochran=Patrick, Unterstaatsekretär für Schottland), 326—706 (Malcolm Mc.
Neill), 707—986 (Colmer), Appendix S. 185—195; 1890, qu. 1653 ff. (Sir Charles
Tupper), 2152 ff. (Cliver), 5909 (Colmer), 7270 ff. (Ferguson), 4129 ff. (Murdoch)
4654 ff. (Al. Mackenzie), 6946 ff. (A. Sutherland). Die drei letztgenannten heftige
Gegner der Auswanderung. 1891 App. S. 48 f. — Report of H. M. Com=
missioners appointed to carry out a scheme of colonization in the Dominion
of Canada of Crofters and Cottars from the Western Highlands and Islands

Besonderes Interesse knüpft sich an den Versuch, da er der einzige Fall aus neuerer Zeit ist, in welchem Auswanderer auf Staatskosten vom Mutter=land aus direkt angesiedelt worden sind und da wohl kein Zweifel darüber sein kann, daß das Experiment im Falle des Gelingens in größerem Maß=stabe fortgesetzt sein würde.

Auf der Insel Lews (Hebriden) lebt eine verhältnismäßig dichte Be=völkerung, für deren Ernährung der Boden nicht ausreicht. Von einer Ge=samtfläche (ohne Wasser und Strand) von 404 500 Acres (= 161 800 ha), waren 1886 nur 9647 Acres Ackerland unter Kultur bei einer Bevölkerung (1881) von 25 487 Köpfen. Kartoffelbau und Viehzucht würden nicht aus=reichen, diese zu ernähren, wenn nicht seit dem großen Notstand am Ende der vierziger Jahre die Heringsfischerei ein allgemeiner Erwerbszweig ge=worden wäre. Als 1886 und 1887 die Heringe ausblieben, entstand trotz guter Kartoffelernte große Not, die besondere Unterstützung forderte. Die Untersuchungskommission der schottischen Regierung, Sheriff Fraser und In=spektor Malcolm McNeill, berichtete am 21. Februar 1888[1], daß die Aussichten sehr düster seien, wenn nicht Beschäftigung für die Bewohner der Insel gefunden oder ihre Zahl erheblich vermindert würde. Um hier einen Anfang zu machen, beschloß der Staatssekretär für Schottland, Lord Lothian, mit der canadischen Regierung und den dortigen großen Landgesellschaften in Verbindung zu treten, um eine Anzahl Familien von Lews nach dem Nordwesten zu verpflanzen. Das englische Parlament bewilligte 10 000 £ für den Zweck unter der Bedingung, daß 2000 £ aus Privatmitteln bei=gesteuert würden. Das Unternehmen wurde unter Leitung eines „Coloni=zation Board" gestellt, das aus Vertretern der britischen und der cana=dischen Regierung, der Zeichner zu dem Fonds und der canadischen Land=kompanien zusammengesetzt war. Die Anwerbung und Einschiffung der Auswanderer besorgte der genannte Malcolm McNeill, die Ansiedlung in Canada Agenten der Canadian=Pacific=Railway. Zur Bestreitung der Kosten der Auswanderung und Ansiedlung erhielt jede Familie ein Dar=lehen von 120 £, welches vier Jahr zinslos und dann in acht Jahresraten von 20 £ 17 sh. 8 d. (gleich einer Verzinsung für die ganze Zeit von

of Scotland. 1890 (Parl. Paper C. 6067) und seitdem jährlich (6287, 6693, 7226, 7445); der sechste vom April 1895 (C 7738). — Correspondence respecting the Crofter Settlements at Saltcoats and Killarney, 1894. — Mündliche Mitteilungen der Herren Sir Charles Tupper, Oberkommissars für Canada, seines Sekretärs Jos. Colmer (zugleich Sekretärs des Colonization Board), W. Paton vom Emigrants' Information Office und Malcolm McNeill im Local Government Board in Edinburgh. — S. über die Verhältnisse der Crofter auch die von einem trefflichen Kenner der Verhältnisse geschriebenen, „An Islesman" unterzeichneten Aufsätze in Blackwoods Magazine: Government and the Crofters, Bd. 148 S. 431 ff. (Sep=tember 1890) und Crofter Migration, Bd. 149 S. 421 ff. (März 1891).

[1] Report on the Condition of the Cottar Population on the Lews. 1888 (C. 5265). Auch das Parl. Paper C 5403.

4,8 Prozent) abzuzahlen war. Jede Familie erhielt von der canadischen Regierung 160 Acres Land frei, auf welchem (mit Einschluß des Inventars) eine Hypothek für den Vorschuß von 120 £ ruhte.

Auf Grund dieser Bestimmungen und eines entsprechenden in Canada erlassenen Gesetzes sind zwei Ansieblungen gegründet: 1888 die von Killarney mit 30 Familien, gleich 183 Köpfen, 1889 die von Saltcoats mit 49 Familien, gleich 282 Personen. Beide Orte liegen westlich von Winnipeg.

Sehr bald regte sich auf der Insel Lews eine lebhafte Agitation gegen die Auswanderung in ganz ähnlicher Weise, wie 1883/84 in Westirland. Radikale Home-Rule Agitatoren, die Geistlichen der Free Kirk und die kleinstädtischen Shopkeeper waren alle gleich abgeneigt, ihre Kundschaft sich entführen zu lassen. Schauerliche Schilderungen über die entsetzlichen Entbehrungen der armen Auswanderer wurden verbreitet. Die anderslautenden Briefe der Ansiedler wurden für Fälschungen der canadischen Postverwaltung erklärt. Der Erfolg war zunächst der, daß sich keine Auswanderer mehr meldeten, nachdem anfangs ein großer Zudrang gewesen war. Besonders ungünstig war die Wirkung der Agitation aber auf die Auswanderer. Es wirkt selten günstig, wenn sich jemand als ein Gegenstand des allgemeinen Interesses und Mitleids fühlt. Bei diesen ungebildeten, aber schlauen und dabei indolenten Hochländern wirkte es verhängnisvoll, daß sie von Agitatoren besucht, von Zeitungsschreibern ausgefragt wurden und bald waren sie selbst überzeugt davon, daß sie eigentlich schlecht behandelt seien. Den Entbehrungen und den Anforderungen an ihre Thatkraft, welche jede Neubesiedelung fordert, waren die Ansiedler unter diesen Umständen nicht gewachsen. Ungünstig war es auch von vornherein, daß die Ansiedler von 1888 etwas zu spät im Jahre angekommen waren und in der That anfangs eine schwere Zeit durchgemacht haben.

Welches sind nun die Erfolge des Crofter-Experiments gewesen? Um die Verhältnisse auf Lews allgemein zu bessern, war es nicht umfangreich genug. Aber die von den Auswanderern aufgegebenen Kleinpachtungen sind zu benachbarten Landstellen geschlagen, diese also lebensfähiger geworden. Die Ansiedler haben sich in ihrer neuen Heimat unter den oben beschriebenen Umständen größtenteils zu arbeitsscheuen Räsonneuren entwickelt, immer bereit Beschwerdeschriften zu unterzeichnen, aber wenig geneigt, selbst Hand anzulegen, um die Dinge zu bessern. Die Ansiedler von Saltcoats haben sich zu einem großen Theil verlaufen. Von 49 Familien mit 282 Köpfen waren 1894 noch 23 mit etwa 90 Köpfen vorhanden. Sie hatten nur 272 Acres Land unter dem Pflug, 9 Pferde, 121 Stück Großvieh, wovon aber 68 der Kolonisationsbehörde gehörten, 135 Stück Jungvieh, einige Schweine und Schafe. Im Vergleich mit benachbarten Ansiedlern ist das Ergebnis höchst kümmerlich. Aber immerhin können sie leben und haben keine nennenswerten Schulden, außer denen an die Kolonisationsbehörde. Sie hätten 1893 beginnen sollen, diese abzutragen. Bezahlt haben sie nichts.

Anders ist das Ergebnis in Killarney: Die Bevölkerungszahl ist durch Abwandern jüngerer Kinder etwas vermindert, auf etwa 160, aber die Zahl der Haushaltungen auf 55 angewachsen. Sie hatten Ende 1894

3520 Acres unter dem Pflug, wovon allein 1894 1237½ neu umgebrochen waren. Sie besaßen 49 Pferde, 140 Stück Großvieh (wovon ihnen selbst gehörig 126 Stück) und 72 Stück Jungvieh, auch 138 Schweine. Aber diesem freundlichen Bilde steht gegenüber, daß die Ansiedler bei Kaufleuten und Gerätemachern nicht weniger als 20389 £ Schulden hatten. Die Kommunalsteuern an die Municipalität, zu der sie gehören, haben sie nicht bezahlt, und ebensowenig das von dieser gelieferte Saatkorn, so daß 35 von den 55 Heimstätten Exekution deswegen drohte[1].

Die Rückzahlungen an die Kolonisationsbehörde hätten Ende 1892 beginnen sollen. Ein einziger Ansiedler hat bezahlt! Die Behörde macht ihr Pfandrecht nicht geltend, um die Leute sich wirtschaftlich mehr kräftigen zu lassen. Die Hoffnung, daß sie zahlen werden, ist amtlicherseits noch nicht aufgegeben. Auch in Killarney ist also der Versuch eigentlich mißglückt.

Daß zu dem Mißerfolg auch die niedrigen Produktenpreise der letzten Jahre beitragen, darf man nicht vergessen.

3. Die Auswanderung und die Selbsthülfe.

Zu den Organisationsbestrebungen in der Auswanderung gehören auch die Versuche der Arbeitervereine, durch Unterstützung der Auswanderung ihrer Mitglieder diesen zu helfen und, wenn möglich, den Arbeitsmarkt zu beeinflussen.

Eine Form solcher Bestrebungen war, daß die Arbeiter sich zu besonderen Auswanderungsvereinen zusammenschlossen und die zur Bezahlung der Reise nötigen Gelder zusammensparten. Anfangs der vierziger Jahre scheint das in Schottland häufig gewesen zu sein. So kamen 1843 in Canada 1015 Personen in ganz dürftiger Lage an, welche Mitglieder solcher Gesellschaften waren[2]. Ob das noch gegenwärtig von irgend welcher Bedeutung ist, habe ich nicht ermitteln können. Es ist nicht wahrscheinlich.

---

[1] D. h. sie sind nominell der Municipalität heimgefallen; die Besitzer haben aber zwei Jahre lang die Möglichkeit gegen Zahlung der Steuer mit 10% Zins das Eigentum zurückzuerhalten. Wie mir von kompetenter Seite mitgeteilt wurde, ist Nichtbezahlung der Steuer ein öfters angewendetes Mittel, sich Kredit zu diesem für den Westen nicht hohen Zins zu verschaffen.

[2] Bericht des Auswanderungsamts von 1844 S. 8 und 12. Ob die Angaben bei A. Scratchley, Industrial Investment and Emigration (3. Aufl. 1854) S. 207 auf Thatsachen beruhen, weiß ich nicht. Danach sollen sich unter dem Namen von Emigration and Colonization Assurance Companies Gesellschaften gebildet haben, welche die Kosten für die Auswanderung vorstreckten und sich durch Versicherung des Lebens des Auswanderers deckten, eine Anwendung des schon 1842 von Will. Bridges gemachten Vorschlages, Lebensversicherung und Ansiedlung zu verbinden, wie das auch in Teutschland bei Baugenossenschaften vorkommt und für die Be-

Von allgemeiner Bedeutung ist, daß die Gewerkvereine in den vierziger Jahren die allgemeinen Ideen der Zeit über Bekämpfung des Überangebots von Arbeit im Mutterlande durch Auswanderung aufnahmen [1] und neben der Beschränkung der Lehrlingszahl und der Beseitigung der Überzeit die Ansammlung eines Auswanderungsfonds erstrebten [2]. Nach den Mitteilungen der Webbs wird das 1843 zuerst erwähnt, in größerem Umfang geschah es aber in den fünfziger Jahren. Die Flintglasmacher, die Buchdrucker, die Buchbinder, die Eisenformer und die Töpfer gehörten zu den ersten Vereinen, bei welchen der Auswanderungsfonds eine stehende Einrichtung wurde. Einfluß übte namentlich ein Vorgang bei den Amalgamated Engineers. Nach ihrem großen verunglückten Strike im Jahre 1852, als Viele auszuwandern wünschten, um sich den Arbeitgebern nicht zu unterwerfen, gab der bekannte Genossenschaftsfreund E. Vansittart Neale 1030 £ zu diesem Zwecke als Vorschuß her, der auch bald zurückgezahlt ist. Das führte zur Gründung eines Tochtervereins in Sydney und dies hat wohl auch dazu beigetragen, daß die Vereine sich für solche Einrichtungen solange begeisterten, bis sie einsahen, daß die geringe Zahl von Leuten, die sie wegschicken könnten, keinen merklichen Einfluß auf die Verringerung des heimischen Arbeitsangebots hatte. Auch die Vorstellungen der amerikanischen und australischen Gewerkvereine gegen diese Störung

---

festigung des bäuerlichen Besitzes vorgeschlagen ist. Der Vorschlag, die Rückzahlung der Kosten der Ansiedelung durch Versicherung des Lebens des Auswanderers sicher zu stellen, ist im November 1895 wieder in einem Vortrag eines Herrn Sebright Green im R. Colonial Institute gemacht worden.

[1] Vgl. Sydney and Beatrice Webb, the History of Trade Unionism (London 1894), S. 183 und 198 Anm. 1. — John Burnetts Aussagen vor dem Kolonisationsausschuß, 1889 qu. 1769 ff., sowie die von Ch. P. Lucas, namentlich qu. 1516 ff. — Die regelmäßigen Notizen in Nr. 12 der Emigrants' Information Office Handbooks. — Lujo Brentano, Die Arbeitergilden der Gegenwart (1871/72) I S. 195 und 219, II S. 186 ff. und 230 ff. — W. Hasbach, die englischen Landarbeiter (Schr. d. V. f. S. 59, 1894) S. 310, 312, 319, 320. — Persönliche Mitteilungen, namentlich von den Herrn John Burnett und Lucas, sowie den Beamten des Emigrants' Information Office.

[2] Es entspricht den Anschauungen der Wakefieldschen Schule ebenso, wie denen der neuesten „Kolonisatoren", wenn 1854 der Sekretär der Flintglasmacher erklärt: „Sind 50 Mann arbeitslos, so erhalten sie 1015 £ im Jahr und dienen den Arbeitgebern als Peitsche zur Erniedrigung der Löhne. Schickt sie nach Australien für 20 £ den Mann, so spart Ihr 15 £ und schickt sie aus der Entbehrung zum Überfluß. Ihr haltet Eure Löhne auf der Höhe, einfach durch Entfernung des Überangebots von Arbeit vom Markt." Angeführt von B. u. S. Webb, a. a. O. S. 183 Anm. 2.

ihres eigenen Arbeitsmarktes hat dazu beigetragen, die Unterstützung der
Auswanderung durch die Arbeitervereine seltener werden zu lassen. Mit
zunehmender Erleichterung des Verkehrs wurde auch die Gefahr größer, daß
Unterstützte bald zurückkamen. Für diesen Fall verlangen die Vereine einen
Revers, daß das Geld zurückgegeben werde, und, wie mir Herr Burnett
versicherte, geschieht das häufig. Die Fälle, in denen die Arbeitervereine
das „Auswanderungsgeschenk" (Emigration benefit) jetzt noch geben, sind
wohl meist die von Leuten, die wegen hervorragender Stellung bei Arbeits=
streitigkeiten keine Arbeit finden, die sogenannten „victims", welche die
Vereine ohnehin unterhalten müßten. Burnett meint sogar, man könne die
Unterstützung als eine Vergütung für den Verzicht auf alle Ansprüche gegen
den Verein auffassen (a. a. O. qu. 1785). Daher auch die Abstufung
des „Geschenks" nach der Dauer der Mitgliedschaft von 3 £ an bis zu
10 £ (so bei den Londoner Buchdruckern).

Die Zahl der Vereine, welche größere Beträge für die Auswanderung
ihrer Mitglieder ausgegeben haben, ist nicht groß. Das Handbuch Nr. 12
des Emigrants' Information Office für 1895 führt 30 Vereine auf, welche
gelegentlich Unterstützung gewährt haben. Bei dreien ist der Betrag un=
bekannt, bei elf Vereinen blieb er unter 100 £, bei acht Vereinen belief
er sich auf 100—500 £. Bei den acht übrigen Vereinen stieg er von
1123 £ bis auf 6220 £. Es waren das:

der Verein der				
Londoner Buchdrucker	6220 £	in	27	Jahren,
Eisengießer	4998 =	=	14	=
Baumwollspinner	3114 =	=	15	=
Belfaster Flachsbereiter (dresser)	2901 =	=	13	=
London and Southern Counties Labour League (früher Kent and Sussex Labour Union), Landarbeiter [1]	2124 =	=	20	=
Cigarrenmacher	1362 =	=	8	=
Northumberländer Bergleute	1293 =	=	4	=
Nord=Waliser Steinbrucharbeiter	1123 =	=	4	=

Diese Zahlen beziehen sich aber nicht immer auf die letzten Jahre.
Regelmäßig scheint die Unterstützung nur bei den Londoner Buchdruckern und
den Baumwollspinnern zu sein. Ein Vergleich mit den von Burnett 1889

---

[1] Der Sekretär Simmons hat allein 1879 500 Personen nach Neuseeland gebracht.
Die Kent and Sussex Union gab dazu 807 £, Burnett a. a. O. qu. 1792.

mitgeteilten Zahlen ergiebt, daß jene seitdem in 5 Jahren 1219 £, diese 1080 £ ausgegeben haben.

Indirekt Einfluß üben die Gewerkvereine allgemein auf die Auswanderung, indem sie ihre Mitglieder über den Arbeitsmarkt in Amerika und den Kolonien unterrichten und ihnen im Falle, daß dort Nachfrage nach Arbeit ist, Empfehlungen an die dortigen Vereine geben. Die ablehnende Haltung der Gewerkvereine gegen die Pläne weitgehender Unterstützung der Auswanderung beruht zu einem großen Teil auf der Rücksichtnahme gegen die überseeischen Vereine.

Unter den obengenannten Gewerkvereinen befindet sich auch einer der Landarbeiter. Wie um 1850 die gewerblichen, so oder noch mehr sahen nach 1870 die ländlichen Arbeiter in der Auswanderung ein wichtiges Mittel, ihre Lage zu bessern. Für sie war sie in der That wichtiger, da der Landarbeiter in den Kolonien willkommener ist und leichter sein Fortkommen findet. Arch's National Union gab allein in dem Jahre 1874/75 3367 £ für Auswanderung aus, Gelder, die zum Teil von Freunden ihrer Bewegung beigesteuert waren. Die Vereine der Landarbeiter veranlaßten auch diese, in großer Zahl sich der damals noch reichlich gebotenen Unterstützung durch die Kolonialregierungen zu bedienen [1]. Aber Arch selbst hat später zugegeben, daß seine Bestrebungen gescheitert seien, weil der Arbeitsbedarf der englischen Landwirtschaft so stark zurückgegangen sei, und 1886 hat Arch auf dem Gewerkschaftskongreß gegen den Simmonsschen Antrag gestimmt, der staatliche Kolonisation befürwortete. (Vgl. S. 133 Anm. 3.)

4. Die Agitation für organisierte Auswanderung in den achtziger Jahren.

Die herrschende Meinung in England hatte seit den fünfziger Jahren immer mehr den Gedanken einer engen Verbindung des Mutterlandes mit seinen Kolonien von sich gewiesen. Die Kolonien mochten ihre eigenen Wege gehen. Je früher sie selbständig wurden um so besser. Auf die Betrachtung der Auswanderung wirkte das naturgemäß zurück. Die Auswanderung konnte sich selbst überlassen bleiben. Wer glaubte, daß er seine Lage dadurch verbessere, mochte gehen, einerlei wohin. Es entsprach der öffentlichen Durchschnittsmeinung, wenn es in dem 1878 erschienenen Artikel der Encyclopedia Britannica über Emigration (von Rob. Somers) hieß:

[1] Arch's Behauptung, daß bis 1881 700 000 Personen auf Veranlassung der Vereine ausgewandert seien, dürfte aber doch eine Übertreibung sein.

„Arten und Theorien der Kolonisation sind aus dem Gebiete der Politik so gut wie verschwunden." Und weiter: „Die Auswanderung entwickelt sich von selbst. Die Pflicht der Staaten ist im wesentlichen, sie gewähren zu lassen und sie so sicher zu machen, wie es einer guten Verwaltung möglich ist."

Zwei Strömungen, die demselben Boden einer höheren Auffassung vom Wesen und den Aufgaben des Staates entspringen, haben jene Anschauung erschüttert. Die eine ist darauf gerichtet, überhaupt dem Staate wieder eine eingreifendere Thätigkeit zuzuweisen. Die andere will den Zusammenhang des Mutterlandes mit den Kolonien wieder verstärken. Nicht selbstständig werdende Staaten seien die Kolonien, sondern ein größeres Ganzes mit dem Mutterlande. Es sind die Anschauungen, die vor allem James Anthony Froude und neuerdings Seeley in weiteren Kreisen geweckt haben.

Als das alte Auswanderungsamt, zur Bedeutungslosigkeit herabgesunken, 1873 aufgehoben wurde, begann der neue Geist gerade zu erwachen. Es war natürlich, daß er vor allem auch mit der Auswanderung sich beschäftigte, das kostbare Menschenmaterial, das vom Mutterlande sich abwendete, für die Kolonien zu sichern suchte, was einstweilen auch mit den dortigen Wünschen übereinstimmte.

Das Royal Colonial Institute, das am 26. Jan. 1868 gegründet, das erste sichtbare Zeichen dieses neuen Geistes war, beschäftigte sich schon in der Begründungsversammlung mit der Auswanderung und verhandelte 1869 und 1870 über deren Organisation durch den Staat und ihre Hinlenkung nach den Kolonien [1]. Auch im Unterhaus wurden diese Dinge Anfang 1870 durch R. Torrens und Andere zur Sprache gebracht, ohne weiteren praktischen Erfolg. Den kräftigsten Ausdruck aber gab den Gedanken dieser kleinen Gruppe von Männern J. A. Froude in einem im Januar 1870 in Frasers Magazine erschienenen Aufsatze [2]. Mit männlichen Worten bekämpfte er die Apathie der Politiker, die so unthätig, wie der Loslösung der Kolonien, dem Auswandererstrom zusähen, der sich nach den Vereinigten Saaten ergieße. „Unser Interesse an dem Auswanderer, soweit wir ein Interesse anerkennen, ist, daß er hingehen soll, wo er seine Lage am schnellsten verbessert und in

---

[1] Proceedings R. Colonial Institute I S. 10, 14. 135 ff. „State Emigration a boon to the world at large". Was man für Armenpflege ausgebe, könne besser und reproduktiv für die Auswanderung ausgegeben werden. J. Robinson, the social aspects of Colonisation. — Bd. II S. 41. Col. Maude, on selfsupporting Emigration.

[2] Wieder abgedruckt in Froudes Short Studies on great Subjects (new ed. 1878) vol. II p. 180 ff.

seinem Haushalt die größte Menge von englischem Calico und Eisenware
verbraucht." Froude verspottet die herrschende Theorie, daß die Auswanderung
wie Lohn, Preis und Gewinn sich selbst nach Naturgesetzen reguliere. Er
bekämpft die ganze Freihandelstheorie, die aus England eine Fabrik machen,
in England nur die großen Städte sehen wolle. Was es brauche, sei eine
ländliche Bevölkerung und diese könne es haben in seinen Kolonien. Daher
die Notwendigkeit der Auswanderung dorthin.

Die ganze neuere Bewegung hat nie wieder so kräftige, männliche
Accente gefunden. Von der Höhe so staatsmännischer, weitschauender Gedanken ist sie rasch wieder herabgestiegen auf das Niveau der landläufigen
utilitarischen Beweisführung.

Einstweilen machten solche Gedanken auf weitere Kreise wenig Eindruck.
Stieg doch die Auswanderung in diesen Jahren ohnehin wieder ganz bedeutend. Die Zahl der Auswanderer britischen Ursprungs, die 1861 auf
65 197 gesunken war, belief sich 1870—74 auf durchschnittlich 206 275.
Dann kam freilich ein starker Rückgang als Folge der amerikanischen Krise,
während die (meist unterstützte) Auswanderung nach Australasien sehr konstant
blieb, ja eher zunahm [1].

Aber erst um 1880 begann man sich allgemeiner mit der Auswanderung
zu beschäftigen. Den Anstoß gab in England die wachsende Sorge wegen
der Arbeitslosigkeit in den Städten, in Irland und dem nordwestlichen
Schottland die Not der kleinen Leute auf dem Lande. Die Auswanderung
begann wie in den vierziger Jahren als das Mittel gegen die Not zu erscheinen. Im Oberhause regte Anfang 1880 der Graf von Dunraven diese
Fragen an. Auf weitere Kreise wirkte die Agitation Tukes. Ende 1880
schlug die canadische Regierung vor, dem irischen Notstand abzuhelfen durch
eine gemeinschaftliche Aktion der beiden Regierungen. Irische Familien
sollten auf vorbereiteten Farmen im Nordwesten angesiedelt werden. Die
Kosten von je 80 £ sollten von der englischen Regierung vorgeschossen und

---

[1] Auswanderer britischen Ursprungs nach

	Verein. Staaten	Britisch Nordamerika	Australien	anderen Ländern
1872	161 782	24 382	15 248	9 082
1873	166 730	29 048	25 137	7 433
1876	54 554	9 335	32 196	13 384
1877	45 481	7 720	30 138	11 856

Es macht dieser Sachverhalt es sehr begreiflich, daß man 1877 im Colonial
Institute (Proc. VIII S. 144) sich aus Anlaß eines Vortrages von J. Plummer
über The Colonies and the English labouring Classes meist für energische Er-
mutigung der Auswanderung erklärte.

durch Hypothek auf die Landstelle gesichert sein [1]. Den Anfang der eigent=
lichen Bewegung kann man wohl mit der glänzenden Versammlung ver=
knüpfen, welche am 22. März 1881 das R. Colonial Institute unter dem
Vorsitze Dunravens abhielt. Das Parlamentsmitglied W. M. Torrens
sprach über Imperial and Colonial Partnership in Emigration. Der
Vorschlag der canadischen Regierung zeige den Weg, wie das Mißtrauen der
Kolonien überwunden werden könne. Von ihnen müsse die Aktion aus=
gehen, das Mutterland mit ihnen zusammenwirken, um durch Massenver=
pflanzung von Familien im irischen Westen Luft zu schaffen. In der langen
Debatte fanden diese Gedanken im allgemeinen Zustimmung, doch kam auch
der selbstbewußte Kolonialstandpunkt entschieden zur Geltung, namentlich in
der Erklärung des südaustralischen Generalagenten, Sir Arthur Blyth, daß
die Kolonien keine Partnership wollten. Wenn sie Auswanderer brauchten,
würden sie selbst bezahlen, aber auch selbst aussuchen, genau das was sie
brauchten. Und wenn einer der Redner erklärt hatte, man müsse die Aus=
wanderung so leicht und schmerzlos wie möglich machen, so widersprach dem
der Vertreter von Natal entschieden. Man brauche energische Leute, die sich
durch Schwierigkeiten durchzuarbeiten wüßten [2].

Von nun an beginnt eine lebhafte Agitation sich zu entwickeln, die seit
der wirtschaftlichen Depression nach 1882 vor allem die Linderung und Be=
seitigung der Arbeitslosigkeit in den Vordergrund stellt. Philanthropen,
Kolonialpolitiker, zeitweise einige Kolonialregierungen wirken zusammen. Das
Ganze verläuft in den Formen und mit dem Apparat, der in England üblich
ist. Vereine werden gebildet unter dem Patronat und Vorsitz vornehmer
Herren oder bekannterer Politiker, Vertreter aus kirchlichen und aus Arbeiter=
kreisen werden zu gewinnen gesucht, die großen Reviews bringen Aufsätze,
die Tageszeitungen Zuschriften und dadurch veranlaßte Leitartikel, Versamm=
lungen werden gehalten und Resolutionen gefaßt, die British Association
for the Advancement of Science muß sich mit der Sache abgeben und
vor allem wird versucht, wichtige Parteiführer und Minister zu verantwort=
lichen Äußerungen zu drängen durch Fragen im Parlament oder durch köpfe=

---

[1] Der Vorschlag in Parl. Paper S. 2835 (1881). Vgl. Comm. on Colon.
1889 qu. 1197, 1890 qu. 3408. — Lord Brabazon, State-directed Colonization
(1886. Erweiterter Abdruck aus Nineteenth Century). — Proc. R. Colon.
Instit. XII S. 193.

[2] Die ganze höchst lehrreiche Verhandlung in Proceedings R. Colon. Institute XII S. 178—260. — Um dieselbe Zeit empfiehlt G. J. Holyoake, daß ein
„plan of cooperative emigration" aufgestellt werden müsse, um der Not der iso=
lierten Auswanderer zu steuern: Among the Americans (Chicago 1881) S. 204.

reiche Deputationen von möglichst repräsentativem Charakter. Im Verlauf
der Diskussion klären sich die Ansichten oder die Bewegung verläuft wieder
und bis dahin ist das Hauptauskunftsmittel der Regierung die Einsetzung
eines Ausschusses zur Untersuchung der Frage.

Die neue Kolonisationsbewegung hat alle diese Stadien korrekt durch=
laufen. Die Träger der Bewegung waren vor allem das Colonial Institute [1], die Central Emigration Society (Vorsitzender James Rankin
M. P.) und namentlich die League for promoting State-Emigration and
Colonization, die 1883 gegründet, bald den Namen National Association for promoting State-directed Colonization an=
nahm. Ihre Ziele sind ausgesprochen in der Resolution, welche die be=
gründende Versammlung annahm: „daß staatliche Auswanderung und Kolo=
nisation für das Vereinigte Königreich eine Notwendigkeit ist und ein gang=
barer Weg, um den arbeitslosen Armen zu helfen, Pauperismus zu ver=
mindern, die Kommunalsteuern zu ermäßigen und die Hülfsquellen der Kolonien
zu entwickeln." Ihr Vorsitzender war Lord Brabazon (später Earl of Meath).
Eine große Zahl bekannter Namen findet sich unter den Patronen und
Vicepräsidenten. Zur Imperial Federation League stand man in freund=
schaftlichen Beziehungen. Von den großen Zeitschriften brachte namentlich das
Nineteenth Century zahlreiche Beiträge [2]. Alle Aufsätze und Vorträge, die
von 1883 bis 1889 über die Auswanderung erschienen sind, im einzelnen
aufzuzählen ist kaum möglich, auch nicht der Mühe wert, da viele eben nur
symptomatische Bedeutung haben. Die British Association verhandelte 1884
in Montreal und 1888 in Bath über Auswanderung.

Den Höhepunkt erreichte diese allgemeine Agitation im Juni 1886 bei
Gelegenheit der großen Kolonial=Ausstellung. Das Colonial Institute hielt
vier „Konferenzen" vom 4. Juni ab über Imperial Federation, über

---

[1] S. Proceedings XVII (1886) S. 368 ff.: Fr. Young, Emigration to the
Colonies; XVIII (1887) S. 297 ff.: Sir Fr. de Winton, Practical Colonization;
XIX (1888) S. 49 ff.: W. Hazell, Practical Means of extending Emigration.

[2] Außer den angeführten Aufsätzen Tukes namentlich: November 1884
Brabazon, „State-directed Emigration: its Necessity"; Februar 1885 eine
Antwort darauf von Tuke, „State-aided Emigration"; April 1887 G. Os-
borne Morgan, „on well meant Nonsense about Emigration"; April
1889 Marquis of Lorne, „a Suggestion for Emigrants". — S. auch Earl of
Meath, „State Colonization aus „Time" 1888 in Social Aims (1893) S. 43 ff.
(auch besonders erschienen 1888). — W. B. Paton, State-aided Emigration
(1885). — A. Simmons, State Emigration. A Reply to Lord Derby (1884). —
Lord Monkswell, State Colonization, Fortnightly Review, März 1888. —
Arnold White, Problems of a great City (1886).

Syſteme der Übertragung von Grundbeſitz in den Kolonien, über Aus=
wanderung nach den Kolonien und über Imperial Defence [1]. Die National
Association folgte mit einer Konferenz über ihre Ziele am 8. Juni [2]. Endlich
veranſtaltete die Central Emigration Society am 24. und 25. Juni vier
Konferenzen über Fragen der Auswanderung (Emigration from a Colonial
Point of View, the Best Method of Colonization, the Duty of the
Church toward Emigration, the Emigration of Children) [3].

Die National Association erreichte es, daß am 19. Febr. 1886 eine
große Deputation vom Kolonialminiſter Lord Granville empfangen wurde
und bei dieſer Gelegenheit erklärte der Miniſter, daß die Regierung zahl=
reichen Vorſchlägen entſprechend eine amtliche Stelle für Erteilung von Aus=
kunft an Auswanderer einrichten werde. Dieſes Emigrants' Information
Office wird unten eingehender behandelt werden. Die Verhandlungen darüber
und eine Reihe der Regierung gemachter Vorſchläge wurden veröffentlicht
(Parl. Paper C. 4751): Correspondence on the Subject of Emigration
from Great Britain to the Colonies and the proposed Formation of
an Emigrants' Information Office (Mai 1886). Als dann im Juli 1886
das liberale Miniſterium, das allen dieſen Gedanken wenig geneigt war,
durch ein konſervatives erſetzt wurde, hoffte man auf große Dinge. Denn
wenn auch Angehörige beider Parteien an der Koloniſationsbewegung beteiligt
waren, ſo mögen doch die Konſervativen vor und konſervative Adlige waren
es, die wiederholt (1884 und 1886) im Oberhauſe dieſe Dinge zur Sprache
brachten.

In der Hauptſache handelt es ſich bei der ganzen Agitation immer
wieder um die alten Wakefieldſchen Argumente, die nur etwas moderniſiert
ſind. Die große Zunahme der Bevölkerung („at the rate of a thousand
a day", wie ſchon Wakefield ſich ausgedrückt hatte, Art of Colonization
S. 92), wird mit der Arbeitsloſigkeit und der Not in den großen Städten
Englands und Schottlands in Verbindung gebracht. In den Kolonien iſt
Land in Menge vorhanden. „Hier müßige Hände, dort müßiges Land"
(A. Simmons). Es handelt ſich darum, die überflüſſigen Menſchen auf
überflüſſiges Land zu ſchaffen. Die eigentliche Frage aber war, wie das
geſchehen ſollte. Hier aber ſchieden ſich die Geiſter. Manche wollten ein=
fach die Auswanderung unterſtützen: Weitergehende Pläne ſeien zu koſt-

---

[1] S. Proceedings XVII 319 ff.
[2] State-directed Colonization Series II (1886) S. 107 ff.
[3] Report of four Conferences held by the Central Emigration Society
(1886).

spielig. Auch sei es für den auswandernden Arbeiter richtig, eine Weile in der Kolonie zu arbeiten und erst, wenn er mit der Eigenart des Landes genügend bekannt sei, sich anzusiedeln. Solchen Plänen stand als unüberwindliches Hindernis entgegen die Abneigung der öffentlichen Meinung und daher auch der Regierungen in den Kolonien gegen jede massenhafte Arbeiterauswanderung. Daher von anderer Seite die Befürwortung der sofortigen Ansiedelung der nach den Kolonien zu befördernden Auswanderer: nicht state-aided emigration, sondern state-directed colonization. Wie aber sollte diese durchgeführt werden? Von 1883 bis 1886 wurden die Vorschläge und Pläne immer zahlreicher. Berufene und Unberufene, Kolonialregierungen, Vereine, Parlamentsmitglieder, Privatleute beteiligten sich. Eine Anzahl solcher Vorschläge verdienen kaum besondere Beachtung [1]. Wichtiger sind die Vorschläge, die 1883 von Canada aus für die Ansiedelung von Iren gemacht wurden. Der eine war von Sir Alex. Galt, damaligem Oberkommissar für Canada, aber nicht in amtlicher Eigenschaft gemacht. Durch die Armenverbände sollte der Staat die Mittel für Auswanderung und Ansiedelung vorstrecken, die Rückzahlung durch canadische Gesetze gesichert werden. Einen Teil sollten die erleichterten Armenverbände zuzahlen, weiterer Verlust vom britischen und canadischen Fiskus geteilt werden [2]. Sehr eingehend wurde ein anderer Vorschlag von der Regierung erwogen, den G. Stephen, Vorsitzender der

---

[1] So der eines gew. Prittie in Toronto (Bildung einer Siedelungsgesellschaft mit Staatszuschuß, C. 4751 S. 13 ff. und C. o. C. 1889 qu. 1023 ff.), des Professor Henry Tanner (Gewährung eines staatlichen Vorschusses von 100 £ an anzusiedelnde Familien, C 4751 S. 17 ff. und 27, C. o. C. 1889 qu. 1032), eines Herrn Cracknell (Benutzung der Armenbehörden und Erweiterung ihrer Befugnisse C 4751 S. 28, C. o. C. 1889 qu. 1036), ein erster Plan des Parlamentsmitgliedes Kimber (C 4751 S. 12 und 32, C. o. C. 1889 qu. 1020 ff.). Die genannten Vorschläge sind sämtlich 1885 der Regierung gemacht. Ihnen folgten 1886: E. J. Wakefield (Wiederholung eines 1881 und 1883 gemachten Vorschlags, irische Familien auf Staatskosten in Australien anzusiedeln, C 4751 S. 42 ff. C. o. C. 1889 qu. 1060) und Lord Sandhurst (Ansiedelung verabschiedeter Soldaten in Neuseeland, C. o. C. 1889 qu. 1191 ff., 1890 qu. 1299). — Man erinnere sich auch der oben (S. 112) angeführten Vorschläge aus den Jahren 1884—86 zur Ausdehnung der Kinderauswanderung. — Von nicht zu amtlicher Behandlung gekommenen Vorschlägen sei an den Plan O'Connor Powers von 1883 (oben S. 102 Anm. 3) erinnert, auch an einen Vorschlag des Marquis von Lorne, eine loan company d. h. Hypothekenbank zwischen die ansiedelnde Gesellschaft und den Ansiedler zu schieben (Nineteenth Century April 1889 S. 608 ff.). Gar nichts eigenartiges bietet der von Sir Francis de Winton am 14. Juni 1887 im Colonial Institute entwickelte Plan (Proceedings XVIII S. 297 ff.).

[2] S. C. o. C. 1889 App. S. 196 f. qu. 993 ff.

Canadischen Pacific-Eisenbahn-Gesellschaft machte, aber nicht in dieser Eigen=
schaft, sondern für die North Western Land Company (die mit
der Eisenbahngesellschaft eng zusammenhängt). Der englische Staat sollte
dieser eine Million Pfund auf 10 Jahre unverzinslich leihen, wofür sie
gut 10 000 Familien aus Irland ansiedeln, jeder Familie 160 Acres
Land, ein Haus, eine Kuh, die nötigen Geräte, Saatgut ꝛc. geben wollte.
Jeder Ansiedler sollte auf seiner Heimstätte mit einer Hypothek für 100 £
belastet werden, die vom dritten Jahre an mit 6 Prozent zu verzinsen war.
Der Gewinn, den die Gesellschaft erwartete, lag hauptsächlich in der Wert=
erhöhung der ihr verbleibenden Ländereien. Das Colonialamt und die
irische Verwaltung waren bereit auf den Plan einzugehen. Es sollten nur
Familien aus den „congested districts" befördert, die Vereinigung der frei
werdenden mit benachbarten Landstellen sicher gestellt werden. — Schließlich
scheiterte alles daran, daß das Schatzamt nicht mit der Kompanie direkt,
sondern nur mit der canadischen Regierung zu thun haben wollte. Diese
sollte der englischen Regierung für die Rückzahlung haften, weigerte sich aber
ihrerseits (wie 1880 vergl. S. 128), irgend eine Garantie zu übernehmen oder
eine Stellung, in der sie in die Lage käme, als Gläubiger oder Grundherr
der Ansiedler aufzutreten. Kein anderer Plan großen Stils scheint so nahe
der Verwirklichung gekommen zu sein [1].

Oben wurde erwähnt, daß die National Association durch eine
große Deputation am 19. Febr. 1886 dem Lord Granville einen Plan vor=
legte. Er war ausführlich ausgearbeitet durch den Sekretär des Vereins,
Alfred Simmons, der gleichzeitig Sekretär eines Gewerkvereins von
Landarbeitern war [2]: Ein eigenes Kolonisationsamt soll die Ansiedelung von
Kolonistenfamilien vornehmen. Die dafür verwendeten Mittel lasten als
erste Hypothek auf der Landstelle. Das Geld leiht der Staat zu 2¹⁄₂ Proz.
Im ersten Jahr werden zwei Millionen Pfund verwendet, im zweiten eine
Million, dann beginnen die Rückzahlungen und werden aufs neue verwendet.
Außer den Kolonisten sollen auch einfache Auswanderer unterstützt werden [3].

---

[1] S. C. o. C. 1889 qu. 1004 ff. und 2061 ff.

[2] Die Kent and Sussex Agricultural Labourers Union, späteren London
and Southern Counties Labour League. Vgl. S. 125.

[3] S. C 4751 S. 35 ff., 59 ff., 81. C. o. C. 1889 qu. 1053. Vergl. auch
State-directed Colonization Series (1886) Nr. I S. 102 ff. (der Empfang der
Deputation) und Nr. II (Erläuterung des Planes durch Simmons). Auf dem Ge=
werkvereinskongreß von 1886 wurde eine die unterstützte Auswanderung befür=
wortende Resolution, die Simmons eingebracht hatte, mit 87 gegen 18 Stimmen
verworfen, zum Teil wohl unter dem Einfluß der Vorstellungen der Gewerkvereine
in Sydney C. o. C. 1889 qu. 1796 f.

Der Vorschlag wurde dem Local Government Board mitgeteilt und
von diesem als unburchführbar abgelehnt, der Gedanke staatlicher Unter=
stützung der Auswanderung Arbeitsloser jedoch angesichts der großen Not
nicht abgewiesen, falls die Kolonien mitwirken wollten. Das Kolonialamt
wandte sich deswegen an die Kolonialregierungen mit der Frage, ob die
Kolonien bald, und in welchem Umfange, Arbeitslose — nicht unterstützte
Arme — aufnehmen könnten, wenn genügende finanzielle Arrangements mit
der Regierung Ihrer Majestät getroffen wären. Daß auch nur die Möglich=
keit solcher angenommen war, erregte die größte Entrüstung im Schatzamte.
Überflüssigerweise, da auch die Kolonien sich ablehnend verhielten, ober, wie
Canada, sehr reserviert.

Vorsichtiger verfuhr das Kolonialamt mit dem Vorschlag des Herrn
Kimber M. P. Dieser hatte 1885 einen Plan ausgestaltet, den er auch
am 15. August 1887 im Unterhause zur Sprache brachte. Das Eigenartige
dieses Projektes war die Art, wie die Schwierigkeit der Rückzahlung des
Vorschusses aus der Welt geschafft wurde, nämlich durch Schaffung von
Rentengütern. Die für die Ansiedelung nötige Summe, auf 300 £ geschätzt,
sollte nicht zurückgezahlt, sondern den 50 Acres großen Heimstätten eine ewige
Rente von 4 Prozent, also 12 £ aufgelegt werden. Der Plan wurde den
südafrikanischen Delegierten zur Kolonialkonferenz von 1887 mitgeteilt und
alle Regierungen autonomer Kolonien und Natals wurden aufgefordert sich dar=
über zu äußern. Alle lehnten ihn ab, mit Ausnahme von Natal, das ihn
mit vielen Vorbehalten billigte[1].

Ganz andere Bedeutung als die Vorschläge Einzelner hatten die von
den Colonialregierungen selbst ausgehenden Pläne und mit
ihnen gepflogenen Verhandlungen.

Als durch Lord Napiers Kommission (1884 C. 3980) auf die Koloni=
sation als Hülfsmittel gegen die Notlage der Crofter hingewiesen war,
wurde 1884 in Neuseeland die Regierung ermächtigt, eine Landfläche
von 10 000 Acres an der Südostküste zu einer Niederlassung für Crofter
zu verwenden. Die Lage war für sie besonders geeignet und ermöglichte
den Betrieb sowohl der Fischerei als der Milchwirtschaft. Die Kolonie war

---

[1] Vgl. C. 4751 (1886), S. 12 und 32 und C. 5861 (Correspondence respecting a scheme of Colonization referred in 1887 for the consideration of Col.
Governments) (1888), das den ausgeführten Plan und die Antworten der Kolonien
enthält. Vor allem stießen sich diese daran, daß sie finanzielle Garantien übernehmen
sollten. S. auch C. o. C. 1889 qu. 1039 ff. Zu beachten ist, daß Herr Kimber,
Vorsitzender der Natal Land Company war, welche bedeutende Landstrecken in
Natal besitzt. qu. 1045.

bereit, das Land herzugeben (10 Acres sollte der Kolonist frei erhalten) und
die Transportkoften halb oder ganz zu tragen. Die weiteren Koften hätte
die englifche Regierung übernehmen bez. vorfchießen müffen. Die Eröffnungen
der neufeeländifchen Regierung wurden von der englifchen Regierung bila=
torifch behandelt. Erft nachdem das Minifterium für Schottland wieder
ins Leben getreten war, befchäftigte diefes fich 1886 und 1887 mit dem
Vorfchlag. Auch die neue englifche Regierung konnte fich zu einem Unter=
nehmen nicht entfchließen, das von der Kolonialregierung geleitet, dem
Mutterlande Koften gemacht hätte. Die ganze Sache blieb liegen und in
Neufeeland war man über die Art, wie das Entgegenkommen der Kolonie
aufgenommen war, ziemlich gekränkt[1].

Im Jahre 1887 unterhandelte der Sekretär für Schottland auch mit
der canadifchen Regierung wegen Anfiedelung von Croftern. Wie
1880 fcheiterte die Verhandlung daran, daß die canadifche Regierung nicht
darauf eingehen wollte, die Beitreibung der zurückzuzahlenden Vorfchüffe zu
übernehmen[2]. An diefe Verhandlungen knüpften fich aber weitere mit den
drei großen canadifchen Landgefellfchaften, der Pacific=Eifenbahn, der Nord=
Weft=Kompanie und der Hudfons=Bay Kompanie. Im Juli 1887 kam es
zur Aufftellung eines ausgearbeiteten Projekts: Die britifche Regierung giebt
300 000 £ zur Anfiedelung von 2500 Crofter=Familien (à 120 £). Der
Vorfchuß ift vier Jahr zinslos, wird dann in acht Jahren zurückgezahlt und
mit 8 Prozent verzinft. Die drei Kompanien garantieren die Rückzahlung
des Kapitals, decken aber aus den Zinszahlungen ihre eigenen Koften bis
zu 6000 £ jährlich. Dann würde fich für den englifchen Fiskus eine
durchfchnittliche Verzinfung von 2,15 Prozent ergeben haben. Die Regierung
wollte jedoch eine Minimalverzinfung von 3¹/₈ Prozent haben. Auch follten
die erleichterten Armenverbände den Eingang der Zinfen garantieren. So
blieb auch diefer Plan liegen. Als aber Ende 1887 die Not in Lews
größer wurde, wollte die Regierung ihn wieder aufnehmen, jetzt wollten aber
die Landgefellfchaften nicht mehr darauf eingehen[3]. Es kam nun zu dem
oben S. 120 ff. befchriebenen Verfuch, eine kleine Zahl von Croftern anzu=
fiedeln auf Grund von Bedingungen, die den vorherigen nachgebildet waren,
wobei aber die Regierung keinerlei Garantie von den Gefellfchaften erhielt,
weder für Zins noch Kapital.

---

[1] C. o. C. 1889 qu. 4 ff. (Ausfagen [des Unterftaatsfekretärs für Schottland
Cochran=Patrick), 1890 qu. 1148 ff., namentl. 1248 ff. (Ausfagen des Generalagenten
für Neufeeland, Sir Francis Dillon Bell).

[2] C. o. C. 1889 qu. 12 ff.

[3] C. o. C. 1889 qu. 15 ff.

In demselben Jahre 1887 schlug auf Betreiben ihres Premierministers Robson die Regierung von Britisch-Columbien vor, eine Crofter=Niederlassung von Bauern und Fischern zu begründen. Es sollten nach und nach 1250 Familien hingeschafft werden, die englische Regierung 150 000 £ vorstrecken, rückzahlbar in 35 Jahren, verzinslich mit 2³/₄ Prozent und garantiert von der Kolonie. Gleichzeitig sollte eine Gesellschaft gegründet werden für die Verwertung von Fischen. Die columbische Regierung schickte einen eigenen Kommissar nach England, der von der Regierung wiederum bilatorisch behandelt wurde und dann vor dem Kolonisationsausschuß seinen Plan vertrat. Es sei gleich hier bemerkt, daß der Kolonisationsausschuß den Plan zur Ausführung empfahl, um den Croftern zu helfen und um im Reichsinteresse die Besiedelung Columbiens mit einer seemännischen Bevöl=kerung zu fördern. Daraufhin ließ sich die britische Regierung ermächtigen, der Kolonie bis zum 1. Januar 1898 150 000 £ vorzustrecken, die binnen 30 Jahren zurückzuzahlen und mit 3 Prozent zu verzinsen sind. (55 56 Vict. ch. 52 vom 27. Juni 1892). Nach dem schließlich ange=nommenen Plan sollte die columbische Regierung 500 000 Acres für den Zweck hergeben, die Kolonisation durch eine Gesellschaft durchgeführt werden, welche auch die Fabrik für Fischkonserven anlegen sollte.

Das englische Gesetz ging durch unmittelbar vor der Parlamentsauf=lösung von 1892, welcher der Abgang des konservativen Ministeriums folgte. Wenige Tage darauf verunglückte der columbische Premier Robson, der in Columbien gegen heftigen Widerstand das bortige Gesetz durchgebracht hatte, auf der Straße in London und starb. Seitdem ist von keiner Seite etwas für die Ausführung des Planes erfolgt[1].

Das Jahr 1887 hatte also gezeigt, daß verschiedene Kolonien bereit waren, die Kolonisationspläne zu fördern. Es war das Jahr der Kolonial=konferenz, das Jahr der Gründung des Imperial Institute, das Jahr, in welchem die Imperial Federation League auf der Höhe der Entwickelung stand[2]. Am 11. Januar 1887 bildete sich ein parlamentarischer

---

[1] C. o. C. 1889 qu. 3072 ff. namentl. 3081 und 3134 (Aussagen des colum=bischen Kommissars Begg), 1891 qu. 344 ff. und 429 ff. (Aussagen von Sir Geo. Baden-Powell über seine Unterredungen mit den columbischen Ministern) — Bericht des Kolonisationsausschusses 1891 S. XIII f. — Mündliche Mitteilungen.

[2] Vergl. Fuchs, Die Handelspolitik Englands und seiner Kolonien (Schr. d. Ver. f. Soc. 57, 1893) S. 275 ff. — Die Liga stand in nahen Beziehungen zur Kolonisationsbewegung. Einer ihrer bedeutendsten Geister, Professor Seeley, sprach am 10. März 1887 in Cambridge über den Zusammenhang beider Bewegungen.

Ausschuß oder, wie wir sagen würden, eine freie Vereinigung von Mit=
gliedern beider Häuser des Parlaments zu dem Zwecke, einen durchführbaren
Plan für staatlich geleitete Kolonisation aufzustellen und der Aufmerksamkeit
der Regierung und des Parlaments zu empfehlen. Bis zum Frühjahr 1888
waren ihr beigetreten 32 Mitglieder des Oberhauses und 135 Mitglieder
des Unterhauses von allen Parteien. Die Vereinigung stellte einen Plan
auf, der wesentlich das Ergebnis der vorhergegangenen Diskussion ist. Seine
Grundzüge sind: Durchführung durch ein Kolonisationsamt, in welchem die
Reichsregierung und die Kolonialregierungen vertreten sind. Ausgabe von
dreiprozentigen garantierten „Kolonisationsrentenbriefen." Kolonisten, die zu
den Kosten beitragen, werden bevorzugt. Die Kolonisten zahlen vom zweiten
Jahr ab eine Rente von 4 % des erhaltenen Vorschusses. Die Rente wird
binnen 30 Jahren abgelöst. Die Kolonien geben das Land zu möglichst
günstigen Bedingungen.

Die Regierung enthielt sich jeder Meinungsäußerung über den Plan,
teilte ihn aber (31. Mai 1888) den Kolonialregierungen mit. Von diesen
lehnten Kapland, Südaustralien, Victoria, Neu=Südwales, Queensland,
Tasmanien, und Neuseeland den Plan mehr oder weniger entschieden ab,
zum Teil unter Hinweis auf ihre eigenen Landgesetze. Canada lehnte es
ab, einen verantwortlichen Anteil zu übernehmen, hatte aber nichts dagegen,
daß auf seinen freien Ländereien Auswanderer von Anderen angesiedelt würden.
Natal äußerte sich freundlich und erklärte sich bereit, 10 000 £ für die
Ausführung zu bewilligen. Neu=Fundland stimmte lebhaft zu und noch mehr
Westaustralien, das nicht nur bereit war, Land herzugeben, sondern auch zu
den Kosten beizutragen [1].

Die parlamentarische Vereinigung und die zu ihr in nahen Beziehungen
stehende National Association setzten inzwischen die Agitation fort. Zahl=
reiche Petitionen wurden an das Parlament gerichtet. 1887 und 1888
empfing der neue Premierminister Lord Salisbury Deputationen und
sprach sich in wohlwollendem Sinne aus. Das Ziel der Bewegung erklärte
er für eines der wichtigsten, dem ein moderner Staatsmann seine Bemühungen
widmen könne. Und am 19. Dezember 1888 erklärte er in einer in Derby

---

[1] S. House of Commons Papers 106, 232 und 314 (April, Juli und Au=
gust 1889): Correspondence from Colonial Governments in answer to the
Memorandum by the Parliamentary Colonization Committee of the 1st day
of May 1888, and sent to Colonial Governments for their Consideration and
Opinion, through Lord Knutsford, during the Session of 1888. — C. o. C.
1889, qu. 1069—1087, 1890, qu. 3168, 3176, 3182. 1891 App. S. 85—87.

gehaltenen Rede, daß ein umfassendes System der Kolonisation eines der besten Mittel sei, der raschen Bevölkerungszunahme abzuhelfen.

Die Einsetzung eines Ausschusses des Unterhauses, der über Auswanderung und Kolonisation beraten sollte, wurde nach einem ersten mißglückten Versuch (22. Nov. 1888) im Parlament am 12. April 1889 durchgesetzt. Der Auftrag, den das Komitee erhielt, war: „die verschiedenen Vorschläge zu untersuchen, welche Ihrer Majestät Regierung gemacht sind, um die Auswanderung aus den übervölkerten Teilen (congested districts) des Vereinigten Königreichs nach den britischen Kolonien oder sonstwohin zu erleichtern; die Ergebnisse aller in neuerer Zeit praktisch aus= geführten Versuche zu prüfen und allgemein darüber zu berichten, ob es wünschenswert ist, die Auswanderung weiter zu erleichtern und ev. durch welche Mittel und unter welchen Bedingungen solche Auswanderung am besten ausgeführt werden und in welche Gegenden sie am vorteilhaftesten ge= lenkt werden könne.“

Der aus 17 Personen bestehende Ausschuß trat zuerst am 4. Juni 1889 zusammen. Da er seine Aufgabe in dieser Session nicht mehr erledigen konnte, wurde sein Auftrag am 18. März 1890 und am 26. Januar 1891 erneut, die Zahl der Mitglieder auch auf 21 erhöht. Den Vorsitz führte 1889 der Präsident des Local Government Board Ritchie, 1890 und 1891 Sir James Fergusson, Parlaments=Unterstaatssekretär im Auswärtigen Amt. Der Ausschuß, dessen Berichte und Protokolle drei Foliobände füllen (House of Commons Papers 274 [1889], 354 [1890], und 152 [1891]), hat im ganzen 50 Sitzungen gehalten und 54 Zeugen gehört, darunter die Vertreter aller wichtigeren Kolonien, die sachverständigen Beamten der interessierten Staatsbehörden, des Kolonialamts, des Handelsamts, der englischen, irischen, schottischen Lokalverwaltung, ferner die Männer, die mit der Leitung der Auswanderung zu thun gehabt hatten, die Leiter der Kolonisationsbewegung und ihre Gegner.

Auf dem reichen Material, das die Berichte enthalten, beruht ein großer Teil unserer vorhergehenden Mitteilungen [1]. Der Bericht des Kolonisations= ausschusses vom 17. März 1891 kommt zu den folgenden Schlußfolgerungen: „Es ist kein Grund für die Annahme vorhanden, daß die gegenwärtige Lage

---

[1] Übrigens sind die Register, die den drei Bänden beigegeben sind, recht schlecht. Einen guten, aber nicht erschöpfenden Überblick über die Verhandlungen giebt im Anhang zum letzten Band (S. 45 ff.) Rathbone in einem „Attempt to summarise and collate the Evidence given before the Colonisation Committee“.

des Vereinigten Königreiches einen allgemeinen Plan staatlich organisierter Kolonisation oder Auswanderung nötig macht [1].

Die Befugnisse der Kommunalbehörden reichen aus ohne drückendes Risiko Einzelne, wie Familien bei Auswanderung oder Kolonisation zu unterstützen, unter Berücksichtigung einiger Empfehlungen [2].

In den übervölkerten (congested) Bezirken Irlands und der schottischen Hochlande und Inseln handelt es sich um einen Ausnahmezustand, der Hülfe bei der Unterstützung von Erwerbszweigen, von Kolonisation oder Auswanderung fordert, auch von innerer Kolonisation (migration), wo das Land sich eignet.

Die Bestimmungen, die in der Land and Congested Districts (Ireland) Bill [3] vorgeschlagen sind, reichen für die genannten Zwecke aus.

Den vorgenannten ähnliche Bestimmungen sollten für die schottischen Crofterbezirke erlassen werden.

Das Kolonisationsamt (für die Ansiedlung der Crofter) sollte bestehen bleiben und für die Zwecke der Kolonisation und Auswanderung aus solchen Bezirken rekonstruiert werden.

Die Befugnis, Crofterstellen zu vergrößern, sollte in Kraft bleiben.

Durch Auswanderung oder anderweitige Ansiedlung freiwerdende Crofterstellen sollten den bestehenden Stellen zugeschlagen werden.

Der Versuch, die Crofter in Canada anzusiedeln, sollte fortgesetzt werden.

Auf die Vorschläge der Regierung von Britisch-Columbien sollte in entgegenkommender Weise eingegangen werden. Ebenso auf ähnliche Vorschläge irgend einer Kolonialregierung.

Der Vermittelung von Gesellschaften für Kolonisation und Auswanderung sollte man sich in Canada, wie anderwärts bedienen.

Für das Emigrants' Information Office sollten größere Mittel bewilligt werden."

Das Ergebnis der Untersuchungen ist also den großen Plänen staatlicher

---

[1] Mit 10 gegen 5 Stimmen wurde ein von Rathbone beantragter Zusatz abgelehnt: „gleichzeitig wird anerkannt, daß in jedem der drei Königreiche die Voraussetzungen dafür entstehen können, daß Geldbewilligungen zur Unterstützung der Auswanderung an Gesellschaften oder Kolonialregierungen angemessenerweise empfohlen werden sollten."

[2] Nämlich: a. Erleichterung und Förderung der Kinderauswanderung und Gewährung von Geldunterstützung zu diesem Zwecke. b. Aufhebung der Bestimmung, daß die Grafschaftsräte eine Bürgschaft haben müssen für die Rückzahlung von Geldern, welche sie für Zwecke der Auswanderung vorschießen.

[3] Gesetz geworden am 5. Aug. 1891 (54/55 Vict. c. 48).

Kolonisation nicht günstig gewesen und man kann sagen, daß die Bewegung in dem Ausschuß begraben ist. Wie mir ein thätiges Mitglied der „National Association" sagte: diese ist seitdem „practically extinct". Während der Ausschußberatungen hatte sich die allgemeine Lage geändert. Der wirtschaftliche Aufschwung 1888 bis 1890 hatte das Problem der Arbeitslosigkeit zurückgedrängt und als es wieder in der öffentlichen Erörterung hervortrat, war von staatlicher Kolonisation nicht mehr die Rede.

Der Gesichtspunkt, von dem aus diese vor allem sich verteidigen ließ, der einer nationalen Reichspolitik in großem Stil, war in den Verhandlungen ganz zurückgetreten. Philanthropische und individualistische Erwägungen, ob auf diesem Wege eine Besserung der Lage der einzelnen Auswanderer zu erzielen sei, standen im Vordergrunde. Daneben Berechnungen, ob ein Kolonisationsplan gefunden werden könne, der selfsupporting sei, die Rückerstattung der Kosten samt den Zinsen sichere. Außer dem Feilding Settlement war kein einziger Fall ermittelt worden und auch bei diesem hatte die Kolonie Neuseeland die Kosten des Seetransports getragen. Als Regel hatte sich ergeben, daß „Auswanderer kein Gewissen zu haben schienen, was die Rückzahlung von Auswanderungsvorschüssen betrifft", wie der Zeuge Hobgkin sich ausdrückte [1]. Die Erfahrungen, die man mit den Iren Bischof Irelands und Pater Nugents, mit den Croftern Lady Cathcarts, mit den Ost-Londonern in Canada, auf den Offingtonschen Niederlassungen in Südafrika gemacht hatte, sprachen alle dieselbe Sprache: mittellose Auswanderer sofort ansiedeln zu wollen ist undurchführbar. Tuke, der 1881 noch für Kolonisation war, hatte sich völlig bekehrt [2]. Es zeigte sich, daß der ganze Gedanke der Kolonisation im geraden Widerspruch zur allgemein in den Kolonien herrschenden Meinung stand, daß ein Mann nicht sofort auf das Land solle. Unterstützte Kolonisten strengten sich nicht genügend an und verließen sich darauf, daß ihnen geholfen werden müsse. Bei Kolonisation direkt durch den Staat komme dieser auch in eine schwierige Lage, wenn er als Grundherr die Faulen und Untüchtigen ausmerzen müsse. Die canadische Regierung hat sich stets geweigert, sich auf derartiges einzulassen. In Natal, in gewisser Weise auch in Neuseeland hatte allerdings die Kolonialregierung es gethan.

Auch um den Konflikt war nicht herumzukommen, daß das Interesse der Kolonien und das des Mutterlandes durchaus nicht das gleiche war. Die Vertreter der Kolonien und die dortige öffentliche Meinung ließen keine Unklarheit darüber bestehen. Die Leute, die vor allem aus dem Mutterlande

---

[1] 1890 qu. 2369.
[2] 1890 qu. 3510.

fort sollten, waren gar nicht immer die, welche man in den Kolonien haben
wollte: Leute von Thatkraft und mit etwas Kapital. Was geschehen könne,
müßte, schon ihres Mißtrauens wegen, von den Kolonien ausgehen[1].

Ebenso klar ergab sich, daß in einer Anzahl von Kolonien, vor allem
den australischen, die öffentliche Meinung keineswegs für irgend welche
Stimulierung der Einwanderung eingenommen ist. Eine Ausnahme machen
nur Natal und Westaustralien. Aber auch über die Aussichten in dieser
letzteren Kolonie waren die Meinungen der dortigen Sachverständigen ganz
verschieden. In den nordamerikanischen Kolonien allerdings ist alles, was
die Besiedelung des weiten Nordwestens fördert, willkommen, so lange es
keine Geldopfer fordert.

Die Auswanderung an sich sah eine große Zahl von dem Mutterlande angehörigen Zeugen mit freundlicheren Augen an und daß sie für
die armen, im Verhältnis zu ihren Hülfsquellen dicht besiedelten Gegenden
des westlichen Irlands und Schottlands eine Wohlthat sei, wurde
entschieden behauptet, vor allem von den sachverständigen Berufsbeamten.
Ebenso entschieden aber wurde von den Vertretern von Homerule statt der
Auswanderung migration, d. h. innere Kolonisation, eine bessere Besitzver-
teilung, und die Besiedelung unbebauter Landstrecken gefordert, so von Parnell
und schottischen Radikalen, von denen einige so weit gingen, die ganze
Kolonisationsbewegung für eine Spekulation in kolonialen Ländereien, deren
Preis durch die staatliche Besiedelung gesteigert werden solle, zu erklären[2].
So kam es, daß der Kolonisationsausschuß mit der Möglichkeit der inneren
Kolonisation sich eingehend beschäftigte, wohin ihm an dieser Stelle nicht ge-
folgt werden kann.

Die Auswanderung wurde für jene Gegenden von dem Ausschuß als
ein Hülfsmittel anerkannt. Aber bei der Frage, wer die Mittel dazu hergeben solle, entstanden abermals Bedenken aller Art, die sich mit den früher
vom Auswanderungsamt hervorgehobenen deckten (S. oben S. 30): Gegenwärtig findet eine erhebliche Auswanderung ohnehin statt, deren Kosten von
den jetzigen und früheren Auswanderern bestritten werden. Soll man trotzdem zum Besten einzelner Landesteile große Staatsmittel aufwenden? Dem-
gegenüber wurde freilich hervorgehoben, daß die nicht unterstützte Auswanderung
in der Hauptsache einzelne Personen fortführe. Zu wirklicher Abhülfe
sei aber die Verpflanzung ganzer Familien und dazu Unterstützung nötig.
Daß der Not und Arbeitslosigkeit in den großen Städten so abgeholfen werden
könne, war nicht dargethan. Freilich wurde ausgesprochen, daß man den

---

[1] So wurden auch Salisburys ermunternde Worte gedeutet, 1891 qu. 631.
[2] Die Zeugen Murdoch und Alex. Mackenzie.

Zuzug vom Lande hindern, die dort Abwandernden sofort nach den Kolonien lenken müsse. Aber wie das zweckmäßig geschehen könne, hat niemand recht angeben können[1]. Städtische demoralisierte Paupers will selbstverständlich keine Kolonie in Mengen sich zuschieben lassen. Alle verlangen, auch wenn sie eine unterstützte Auswanderung billigen, die entscheidende Stimme bei der Auswahl. Und dem Mißtrauen der Kolonien entspricht das der Angehörigen der Klassen, aus denen die Auswanderung sich rekrutieren soll; sie glauben, man wolle nur sie los werden[2] und damit die Notwendigkeit socialer und politischer Reformen. Doch konnte der Graf von Meath immerhin auf eine Anzahl zustimmender Erklärungen von Arbeitervereinen hinweisen[3].

So gemäßigt die Wünsche waren, welche schließlich der Kolonisationsausschuß vortrug, so ist auch von diesen nur ein Teil verwirklicht:

Die Kompetenzen der Kommunalbehörden sind nicht geändert.

Die Befugnisse des Crofter-Kolonisationsamts sind auf Irland ausgedehnt, aber es hat nichts zu thun gehabt. Der Versuch mit der Ansiedelung der Crofter ist nicht fortgesetzt (S. S. 123).

Das Congested Districts Board für Irland ist ins Leben getreten und übt nach Ausweis seiner Jahresberichte eine segensreiche Thätigkeit. Aber die Auswanderung hat es bisher nicht unterstützt[4].

Um die Pläne von Britisch-Columbien durchzuführen, hat sich die englische Regierung thatsächlich einen Kredit von 150000 £ bewilligen lassen. Aber weiter ist nichts geschehen (S. oben S. 136).

---

[1] In den Untersuchungen des Ausschusses ist der wichtigste Einwand gegen dieses ganze Argument kaum erwähnt: daß diese notleidenden Schichten der Bevölkerung, speciell im Londoner Ostende, in der Hauptsache nicht der ländlichen Zuwanderung entstammen, sondern großstädtischen Ursprungs sind. S. in Charles Booth, Life and Labour in London, vol. I East London (1889) S. 501 f. den Abschnitt Influx of Population von H. Llewellyn Smith. Nur Burnett erklärte (1889 qu. 1843), daß unter den ungelernten Arbeitern des Ostendes wenig Landarbeiter seien.

[2] „chucked out", „frozen out" und andere Kraftausdrücke. — Schon Cobbett hatte seiner Zeit die Unterstützung der Auswanderung den Arbeitern denunziert als einen Versuch ihrer Beherrscher, sie zu deportieren.

[3] 1890, qu. 3168 ff.

[4] Das Einzige in dieser Richtung ist, daß eines seiner Mitglieder, H. Plunkett, im Herbst 1891 eine Informationsreise nach Canada machte und darüber dem Board einen Bericht erstattete, der übrigens Kolonisationsplänen günstig lautete. Er ist abgedruckt im Anhang des ersten Verwaltungsberichts des C. D. Board (C 6908 — 1893) S. 93 ff. — Auf dem Gebiet der inneren Kolonisation geht es aber mit einiger Bedächtigkeit vorwärts.

Die Mittel für das Emigrants' Information Office endlich sind nur um ein geringes erhöht, von 650 £ auf 1000 £ jährlich.

Daß alle diese Dinge ganz ins Stocken gekommen sind, hängt unzweifelhaft mit dem Wechsel des Ministeriums im Sommer 1892 zusammen. Das neue Gladstonesche Kabinett war um so weniger geneigt auf den Bahnen seiner Vorgänger weiter zu wandeln, als die Elemente, auf die es sich stützte, gerade die einer staatlichen Unterstützung der Auswanderung abgeneigten sind: die radikalen Arbeiter und die liberalen Doktrinäre in England, die radikalen Demokraten Schottlands, die irische Nationalpartei.

Denkbar wäre es, daß die 1892 liegen gebliebenen Fäden jetzt nach dem Sturze des radikal-homerulerischen Kabinetts wieder aufgenommen würden. Das Interesse an Kolonisationsunternehmungen ist immer noch rege, wie die Aufmerksamkeit beweist, mit der die jüdischen Ansiedelungen des Baron Hirsch in Argentinien, und die verunglückten socialistischen Experimente: die Ansiedelung australischer Arbeiter aus Neu-Süd-Wales in Paraguay, und die wunderliche „Freiland"-Expedition in Ostafrika, beobachtet sind[1]. Im Herbst 1895 haben die Zuschriften an die Tagespresse[2] und die Vorträge über Organisation der Auswanderung[3] wieder begonnen.

Zu der energischeren Kolonialpolitik, welche der neue Kolonialminister Jos. Chamberlain einschlägt, würde es passen, wenn er die Pläne des vorigen konservativen Kabinetts wieder aufnähme.

---

[1] Über Hirschs Ansiedelungen vergl. die amtliche Publikation F. O. 323 (1894), über Neuaustralien in Paraguay F. O. 358 (1895).

[2] S. z. B. Times, Wochenausgabe vom 13. und 20. September 1895.

[3] Im November 1895 im Imperial Institute und im R. Colonial Institute.

Fünftes Kapitel.

Das Emigrants' Information Office [1].

Auskunftserteilung und Verbreitung besserer Kentnisse über die Einwanderungsziele war eine wichtige Aufgabe des alten Auswanderungsamtes
gewesen (s. o. S. 34). Mit dieser Behörde hatte auch die direkte Auskunftserteilung aufgehört und das von ihr herausgegebene Colonization
Circular ging zwar nicht vollständig ein, aber wurde ein dicker, teurer Band,
der in weiteren Kreisen nicht viel bekannter war, als ein kleines Heft mit
kurzen Notizen und ein umsonst ausgegebener Bogen mit Nachrichten für
Auswanderer nach den Kolonien.

Die Belehrung, die der Auswanderungslustige brauchte, schöpfte er überwiegend aus privaten Quellen, vor allem den Mitteilungen früherer Auswanderer, die ja überall die größte Bedeutung haben. Die Mitglieder der

---

[1] Correspondence on the Subject of Emigration from Great Britain to
the Colonies and the proposed Formation of an Emigrants' Information Office (Mai 1886) C 4751 S. 69—83. — Papers relating to the Work of the
Emigrants' Information Office (Juni 1887) C 5078. — Jahresberichte des E. I. O.
für 1888—1896. C 5391, 5725, 6064, 6277, 6573, 6887, 7269, 7631, 7979. — Die
Publikationen des E. I. O. — C. o. C. 1889 qu. 1350 (Aussagen von C. P. Lucas),
qu. 1772 und 1813 ff. (Aussagen von Burnett), auch App. S. 197 f. (Geschäftsanweisung). — „The Labour Gazette", monatl. herausgegeben vom Labour Department des Handelsamts, seit 1893. — Mündliche Mitteilungen und eigene Anschauung. Ich habe wiederholt mich längere Zeit im E. I. O. in Westminster aufgehalten, um den Geschäftsgang mit anzusehen, auch die Zweiganstalt in Liverpool
besucht. — S. auch H. Bolemeyer, Das Auswanderungswesen in der Schweiz,
Belgien, England und Deutschland (Berlin 1892) S. 38 ff. und die Notizen von
E. v. Philippovich im Archiv für sociale Gesetzgebung VI (1893) S. 288 f.

Gewerkvereine erhielten durch diese, die mit den überseeischen Arbeitervereinen in Verbindung standen, Nachrichten über die Lage des Arbeitsmarktes. Eine große Bedeutung hatten und haben noch die in England errichteten Vertretungen der Kolonialregierungen. Je nachdem der Wunsch in der betreffenden Kolonie mehr oder weniger lebhaft war, Auswanderer anzuziehen, ging von den Kolonialvertretern auch eine mehr oder weniger rührige Thätigkeit aus, Nachrichten über die Kolonie zu verbreiten, nicht nur durch Auskunftserteilung im Bureau, sondern auch durch Veranstaltung von Vorträgen und Schaustellungen. Vor allem ist Canada in dieser Hinsicht rührig gewesen, hat auch Landwirte nach Canada eingeladen und deren Eindrücke veröffentlicht[1]. Auch die Schulen hat es in den Dienst zu ziehen gesucht, durch Aussetzung von Prämien für die besten Aufsätze über die Kolonien[2].

Eine ähnliche Thätigkeit entfaltet die Canadische Pacific-Eisenbahn-Gesellschaft, in deren Hauptagentur man — wie ich aus eigener Erfahrung weiß — sehr freundlich Auskunft erteilt und Broschüren verschenkt.

Hat jene private Nachrichtenvermittelung den Nachteil, daß sie ganz zufällig und oft unverläßlich ist, so besteht gegen diese kolonialen Mitteilungen das Bedenken, daß sie nicht unparteiisch, oft sehr rosig gefärbt sind. Noch mehr ist das der Fall bei den Mitteilungen von Auswanderungsexpedienten und deren Agenten, welche direkten Vorteil aus der Beförderung der Auswanderer ziehen.

Die Auskunft, welche Auswanderungsvereine erteilen und in Broschürenform verbreiten, wird regelmäßig unparteiisch sein, ist aber nicht allgemein genug bekannt[3].

So entstand im Zusammenhang mit der Kolonialbewegung, die Forderung, der Staat solle eine Stelle schaffen, welche in ganz unparteiischer Weise Auskunft erteile und Nachrichten veröffentliche über die Zustände in den Einwanderungsländern und die Aussichten, welche den Einwanderer dort

---

[1] Hierüber schreibt ein Korrespondent der „Times" (Wochenausgabe vom 10. Jan. 1896): „the delegates were taken through bad places by night, while their days were spent on show farms in the most favoured districts." Es habe zu viel jener „geistigen" Ermunterung gegeben, welche optimistische Anschauungen erzeugt. Die Berichte seien zurechtgemacht u. s. w.

[2] Der Revised Code of Education von 1892 schreibt allgemein vor, daß beim Schulunterricht auf die britischen Kolonien als geeignete Auswanderungsgebiete aufmerksam gemacht wird.

[3] Vergl. z. B. die S. 104 Anm. 2 angeführten Schriften von Paton und Gates. — Die Church Emigration Society verbreitet eine eigene Zeitung „The Emigrant" in großer Auflage. C. o. C. 1890 qu. 2761, 2772.

erwarteten [1]. Vor allem die Bestrebungen, die Thätigkeit der Auswanderungs=
vereine wirksamer zu machen durch Schaffung eines gemeinsamen Mittel=
punktes (S. oben S. 105), gingen in dieser Richtung. Wie einer der
Beteiligten sich ausdrückte: an Stelle des gegenwärtigen konkurrierenden
Durcheinanders solle eine Information treten, die amtlich, unparteiisch und
wahr sei und nicht unverantwortlich, phantastisch und veraltet, wie jetzt meistens [2].
Das Kolonialamt hatte allerdings 1881 und wieder 1884 ein Heftchen ver=
öffentlicht (83 S. zum Preise von 6 d) unter dem alten Namen des
Colonization Circular. Wie wenig dies aber bekannt war, zeigt die That=
sache, daß selbst der Sekretär der Central Emigration Society, W. Paton,
1885 von der Neubearbeitung von 1884 nichts wußte [3].

Im Frühjahr 1885 nahm der Minister des Innern, Sir W. Harcourt
die Angelegenheit auf und regte durch Schreiben vom 27. März [4] die Ein=
richtung eines Central=Auskunftsbureaus an, vor allem um die Auswande=
rungsvereine durch zuverlässige Auskunft über den Arbeitsmarkt in den
Kolonien zu unterstützen. Das Kolonialamt stimmte zu, aber das Schatz=
amt erklärte sich entschieden dagegen. Nach dem Sturz der liberalen Re=
gierung (Juni 1885) wurde der Plan im Kolonialamt wieder aufgenommen,
das Schatzamt verhielt sich nicht ganz so ablehnend, aber inzwischen wechselte
das Ministerium abermals (Ende Januar 1886). Da jedoch der frühere
Gönner des Plans, Sir W. Harcourt, nun Finanzminister wurde, einigten
sich die beteiligten Ministerien bald über das zu errichtende Auskunftsamt,
welches nach einigem Schwanken, nicht, wie zeitweise in Aussicht genommen,
dem Local Government Board, sondern dem Kolonialamt unterstellt wurde.

---

[1] Im R. Colonial Institute, bei dessen Gründung 1868 die Erteilung un=
parteiischer Auskunft an Auswanderer mit beabsichtigt war (Proc. I 10 und 14),
verlangte 1877 (13. Febr.) ein Herr John Plummer einen „colonial labour guide"
in Form kurzer, klarer, authentischer und billiger Heftchen, auch Belehrung der
Volksschullehrer über die Kolonien (Proc. VIII S. 144 ff.). — G. J. Holyoake,
erzählt in seinem Buche Among the Americans (Chicago 1881) S. 153 ff., er habe
im Herbst 1879 der canadischen und amerikanischen Regierung vorgeschlagen, zu=
verlässige Auskunft in einem Emigrants Book zu veröffentlichen. Bei den eng=
lischen Behörden habe er keine Sympathie für seinen Vorschlag gefunden.

[2] Arnold White in Problems of a great City (1. Aufl. 1886), neue Auflage
1887, S. 82.

[3] Paton, State-aided Emigration (1885) S. 29. Er beklagt sich, daß das
Cirkular von 1881 veraltet sei. Das Kolonialamt hat dann noch 1886 die auf
Canada und Neuseeland bezüglichen Teile gesondert (Preis je 1 d) neu herausgegeben.

[4] Den Anstoß gaben die Erörterungen über die Arbeitslosigkeit und die Mittel
ihr abzuhelfen.

Die Vertreter der Kolonien erklärten sich bereit, alle gewünschten Aufklärungen zu geben.

Am 11. Oktober 1886 trat die neue Auskunftsstelle, Emigrants' Information Office, wie sie genannt wurde, in Thätigkeit. Über ihre Aufgabe sagte die Geschäftsanweisung:

„Die Aufgaben dieses Amtes können nicht klar genug ausgesprochen werden."

„Es soll möglichst genaue Nachrichten liefern über die Aussichten der Auswanderung nach den britischen Kolonien, die Lage des Arbeitsmarktes, Überfahrtskosten, Preise notwendiger Bedürfnisse u. s. w., um Auswanderungslustige in die Lage zu versetzen, zu beurteilen, ob es ratsam ist oder nicht, nach einer bestimmten Kolonie zu einer bestimmten Zeit auszuwandern. Die Genauigkeit solcher Nachrichten wird jedoch von der Regierung nicht verbürgt."

„Es fällt nicht in den Bereich der Aufgaben des Amtes, in irgend einer Weise zur Auswanderung im allgemeinen oder zu einem bestimmten Plane zu ermuntern oder abzuraten. Seine Aufgabe ist einfach, Thatsachen festzustellen und zu veröffentlichen."

Dieser Anweisung entsprechend trägt jede Veröffentlichung des E. I. O. auf dem Titel eine Bemerkung, daß das Amt errichtet ist, um nützliche und zuverlässige Auskunft zu geben. Seit 1894 fehlt eine weitere Bemerkung, daß das Amt sich die größte Mühe gebe, möglichst genaue Nachrichten zu sammeln, aber die Verantwortung für die Genauigkeit jeder Einzelheit nicht übernehmen könne.

Das E. I. O. sollte nicht den Charakter einer gewöhnlichen Staatsbehörde erhalten, sondern einen nur halboffiziellen Charakter. Die allgemeine Aufsicht erhielt das Kolonialamt, die ganze Leitung wurde jedoch einem Verwaltungsrat übertragen, in welchem nur wenige Beamte Platz finden sollten. Den Vorsitz führte anfangs nominell der Kolonialminister, thatsächlich in seiner Vertretung ein Beamter des Kolonialamts, C. P. Lucas[1]. Außer diesem ist noch ein weiterer Beamter des Kolonialamts Mitglied. Ferner sitzen in dem Verwaltungsrat einige Parlamentsmitglieder (Rankin, anfangs Samuel Smith, später H. L. W. Lawson und Sir W. Houldsworth, dieser auch als Vertreter des Imperial Institute), eine Anzahl von Männern, die mit Auswanderungsangelegenheiten sich befaßt haben (so J. H. Tuke, Arnold White, G. Tansley, W. Hazell, H. Hobglin, John Martineau, dieser für

---

[1] Der verdienstliche Verfasser der leider noch unvollendeten Historical Geography of the British Colonies (Clarendon Press, Oxford).

die Charity Organization Society), endlich einige Vertrauensleute der Arbeiterkreise (so John Burnett, J. J. Dent, Sekretär der Workings Men's Club and Institute Union, Benj. Jones, ein Genossenschaftsmann). Daß man Vertreter der Arbeiter in den Verwaltungsrat nahm, erwies sich als sehr nützlich, um das Mißtrauen der Arbeiter gegen jede staatliche Thätigkeit auf diesem Gebiete zu überwinden [1].

Die Gesamtzahl der Mitglieder beträgt 15. Doch wird die Arbeit von einem Ausschuß von 6 Mitgliedern besorgt und auch in diesem liegt die eigentliche Arbeit auf wenigen. Naturgemäß überwiegt der Einfluß der Be= amten aus dem Kolonialamt. Mehr und mehr gilt das E. I. O. als eine Abteilung dieses Ministeriums, was eigentlich nicht beabsichtigt war [2].

Das Amt selbst ist absichtlich nicht im Ministerium untergebracht. Nicht weit davon (31 Broadway, Westminster) ist ein Lokal gemietet, ein kleines Geschäftskontor dem Anschein nach, direkt von der Straße aus zu= gänglich, wo der Chief Clerk bereit ist, Auskunft zu erteilen. Zu seiner Hülfe hat er einige junge Burschen als Schreiber. Die Abfassung der Schriften des E. I. O. sollte anfangs in der Hauptsache durch freiwillige Mitarbeit der Verwaltungsratsmitglieder besorgt werden. Sehr bald erwies sich das als unpraktisch und es wurde ein eigener Redaktor angestellt, Herr W. B. Paton, der bis dahin als Sekretär der Central Emigration Society dem Verwaltungsrat angehört hatte.

Das nötige Material sammelt das E. I. O. teils durch die Mitwirkung der Kolonialvertreter in London, teils durch direkte Korrespondenz mit den Kolonialregierungen und mit zahlreichen Korrespondenten in den Kolonien. Reisen der Mitglieder des Verwaltungsrats, 1888/89 auch des Redaktors Paton, dienen dazu, die gegenseitigen Beziehungen zu befestigen [3].

Das E. I. O. macht das so gesammelte Material auf zweierlei Weise nutzbar: in Form von Druckschriften und durch direkte Auskunft, die münd= lich, wie schriftlich erteilt wird. Doch wird bei der direkten Auskunfts= erteilung viel Gebrauch von den Druckschriften gemacht.

Was nun diese betrifft, so zerfallen sie in verschiedene Kategorien:

H a n d b o o k s. In jedem April erscheint für jede der 10 in Betracht

---

[1] C. o. C. 1889 qu. 1444, 1446, 1773.

[2] a. a. O. qu. 1491.

[3] Vor dem C. o. C. 1889 erklärte Lucas, daß er für solche Informationsreisen größere Mittel wünsche (qu. 1534 ff.), während sich Burnett nicht viel davon ver= sprach (qu. 1967 ff.). — Patons Bericht im Anhang zum Jahresbericht des E. I. O. für 1888/89 S. 5 ff.

kommenden Kolonien ein für einen Penny käufliches Heft. Jedes enthält eine Karte der Kolonie und im Text eine geographische Schilderung, wie Mitteilungen über das Klima und die beste Zeit der Ankunft, über die Bevölkerung, die Verfassung, wichtige gesetzliche Bestimmungen (z. B. betr. Haftpflicht, Trinkgesetze, Schiedsgerichte, Lehrlinge, Impfzwang, Heirat mit der Schwester der verstorbenen Frau, Arbeitszeit, Fabrikgesetze), die Kirche, Schulen u. s. w. Ferner über Schiffahrtsgesellschaften, Überfahrtspreise, Gepäck und Ausrüstung, Eisenbahnen, Viehzucht, Landwirtschaft, Bergbau, Industrie, Preise von Lebensmitteln, Wohnung und Kleidung, Löhne, Land= gesetze, Nachfrage nach Arbeit, besondere Ratschläge. Der Umfang dieser, in der That höchst praktischen Handbücher, die auch für Nicht=Auswandernde viel Wertvolles auf engem Raum enthalten, war 1895

Nr. 1. Canada . . . 50 Seiten.
 =   2. Neu=Süd=Wales 30   =
 =   3. Victoria . . . 34   =
 =   4. Südaustralien . 27   =
 =   5. Queensland . . 33   =
 =   6. Westaustralien . 29   =
 =   7. Tasmanien . . 25   =
 =   8. Neuseeland . . 36   =
 =   9. Kap=Kolonie . 35   =
          (einschl. Bechuanaland)
 = 10. Natal . . . 25   =

Ein Handbuch (Nr. 11) erscheint jährlich, welches die in den anderen nicht berücksichtigten höheren Berufe (Erfordernisse, Nachfrage u. s. w.) in den Kolonien darstellt, nämlich für Architekten und Ingenieure, Auktiona= toren, Rechtsanwälte, Apotheker, Verwaltungsbeamte, Geistliche, Commis, Handlungsreisende, Zahnärzte, Gouvernanten, Notare, Krankenwärterinnen, Ärzte, Polizisten, Eisenbahnangestellte, Landmesser, Lehrer und Tierärzte. (1895: 100 S. Preis 3 d).

Nr. 12 endlich erscheint unter dem Titel Emigration Statutes and General Handbook. Es enthält die gesetzlichen Bestimmungen betr. die Auswanderung aus dem Vereinigten Königreich und betr. die Einwanderung von Paupers in die Kolonien, sowie Nachrichten über Auswanderungsvereine und die Gewerkvereine, welche die Auswanderung unterstützen (1895: 51 S. Preis 3 d).

Die Handbücher kommen immerhin nur in eine beschränkte Zahl von Händen. Um die Nachrichten möglichst allgemein zu verbreiten, sind weitere

Maßregeln getroffen, um die wichtigeren Mitteilungen u m s o n st zu verbreiten. Vierteljährlich wird ein P l a k a t an sämtliche Postämter verschickt und dort angeschlagen, auch an Clubs, Vereine u. s. w. auf Wunsch versandt[1]. Gleich= falls vierteljährlich wird gratis verschickt an Behörden, Armenverbände, Arbeitervereine , Geistliche, Wohlthätigkeits= und Auswanderungsvereine u. s. w. ein C i r c u l a r , dessen Mitteilungen an Ausführlichkeit zwischen den Handbüchern und den Plakaten in der Mitte stehen, und zwar je eines für Canada, Australasien und Südafrika. Die Circulare enthalten die neuesten Nachrichten über den Arbeitsmarkt in den Kolonien. Um diese Nachrichten möglichst bequem den Zeitungen zugänglich zu machen, wird ein Auszug druckfertig an die Presse versendet, der auch vielfach abgedruckt wird, wie ein Blick in die englischen Zeitungen lehrt.

Seit dem Mai 1893 liefert der Redaktor des E. I. O. auch für die vom Labour Department des Handelsamtes ausgegebene „L a b o u r G a = z e t t e“ (Preis 1 d) monatlich einen Bericht über die Lage des Arbeits= marktes in den Kolonien, sowie sonstige wichtige Nachrichten.

Über den Kreis der 10 Kolonien hinaus, über welche regelmäßig be= richtet wird, ist auch je ein Heftchen veröffentlicht über Neufundland, über Ceylon und über Westindien, letzteres namentlich für Leute, die mit etwas Kapital (etwa 2000 £) dort Obstkultur betreiben wollen.

Das E. I. O. war gegründet, um Nachrichten für Auswanderer nach den britischen Kolonien zu liefern. Diese Beschränkung ließ sich nicht auf= recht erhalten. Bald mußten bei der mündlichen Auskunftserteilung auch Mitteilungen über andere Auswanderungsziele gemacht werden, und am 11. Juni 1890 erlaubte das Kolonialamt, auch für ausländische Gebiete Nachrichten zu veröffentlichen, wenn auch summarisch und nicht regelmäßig, falls eine Nachfrage danach entstünde[2]. Wesentlich auf der Grundlage der vom Auswärtigen Amt gelieferten Materialien, wie Konsularberichte 2c., hat das E. I. O. seitdem in unregelmäßigen Zwischenräumen Heftchen über Argentinien, die südafrikanische Republik, Californien und Maryland (Preis

---

[1] Das Plakat trägt in großen roten Buchstaben die Überschrift: General Information for Intending E m i g r a n t s, einen Hinweis auf das E. I. O. und seine Zweigämter (oben und unten), kurze Angaben über Fahrtdauer und Preise der Reise nach den 10 Kolonien, über Unterstützung der Auswanderung durch Kolonien, Einrichtungen zum Empfang von Einwanderern, beste Jahreszeit für die Ankunft, Nachfrage nach Arbeit in den Kolonien, die Adressen der Kolonialvertreter in London und Warnungen, namentl. gegen die Auswanderung nach Brasilien, und zwar nach allen Teilen von Brasilien.

[2] Jahresbericht des E. I. O. für 1889/90 S. 5.

1—2 d) herausgegeben, auch einen jährlichen Auszug aus den Konsular-
berichten für Nord- und Südamerika [1]. Neuerdings wird auch ein Circular
für die Vereinigten Staaten nach dem Muster der Kolonialcirculare veröffentlicht, auch ein Blättchen mit den wichtigsten Bestimmungen der amerikanischen Einwanderungsgesetze. Ein anderes Blättchen enthält Ratschläge
für Auswanderer, die in andere Länder als die britischen Kolonien gehen
wollen. Die Ermahnung, doch lieber nach einer Kolonie oder wenigstens nach
den Vereinigten Staaten zu gehen, wird in einer durchaus sachlichen Form
gegeben [2]. Sie läuft namentlich auf eine Warnung vor Argentinien hinaus.
Vor der Auswanderung nach Brasilien wird bei jeder Gelegenheit und mit
den kräftigsten Ausdrücken und mit allen Hülfsmitteln der Typographie
gewarnt [3].

Nicht bloß auf fremde Länder bezieht sich ein Blättchen mit Ratschlägen für solche, die (als Maschinisten, Vorarbeiter od. dgl.) nach tropischen
Gegenden gehen wollen.

Die Nachfrage nach diesen Heften ergiebt sich ungefähr aus der Mitteilung über die Einnahme aus dem Verkauf im E. I. O. selbst, die
1888 89 106 £ betrug und bis 1894 auf gut 72 £ gesunken ist. Da die
meisten Hefte einen Penny kosten, mögen im letzten Jahr etwa 15 000 Hefte verkauft sein, außerdem über 1000 bei den Zweigämtern.

Auch in anderer Richtung ist die Thätigkeit des E. I. O. erweitert.
Während es anfangs nur ein Kontor in London hatte, bestand doch der
Wunsch, Zweigämter an anderen Orten zu errichten. Seit dem Herbst
1891 wurde es durch Erhöhung der jährlich bewilligten Mittel in den
Stand gesetzt, 14 Auskunftsstellen zu errichten, eine in Schottland (Glas-
gow), zwei in Wales (Cardiff und Swansea), elf in England (Bradford,

---

[1] Dieser ist freilich eine mechanische Kompilation und so wenig übersichtlich,
daß der Nutzen für Auswanderungslustige mir sehr fraglich erscheint.

[2] Hinweis auf Klima, verschiedene Sprache, Gesetze, Sitten, Silber- oder
Papiergeld, Konkurrenz von Arbeitern mit niedriger Lebenshaltung, wie Italiener,
Spanier, Farbige; in den Vereinigten Staaten die Einwanderungsgesetze; auf alle
Fälle wird zu großer Vorsicht ermahnt.

[3] Auch sonst werden Warnungen nach Bedarf veröffentlicht, so in letzter Zeit,
daß keine Aussicht sei bei den Eisenbahnen der Kap-Kolonie Anstellung zu finden. —
Häufig wird gewarnt vor dem Schwindel, daß von Canada aus jungen Leuten an-
geboten wird, sie gegen hohes Lehrgeld in die Lehre auf dortige Farmen zu nehmen.
Junge Leute, welche die canadische Landwirtschaft praktisch erlernen wollen, finden
stets Stellung ohne Lehrgeld zu zahlen. In denselben Zeitungen, welche einmal
vierteljährlich die amtliche Warnung bringen, findet man freilich täglich die
Schwindelannoncen.

Devizes, Hereford, Leeds, Liverpool, Manchester, Newcastle, Nottingham, Peterborough, Reading, Wolverhampton). In Irland sind merkwürdiger= weise keine, weil kein Bedürfnis dafür sei (Bericht für 1891, S. 5)[1]. Außer= dem besteht eine Anzahl sogenannter Non-Inquiry Branches, zur Verteilung von Schriften. Die Zweigämter sind meist in Volksbibliotheken, in Liver= pool in Verbindung mit der Auskunftsstelle des Aufsichtsbeamten für die Auswanderung errichtet.

Der Kostenaufwand für das E. I. O. ist mäßig. Anfangs waren 650 £ jährlich dafür bestimmt. Der Empfehlung des Kolonisationsausschusses gemäß wurde das 1891 erhöht, allerdings nur auf 1000 £, eine Ver= mehrung, die zur Erhöhung des Gehalts des Redaktors und für die Er= richtung der Zweigämter verwendet wurde. Die wichtigsten Ausgabeposten waren

	1888/89	1894
Miete	140 £	150 £
Gehalt des Chief Clerk	250 =	270 =
= = Redaktors .	150 =	270 =
Schreiber	81 =	120 =
Zweigämter	—	170 =

In Betracht kommt aber weiter, daß das Amt für alle Sendungen, die es erhält und abschickt, Portofreiheit hat, und daß Drucksachen und Papier unentgeltlich von der Staatsdruckerei (Stationery Office) geliefert werden. Für 1887/88 wurden diese Gratisleistungen auf 1326 £ geschätzt (für die der Post 761 £, für die des Stationery Office 565 £). Die Druckkosten dürften sich seitdem einigermaßen erhöht haben. Das ganze Opfer des Schatzamts war anfangs auf gegen 2000 £, ist jetzt vielleicht auf 2500 £ zu schätzen. Dem steht gegenüber die Einnahme aus dem Verkauf der Hand= bücher, die keine 100 Pfund beträgt[2].

Welches ist nun die Wirksamkeit des E. I. O. gewesen?

(Siehe Tabelle Seite 153.)

Die Zahl der mündlichen Erkundigungen war also am höchsten 1887/88, sank langsam bis 1890, dann schneller bis 1895. Die Abnahme mag zum

---

[1] Nach dem neuesten Bericht sind 1895/96 die Zweigämter in Devizes und Peterborough geschlossen und dafür neue in Kidderminster, Cork und Aberdeen er= öffnet.

[2] Bei den Vorverhandlungen hatte das Schatzamt anfangs nur 50—100 £ für Cirkulare bewilligen wollen, dann Erhebung einer Gebühr für jede Auskunft verlangt. Das war abgelehnt, weil dann die Zwecke der Einrichtung überhaupt nicht zu erreichen seien.

Es kamen	perſönliche Er⸗ kunbigungen	Briefe	bavon ſolche von Aus⸗ wanderungs⸗ luſtigen
1. Jan. 1887 bis 31. März 1887	1684	3 945	?
1. Apr. 1887 ⸗ 31. ⸗ 1888	5975	10 221	?
1. ⸗ 1888 ⸗ 31. ⸗ 1889	5962	13 222	12 516
1. ⸗ 1889 ⸗ 31. ⸗ 1890	5429	10 950	9 807
1. Jan. 1890 ⸗ 31. Dez. 1890	5065	8 381	7 872
1. ⸗ 1891 ⸗ 31. ⸗ 1891	4561	9 226	8 073
1. ⸗ 1892 ⸗ 31. ⸗ 1892	3358	7 692	6 602
1. ⸗ 1893 ⸗ 31. ⸗ 1893	3287	8 232	7 629
1. ⸗ 1894 ⸗ 31. ⸗ 1894	2585	7 671	6 682
1. ⸗ 1895 ⸗ 31. ⸗ 1895	2292	8 831	7 734

Teil damit zuſammenhängen, daß der Reiz der Neuheit verſchwand. In der Hauptſache aber iſt ſie die Folge oder ein Ausdruck des allgemeinen Rückganges der Auswanderung [1].

Sehr genau iſt man über die Perſonalien der Frager nicht unter⸗ richtet, ſie werden gefragt nach ihrem Alter, Heimat, Familienſtand, Beruf und wo ſie hin wollen. Doch iſt es Grundſatz, die Leute nicht mit Fragen zu brängen, um ſie nicht mißtrauiſch zu machen. Nach ihren Namen werden ſie ſelbſtverſtändlich nicht gefragt. Mehr als neun Zehntel der Leute ſind aus London und Umgegend, über zwei Drittel unverheiratet, über die Hälfte zwiſchen 20 und 30 Jahre alt. Eine große Zahl bezeichnen ſich als Ar⸗ beiter (general labourers) oder Handwerker (mechanics). Auch eine er⸗ hebliche Anzahl von Commis und von weiblichen Dienſtboten fragt an. Bei der münblichen Auskunftserteilung kommt alles auf die Perſon des Chief Clerk an. Ein patziger Subalternbeamter, der grob gegen die kleinen Leute iſt (der Typus iſt in England, wie anberwärts, nicht ſelten), würde alles verderben. Der Inhaber des Amtes iſt ein jovialer, rebſeliger, wohl⸗ wollender Mann, der früher mit Auswanderungsanwerbung für Kolonial⸗ regierungen beſchäftigt war und gut Beſcheid weiß. Der Grundſatz, ganz unparteiiſch Auskunft zu geben, wird offenbar ſtreng befolgt. Den Leuten wird, wenn ſie regelmäßig Arbeit haben, geradezu abgeredet. Viele Frager

---

[1] Mit der allgemeinen Bewegung der Auswanderung nahm 1895 die Zahl der ſchriftlichen Erkundigungen, gegen Ende des Jahres auch die der perſönlichen An⸗ fragen zu, beſonders in Bezug auf Südafrika.

haben offenbar noch gar keine bestimmte Absicht auszuwandern, wollen sich
nur im allgemeinen erkundigen.

Bemerkenswert ist, daß auf Befragen nur ein kleiner Teil der Leute
(4 Prozent) angab, daß sie Mitglieder von Gewerkvereinen oder Hülfskassen
seien. Wie Burnett vor dem C. o. C. angab (qu. 1820), halten diese sich
mehr an die Auskunft, die sie von ihren Vereinen erhalten.

Bei den Zweigämtern scheint die Zahl der Frager nicht groß zu sein,
am größten in den großen Städten, wie Liverpool, Glasgow, Bradford,
Newcastle, Leeds, Cardiff.

Bei den schriftlichen Anfragen ist der Rückgang in den letzten Jahren
nicht so groß gewesen. Beantwortet werden sie regelmäßig mit vorgedrucktem
Formular und durch Zusendung entsprechender Druckschriften, wenn nötig
mit weiteren schriftlichen Bemerkungen. Auch die schriftlichen Anfragen
kommen überwiegend aus den großen Städten, sowie den Bergbau= und In=
dustriebezirken, wenig aus den rein ländlichen Gegenden. Die Zahl der
Fragen aus Irland ist gering, aus Schottland nicht unerheblich (8—13
Prozent.)

Es ergiebt sich, daß die Thätigkeit des E. I. O. direkt gerade die
Kreise berührt, derentwegen in der Hauptsache die ganze Einrichtung getroffen
ist: die nichtorganisierten Arbeiter der großen Städte und Industriebezirke.
Eine große Zahl waren Leute, die eine Weile ohne Beschäftigung gewesen
waren. Daß es nicht gelungen sei, Fühlung mit der ländlichen Bevölkerung
zu gewinnen, spricht der Jahresbericht für 1893 (S. 5) offen aus: „in
den ländlichen Bezirken befinden wir uns noch im Versuchsstadium und wir
suchen, wenn möglich, angemessene Kanäle für die Verbreitung unserer Mit=
teilungen zu finden".

Darüber ist allerdings nichts zu ermitteln, in wie weite Kreise die
Veröffentlichung durch die Presse, Anschläge, Mitteilung der Circulare an
Vereine (namentlich mit Hülfe der Geistlichen) u. s. w. bringt. Jedenfalls
besteht die Überzeugung, daß die unparteiischen Berichte einen günstigen
Einfluß ausüben. Der Leiter des E. I. O., Herr Lucas, erklärte vor dem
Kolonisationsausschuß 1889 (qu. 1362): „Jedem britischen Unterthanen,
wohin er auch geht, sollte die britische Regierung es ermöglichen, mit
geringen oder gar keinen Kosten sich darüber zu unterrichten, was für ein
Ort das ist, wohin er geht, und was für Aussichten er dort findet." In
diesem Sinn ist das E. I. O. geleitet worden[1].

----

[1] Dem Verf. erklärte Herr Lucas: „Information ought not to be withheld,
if a man can better himself."

Die Bedeutung des E. I. O. wird sich mehr zu erproben Gelegenheit haben als bisher, bei abnehmender Auswanderung, wenn erst ein wirtschaftlicher Aufschwung in den überseeischen Ländern die europäische Auswanderung wieder anschwellt. Für diesen vielleicht schon bald eintretenden Zeitpunkt liegt der Anfang einer Organisation in dem E. I. O. Denn wenn es auch nichts zu thun hat mit der Förderung und Unterstützung der Auswanderung, so bedeutet seine Einrichtung doch unzweifelhaft die Anerkennung des Principes ihrer staatlichen Leitung [1].

Die Ausbildung des E. I. O. zu einer allgemeinen Informationsstelle über die britischen Kolonien überhaupt, die vor dem Kolonisationsausschuß namentlich von Lucas gefordert wurde, ist durch das Imperial Institute wohl überflüssig gemacht. Wenn aber unter den Zwecken dieser Anstalt in dem Begründungscharter auch genannt wird:

3. Sammlung und Verbreitung von Nachrichten bezüglich .... der Auswanderung ... wie sie Angehörigen des Reiches nützlich sein können.

6. Beförderung systematischer Kolonisation

und wenn unter den Ausschüssen des Instituts auch ein solcher für Kolonisation und Auswanderung ist, so ist von einer besonderen Thätigkeit auf diesem Gebiete bisher kaum etwas zu bemerken gewesen [2]. Für die Information armer Auswanderer ist der kleine Laden in Westminster jedenfalls nützlicher, als das prunkvolle Institut mit seinen aristokratischen Einrichtungen.

---

[1] Vergl. C. o. C. 1889 qu. 1531.

[2] In einer im Imperial Institute am 16. Dezember 1895 gehaltenen Rede über die bisherigen Leistungen der Anstalt erklärte Lord Herschell, daß schon über 1000 Personen in der canadischen Abteilung sich in Auswanderungsangelegenheiten Rat geholt hätten und daß mehr als ein Zehntel dieser Zahl wirklich ausgewandert sei (Times, 17. Dez. 1895). Das ist freilich dürftig, wenn man bedenkt, daß das Imperial Institute beinahe ebenso lange besteht, wie das E. I. O.

Sechstes Kapitel.

Die Bedeutung der britischen Auswanderung.

1. Die Zahlen[1].

In einem Inselland, wie Großbritannien ist die Feststellung der Wander=
bewegung leichter zu annähernder Genauigkeit zu bringen, als auf dem
Kontinent. Doch darf man auch in Großbritannien den Zahlen nicht zu
großen Wert beimessen, sie nicht ohne einige Erläuterungen benutzen.

Die Zahlen für die Auswanderung beginnen 1815 (S. Anhang,
Tab. 1). Einigermaßen genau dürften sie erst geworden sein, seit die
Aufsicht über die Passagierbeförderung in den dreißiger Jahren sorgfältiger
wurde. Da diese sich aber nur auf Schiffe mit einer Minimalzahl von

---

[1] Die Statistik der britischen Auswanderung ist für die Zeit bis 1873 enthalten
in den Jahresberichten des Auswanderungsamtes, seitdem in jährlichen Berichten
des Handelsamtes, die seit 1877 den Titel führen: Copy of Statistical Tables
relating to Emigration and Immigration from and into the United Kingdom
in the Year . . ., with Report to the Board of Trade thereon. (gedruckt als
House of Commons Paper).

Über die Auswanderung aus Irland werden seit dem 1. Mai 1851 besondere
Erhebungen gemacht und gleichfalls jährlich veröffentlicht unter dem Titel: Emigration Statistics of Ireland for the Year . . .

S. ferner: E. v. Philippovich Art. „Auswanderung" im H. W. B. der
Staatswissenschaften I S. 1024 ff. (1890). — Committee on Colonisation 1890,
qu. 587 ff. (Aussagen Rob. Giffens) und App. S. 476 ff. — Th. W. Grimshaw
(Registrar General for Ireland), Facts and Figures about Ireland, 2 Hefte
(Dublin und London 1893), namentlich I S. 7 ff. und Tab. 1 und II S. 8 ff.

Passagieren bezog, so sind die Angaben für die nicht betroffenen Schiffe regelmäßig unvollkommen gewesen. Diese Fehlerquellen haben sich vermindert in dem Maße, als die Durchführung der Passengers Acts weiter ausgedehnt wurde und als die Passagierbeförderung, mit dem Vorwiegen der Dampf=schiffahrt[1], sich auf eine geringere Zahl von Häfen und größere Schiffe konzentrierte[2].

Die Zahlen beziehen sich auf alle Personen, welche das Vereinigte Königreich mit der Bestimmung nach einem Orte außerhalb Europas und des Mittelmeers verlassen. Das bedeutet, daß das Ergebnis dieser An=schreibungen überhaupt nicht ohne weiteres der wirklichen Auswanderung gleichzusetzen ist.

Die Zahlen schließen n i c h t ein solche Personen, welche aus Großbritannien nach einem europäischen Hafen reisen und dort sich einschiffen, um auszu=wandern. Das ist früher überhaupt kaum vorgekommen und hat auch gegen=wärtig keine große Bedeutung[3].

Dagegen stecken in den Zahlen auch die Ausländer, welche sich in britischen Häfen einschiffen. Ursprünglich hat das kaum Bedeutung gehabt. Im Jahresbericht des Auswanderungsamtes von 1847 (S. 5) wird als etwas ganz neues hervorgehoben, daß sich 1846 in London 4631 Deutsche

---

[1] Sie beteiligt sich stark an der Auswanderungsbeförderung erst seit 1858. Seit 1872 hört die Beförderung mit Segelschiffen bei der Fahrt nach Amerika so gut wie ganz auf.

[2] 1845 segelten aus Liverpool 63 %, aus Cork und Londonderry je 5 %, aus London, Glasgow, Belfast, Limerick und Sligo je 2—3 %, auf 38 weitere Häfen kamen zusammen 12 %. 1894 segelten aus Liverpool 47 %, Southampton 23 %, Queenstown 11 %, London 9 %, Glasgow 6 %, Londonderry 3 %. Für andere Häfen blieben noch nicht 1 % über.

[3] Seit 1882 enthalten die Tabellen Angaben darüber, wieviel solcher Aus=wanderer, die über Antwerpen, Rotterdam, Amsterdam, Boulogne und Havre gehen, nach den Angaben der Schiffahrtsgesellschaften ermittelt sind. Es waren

1882	4796	1887	2155	1892	1113
1883	3969	1888	1858	1893	254
1884	1896	1889	2316	1894	1792
1885	1964	1890	1985	1895	1595
1886	2292	1891	1405		

Ganz überwiegend waren es Engländer, meist unverheiratete Männer, die nach den Vereinigten Staaten gingen. In den allgemeinen Auswanderungszahlen sind sie nicht einbegriffen.

eingeschifft hätten, um nach den Vereinigten Staaten zu gehen. Im folgenden Jahre sollen 10 318 Ausländer sich in britischen Häfen eingeschifft haben und bis 1853 hatten sie sich auf 31 459 vermehrt. Von diesem Jahre an geben die Erhebungen getrennte Zahlen für die Angehörigen der drei Königreiche (S. Anhang, Tab. 2) und die Ausländer.

Endlich sind auch diese Zahlen noch nicht die wirklichen Auswandererzahlen, denn sie umfassen alle Personen, welche überhaupt abreisen. Je größeren Umfang der überseeische Verkehr annimmt, je mehr Menschen dienstlich, zum Erwerb oder zum Vergnügen in überseeische Länder reisen, umsomehr entfernt sich die Statistik von der Möglichkeit, uns über die wirkliche Auswanderung Auskunft zu geben. Einen gewissen Anhalt bietet die Scheidung von Kajüten= und Zwischendeckpassagieren. Aber während unter jenen allerdings nur wenige Auswanderer sein dürften, kann man doch die Zwischendecker mit den Auswanderern heutzutage nicht mehr identifizieren, seit eine große Zahl von Arbeitern auch über See periodisch geht, namentlich von Bauhandwerkern. Mit diesen Zahlen ist auch deshalb nicht viel anzufangen, weil die Ausländer nicht ausgeschieden sind. Immerhin zeigen schon die Zahlen der Kajütpassagiere, daß die allgemeinen Zahlen viel zu groß sind. Aus der im Anhang (Tab. 5) mitgeteilten Übersicht ergiebt sich, daß die Zahl der Kajütpassagiere nicht mit den allgemeinen Zahlen schwankt, sondern sich ziemlich regelmäßig vermehrt, von etwa 40 000 am Ende der siebziger, bis auf 70 000 in den letzten Jahren.

Um den Effekt der Auswanderung zu beurteilen, hat man daher seit 1854 die Zahlen der aus überseeischen Plätzen im Vereinigten Königreich ankommenden Personen festgestellt. Erst seit 1876 gelten sie für leiblich genau (S. Anhang Tab. 6). Zieht man diese Zahlen von den allgemeinen Zahlen ab, so würde natürlich der ganze bloße Reiseverkehr ausgemerzt. Aber das Ergebnis würde kleiner als die wirkliche Auswanderung sein, da neben einer wohl kaum bedeutenden Einwanderung eine erhebliche Rückwanderung ehemaliger Auswanderer stattfindet. Jedenfalls sind aber diese leider erst seit 1876 vorhandenen Zahlen der Netto=Auswanderung der brauchbarste und wertvollste Teil der englischen Auswanderungsstatistik.

Neuerdings [1] versucht man auch den Wanderverkehr mit Europa genauer festzustellen, aber mit zweifelhaftem Erfolg.

--- ---

[1] Auf Grund der Aliens Act. 6 Will. IV. ch. 11 s. 2, wieder durchgeführt seit 1890. Vorher unvollständige Erhebungen für London und Hull.

Ein Prüfstein für die Genauigkeit der Auswanderungsstatistik ist der Vergleich mit den Ergebnissen der Volkszählungen[1].

Es wurden gezählt im April 1881 . . . . .   34 884 848 Personen.
Der Geburtenüberschuß bis April 1891 betrug . .   4 404 877   =
Die wirkliche Zunahme betrug   . . . . . .   2 848 074   =
Der Wanderverlust war also   . . . .   1 556 803   =
Die Nettoauswanderung über See betrug . . .   1 747 177   =
(2 593 226 Abgereiste,
846 049 Angekommene.)
Es ergab sich mithin eine nicht nachgewiesene Vermehrung von . . . .   190 374   =

Diese letztere ohne weiteres dem Überschuß der Einwanderung aus dem übrigen Europa zuzuschreiben, wie in dem Censuswerk geschieht, scheint mir nicht zulässig, denn die Zunahme der in allen fremden Ländern Geborenen belief sich von 1881 bis 1891 nur auf 58 636.

Ein entsprechender Vergleich mit früheren Volkszählungsperioden ist nicht möglich, weil das Material erst seit 1876 vorhanden ist.

Einen anderen Maßstab für die Genauigkeit der britischen Zahlen bietet der Vergleich mit den Einwanderungszahlen der Vereinigten Staaten von Amerika.

	Aus Großbritannien gingen nach den Verein. Staaten.	In den Verein. Staaten kamen aus Großbritannien an.
1821—30	99 801	75 803
1831—40	308 247	283 191
1841—50	1 094 556	1 047 763
1851—60	1 495 243	1 338 093

Für die Zeit von 1831 bis 1850 stimmt das ganz leidlich überein. Auch diese Zahlen bestätigen, daß bis dahin wenig Ausländer unter den Auswanderern aus dem Vereinigten Königreich gewesen sein können. Von 1861 an sind die Zahlen gar nicht mehr vergleichbar wegen der großen Zahl von Ausländern unter den in Großbritannien Verzeichneten. Vergleichen wir nun nur die Zahl der auswandernden Briten und beachten wir, daß in Amerika bis Ende 1867 alle „alien Passengers", seitdem nur die eigentlichen Einwanderer gezählt sind, und daß die amerikanischen Zahlen sich auf Finanzjahre beziehen.

---

[1] S. Census of England and Wales, 1891. vol. IV. General Report (1893) S. 83.

Jährlich durchschnittlich Auswanderer nach den Vereinigten Staaten

		Nach der engl.[1],	nach der amerik. Statistik.
1861—1870	Engländer	36511	56813[2]
	Schotten	7667	3877
	Iren	69084	43578
	zusammen	113262	104267
1871—1880	Engländer	54975	46048[2]
	Schotten	8807	8756
	Iren	44955	43687
	zusammen	108737	98491
1881—1890	Engländer	90919	65749[2]
	Schotten	17816	14987
	Iren	62660[3]	65548
	zusammen	171395	146284

Die Zahlen für die beiden letzten Perioden zeigen deutlich, um wie viel zu hoch die englischen Auswandererzahlen sind durch Einrechnung des Reiseverkehrs, der in den Vereinigten Staaten seit 1867 ausgeschlossen ist. Allein im Verkehr mit den Vereinigten Staaten ergeben diese Zahlen ein Plus von gut 10000 jährlich 1871/80, und 25000 jährlich von 1881 bis 1890, was sich bei Einschluß der Nichtunterschiedenen in die britischen Zahlen für die erste Periode um jährlich 2562, in der zweiten um 964 erhöht. Das Plus der Abreisenden über die Ankommenden im Verkehr mit den Vereinigten Staaten betrug 1880—90: 1168516 Personen, während nach der Statistik der Verein. Staaten 1462839 Auswanderer ankamen. Die Zahl der Rückwanderer aus den Verein. Staaten und der in Großbritannien verbliebenen Amerikaner hätte danach durchschnittlich jährlich gegen 30000 betragen.

Ein Vergleich der letzten Jahre ergiebt folgende Aus= und Einwandererzahlen

	1891 Statistik		1892 Statistik		1893 Statistik		1894 Statistik	
	Großbri= tanniens	b. Ver. Staaten	Großbri= tanniens	b. Ver. Staaten	Großbri= tanniens	b. Ver. Staaten	Großbri= tanniens	b. Ver. Staaten
Engländer	87581	54058	84667	50527	83293	47693	54253	29185
Schotten .	15376	12557	16406	11520	16534	12155	10151	5605
Iren . . .	53438	55708	48966	55467	49122	49233	39597	36421
Zusam.	156395	122311	150039	117514	148949	109086	104001	72211

[1] ohne die Nichtunterschiedenen. [2] eingeschl. die Nichtunterschiedenen.
[3] Nach der besonderen irischen Statistik dagegen 61350. Census of Ireland 1891 II S. 74.

Die Nettoauswanderung nach der englischen Statistik hat im Verkehr mit den Vereinigten Staaten in den vier Jahren betragen

          87 587   87 341   81 521   20 478

Nach den obigen Zahlen kamen also von den aus dem Vereinigten König-reich abreisenden Engländern 33 000—35 000 auf den Reiseverkehr, von den Schotten 2800—4500.

Die irische Auswanderungsstatistik, die seit dem 1. Mai 1851 erhoben wird, beabsichtigt die wirkliche Auswanderung, ohne den Reise-verkehr, festzustellen, und die ganze Auswanderung, nicht bloß die über-seeische, auch die nach England und Schottland. Wenn man die Schwierigkeiten der letzteren Feststellung gegenüber dem Reiseverkehr und der zeitweisen Arbeiter-wanderung bedenkt, erscheint die Genauigkeit der Zahlen ziemlich befriedigend, da eine starke Zuwanderung notorisch nicht stattfindet. (S. Tab. 4.)

Für Irland ergiebt sich nach dieser irischen Sonderstatistik für die beiden letzten Volkszählungsperioden folgende Bilanz:

	1871—81	1881—91
Der Geburtenüberschuß war	422 907	267 909
Die gesamte in den irischen Häfen verzeichnete Auswanderung	618 650	768 105
Das würde eine Verminderung der Bevölke-rung ergeben um	195 743	500 106
Die wirkliche Verminderung betrug . . .	237 541	470 086
Die nicht verzeichnete Wanderbewegung er-gab also eine Verminderung (—) oder Vermehrung (+) von	— 41 798	+ 30 030
Die nicht aus Irland Gebürtigen vermehrten sich um	6 036	11 929

Offenbar hat also die Rückwanderung in neuerer Zeit zugenommen.

Summarische Übersichten über die Ergebnisse der britischen Auswande-rungsstatistik sind in den Tabellen des Anhangs mitgeteilt. Hier sei noch auf einige Hauptpunkte hingewiesen.

Aus welchen Teilen des Landes stammen die Auswanderer? Früher wurden Erhebungen darüber nicht gemacht. Bei dem besonderen Interesse, welches die irische Auswanderung erweckte, begann in den vierziger Jahren das Auswanderungsamt deren Umfang zu schätzen. Seit dem 1. Mai 1851 wurde in den irischen Häfen die Zahl der Auswanderer fest-gestellt (ihr Reiseziel aber erst seit 1876). Endlich wurden seit dem 1. Jan. 1853 bei den allgemeinen Erhebungen Engländer (einschl. Waliser), Schotten,

Iren und Fremde der Gebürtigkeit nach unterschieden. Die Zahl der Nicht=
unterschiedenen war anfangs sehr erheblich, von 1853—1860 durchschnittlich
fast 10 Prozent, beträgt jetzt aber nur mehr gut 1 Prozent. Es dürften
gegenwärtig eigentliche Auswanderer kaum mehr darunter sein, da bei dem
Verkehr mit den Vereinigten Staaten, Britisch=Nordamerika, Australasien und
Südafrika Nichtunterschiedene fast nicht mehr vorkommen. Sie werden im
folgenden nicht berücksichtigt.

Die Schätzung des Auswanderungsamts über den Anteil der Iren
vor 1853 nahm an, daß neun Zehntel der Auswanderer aus dem Hafen
von Liverpool und ein Drittel derer vom Clyde zu der Zahl der direkt aus
irischen Häfen Segelnden hinzugefügt werden müsse; dazu kamen dann die
vom Auswanderungsamt selbst nach Australien beförderten
Diese Rechnung [1] ergab

	irische Auswanderer	bei einer Gesamtzahl der Abreisenden von
1847	219 885	558 270
1848	181 316	248 089
1849	218 842	299 498
1850	213 649	280 849
1851	254 537	335 966
1852	224 997	868 764

Für das Jahr 1853 hätte die Rechnung 206 731 ergeben. Die Zählung
ergab 192 609 Iren, neben 20 349 Nichtunterschiedenen, von denen einige
Tausend wohl noch Iren waren. Immerhin war die Rechnung um ein
weniges zu hoch, auch für 1852, da die Zahl der über Liverpool ausge=
wanderten Deutschen nicht genügend in Rechnung gezogen war [2].

Von 1853 an hat sich der Anteil der drei Nationalitäten folgender=
maßen entwickelt:

(Siehe Tabelle Seite 163.)

In demselben Zeitraum sind außer diesen 7 915 359 britischen Staats=
angehörigen 2 237 483 Ausländer und 371 654 Nichtunterschiedene aufge=
zeichnet, so daß im ganzen 10 524 496 Personen von britischen Häfen nach
überseeischen Plätzen gereist sind.

[1] Bericht des Auswanderungsamts von 1853 S. 10. — Grimshaw a. a. O. Tab. 1
teilt folgende (etwas niedrigere) Schätzung in runden Tausenden mit

1841	16 000	1844	54 000	1847	215 000	1850	209 000
1842	90 000	1845	75 000	1848	178 000	1851	224 000
1843	38 000	1846	106 000	1849	214 000	1852	190 922

Vom 1. Mai 1851 an sind es die Zahlen der irischen Statistik.

[2] Nach der irischen Statistik sind aus Irland 1853 nur 173 148 Iren aus=
gewandert.

Es wanderten aus	Engländer	Schotten	Iren [1]	Zusammen
1853—55	211 013 = 30 °/o	62 514 = 9 °/o	421 672 = 61°/o	695 199
1856 - 60	243 409 = 39 ,	59 016 = 10 ,	315 059 = 51 ,	617 484
1861—65	236 327 = 33 ,	62 461 = 9 ,	418 497 = 58 ,	717 796
1866 —70	368 327 = 43 ,	85 621 = 10 ,	400 085 = 47 ,	854 033
1871—75	545 015 = 56 ,	95 055 = 10 ,	329 467 = 34 ,	969 537
1876 - 80	425 550 = 60 ,	70 596 = 10 ,	213 236 = 30 ,	709 382
1881—85	760 124 = 59 ,	133 527 = 10 ,	398 658 = 31 ,	1 292 309
1886 - 90	788 841 = 62 ,	141 568 = 11 ,	335 817 = 27 ,	1 266 226
1891—94	505 331 = 64 ,	82 584 = 10 ,	205 478 = 26 ,	793 393
1853—94	4 084 448 = 52 °/o	792 942 = 10 °/o	3 037 969 = 38 °/o	7 915 359

Der Anteil der Schotten ist merkwürdig gleich geblieben, das Verhältnis der Engländer und der Iren hat sich umgekehrt. Doch ist wohl zu beachten, daß der in den Zahlen steckende bloße Reiseverkehr bei den Engländern sehr viel stärker gewachsen ist, als bei den Iren, diese also an der wirklichen Auswanderung einen größeren Anteil haben, als die Zahlen ergeben.

Ein ganz anderes Bild geben diese Zahlen, wenn wir sie in Beziehung setzen zur Bevölkerung jedes Königreichs.

Die verzeichnete Auswanderung in jeder Volkszählungsperiode verglichen mit der am Anfang jeder Periode gezählten Bevölkerung betrug [2]:

Volks- zählungs- periode	Engländer	°/oo	Schotten	°/oo	Iren	°/oo	Zusammen	°/oo
1851—61	640 316	36	182 954	63	1 231 308	188	2 054 578	75
1861—71	649 742	32	158 226	52	866 626	149	1 674 594	57
1871—81	996 038	44	170 757	51	530 924	98	1 697 719	53
1881—91	1 572 717	61	278 626	75	741 883	143	2 593 226	74

[1] Nach der irischen Statistik sind in den gleichen Zeiträumen aus Irland über- haupt ausgewandert

1853—55 405 617	1866—70 382 532	1881—85 414 174
1856—60 415 419	1871—75 364 137	1886—90 356 532
1861—65 467 304	1876—80 259 796	1891—94 194 532

[2] Die absoluten Zahlen nach der Tabelle im Censuswerk Bd. IV S. 126, in welcher die Richtunterschiedenen proportional verteilt sind. Die entspr. Tabelle in der Auswanderungsstatistik scheidet die drei Länder nicht. Sie giebt für das Verein.

Die Tabelle zeigt deutlich die ungeheure Stärke der irischen Aus=
wanderung, aber auch eine verhältnismäßig bedeutende Wanderbewegung
aus Schottland [1].

Für die Beurteilung der Auswanderung wäre es überaus wichtig, über
die Herkunft der Auswanderer Genaueres zu wissen, wenigstens aus welchen
Landesteilen innerhalb der Königreiche sie stammen, wie viele aus mehr ge=
werblichen, wie viele aus mehr ländlichen Bezirken kommen. Für England
und Schottland ist eine derartige weitere Unterscheidung nach dem vor=
handenen Material unmöglich. Dagegen ermittelt die irische Auswanderungs=
statistik die Gebürtigkeit der Auswanderer nach Grafschaften, allerdings
bis zum Anfang der siebziger Jahre nicht ganz vollständig, seit 1872 aber
fast ganz genau.

Von den 3 602 425 aus Irland Gebürtigen, welche vom 1. Mai 1851 [2]
bis zum 31. Dezember 1894 Irland verließen mit der Absicht sich ander=
wärts niederzulassen, ist von 110 668 Personen die Gebürtigkeit nicht er=
mittelt. Während die Gesamtzahl 65,1 Prozent einer mittleren Bevölkerung
Irlands von 5 533 000 Einwohnern ausmachte, kamen davon

			der mittleren Bevölkerung mit
aus Munster .	1 249 276	= 85,9%	1 455 232
= Connaught	542 847	= 62,9%	863 652
= Ulster . . .	1 038 689	= 56,9%	1 824 846
= Leinster . .	660 495	= 47,5%	1 389 231

Königreich folgende Zahlen über das Verhältnis der inländischen Auswanderer zur
mittleren Bevölkerung:

1853—55 3,4 %,   1861—65 4,8 %,   1871—75 6,0 %,   1881—85 7,3 %,
1856—60 4,3 %,   1866—70 5,6 %,   1876—80 4,2 %,   1886—90 6,9 %,

[1] Man vergleiche damit, daß

	1851	1891
in England aus Schottland Gebürtige lebten	130 087	282 271
in Schottland aus England Gebürtige nur .	46 791	111 045

In Irland wurden 1891 27 323 aus Schottland Gebürtige gezählt, gegen
74 523 aus England Gebürtige.

[2] Für die Zeit von 1841 bis dahin kann man die Zahl der irischen Aus=
wanderer auf rund 1 300 000 veranschlagen. Nämlich:

neun Zehntel der Auswanderung aus Liverpool	813 844
Auswanderung direkt aus Irland	441 237
Iren befördert vom Auswanderungsamt . . .	34 052
	1 289 133

(Jahresbericht des Auswanderungsamts von 1852 S. 10).

Einige Bedeutung hat für diese Zeit auch die Deportation, die in Folge der

Nur in 5 von 32 Grafschaften betrug die Auswanderung weniger als die Hälfte der durchschnittlichen Bevölkerung (in Dublin, Wicklow, Kildare, Louth und Down, sämtlich im Osten), in 6 Grafschaften mehr als vier Fünftel, nämlich in ganz Munster außer Waterford (die östlichsten mit 74,6 %) und der centralen Grafschaft Longford. In Kerry, der Südwest=spitze, waren es 93,4 %.

Im Laufe der Zeit hat die Auswanderungsbewegung sich etwas ver=schoben. Während sie früher ganz besonders stark aus dem Südwesten, aus Munster kam, hat in neuerer Zeit das westliche Connaught eine immer größere Zahl von Auswanderern gestellt. Im Volkszählungsbericht für 1891 [1] ist eine Berechnung mitgeteilt, wie viele von je 1000 der Bevölkerung durchschnittlich jährlich vom 1. April 1871 bis 31. März 1891 ausge=wandert sind.

An der Spitze steht auch hier Kerry mit 20,3. Ihm folgen 12 Graf=schaften mit einer Rate von 15 bis 20 auf 1000, nämlich die vier anderen Grafschaften von Munster außer Waterford (Clare, Cork, Limerick, Tipperary) und die daranstoßenden Galway im Westen und Queens=County im Centrum. Im Nordwesten kommen zu Longford noch Leitrim, Sligo und Cavan. Im Norden gehören dazu Londonderry und Tyrone.

In 13 Grafschaften beträgt die Rate 11,4 bis 14,9 auf 1000, da=runter die vier noch übrigen westlichen Grafschaften Donegal, Roscommon, Mayo und Fermanagh, im Süden Waterford, die übrigen im Norden und der Mitte gelegen. Nur in den oben genannten fünf östlichen Grafschaften und dem südöstlichen Wexford (mit 10,3) ist die Rate geringer, aber selbst für Dublin doch 5,4 von 1000 [2].

Bei der überseeischen Einwanderung ist bis 1894 eine Trennung nur durchgeführt der Ausländer einerseits von Personen britischen und irischen Ursprungs anderseits, so daß bei der aus dem Vergleich mit der Aus=wanderung sich ergebenden Netto=Auswanderung eine Scheidung von Engländern, Schotten und Iren nicht möglich ist. (Für 1895 vergl. 181 Anm. 2.)

Im Vergleich mit der Gesamtbevölkerung des Vereinigten Königreichs

Hungersnot stark zunahm. Während 1844—46 durchschnittlich jährlich 681 Ver=urteilungen zu Deportation vorkamen, stieg ihre Zahl 1847—49 auf durchschnittlich jährlich 2658.

[1] Census of Ireland 1891, vol. II General Report (1892) S. 74. Dazu die Tabelle S. 528 f.

[2] Dabei ist auch noch zu beachten, daß Dublin neben Antrim (mit Belfast) die einzige Grafschaft ist, deren Bevölkerung nicht abnimmt, wegen der Zuwanderung in die Großstadt.

hat sie in der Zeit, seit der eine genaue Ermittelung vorhanden ist, seit 1876, zwischen 0,9 auf 1000 (im Jahre 1877) und 6,9 im Jahre 1883 geschwankt.

Wie verhält sich die britische Auswanderung zum natür= lichen Volkszuwachs? Vergleichen wir die Netto=Auswanderung mit dem Geburtenüberschuß, so hat sie in dem niedrigsten Jahre 1877 nur 6,4 Prozent des letzteren weggenommen, in den höchsten Jahren allerdings erheblich mehr.

1880	42,3	Prozent
1881	39,5	=
1882	48,9	=
1883	56,3	=
1887	45,7	=
1888	41,8	=

Im ganzen betrachtet hat die Auswanderung, wenn wir uns auf Eng= land und Schottland beschränken, doch nur einen kleinen Teil der starken natürlichen Volksvermehrung weggeführt, aber allerdings zeitweise den Zu= wachs etwas gehemmt. Ganz anders in Irland, wo nicht nur der Geburten= überschuß durch die Auswanderung ausgeglichen und dabei selbst immer ge= ringer geworden, sondern die Bevölkerung anhaltend absolut zurückgegangen ist. Es wird davon später noch eingehender gesprochen werden. Hier nur die folgende Übersicht an sich bekannter Zahlen, welche das erläutert. Seit 1841 dürften die britischen Volkszählungen genügend zuverlässig sein.

	England und Wales		Schottland		Irland	
	Bevölke= rung	Zunahme auf 1000	Bevölke= rung	Zunahme auf 1000	Bevölke= rung	Zu= oder Abnahme auf 1000
1831	13 896 797	—	2 364 386	—	7 767 401	—
1841	15 914 148	145	2 620 184	108	8 175 124	52
1851	17 927 609	125	2 888 742	102	6 552 385	— 198
1861	30 066 224	119	3 062 294	60	5 798 967	— 115
1871	22 712 266	132	3 360 018	97	5 412 377	— 67
1881	25 974 439	144	3 735 573	112	5 174 836	— 44
1891	29 002 525	117	4 025 647	78	4 704 750	— 91

Auch wenn man von Irland absieht, ist der Einfluß der starken Aus= wanderung der fünfziger und achtziger Jahre in der Verminderung der Zuwachsrate deutlich erkennbar.

Vergleichen wir die Ziele der britischen Auswanderung, so ist vor allem von Bedeutung die Frage, wie Viele nach britischen Kolonien gehen, also unter der britischen Flagge bleiben. Drei Gegenden sind als Zuwanderungsgebiete wichtig: Die Vereinigten Staaten, Britisch-Nordamerika und Australasien. Erst neuerdings erlangt auch Südafrika einige Bedeutung.[1]

	den Vereinigten Staaten	Britisch-Nordamerika	Austral-asien	allen and. Gegenden
Von 1815 bis 1852 gingen überhaupt aus britischen Häfen nach	2 064 581	1 063 714	310 836	51 461
1853 bis 1894 reisten im Vereinigten Königreich Geborene aus britischen Häfen nach . .	5 298 931	820 639	1 866 393	429 396

Wenn wir unberücksichtigt lassen, daß unter den Auswanderern der ersten Zeit eine mäßige Zahl von Ausländern war, die meist nach den Vereinigten Staaten gingen, daß die älteren Zahlen unvollständig sind und daß der Reiseverkehr eingeschlossen ist, so ergiebt sich, daß nach den drei Hauptrichtungen gingen von je 100

1815—52	60	30	9
1853—94	67	10	17

und zwar

1853—60	61	10	28
1861—70	72	8	17
1871—80	65	11	18
1881—90	67	12	14
1891—94	70	11	7

Die Zahlen haben keinen sehr großen Wert, weil nicht festzustellen ist, wie viele von den Auswanderern nach Britisch-Nordamerika dort wirklich blieben und wie viele nach den Vereinigten Staaten weiterwanderten. In älterer Zeit ist das in sehr großem Umfang der Fall gewesen[2]. In neuester Zeit scheint der Abwanderung nach den Vereinigten Staaten im

---

[1] Erst seit 1882 geben die Tabellen bei der überseeischen Einwanderung die Zahl der aus der Kap-Kolonie und aus Natal Kommenden an. Die Nettoauswanderung im Verkehr mit diesen Ländern betrug 1882 5564 Köpfe, 1883 dagegen — 171. 1885 erreichte das Plus der Rückwanderung sogar 1306; dann überwog wieder die Auswanderung und erreichte 1889 mit netto 9015 Köpfen ihr bisheriges Maximum. (1895: 11 930.)

[2] Die älteren canadischen Angaben über die Zahl der Auswanderer nach den Verein. Staaten sind ganz ungenau und die Erhebung ist deshalb später eingestellt.

Often eine starke Zuwanderung im Westen zu entsprechen. Der starke An=
teil der australasischen Kolonien in den fünfziger Jahren war veranlaßt durch
die Goldentdeckungen. Die Verminderung in neuster Zeit entspricht der Ein=
stellung der Unterstützung durch die Kolonien und der dortigen wirtschaftlichen
Depression.

Bemerkenswerter als die obigen Zahlen ist das Ergebnis des Vergleiches
der Aus= und Einwanderung nach und von den einzelnen Gebieten. Die
Netto=Auswanderung betrug durchschnittlich jährlich im Verkehr mit

	den Vereinig. Staaten	Britisch-Nord- amerika	Austral- asien	anderen Ländern	zusammen
1876—79	23 218	5 911	30 846	3 443	63 415
1880—83	146 170	26 468	32 479	5 332	216 450
1884—86	91 233	16 789	33 829	109	141 960
1887—89	124 172	23 613	20 840	8 885	177 511
1890—93	83 531	13 773	6 785	6 680	110 768
1894	20 478	7 203	1 811	8 229	37 721

Die australische Auswanderung hat eine ganz andere Bewegung als
die nach Amerika. Sie zeigt in ihrer anfänglichen Konstanz, ihrem späteren
Schwinden die Wirkung der kolonialen Unterstützung und ihres Aufhörens.
Die Auswanderung nach Amerika schwankt heftig hin und her und zwar
ziemlich gleichmäßig, einerlei ob sie nach der Republik oder der Kolonie sich
richtet. Diese Schwankungen sind viel heftiger, als die nach auswärts ge=
richtete Bewegung für sich genommen. Die Maxima und Minima im Ver=
kehr mit den beiden amerikanischen Gebieten sind

	Verein. Staaten		Canada
1876	— 143	1877	2 033
1882	153 435	1883	37 164
1885	80 083	1885	10 517
1887	143 183	1888	26 036
1894	20 478	1894	7 203

Bei den Auswanderungszielen macht sich ein bemerkenswerter Unter=
schied der Nationalitäten geltend. Von den Auswanderern der Jahre
1853—94 gingen nach

	den Verein. Staaten	Britisch-Nordamerika	Australasien
Engländer	2 329 537 = 44 %	519 609 = 63 %	878 239 = 64 %
Schotten	436 426 = 8 %	120 927 = 15 %	189 699 = 14 %
Iren	2 532 968 = 48 %	180 103 = 22 %	298 455 = 22 %
zusammen	5 298 931 = 100 %	820 639 = 100 %	1 366 393 = 100 %

Während bei der Wanderung nach den beiden britischen Kolonialgebieten der Anteil der drei Nationalitäten der gleiche war, stellten die Iren allein fast die Hälfte der Auswanderer nach den Vereinigten Staaten und nach Ausscheidung des Reiseverkehrs vermutlich mehr als die Hälfte. Von allen Iren gingen fünf Sechstel (83 %) nach den Vereinigten Staaten, von den Schotten 55 Prozent, von den Engländern 57 Prozent

Dieses Verhältnis hat sich aber in neuerer Zeit anders gestaltet als früher. Vergleichen wir zwei Perioden starker Auswanderung, so gingen von je 100 nach

	den Verein. Staaten		Britisch-Nordamerika		Australasien	
von den	1853 60	1881 90	1853 60	1881 90	1853 60	1881 90
Engländern	43	59	7	14	48	17
Schotten	29	65	23	13	44	16
Iren	78	85	9	6	12	8

Die Vereinigten Staaten sind bei allen drei Nationalitäten stärker in den Vordergrund getreten, wobei freilich der zunehmende Reiseverkehr nicht außer Augen zu lassen ist.

Für die Iren wird das Ergebnis bestätigt durch die irische Statistik, welche seit 1876 auch das Wanderungsziel feststellt. 1881—90 gingen von 770 706 Auswanderern 70 786 nach dem Vereinigten Königreich, 699 920 nach den Kolonien und ins Ausland. Davon wanderten fast 88 Prozent, 613 508 nach den Vereinigten Staaten (nach der britischen Auswanderungs= statistik 626 600), 39 786 (44 510) oder gut 5 Prozent nach Canada und 43 529 (55 480) oder gut 6 Prozent nach Australasien. In den Jahren 1891—94 gingen sogar mehr als 90 Prozent aller irischen Auswanderer nach den Vereinigten Staaten.[1] Auffällig könnte an diesen Ziffern er= scheinen, daß die Zahl der aus Irland nach Großbritannien Auswandernden in dem Jahrzehnt 1881 90 nicht größer als 70 786 gewesen sein sollte, 43 341 nach England und Wales, 27 445 nach Schottland[2]. Vermutlich ist die Zahl größer. Mancher irische Wanderarbeiter[3] mag in Groß=

---

[1] Z. B. 1892 91,5 Prozent aller, 95 Prozent der ins Ausland gehenden Aus= wanderer. Die letztere Verhältniszahl betrug für Ulster 91, Leinster 93, Munster 96, Connaught 98 Prozent.

[2] Von 1891—94 gingen noch nach England 5262, nach Schottland 3749.

[3] Über die ländlichen Wanderarbeiter Irlands werden jährlich Erhebungen veröffentlicht (z. B. für 1893 C. 7188). Die berufsmäßigen Wanderarbeiter kommen überwiegend aus Connaught und dort aus der Grafschaft Mayo. Ihre Gesamtzahl ist seit dem Ende der siebziger Jahre bedeutend zurückgegangen als Folge der Ver= minderung des Getreidebaus in England; 1841 wurde die Zahl der berufsmäßigen

britannien hängen bleiben, viele als gewöhnliche Reisende der Statistik sich
entziehen. Aber das ist doch richtig, daß heutzutage der Ire leichter nach
Amerika auswandert als nach Großbritannien. Zur Zeit der großen Not
waren die Iren in Massen nach Großbritannien gezogen um Arbeit zu suchen.
Aber das hat immer mehr abgenommen, wie die Gebürtigkeitszahlen
zeigen. In England und Wales[1] wurden gezählt aus Irland Gebürtige:

1841	290 891	1871	566 540
1851	519 959	1881	562 374
1861	601 634	1891	458 315

Man vergleiche damit die Zahlen der in den Vereinigten Staaten gezählten geborenen Iren:

1850	961 719	1880	1 854 571
1860	1 611 304	1890	1 871 509
1870	1 855 827		

Dagegen war dort die Zahl der in England und Wales Geborenen
(einschl. die nicht unterschiedenen Briten)

1850 308 543	1870 : 629 579	1890 1 009 171

Die Zahl der in Schottland Geborenen

70 550	140 835	242 231

Im Dominion of Canada waren Gebürtige aus

	1881	1891
England und Wales	169 504	219 688
Schottland	115 062	107 584
Irland	185 526	149 184

Wanderarbeiter auf 57 651 angegeben, wovon 19 312 aus Ulster und 25 118 aus
Connaught. 1880 betrug sie noch 22 900, sank bis 1888 auf 11 723 und stieg bis
1893 wieder auf 14 761, wovon 8856 aus Mayo, 3733 aus dem übrigen Connaught,
1921 aus Ulster, aus Munster und Leinster nur je 194 und 57. In Mayo betrug
ihre Zahl 17 Prozent der mehr als zwanzigjährigen männlichen Einwohner (nach
der Zählung von 1891). Man beachte, daß Mayo eine viel geringere Auswanderung
hat als seine Nachbar-Grafschaften. Von den 14 761 Wanderarbeitern trieben 4480
selbst Landwirtschaft. Über 84 Prozent gingen nach England, 13 Prozent nach Schottland, noch nicht 3 Prozent nach anderen Teilen Irlands.

Diese regelmäßigen berufsmäßigen Wanderarbeiter bilden aber nur einen Teil
der wirklichen Wanderbewegung. Im Jahre 1893 wurden auf der Midland Great
Western Railway und direkt aus irischen Häfen 32 017 ländliche Wanderarbeiter
befördert (etwa 2000 machen zwei Reisen im Jahr). Auf der Eisenbahn wurden
23 535 Erntearbeiter befördert, deren Zahl seit 1881 zwischen 21 355 (1887) und
27 071 (1892) geschwankt hat.

[1] Der überhaupt sehr unbefriedigende Volkszählungsbericht für Schottland von
1891 teilt nur für dieses Jahr die Zahl der aus Irland Gebürtigen mit: 194 807.

Es lebten also in Nordamerika 1891 über 2 Millionen in Irland Geborene, gegen 1¼ Million in England und 350 000 in Schottland Geborene. Es gab ferner 1891 Gebürtige aus

	in Neuseeland	in der Kapkolonie und Natal
England und Wales	119 284	39 123
Schottland	51 916	9 874
Irland	47 634	5 186

Von gut einer Million Personen britischen Ursprungs, die in den eigentlich australischen Kolonien 1891 gezählt wurden, mögen gegen 200 000 Iren gewesen sein. Im ganzen lebten also um 1891 gegen 3 Millionen in Irland geborene Personen außerhalb Irlands gegen 4 581 383 in Irland selbst, während außerhalb Irland Geborene in Irland nur 123 367 gezählt wurden. Nach den Zusammenstellungen im englischen Volkszählungsbericht für 1891 (vol. IV S. 127 ff.) sind 1891 überhaupt aus dem Vereinigten Königreich Gebürtige festgestellt oder geschätzt[1]:

in britischen Kolonien, Besitzungen und Protektoraten	1 741 455
in fremden Staaten	3 277 090

(davon in den Verein. Staaten 3 122 911).

Also über fünf Millionen lebten außerhalb der Grenzen der drei Königreiche, von diesen 35 Prozent unter der Herrschaft der britischen Krone, 62 Prozent in den Vereinigten Staaten. Die Auswanderung dorthin, wo Sprache und öffentliche Einrichtungen keine Hindernisse für das Heimischwerden des Auswanderers bieten, ist bei der Nähe, der Leichtigkeit und Billigkeit der Reise, wie wir sahen, immer mehr in den Vordergrund getreten. Der Ire entzieht sich absichtlich der britischen Herrschaft, der schottische und englische Arbeiter ist national ziemlich gleichgültig. In der Auswanderung nach Amerika sieht er kaum eine Expatriation. Australien ist ihm viel fremdartiger[2]. Dazu kommt, daß die vorangegangenen Auswanderer die späteren

---

[1] Im Jahre 1880/81 sind gezählt Gebürtige

aus	in Canada	Australasien	den Verein. Staaten	zusammen
England .	169 504	499 922	747 462	1 416 889
Schottland	115 062	151 027	170 136	436 225
Irland . .	185 526	261 996	1 854 571	2 302 093
zusammen .	470 092	912 945	2 772 169	4 155 206

[2] Vergl. darüber Burnett vor dem C. o. C. 1889, der auf die Frage: is there no feeling in their mind of a preference for emigration to a place where they are under British rule? antwortete: I do not think there is any strong feeling upon that point; they go to the country where they think they can do best, or where they may have friends (qu. 1943); vergl. auch qu. 1938 und 1835. — Derselben Denkart begegnet man in England bei Erkundigungen ziemlich regelmäßig.

nach sich ziehen, direkt durch Übersendung von Reisegeld oder Fahrscheinen, indirekt durch Briefe und gelegentliche Besuche.

Der, sozusagen, natürlichen Tendenz der Auswanderung nach dem alten Kolonialgebiet der Vereinigten Staaten entgegenzuwirken, ist seit den dreißiger Jahren eines der Ziele aller Organisationspläne gewesen. Daß die auf Grund der englischen und irischen Armengesetzgebung gewährte Unterstützung zur Auswanderung auch solchen gewährt wird, welche nach den Vereinigten Staaten gehen wollen, ist einer der Beschwerdepunkte der neueren Kolonisatoren.

Die wichtige Feststellung, wie groß die Beteiligung der Ge=schlechter an der Auswanderung ist, ermöglichen die Erhebungen erst seit 1853, für die einzelnen Abfahrtshäfen, aber ohne die Nationalität zu unterscheiden. Da aber das Verhältnis bei den Iren und bei den Aus=ländern von dem unter den großbritannischen Auswanderern wesentlich sich unter=scheidet, so ist auf die Zahlen kein besonderes Gewicht zu legen. In den Jahren größter Auswanderung und dem dazwischen liegenden Minimum waren von den Erwachsenen, d. h. Personen über 14, seit 1855 über 12 Jahren männlichen Geschlechts

$$
\begin{aligned}
1853 &\ldots\ldots 54 \text{ Prozent} \\
1861 &\ldots\ldots 56 \quad = \\
1872 &\ldots\ldots 62 \quad =
\end{aligned}
$$

Die Verschiebung zu erklären genügt allein der geringere Anteil der Iren und der stärkere Anteil der Ausländer an der späteren Auswanderung. Bei den Kindern ist dauernd ein nur kleiner Überschuß der männlichen vor=handen gewesen.

Seit 1877 sind die Unterscheidungen männlicher und weiblicher Per=sonen, sowie von Kindern und Erwachsenen, nach Nationalitäten durch=geführt. Dabei ergiebt sich, daß von je 100 erwachsenen über See Reisen=den (d. h. mehr als 12jährigen) männliche waren unter den Gebürtigen aus:

	England.	Schottland.	Irland.
1877	62	64	51
1883	64	62	50
1887	66	66	52
1894	63	58	43

Während also in Großbritannien ein beträchtlicher Männerüberschuß besteht, ist das in Irland nicht der Fall. Unter den Iren sind annähernd gleichviel Männer und Weiber. In allen drei Ländern ist in Jahren starker Auswanderung der Männerüberschuß etwas größer. In Irland ist das 1883 in Folge der starken Unterstützung der Familienauswanderung nicht der Fall gewesen, in dem gleichfalls durch starke Auswanderung aus=

gezeichneten Jahre vorher, 1882, betrug aber der Anteil der erwachsenen Männer 53 Prozent. In Jahren schwacher Auswanderung verschwindet bei den Iren der Männerüberschuß und verwandelt sich 1884, 1885, 1893, 1894 in einen Frauenüberschuß, der im letzten Jahre in absoluter Zahl 5652 beträgt. Die Auswanderung der Männer schwankt stärker als die der Frauen. Der Männerüberschuß bei allen erwachsenen aus dem König= reich Gebürtigen, der 1887 17 993 betragen hatte, stieg bis 1882 auf 51 085, betrug 1887 sogar 53 945 und sank bis 1894 auf 19 558.

Diesem stärkeren Männerverlust steht aber bei der überseeischen Ein= wanderung, bei der die Zahlen seit 1880 festgestellt sind, ein Männergewinn gegenüber. In der Periode 1881—90 war bei den aus dem Vereinigten Königreich Gebürtigen aus überseeischen Ländern Ankommenden der Männer= überschuß 243 436, bei den Abreisenden 448 907, so daß ein reiner Über= schuß von nur 205 000 sich ergiebt. In den vier Jahren von 1891—94 stand einem Verlust von 123 445 sogar ein Gewinn von 94 415 gegenüber, so daß in diesen Jahren die Störung des Gleichgewichts der Geschlechter durch die Auswanderung sehr unbedeutend war. 1894 allein weist sogar eine Verbesserung um 4 215 auf.

Die irische Statistik bestätigt die eigenartige Zusammensetzung der irischen Auswanderung dem Geschlechte nach. In der Gesamtzahl der seit dem 1. Mai 1851 bis Ende 1894 verzeichneten Aus= wanderung von 3 602 425 waren 1 895 677 oder 52¹/₂ Prozent männlichen Geschlechts. Aus sechs Grafschaften waren sogar mehr weibliche Personen als männliche ausgewandert (Louth, Clare, Galway, Mayo, Roscommon, Sligo [1]), während diejenigen nördlichen Grafschaften, deren Verhältnisse weniger ausgesprochen „irisch" sind (Antrim, Armagh, Down, Londonderry) einen starken Männerüberschuß zeigen. Die Frauenauswanderung hat über= haupt überwogen 1851—53, 1855, 1885, 1893, 1894.

Es ist denn auch im ganzen in den fünfziger und achtziger Jahren das Zahlenverhältnis der Geschlechter besser gewesen als in der Zwischenzeit. In den einzelnen Volkszählungs=Decennien war

	Die Gesamtzahl der irischen Auswanderer	davon männlich	weiblich
1851—61	1 149 118	585 227 = 509 ⁰/₀₀	563 891 = 491 ⁰/₀₀
1861—71	768 859	426 896 = 555 =	341 963 = 445 =
1871—81	618 650	338 663 = 547 =	279 987 = 453 =
1881—91	768 105	393 744 = 512 =	374 361 = 488 =

[1] In der fünften zu Connaught gehörigen Grafschaft Leitrim, ist der Männer= überschuß ganz unbedeutend. Gering ist er auch in den übrigen Grafschaften von Munster, sowie in Queens County.

Von Bedeutung ist auch das Alter der Auswanderer. Die allgemeine Statistik läßt uns so gut wie ganz im Stich, indem sie nur unterscheidet Erwachsene und Kinder (unter 12 Jahren). Von je 100 aus einem der drei Königreiche Gebürtigen war die Kinderzahl

| | | Abreisende gebürtig aus | | | Ankommende aus dem Vereinigten Königreich |
	England	Schottland	Irland	bem Vereinigten Königreich	Gebürtige
1877	16,8	17,8	11,8	15,7	?
1880	19,4	22,5	12,8	17,0	13,4
1883	21,1	24,8	18,1 [1]	20,4	11,8
1885	17,6	21,1	12,0	16,3	13,0
1887	19,0	21,3	10,7	17,0	11,8
1890	14,4	18,1	9,4	13,4	14,1
1894	13,0	14,2	7,9	11,7	14,5

Die absoluten Zahlen waren für das Vereinigte Königreich

	Abreisende	Ankommende
1885	33 911	11 134
1887	47 836	10 080
1894	18 326	17 126

Aus den Zahlen ergiebt sich ein mit der Stärke der Auswanderung wachsender und fallender Anteil der Kinder, die Folge davon, daß die wirkliche Auswanderung stärker fluktuiert als die allgemeinen Zahlen des Reiseverkehrs und daß in Jahren starker Auswanderung die Familienauswanderung verhältnismäßig stärker anwächst.

Von den Erwachsenen waren

	unter b. abreif.	Engländern	Schotten	Iren	zusammen	unt. b. Ankommenden.
1877 [2]	verheiratet m.	10 039	989	1 561	12 589	
	w.	10 076	1 209	1 945	13 230	
unverheiratet m.		23 845	3 558	8 748	36 151	
	w.	8 647	1 354	7 881	17 882	
1883 [3]	verheiratet m.	23 461	3 136	6 277	32 874	m. 45 928
	w.	26 375	4 196	9 009	39 580	w. 19 178
unverheiratet m.		69 284	11 460	37 359	118 103	
	w.	25 491	4 626	34 011	64 128	

---

[1] Abnorm wegen der unterstützten Familienauswanderung. Im Jahr vorher 13,4.

[2] Nicht festgestellt bei 250 männl., 45 weibl.

[3] Nicht festgestellt bei 17 männl.

unter b. abreif.	Engländern	Schotten	Iren	zusammen unt. b. An-
				kommenden.
1894 [1] verheiratet m.	15 085	1 713	1 676	18 474
w.	16 260	2 606	2 816	21 682 ⎫ m. 62 478
unverheiratet m.	37 949	4 930	14 536	57 415 ⎬ w. 38 705
w.	14 755	2 435	19 251	36 441 ⎭

Auch hier zeigt die irische Auswanderung ihren eigenartigen Charakter in dem hohen Anteil der unverheirateten weiblichen Auswanderer.

Gleichmäßig bei allen drei Nationalitäten und in allen Jahren ist das Überwiegen der verheirateten Frauen über die verheirateten Männer. Überwiegend dürfte es darin seinen Grund haben, daß Frauen den vorangegangenen Männern, die als Alleinreisende als „single" verzeichnet sind, nachreisen, zum Teil auch darin, daß alleinstehende weibliche Personen, namentlich solche mit Kindern, sich als verheiratet ausgeben.

Für Irland sind in der irischen Statistik genauere Angaben über den Altersaufbau der dortigen Auswanderung gemacht, welche ihre ganze Eigenart zeigen.

Von den Auswanderern der Jahre 1881—90

standen im Alter von Jahren	Das waren von je 1000 Auswanderern		Von je 1000 der irischen Bevölkerung 1881 gehörten b. Altersklasse an	
	männl.	weibl.	männl.	weibl.
unter 1	3 063	3 105 ⎫ 52	52	115	107
1—5	17 324	16 273 ⎭			
5—10	18 104	16 663	46	44	124	116
10—15	15 592	15 771	39	42	124	114
15—20	59 522	97 651	151	260	108	108
20—25	151 394	133 301	383	355	92	93
25—30	61 419	37 576	155	100	62	66
30—35	25 921	18 159	66	48	55	62
35—40	11 876	9 952	30	27	47	50
40—45	12 631	10 444 [2]	32	28	57	62
45—50	6 863	5 722	17	15	38	38
50—55	6 060	5 724	15	15	46	49
55—60	2 364	2 277	6	6	27	27
60 u. mehr	2 646	2 272	7	6	105	107
nicht unterschieden	519	518	1	1		
zusammen	395 298	375 408	1000	999	1000	999

[1] Nicht festgestellt bei 2742 männl., 950 weibl.

[2] Das auffällige Wiederanwachsen dieser Altersklasse hängt zum Teil mit der Unterstützung der Familienauswanderung 1883 und 1884 zusammen.

Also es standen in diesem Decennium von je 1000 männlichen Aus=
wanderern 689 im Alter von 15—30 Jahren, von je 1000 weiblichen 715.

Es war die absolute Zahl dieser Altersklasse

	unter den Auswanderern in 10 Jahren	unter der Bevölkerung Irlands 1881	1891
männl. . . .	272 335	661 936	651 723
weibl. . . .	268 528	705 248	661 688

In den letzten Jahren ist das Verhältnis ähnlich geblieben, nur daß
in Jahren schwacher Auswanderung, wie 1894, die 15—25jährigen nicht
ganz so stark vorwiegen, wie bei lebhafterer Auswanderung. Dem entspricht
es, wenn in den Provinzen mit größerer Auswanderung auch das Vor=
wiegen der 15—25jährigen größer war, als in den anderen.

Es standen von je 1000 Auswanderern im Alter von 15—25

	1892	1894
aus ganz Irland	636	576
aus Connaught.	704	641
aus Munster	652	584
aus Ulster	606	527
aus Leinster	534	512

Aus den oben mitgeteilten Zahlen der allgemeinen Statistik ergab sich
schon, wie gering verhältnismäßig der Anteil der Verheirateten an
der irischen Auswanderung ist. Aus der irischen Statistik ergiebt sich das
noch klarer. Von den aus Irland gebürtigen Auswanderern waren 1892

	männlich		weiblich	
	verheiratet ob. verwitwet	unver= heiratet.	verheiratet ob. verwitwet	unver= heiratet.
überhaupt	2377	23 118	4 057	21 315
davon in der Altersklasse				
15—20 Jahre	1	3 982	9	6 818
20—25 =	55	11 249	352	9 946
25—30 =	258	4 280	1029	1 905

1893 waren von 31 207 Auswanderern zwischen 15 und 25 Jahren
nur 64 Männer und 299 Weiber verheiratet, 1894 unter 20 729 nur
49 Männer und 203 Weiber. Es waren verheiratet überhaupt

	1892	1893	1894
von je 1000 auswandernden Männern	94	91	114
= = = = Weibern	160	129	132

Die große Mehrzahl der irischen Auswanderer verläßt demnach die Heimat vor der Heirat, was auch mit allen Schilderungen und Erzählungen übereinstimmt.

Die britische Auswanderungsstatistik versucht seit 1854 die B e r u f e der erwachsenen Auswanderer festzustellen, getrennt nach den drei großen Einwanderungsgebieten und nach dem Geschlecht. Erst seit 1877 wurden dabei die Personen britischen und irischen Ursprunges angegeben.

Im ganzen ist mit dieser Statistik nicht viel anzufangen, nicht nur weil darin, wie öfter hervorgehoben, der ganze überseeische Reiseverkehr mit steckt. Die Zahl derer, deren Beschäftigung nicht angegeben werden kann, ist ziemlich groß, in den letzten Jahren ein Siebentel bis ein Viertel. Die Abgrenzungen der Berufe sind ganz ungenau. Regelmäßig ist eine sehr große Zahl von General Labourers angegeben, eine relativ kleine Zahl von Landarbeitern [1]. Von letzteren stecken offenbar eine Menge unter jenen. Die wichtige Frage nach der Zahl der auswandernden Landarbeiter können wir also gar nicht beantworten. Ebenso sind bei den Frauen häusliche Dienstboten und ländliches Gesinde nicht geschieden. Einige Hauptzahlen aus dieser Statistik seien im folgenden für einige Jahre starker und schwacher Auswanderung zusammengestellt.

Einige Berufsklassen, die unter den Großbritannien und Irland verlassenden Personen besonders häufig vertreten sind.

(Seit 1877 nur Personen, die im Vereinigten Königreich geboren sind.)

	1854	1861	1872	1877	1883	1887	1894
männliche Erwachsene	134 789	33 973	145 445	48 740	150 966	143 798	78 631
Landarbeiter, Gärtner ꝛc.	7 486	1 289	2 490	4 078	8 094	22 147	5 832
Landwirte (Farmers) .	13 491	3 207	9 170	2 477	6 258	8 033	2 862
Arbeiter	43 428	17 913	68 951	9 816	70 834	44 785	17 227
weibliche Erwachsene	100 918	26 612	87 123	31 112	103 708	89 853	49 073
häusliches und ländliches Gesinde, Wärterinnen ꝛc.	11 378	4 662	13 838	6 917	29 574	23 985	17 265

[1] Diese ganz überwiegend bei den Auswanderern nach Australien, offenbar weil sie, um Unterstützung zu erlangen, diese genauere Angabe machen mußten.

Die irische Statistik macht gar keinen Unterschied zwischen „Land=
arbeitern" und Arbeitern. 1894 waren von allen männlichen Aus=
wanderern (Kinder eingeschlossen) zwei Drittel als Arbeiter bezeichnet, in
den Jahren vorher gewöhnlich etwa drei Viertel. Genau so war das
Verhältnis der unter den weiblichen Auswanderern als „Dienstboten" be=
zeichneten[1]. Der Anteil beider Klassen an der Gesamtzahl ist bei den Aus=
wanderern aus Connaught und Munster höher, als bei denen aus Ulster
und Leinster.

2. Die Motive.

Die Feststellung der Motive wie der Wirkungen der Auswanderung
läßt sich kaum trennen von einer Untersuchung der Motive und Wirkungen
der Wanderbewegung überhaupt, von der sie nur ein Teil ist. Die gesamte
Wanderbewegung, und zwar nicht nur die im Mutterlande, sondern auch die
in den Einwanderungsgebieten mit ihrer beweglichen Bevölkerung wäre in
Betracht zu ziehen. Aber selbst wenn das Material ausreichend vorhanden
und bearbeitet wäre, würde eine solche Untersuchung hier viel zu weit
führen. [2]

Will man die Auswanderungsmotive untersuchen, so wird man Irland
gesondert betrachten müssen. Eine gewisse Verwandtschaft mit der irischen
Auswanderung hat in ihren wirtschaftlichen Gründen die aus den westlichen
Inseln und Hochlanden Schottlands.

Betrachten wir England und das südliche Schottland, so
wird sich im allgemeinen viel Ähnlichkeit mit deutschen Verhältnissen ergeben.
Mag in einzelnen Fällen eine direkte Notlage, das Darniederliegen einer

---

[1] D. h. offenbar „Dienstboten" der Absicht nach. Daß sie schon Dienstboten
gewesen sind oder irgend etwas von häuslichen Diensten verstehen, darf man aus der
Bezeichnung nicht schließen, wie der tägliche Augenschein bei irischen Dienstboten in
Amerika lehrt.

[2] Vergl. die Aufsätze Ravensteins: The laws of migration im Journal of
the R. Statistical Society 1885 und 1889. — Dr. W. Ogle, the alleged
depopulation of rural districts in England a. a. O. 1889, S. 205 ff. — James
E. Thorold Rogers, the industrial and commercial history of England
(1892) S. 270 ff.: Movements of Labour.

Über das starke Hin= und Herfluten der kolonialen Bevölkerung je nach dem
Wechsel der Erwerbsaussichten in den einzelnen Kolonien sind mir nur gelegentliche
Bemerkungen (wie „colonists are naturally migratory" C. o. C. 1891 qu. 635)
bekannt geworden. — Vergl. auch Sir Ch. Dilke, Problems of Greater Britain I
S. 138.

Industrie und ähnliches zur Auswanderung veranlassen (wie Anfang der sechziger Jahre die Weber): immer mehr wiegt das eine große Motiv vor, die wirtschaftliche Lage zu bessern, die hohen Löhne in den Einwanderungsgebieten, die Leichtigkeit des Landerwerbs sich zu Nutze zu machen und vor allem für die eigenen Kinder eine gesicherte Existenz zu schaffen.[1]

Die Wanderungen sind große Gleichgewichtsbewegungen. Die Menschen strömen dahin, wo sie bessere wirtschaftliche Existenzbedingungen zu finden glauben. Es besteht eine Tendenz, diese auszugleichen, wogegen freilich die einer höheren Lebensstellung sich erfreuenden Arbeiter in den Einwanderungsgebieten neuerdings heftig reagieren, in den Vereinigten Staaten, wie in Australien. Aber die Hindernisse, die sich jener Ausgleichungstendenz früher in den Weg stellten, die Länge, die Beschwerden und die Kosten der Reise und vor allem die Unkenntnis der überseeischen Zustände, diese Hindernisse sind immer unwirksamer geworden. Die Reise ist immer einfacher, immer kürzer, immer weniger beschwerlich geworden, vor allem durch die Verdrängung der Segelschiffe und durch den wirksameren Auswandererschutz. Die Unkenntnis der überseeischen Zustände ist rasch geschwunden, seit die Notstände der vierziger Jahre Hunderttausende über See trieben.

So sind für die englische (wie für die deutsche) Auswanderung immer mehr bestimmend geworden die wirtschaftlichen Zustände, die Erwerbsaussichten in den Einwanderungsgebieten oder richtiger die Anschauungen darüber in den Auswanderungsländern. Das Auf- und Abschwanken der Zahlen der Auswanderung zeigt das seit den fünfziger Jahren auf das deutlichste[2], besonders deutlich, wenn wir, seit die Statistik das ermöglicht, die Netto-Auswanderung betrachten.

Die große Notauswanderung der vierziger Jahre steigerte sich noch durch das Goldfieber und den wirtschaftlichen Aufschwung Amerikas und Australiens. Von 1847 bis 1854 war die Auswanderung ganz enorm. Dann folgt 1855 ein Rückschlag von 267 000 auf 150 000, den das Auswanderungs-

---

[1] Schon in seinem Berichte von 1854 (S. 10) sagt das Auswanderungsamt: the labouring classes were in former years driven to emigrate only by the presence or the immediate fear of destitution; they are now induced to do so by the hope also of advancement.

[2] Giffen hat sich darüber seit 10 Jahren in den einleitenden Bemerkungen zur Auswanderungsstatistik wiederholt geäußert. — Übrigens wird schon 1837/38 die Rückkehr englischer Auswanderer aus den Verein. Staaten erwähnt, in Folge des „commercial distress prevalent in that country." Journal R. Statist. Society I (1838) S. 166.

amt in erster Linie mit Besserung der Zustände im Mutterlande erklärt, die es
sogar schwierig gemacht habe, trotz reichlich vorhandener Fonds Auswanderer
für Australien anzuwerben. Thatsächlich muß die ungeheure Auswanderung
der vorhergegangenen acht Jahre sich sehr fühlbar gemacht haben. Daneben
wird aber erwähnt, daß in der englischen Arbeiterschaft sich die Kenntnis
einer Überfüllung des Arbeitsmarktes in Victoria verbreitet und damit die
Neigung zur Auswanderung vermindert hätte. Auch die abschreckende
Wirkung der „Know-Nothings"-Agitation in den Vereinigten Staaten
wird erwähnt[1]. Zum ersten Male wird eine starke Rückwanderung bemerklich.
Ein erneuter Aufschwung der Auswanderung erfolgte zu Anfang 1857, aber
der Krisis dieses Jahres in Amerika folgte schon in der zweiten Jahreshälfte
ein rasches Sinken der Auswanderung und die Rückwanderung nimmt zu.
In Liverpool kamen aus den Vereinigten Staaten an:

im 1. Quartal 1156 Personen, im 3. Quartal 4283 Personen
= 2.   =   3105   =   = 4.   =   6871   =

Daß auch in Australien die wirtschaftliche Krisis zum Ausbruch kam,
das Geschäftsleben in Amerika gelähmt war, findet seinen Ausdruck in
dem starken Rückgang der Auswanderung in den nächsten Jahren, während
die Rückwanderung zunahm. Der Ausbruch des Bürgerkrieges in den Vereinigten Staaten brachte die Auswanderung auf einen so niedrigen Stand,
wie er seit 1831 nur in einzelnen Jahren, nach 1843 überhaupt nicht mehr
vorgekommen war, nämlich 65197, während die Zahl der Rückwanderer
(Ausländer eingeschlossen) 32003 betrug, wovon 26487 aus Amerika
kamen.

Sehr erhöhten sich die Zahlen wieder 1863, aber überwiegend kam der
Zuwachs aus Irland, infolge dortiger Notstände. Auch die Werbungen für
die Armee der Vereinigten Staaten sind nicht ohne Einfluß auf die jungen
Iren gewesen. Bis 1868 blieb die Zahl der englischen und schottischen
Auswanderer merkwürdig stabil, während die der irischen allmählich zurück-
ging. Von 1869 an beginnt aber die zweite große Auswanderungswelle
sich zu erheben, die aber nun überwiegend englisch ist, während die Zahl der
Iren sich wenig ändert. Es ist der große wirtschaftliche Aufschwung
Amerikas, der sich geltend macht und in den Jahren 1872 und 1873 den
Höhepunkt erreicht. Die Krisis von 1873 zeigt sich in dem Rückgang der
Auswanderung nach Amerika im folgenden Jahre, während Australien in

---

[1] Charakteristisch ist auch, daß 1854/55 und 1857 die verstärkte Rekrutierung
für die Armee als Minderungsgrund der Auswanderung angegeben wird.

diesem Jahre noch eine besonders starke Anziehungskraft übt.[1] Von da an sinkt die Auswanderung stark, die Rückwanderung nimmt zu, die Folge des langanhaltenden wirtschaftlichen Druckes in Amerika. Im Verkehr mit den Vereinigten Staaten überwiegt 1876 die Rückwanderung sogar mit 143 Köpfen; 1877 hat die Auswanderung dahin nur ein Plus von 603. Wäre nicht, dank der Einwanderungspolitik der australasischen Kolonien, die Auswanderung dorthin ziemlich stabil, zwischen 30 000 und 40 000 Köpfen geblieben, so wäre die Nettoauswanderung 1876/77 fast verschwunden. Aber 1879 machen sich die ersten Zeichen einer Besserung der Lage in Amerika fühlbar. Die dortige enorme Binnenwanderung hat im Osten den Arbeitsmarkt entleert. Und nun folgt die dritte große Welle, von Irland her verstärkt durch den dortigen Notstand, die ihre Höhe 1883 erreicht, in welchem Jahre auch Australasien eine ungewöhnliche Anziehungskraft zeigt. Infolge des Aufhörens der Unterstützung, infolge der wirtschaftlichen Depression in diesen Kolonien sinkt aber die Auswanderung dorthin konstant. Die Nettoauswanderung auf der Höhe des Jahres 1883 im Verkehr mit Australasien 64 420 Köpfe betragend, ist 1893 auf 1005, 1894 auf 1811, 1895 auf 959 gesunken. Amerika entscheidet jetzt allein und die Auswanderung bewegt sich entsprechend den dortigen wirtschaftlichen Aussichten. Dem dortigen Druck entspricht ein Rückschlag 1884—86, den ersten hoffnungsvollen Anzeichen auf Besserung folgte sofort 1887—88 eine neue starke Zunahme der Auswanderung, die jedoch rasch ins Stocken kommt. Die Netto=Auswanderung nach Amerika, 1888 158 000 Köpfe betragend, bleibt 1890—93 zwischen 90 000 und 100 000 stehen, sinkt unter dem andauernden Druck 1894 auf 27 681, wenig mehr als 1878. Wie früher würde die entschiedene Aussicht auf wirtschaftliche Hebung der amerikanischen Zustände auch jetzt von einer starken Zunahme der Auswanderung begleitet werden. Schon die leichte Besserung von 1895 hat den Überschuß der Auswanderung nach Amerika wieder auf 61 394 gehoben[2].

---

[1] Es wanderten aus

	Engländer	Schotten	Iren	Zusammen
1868	58 268	14 954	64 965	138 187
1870	105 293	22 985	73 325	302 511
1873	123 343	21 310	83 692	228 345
1875	84 540	14 686	41 449	140 675

[2] Im Jahre 1895 sind zum erstenmal auch bei den von überseeischen Plätzen Ankommenden die drei Nationalitäten unterschieden. Es betrug die Zahl der

	Engländer	Schotten	Iren	Zusammen
Abgereisten	112 538	18 294	54 349	185 181
Angekommenen	69 244	14 065	26 109	109 418
Davon im Verkehr mit den Vereinigten Staaten:				
Abgereist	61 211	13 244	52 047	126 502
Angekommen	37 411	9 628	24 020	71 059

Es bedarf kaum des Hinweises, daß die Ab- und Zunahme der Auswanderung fast ganz parallel mit der entsprechenden Bewegung in Deutschland geht, namentlich wenn man von der unterstützten australischen Auswanderung und der Einwirkung irischer Notstände absieht. In Großbritannien jedoch können die Einwirkungen überseeischer wirtschaftlicher Zustände schneller und stärker fühlbar werden, wegen der Gleichheit der Sprache
in den Einwanderungsgebieten. Besondere Umstände lassen aber die Einwirkung von den Einwanderungsländern her noch weit stärker wirken:
die ganze Thätigkeit der Kolonialregierungen für die Anziehung von Einwanderern und die Werbethätigkeit der drei canadischen großen Landgesellschaften (nämlich der Pacific-Eisenbahn-, der Nord-West- und der Hudsons-
Bay-Gesellschaft) um Ansiedler zu gewinnen. Daß die Dampfschiffahrtsgesellschaften einen besonders großen Anreiz ausübten, ist mir nicht bemerklich
geworden. [1] Die Einwirkung früherer Auswanderer auf die Zurückgebliebenen,
die ja sehr stark ist, hat eine eigene Organisation in dem Zusammenhang
der organisierten Verbände der Arbeiter gefunden, die nicht nur belebend,
sondern auch abmahnend wirken. Endlich ist an die ganze oben geschilderte
Thätigkeit der Auswanderungsvereine und des Emigrants' Information Office
zu erinnern. Alles dieses muß darauf hinwirken, daß die Lage der überseeischen
Arbeitsmärkte direkt auf Ab- und Zunahme der Auswanderung einwirkt.

Was nun den Wunsch, seine Lage zu verbessern, beim Einzelnen
so stark werden läßt, daß er zur Auswanderung sich entschließt, das wird
nach der ganzen Mannigfaltigkeit der wirtschaftlichen Zustände, nach der
Beweglichkeit und Schwerfälligkeit, dem verschiedenen Grade von Energie,
von Optimismus, von Zufriedenheit und Ergebung sich unter e i n e Formel
nicht bringen lassen. Nur auf eins sei hingewiesen: den Z u s a m m e n-
h a n g, den alle Wanderbewegung m i t d e r V e r t e i l u n g d e s G r u n d

---

Davon im Verkehr mit Britisch-Amerika:

	Engländer	Schotten	Iren	Zusammen
Abgereist	14 099	1 404	1 119	16 622
Angekommen	8 633	1 134	904	10 671
im Verkehr mit Australasien:				
Abgereist	9 328	623	616	10 567
Angekommen	7 962	1 086	560	9 608
im Verkehr mit dem Kap und Natal:				
Abgereist	17 869	2 073	292	20 234
Angekommen	6 992	1 040	272	8 304

[1] Auffällig war mir bei einer Tour durch die armen Gegenden von Connemara
(Galway), wie selten man Plakate der Dampfschiffahrtsgesellschaften sah, wie in
Deutschland so üblich ist. Ob das vielleicht auf der Einwirkung des Klerus beruht?

und Bodens hat[1]. Wie früher das Verschwinden der kleinen Bauern-
höfe zahlreiche und besonders tüchtige Elemente zur Auswanderung veranlaßte, wie die Bildung großer Pachthöfe die kleinen Pächter zur Wanderung
zwang (in Großbritannien und in Ulster), so in neuerer Zeit die Umgestaltung
der Landwirtschaft, seit Abschaffung der Kornzölle. Wenn in der letzten Zeit
immer mehr zur Graswirtschaft übergegangen, der Getreidebau aufgegeben
wird, so bedeutet das, daß nicht nur der natürliche Volkszuwachs nicht festgehalten werden kann, sondern daß auch immer weniger Menschen Beschäftigung finden. Die Überflüssigen müssen wandern und thun das mit wachsender
Leichtigkeit. Die Bestrebungen, durch größeren Betrieb und Verwendung
von Maschinen die teurer werdende Arbeit zu ersparen, beschleunigen den
Hergang. So schlecht und unbefriedigend die englische, mit der Volkszählung
verbundene Berufszählung nach eigener Angabe der statistischen Behörde
ist[2], jedenfalls ergiebt sich daraus eine fortdauernde Verminderung der landwirtschaftlichen Bevölkerung, namentlich seit 1871. Ihre Verminderung
wirkt naturgemäß zurück auf die Zahl der Gewerbtreibenden auf dem Lande
und in den kleinen Städten.

Zu dieser Entwicklung kommt aber ein weiteres: der Drang der englischen Landarbeiter „nach wirtschaftlicher Selbständigkeit, persönlicher Unabhängigkeit, einem weniger einförmigen Leben und höherer Lebenshaltung"
(Hasbach a. a. O. S. 371). „Die Überzeugung ist jetzt allgemein verbreitet, daß nur die Möglichkeit, einmal selbständig zu werden, auf der
socialen Stufenleiter emporzusteigen, den jungen Mann als Dienstboten und
Arbeiter auf dem Lande zurückzuhalten vermag" (a. a. O. S. 378). Be-
zeichnend ist es, wenn vor dem Kolonisationsausschuß, wo im ganzen die
Gründe der englischen Auswanderung kaum behandelt wurden, Arnold White
neben dem Übergang zur Weidewirtschaft und der Verwendung landwirtschaftlicher Maschinen als Grund angab „the discontent, which is borne of
education" (1890 qu. 2876 ff.). Das Unterrichtsgesetz von 1870 fange
an zu wirken[3].

---

[1] Vgl. vor allem W. Hasbach, Die englischen Landarbeiter in den letzten
hundert Jahren und die Einhegungen. Schriften des Ver. für Socialpolitik Band 59
(1894), nam. S. 368 ff.

[2] S. die bezeichnenden Bemerkungen im letzten Volkszählungsbericht für England und Wales Bd. IV (1893) S. 35.

[3] Das läßt ganz außer Acht, daß die Bewegung unter den Landarbeitern schon
seit dem Anfang der 70er Jahre im Gang ist. Die Behauptung steht auf der Höhe
der niedlichen Erklärung Whites, die griechischen Kolonien seien erfolgreich gewesen,
weil es keinen Schnaps, keine Zeitungen und kein allgemeines Stimmrecht gegeben habe.

In Irland ſind die Motive der Auswanderung ganz weſentlich in ſeiner eigenartigen Agrarverfaſſung, den eigentümlichen wirtſchaftlichen Ver=
hältniſſen des Landes zu ſuchen, beſonders wenn wir den öſtlichen Teil Ulſters ausſchließen, wo die Auswanderung mehr einen der engliſchen ähn=
lichen Charakter trägt[1].

Es iſt hier nicht der Ort, die iriſchen Zuſtände zu ſchildern, jene rapide Vermehrung der Kleinpächter, deren wachſende Zahl in dürftigſten Verhält=
niſſen vom Kartoffelbau exiſtierte, jene chroniſche Not und Arbeitsloſigkeit, worüber die bei Einführung des Armengeſetzes geſammelten Materialien und
10 Jahre ſpäter der Bericht der Devon=Kommiſſion über die Landfrage furchtbare Aufſchlüſſe gaben. Es genüge an die oft wiederholte Zuſammen=
ſtellung zu erinnern, die auch O'Connell in einer berühmten Rede im Unter=
haus (28. April 1837) benutzte, wonach es 1831 gegeben hätte[2]

	in Großbritannien	in Irland
Landarbeiter	1 055 982	1 131 715
Bebautes Land	34 250 000 Acres	14 600 000 Acres.
Wert der landwirtſchaftlichen Pro= duktion	150 Millionen £	36 Millionen £
Wochenlohn eines Landarbeiters .	8—10 sh.	2 sh. bis 2 sh. 6 d.

Die unſinnige Vermehrung und Unterteilung der Kleinpachtungen war durch die Grundherren nicht veranlaßt, aber zeitweiſe begünſtigt. Denn die
kleinen Pächter waren (nach dem unglücklichen Geſetz von 1793) wahlberech=
tigt und ſtimmten, wie der Grundherr wollte. Das änderte ſich mit der berühmten Wahl O'Connells in Clare 1828. Sie zeigte, daß auf die
kleinen Pächter kein Verlaß mehr war. Die Katholikenemancipation war

---

[1] Vergl. die oben bei Beſprechung der iriſchen Statiſtik und der Unterſtützung der iriſchen Auswanderung 1882/84 angegebene Litteratur. — Die Volkszählungsbe=
richte. — Lord Dufferin, Irish Emigration and the tenure of Land in Ire-
land (1867). — E. Cliffe Leslie, Land Systems and Industrial Economy of Ireland etc. (1870). — Die Aufſätze von M. Jaffé in Schmollers Jahrbuch für
Geſetzgebung u. ſ. w.: Die geſchichtlichen Urſachen der iriſchen Agrarverfaſſung, (1894, S. 759 ff.) und die Entwickelung des iriſchen Pachtweſens von 1700 bis zu den An=
fängen der Agrarreform (1895 S. 809 ff.) mit ausführlichen Litteraturangaben. —
John Locke, on Irish Emigration in Journal of the R. Statist. Society 1852 S. 339 ff. und 1854 S. 176 ff. — S. auch Pauli, Geſchichte Englands II
(1867) S. 379 ff. und III (1875) 257 ff. und 259 ff. — Die Litteratur über die iriſche Hungersnot und über die iriſche Unabhängigkeitsbewegung. Eine anſchauliche, aber
freilich leidenſchaftlich parteiiſche Überſicht giebt T. P. O'Connor, the Parnell Move-
ment, being the History of the Irish Question from the Death of O'Connell to the Suicide of Pigott (1889).

[2] Vergl. auch Torrens, the Budget (1844) S. 104 ff.

begleitet von einer starken Einschränkung des Wahlrechts und nunmehr waren die Grundherren auf Zusammenlegung der Kleinpachtungen bedacht[1]. In den fünf Jahren von 1839—1843 sollen nach O'Connells Angabe 150 000 Pächter, nach anderer Angabe über 70 000 Familien aus ihren Pachtungen gesetzt sein. Mochten auch manche Grundherren sich um das weitere Schicksal ihrer bisherigen Hinterfassen kümmern, viele thaten das nicht. Die Auswanderung wuchs, aber auch die Zahl der ungenügend Beschäftigten im Lande. Die Kartoffelkrankheit und die große Hungersnot von 1846 und und 1847 erwiesen die Unhaltbarkeit des bisherigen Zustands. Wie Not und Verzweiflung die Menschen aus dem Lande trieb, ist oben (S. 83 f.) schon geschildert. Die Zahlen der Jahre 1847—1854 hat die irische Auswanderung später nicht wieder erreicht. Aber mit nur geringen Hemmungen ist ein starker Strom weiter gegangen. Nur 1876—79 und 1893/94 ist die jährliche Auswanderung unter 50 000 gesunken.

Noch unter dem Einfluß der Hungersnot begannen die Grundherren stärker als je die Kleinpachtungen zusammenzulegen, die Pächter auszutreiben. Vielfach sind die Pächter auch ohne Zwang weggegangen. Es giebt wohl kein Land in der Welt, das einen so eigentümlichen, melancholischen Anblick bietet als Irland in seinen ärmeren Teilen: zahllos sind die verlassenen Hütten, ohne Dach, die Thür mit Steinen zugesetzt, damit neue Bewohner sich nicht darin festsetzen. In neuerer Zeit sind es aber doch nicht überwiegend Pächter, die auswandern. Die Zahl der landwirtschaftlichen Betriebe vermindert sich nicht mehr stark. Vorwiegend wandern aus die jüngeren Kinder, da die Pachtungen nicht mehr wie einst geteilt werden, die Grundherren das möglichst verhindern.

Von der Kartoffelernte hängt auch heute in der Hauptsache, wenn nicht gerade die Erwerbsaussichten in Amerika sehr ungünstig sind, die Größe der Auswanderung ab. Gute Kartoffelernten ermöglichen vermehrte Schweinehaltung und diese leichteren Gelderwerb und Pachtzahlung[2]. Schlechte Ernten wirken sofort auf die Auswanderung. Der schlechten Ernte von 1862 folgt mit der Not der erneute Aufschwung der Auswanderung. So war 1879 die Ernte überhaupt, die der Kartoffeln insbesondere nicht geraten. Während gewöhnlich die Auswanderung vom April bis Juni am höchsten ist, von da an abnimmt, stieg 1879 die Auswanderung im Herbst wieder, war im Dezember 1879 und Januar und Februar 1880 höher, als sonst je der

---

[1] Warum das so leicht war, ist gut auseinandergesetzt von Jaffé a. a. O. Jahrg. 1895 S. 851.
[2] „The pig is the gintleman that pays the rint" sagt der Ire.

Fall iſt [1]. Auch der ſchlechten Kartoffelernte von 1882 folgte ſofort eine
ſtarke Zunahme der Auswanderung, während die Wirkung der ſchlechten
Ernte von 1890 durch die ungünſtigen Erwerbsausſichten in den Vereinigten
Staaten, die Ende 1890 ſich zeigten, paralyſiert wurde. Der enge Zu=
ſammenhang von Armut und Auswanderung zeigt ſich deutlich, wenn man
nach Grafſchaften die Auswanderung vergleicht 1. mit der valuation, d. h. der
Einſchätzung des Ertrages des Realeigentums für die Kommunalbeſteuerung [2]
und 2. mit der Klaſſifikation der Wohngebäude [3]. Die Grafſchaften, in
denen Gebäude der unteren Klaſſen beſonders häufig ſind, entſenden regel=
mäßig auch große Auswanderermengen. Ebenſo decken ſich die Grafſchaften
ſtarker Auswanderung im großen und ganzen mit den Gegenden, in welchen
das Verhältnis des Bodenertrages (valuation) zur Bevölkerung hinter
dem Landesdurchſchnitte (knapp 3 £ auf den Kopf) zurückbleibt. Es
iſt der ganze Weſten, an den ſich die nördliche Hälfte des Centrums
anſchließt. Einen beſonders guten Maßſtab ländlicher Dürftigkeit giebt
die bei Gelegenheit der Volkszählung von 1891 zum erſten Male aus=
geführte Erhebung der Valuation der landwirtſchaftlichen Betriebe. Stellt
man feſt, wie viele von je 100 landwirtſchaftlichen Betrieben auf einen
Ertrag von weniger als 15 £ eingeſchätzt waren [4], ſo finden wir, daß das
in den Grafſchaften von Connaught 81 (Sligo) bis 92 (Mayo) waren, in
Donegal 87, in Cavan 74, in Tyrone 71, ebenſo im Süden in Kerry 75,
in Clare 71 u. ſ. w. [5] Ein außerordentlich großer Teil der Bevölkerung
lebt im Weſten auf dieſen Landſtellen von weniger als 15 £ Ertrag. In
Leinſter ſind es kaum 20 Prozent der Bevölkerung, dagegen in Connaught
faſt 71 Prozent, in Donegal 68 Prozent. Auf den ärmſten Böden

---

[1] Es wanderten aus Irland aus

im	1879	1880	1881		im	1879	1880	1881
Januar	1696	3086	1788		Juli . . .	3934	7197	5905
Februar	1907	3976	2422		Auguſt . .	4573	6456	5608
März .	2959	8489	5898		September	4258	6613	6630
April .	5342	18855	15526		Oktober .	4618	5912	4844
Mai . .	6507	19284	15833		November.	4262	2863	3143
Juni .	4376	10893	9118		Dezember .	2633	1893	1702

[2] Sogen. Griffith's Valuation, 1852—1864 durchgeführt, Grundlage der ganzen
Kommunalbeſteuerung, wie des kommunalen und ſtaatlichen Wahlrechts.

[3] S. die lehrreichen Kartogramme im Volkszählungsbericht für 1891 (1892)
Bd. II.

[4] S. die Tabelle 60 im 2. Bande des Volkszählungsberichts. — 15 £ iſt an=
nähernd der Ertrag einer Landſtelle von 30 Acres im Durchſchnitt von ganz Irland.

[5] Dagegen haben die übrigen Grafſchaften von Munſter ein viel günſtigeres
Verhältnis, 49—53 %. Die ſeit 1840 im Gange befindliche Zuſammenlegung kleiner
Pachtungen iſt hier ſchon weiter vorgeſchritten.

geht die Zersplitterung der Betriebe am weitesten, sucht eine unverhältnismäßig zahlreiche Bevölkerung vom Ertrage des Bodens zu leben[1].

In jenen westlichen Gegenden leben die Leute auf dem Lande ganz in der Naturalwirtschaft. Die Kartoffeln, die Milch der Kuh (wenn eine gehalten werden kann), essen sie selbst, die Wolle der paar Schafe wird im Hause versponnen und gewoben. Aber bares Geld ist nötig, um die Pacht und die Steuern zu zahlen, um Thee, um eiserne Geräte zu kaufen. Nur durch allerlei Nebenerwerb wird das beschafft, durch Handweberei, durch gelegentliche Lohnarbeit, durch Torfstechen und Torfverkauf in die Stadt, durch Fischen und Kelpgewinnung[2]. Sind die Kartoffeln reichlich, kann auch ein Schwein fettgemacht und verkauft werden. Einen wichtigen Barzuschuß liefern die Erntearbeit in England und vor allem die Rimessen der Angehörigen in Amerika. So wird mühsam das Gleichgewicht im Haushalt aufrecht erhalten[3]. Aber wehe, wenn eine dieser Einnahmequellen gestört wird. Die Nachfrage nach Wanderarbeitern in England vermindert sich seit den siebziger Jahren infolge der Agrarkrisis. Die Kelpgewinnung ist durch Eröffnung neuer Bezugsquellen für Jod in Verfall geraten[4]. Und vor allem ist die Hauptnahrungsquelle, die Kartoffel, so ungleich im Ertrag, daß alle paar Jahre der Hunger und die bleiche Not im Lande umgehen. Daß die Leute lernen, sich auf öffentliche Unterstützung zu verlassen, dem oralisiert sie vollends. Da ist es begreiflich, wenn auch warme Freunde des Volkes die Auswanderung für eine Notwendigkeit erklären, ja ihre Unter-

---

[1] 1891 wurden gezählt von je 1000 der Bevölkerung

	auf Landstellen von weniger als 15 £ Ertrag	auf Landstellen von mehr als 15 £ Ertrag	nicht auf Landstellen
in Leinster . .	197	281	522
in Munster .	293	358	349
in Ulster . . .	335	288	377
in Connaught	706	163	131
in Irland . .	347	284	369

[2] Kelp ist der Seetang, oder genauer der gebrannte Seetang, der zur Jodfabrikation benutzt wird. Die Kelpgewinnung soll der Grund für den Verfall der Fischerei sein (Parnell vor dem C. o. C. 1890 qu. 5460 ff.)

[3] Wenn die Devon-Kommission 1848 zu dem Ergebnis kam, daß fast bei der Hälfte der landwirtschaftlichen Betriebe die gesamte Produktion ohne Abzug von Rente und Steuern nicht genüge, um die Inhaber gehörig zu ernähren, so ist das Gleiche noch vor dem Kolonisationsausschuß über die armen Gegenden des Westens behauptet worden (namentlich 1889 qu. 2320 ff.).

[4] Auch im westlichen Schottland ist das einer der Gründe für die Not der kleinen Leute.

stützung aus öffentlichen Mitteln befürworten. Ein wichtiger Schritt war
es, als für diese armen Bezirke 1891 das Congested Districts Board geschaffen wurde, dessen Aufgabe die Entwicklung der wirtschaftlichen Hülfsquellen des Landes ist. Aber nur langsam kann das die Verhältnisse
ändern. Schneller wird die Umgestaltung der Grundbesitzverhältnisse wirken.
Die Encumbered Estates Act von 1848 hat freilich nur teilweise
zur Zerschlagung des großen Besitzes geführt. Aber die Umwandlung
von Pächtern in Eigentümer auf Grund der Gesetze von 1885 (sog. Ash-
bourne Act) und 1891 (sog. Balfour Act) wird auch die Menschen um-
wandeln, sie thätiger machen, ihr Selbstvertrauen stärken, ihren Wirtschafts-
betrieb heben [1]. Das Landgesetz von 1881 hat gewiß Manchen von der
Auswanderung abgehalten, indem es seine Existenz auf dem heimischen
Boden sicherte. Aber in anderen Fällen soll die Möglichkeit das Tenant
Right zu veräußern auch Manchen die Auswanderung erleichtern, da sie nun
mit einigem Kapital in der Hand einen neuen Wirkungskreis sich suchen
können. Unzweifelhaft würde die ganze Reform der irischen Agrarverfassung
der Auswanderung stark entgegenwirken, wenn nicht die Agrarkrisis seit den
siebziger Jahren den Strom nährte. In England und dem größten Teil
Schottlands wirkt diese lange nicht so stark. Auch dort nimmt die ländliche Bevölkerung ab. Aber die wachsenden Menschenmassen finden zum
großen Teil in Industrie und Bergbau ein Unterkommen, nur ein Teil
wandert aus. In Irland ist die Industrie wenig entwickelt. Von stark
wachsenden Industriecentren besitzt es nur das eine, Belfast. Die Menschen,
die im Landbau nicht genügende Beschäftigung finden, müssen also auswandern. Der überwiegend agrikole Charakter Irlands zwingt sie dazu.
Primitive Bodenbebauung, Zwergbetrieb und Naturalwirtschaft sind ohnehin
unfähig, wachsende Volksmassen zu erhalten. Die Agrarkrisis, die Schutz-
losigkeit der Landwirtschaft seit 1849 führen zu anbauernder Verminderung
der Bevölkerung Irlands.

Der Gedanke liegt nahe, und von verschiedenen Seiten, namentlich von
den Nationalisten, ist ihm Ausdruck gegeben, daß man versuchen könnte, auf
dem Wege der inneren Kolonisation (migration), den ungenügend beschäftigten
und ernährten Teil der Bevölkerung in Irland selbst anzusiedeln. Für
West-Schottland wird das gleichfalls lebhaft erörtert. Aber die Meinungen
gehen schon über die Grundfrage auseinander, ob die weiten nur als Weide
oder gar nicht benutzten Flächen sich zur Besiedelung eignen. Auch werden
die großen Kosten dagegen eingewendet.

---

[1] Alle mir gemachten Mitteilungen stimmen darin überein, daß mit den neuen
Eigentümern eine geradezu wunderbare Wandlung vorgehe.

Die Tramways Act von 1883 (oben S. 102) stellte für einen Versuch in dieser Richtung 50 000 £ zur Verfügung, die nicht verwendet sind. Aber darauf hin gründeten Parnell, Sir Baldwin Leighton und Andre 1884 eine Land Purchase and Migration Company, welche einen großen Besitz ankaufte, um Bauern anzusiedeln. Der Versuch ist mißglückt und die Gesellschaft gerichtlich liquidirt. [1] Neuerdings geht das Congested Districts Board vorsichtig in dieser Richtung vor.

Die ganze Behauptung, daß der irische Auswanderungslustige freier Bauer werden wolle, wie man ja mit Recht von einem Landhunger deutscher und englischer Auswanderer spricht, ist bestritten und angesichts der Anhäufung der Iren in den großen Städten Amerikas offenbar mit Recht. [2] Und wenn von den Nationalisten auf die Grausamkeit hingewiesen wird, in der Trennung vom Mutterlande die Abhülfe für den Notstand zu suchen, so wird von anderer Seite bestritten, daß das lebhaft empfunden würde. Nur die alten Leute seien noch anhänglich an das Land. [3]   Die jungen Leute wachsen mit dem Gedanken an die Auswanderung auf. Einer der Herren, welcher die staatlich unterstützte Auswanderung 1883/84 mit geleitet hatte, erzählte vor dem Kolonisationsausschuß, daß die Auswanderer singend und fröhlich davon gegangen seien. [4]

3. Die Wirkungen.

Bei Untersuchung der Wirkungen müssen die speciell irischen Verhältnisse wiederum für sich behandelt werden.

Eine Auswanderung, so ungeheuer wie die irische, hat selbstverständlich auf allen Gebieten des dortigen Lebens tiefgreifende Wirkungen gehabt.

---

[1] Dieser Versuch auf dem Kilcloony Estate und die ganze Frage ist vor dem Kolonisationsausschuß mit großer Breite verhandelt, s. nam. 1889 qu. 2184 2526 ff., 1890 qu. 3489 ff., 3939, 5459, 6706 ff., 6938, 7155 ff. App. S. 492. — Das Buch von Prof. Baldwin, Views on Ireland, in welchem ausführlich die migration behandelt sein soll, ist mir nicht zugänglich gewesen.

[2] Tuke erklärte vor dem Kolonisationsausschuß (1890 qu. 3518), mit dem Landhunger der Iren sei es ein eigenes Ding. Viel größer sei ihr Geldburst. Sie gingen überall hin, wo rasch Geld zu verdienen sei. — Auch daß die Kinder schon Geld verdienen könnten in Amerika, wird als Motiv der Auswanderung genannt (1890 qu. 7446).

[3] C. o. C. 1890 qu. 5698.

[4] Sir John Colomb vor dem Kolonisationsausschuß über die Auswanderung aus Kenmare Union (Kerry) 1890 qu. 7447 ff.

Die Volkszählungen hatten bis 1841 wachsende Volkszahlen ergeben.[1] Von 1821 bis 1831 hatte sich die Bevölkerung um mehr als 14 Prozent vermehrt, von 1831 bis 1841 noch um 5.25 Prozent. In letztgenanntem Jahre wurden 8 175 000 Menschen gezählt, für 1845 vor Beginn der großen Not wird ihre Zahl auf 8 295 000 geschätzt, für die Mitte des Jahres 1895 nur mehr auf 4 584 000, also in 50 Jahren eine Verminderung um 3 711 000 Köpfe, im Verhältnis von 100 auf 54. Diejenigen, welche wie Torrens am Anfang der vierziger Jahre eine Verminderung der Bevölkerung um 2³/₄ Millionen forderten, sahen ihr Verlangen in der Mitte der sechziger Jahre erfüllt. Ein Teil des Rückgangs während der großen Not ist der entsetzlichen Sterblichkeit jener Jahre zuzuschreiben. Aber im übrigen ist die Abnahme der Bevölkerung ganz die Wirkung der Auswanderung, welche andauernd den Geburtenüberschuß überragte. Seit es eine geordnete Bekundung der Geburts- und Sterbefälle giebt, seit dem 1. Januar 1864 ist nur 1876 und 1877 der Geburtenüberschuß ein wenig größer gewesen als die Auswanderung (um zusammen 17 000 Köpfe). Allerdings ist die Auswanderung bei weitem nicht mehr so groß wie 1847 bis 1854. Aber auch der Geburtenüberschuß ist immer geringer geworden. Im Jahrfünft 1866—70 betrug der Geburtenüberschuß jährlich noch fast 10 auf 1000 der mittleren Bevölkerung, 1890—94 nur mehr 4¹/₂. Irland galt früher für ein kinderreiches Land. Jetzt steht seine Geburtenfrequenz auf derselben Stufe wie in Frankreich, während allerdings die Sterblichkeit etwas günstiger ist. Die Erklärung für diese Änderung ist in der sehr geringen Zahl der Heiraten zu suchen, die ihrerseits wieder dadurch entsteht, daß die jungen Leute beiderlei Geschlechts in Massen auswandern, ehe sie heiraten, dem Wakefieldschen Ideal entsprechend, wie man mit Beförderung der geringsten Zahlen die größte Verminderung der Bevölkerung

---

[1]

Bevölkerung Irlands	Zuwachs		Bevölkerung	Abnahme
1821	6 802 000		1851	6 552 000	19,85 °/o
1831	7 767 401	14,19 °/o	1861	5 799 000	11,50 °/o
1841	8 175 124	5,25 °/o	1871	5 412 000	6,67 °/o
			1881	5 175 000	4,39 °/o
			1891	4 705 000	9,08 °/o

Für die ältere Zeit mögen die Zahlen ungenau sein. In der Gegenwart ist die irische Bevölkerungsstatistik ganz vortrefflich.

Die große Verminderung der Bevölkerung, während die Großbritanniens gewachsen ist, hat die Folge, daß Irland unverhältnismäßig stark im Parlament vertreten ist. Nach dem Verhältnis der Bevölkerung zur Zahl der Parlamentsmitglieder, wie es in Großbritannien besteht, würden Irland 1891 nur 81 Vertreter statt 103 zugekommen sein.

im Mutterland, die größte Vermehrung in der Kolonie erreichen könne.[1] Während in England mehr als 7 Eheschließungen jährlich auf 1000 der mittleren Bevölkerung kommen, sind es in Irland nur etwa 4,7. Die Folge ist, daß die Zahl der Verheirateten in der Bevölkerung ungewöhnlich niedrig ist. Unter je tausend Personen im Alter von 15 Jahren und darüber waren unverheiratet:

	in England und Wales		in Irland	
	männl.	weibl.	männl.	weibl.
1881	392	367	508	448
1891	406	387	543	475

Das Durchschnittsalter der Eheschließung ist, da die Masse der jungen Leute auswandert, verhältnismäßig hoch.

Es handelt sich dabei um eine Entwicklung, die fortzuschreiten scheint. Nach einer anderen Berechnung für die mehr als Siebzehnjährigen, die bis 1871 zurückgeht, ergiebt sich, daß unter je 1000 derselben Unverheiratete waren:

	1871	1891
in Leinster	452	493
= Munster	374	466
= Ulster	430	472
= Connaught	366	431
= ganz Irland	412	470

Die Wirkung der geringen Heiratsfrequenz und der späten Heiraten zeigt sich auch darin, daß 1891 von je 1000 Frauen zwischen 15 und 45 Jahren, also im fruchtbaren Alter, 634 unverheiratet waren.[2] Im Vergleich mit der Zahl der verheirateten Frauen im fruchtbaren Alter ist die scheinbar niedrige Geburtenfrequenz gar nicht gering, rund 30 auf 100.

Das Zahlenverhältnis der Geschlechter wird in Irland, im Gegensatz zu England und Deutschland, durch die Auswanderung nicht sehr gestört, da wie oben (S. 173) gezeigt, beide Geschlechter ziemlich gleichmäßig an der Auswanderung beteiligt sind. Auf 100 männliche kamen 1841 wie 1891 103 weibliche Personen.

Den eigentümlichen Altersaufbau der irischen Bevölkerung, der sich durch die Wirkungen der Auswanderung und der (wieder in der Hauptsache

---

[1] Von kompetenter Seite wurde mir erzählt, daß vielfach junge Leute, welche die Absicht hätten, sich zu heiraten, vorher auswanderten.

[2] Um so bemerkenswerter ist die geringe Zahl unehelicher Geburten in Irland, zweieinhalb Prozent (in Ulster vier, in Connaught einhalb Prozent.)

durch die Auswanderung veranlaßten) abnehmenden Geburtenfrequenz ergiebt,
hier näher einzugehen, muß ich mir versagen, da nur eine ganz eingehende
statistische Untersuchung und Vergleichung Wert haben würde.

Als Wirkung der Auswanderung wird regelmäßig angeführt, daß das
Verhältnis der Krüppel und Breithaften zur Bevölkerung
ungünstiger wird, weil nur die Gesunden auswandern. So plausibel das
klingt, wird es durch die Erhebungen über die Häufigkeit der merkbarsten
Gebrechen nicht bestätigt. Von Blinden kam in Irland

1851	je	einer	auf	864 Einwohner
1861	=	=	=	843 =
1881	=	=	=	847 =
1891	=	=	=	881 =

Von gebornen Taubstummen kam

1851	je	einer	auf	1573 Einwohner
1871	=	=	=	1520 =
1881	=	=	=	1602 =
1891	=	=	=	1833 =

Was dagegen die Zahl der Geisteskranken und Blödsinnigen betrifft,
so haben sie nicht nur im Verhältnis zur Bevölkerung, sondern auch absolut
zugenommen. Wie viel von dieser Zunahme in größerer Genauigkeit der
Erhebungen seinen Grund hat, vermag ich nicht zu sagen.

**Die Abnahme der Bevölkerung verteilt sich auf das
ganze Land.**[1] Vergleichen wir 1841 mit 1891, so haben nur zwei
Grafschaften zugenommen, Dublin um 12,5 Prozent, Antrim (mit Belfast)
um 20,9 Prozent. Während die Abnahme für ganz Irland 42,5 Prozent
betrug, war sie in Munster 51, in Connaught 49, in Leinster 40, in Ulster
32 Prozent. Scheiden wir Stadt und Land, so vermehrten in diesen
50 Jahren die Orte mit mehr als 2000 Einwohnern ihre Bevölkerung um

---

[1] Es hat sich deshalb auch das Zahlenverhältnis der Konfessionen nicht sehr
geändert. 1831 sollen 81 Prozent der Bevölkerung katholisch gewesen sein (Pauli,
Geschichte Englands II S. 178), 1861 waren es 77,7 Prozent, 1891: 75,4 Prozent.
Die kleine Verschiebung kommt daher, daß die Auswanderung aus den protestantischen
Teilen Ulsters geringer ist. Daran kann hier nur nebenher erinnert werden, welche
ungeheure Bedeutung für die Ausbreitung der katholischen Kirche in den Vereinigten
Staaten die irische Masseneinwanderung hatte. Nicht umsonst ist die Kathedrale in
New-York dem heiligen Patrick geweiht. Vgl. übrigens das salbungsvolle Buch des
Bischofs Spalding, the Religious Mission of the Irish People and Catholic
Colonization. 2. Aufl. New-York 1880.

faſt 109 000 (9,6 °/o), das Land nahm um 3 578 000 ab (50,8 °/o!) [1]. Was jedoch den Zuwachs der Städte betrifft, ſo iſt jene Geſamtzahl irre= führend. Bei der Zählung von 1851 zeigte allerdings eine Reihe von Städten höhere Zahlen, weil die notleidende Bevölkerung vom Lande dort Hülfe und Unterſtützung ſuchte. Aber ſeitdem hat die Mehrzahl aller Städte an Bevölkerung abgenommen. Grimſhaw (Facts and Figures I 9) kann außer Belfaſt und Dublin mit ihren Vorſtädten, ſowie Londonderry nur 6 Orte nennen, die eine „wachſende oder nur wenig ſich vermindernde Be= völkerung" zu erhalten vermocht hätten. Dem Zuwachs der ſtädtiſchen Be= völkerung in den Grafſchaften Dublin (+ 93 546), Antrim und Down (mit Belfaſt, + 196 737) und Londonderry (+ 18 289) ſteht eine Abnahme der ſtädtiſchen Bevölkerung in allen anderen Grafſchaften um 199 924 in der Zeit von 1841—1891 gegenüber.

So ſank, um nur die wichtigſten Orte zu nennen, die Bevölkerung von Cork von 80 720 auf 75 345 (1861 : 85 745), die von Limerick von 48 391 (1851 : 53 448) auf 37 155, die von Waterford von 23 216 (1851 : 25 297) auf 20 852, die von Kilkenny von 17 300 auf 11 048, die von Galway von 17 275 (1851 : 23 787) auf 13 800.

Immerhin hat ſich für das ganze Land das Verhältnis der ſtädtiſchen zur Geſamtbevölkerung ſtark verſchoben, 1841 waren es knapp 14, 1891 gut 26 Prozent. [2] Die Abnahme der ländlichen Bevölkerung allein betrug in Leinſter 54, in Munſter 55, in Connaught 50, in Ulſter 46 Prozent.

Dieſe ungeheure Verminderung der ländlichen Bevölkerung hat nun ſelbſtverſtändlich tiefgreifende Wirkungen vor allem auf die ländlichen Verhältniſſe geübt. Das in Kultur befindliche Land hat ſich ſeit den vierziger Jahren vermehrt. [3] Das Verhältnis von Kulturland und länd= licher Bevölkerung hat ſich alſo erheblich geändert: auf den Kopf kamen 1841 1,9 Acres, 1891 : 3,9. Der Getreidebau iſt freilich noch ſtärker zurück= gegangen als die Bevölkerung, was in ſofern mit der Auswanderung zu thun hat, als die Arbeitskräfte ſeltener und teurer geworden ſind. Die mit Hackfrüchten beſtellte Fläche iſt bis 1860 ſogar noch gewachſen und iſt ſeit=

---

[1]

	1841	1891
Stadt	1 135 000	1 244 000
Land	7 039 000	3 461 000

[2] In Connaught nur 5 und 7,3 %, was die wirtſchaftliche Entwicklung der Provinz charakteriſiert.

[3] Ein kleiner Rückgang der Zahlen ſeit der Mitte der ſiebziger Jahre iſt nur ſcheinbar, da er ſeinen Grund in genauerer Erhebung hat, Grimſhaw, Facts and Figures I S. 21.

dem langsam zurückgegangen, aber immer noch so groß wie Ende der vier=
ziger Jahre. Der Wiesen= und Kleebau hat sich beinahe verdoppelt, das
Grasland (zwei Drittel der Kulturfläche umfassend) hat sich etwas vermehrt[1].

Dieser Entwicklung entspricht es, daß ein größerer Grundertrag, der
valuation nach[2] auf den Einzelnen kommt. Der Kopfanteil der Land=
bevölkerung betrug 1851: 1,9 £, 1891 : 3 £.

Wichtiger und lehrreicher ist die Veränderung der Zahl der land=
wirtschaftlichen Betriebe in den einzelnen Größenklassen.[3]

Die Zahl der landwirtschaftlichen Betriebe (holdings) von mehr als
einem Acre Umfang war in

	Leinster	Munster	Ulster	Connaught	Irland
1841	134 780	163 886	236 694	155 842	691 202
1851	122 871	120 494	210 349	116 624	570 338
1892	104 861	110 991	183 621	115 980	515 453

davon in der Größenklasse von 1—5 Acres

	Leinster	Munster	Ulster	Connaught	Irland
1841	50 110	57 857	102 215	100 254	310 436
1851	25 711	14 200	29 709	18 463	88 083
1892	17 863	11 113	21 099	12 750	62 825

in der Größenklasse 5—15 Acres

	Leinster	Munster	Ulster	Connaught	Irland
1841	46 039	61 753	99 605	45 402	252 799
1851	33 058	24 365	85 176	49 255	191 854
1892	25 686	19 159	64 693	46 487	156 025

in der Größenklasse 15—30 Acres

	Leinster	Munster	Ulster	Connaught	Irland
1841	20 688	27 611	25 219	5 824	79 342
1851	26 006	28 855	57 651	28 799	141 311
1892	22 191	24 059	53 859	33 505	133 614

in der Größenklasse von mehr als 30 Acres.

	Leinster	Munster	Ulster	Connaught	Irland
1841	17 943	16 665	9 655	4 362	48 625
1851	38 096	53 074	37 813	20 107	149 090
1892	39 121	56 660	43 970	23 238	162 989.

Die Zahl der Häuslerstellen von weniger als einem Acre Umfang, die
man als landwirtschaftliche Betriebe nicht mehr bezeichnen kann, sank von
rund 82 000 im Jahre 1841 auf 54 200 im Jahre 1892.

---

[1] Hand in Hand geht mit dieser Entwicklung die Vermehrung des Viehstandes,
den absoluten Zahlen nach und noch mehr im Verhältnis zur Bevölkerung. Auf
100 Einwohner kamen

	Pferde	Rindvieh	Schafe	Schweine	Ziegen	Hühner
1841	7	23	26	17	2	103
1886—90	12	86	77	29	6	304

[2] Es ist damit aber nicht viel anzufangen, da die Valuation, auf den Produkten=
preisen des Anfangs der fünfziger Jahre beruhend, stabil ist.

[3] S. Agricultural Statistics for Ireland. Jährlich. — Die Volkszählungs=
berichte. — Gute Zusammenstellungen aus der amtlichen Statistik in Thom's
Almanac.

Die gewaltige Umwälzung der ländlichen Betriebsverhältnisse, die teils durch die Auswanderung veranlaßt ist, teils die Ursache der Auswanderung gewesen ist, kann nicht besser beleuchtet werden als durch diese Zahlen [1].

Die Gesamtzahl der Landstellen hat sich von 1841 bis 1892 um gut ein Viertel vermindert. Aber das ist in der Weise vor sich gegangen, daß die ganz kleinen Betriebe von 1—5 Acres um nicht weniger als vier Fünftel sich verminderten und die von 5—15 Acres um beinahe zwei Fünftel. Dagegen ist die Zahl der Betriebe von 15—30 Acres um mehr als zwei Drittel, die der größeren Betriebe um 235 Prozent gestiegen. Was die Umwälzung noch gewaltsamer erscheinen läßt, ist der Umstand, daß die Änderung zum größten Teil zwischen 1841 und 1851 sich vollzogen hat. In der ärmsten Provinz, in Connaught, nahmen sogar die Betriebe von 5—15 Acres Größe noch bis 1861 zu. Die Betriebe von 15—30 Acres, die sich in Connaught noch anbauernd vermehren, haben sich in den andern Provinzen seit 1851 wieder vermindert. Die Zusammenlegung zu größeren Betrieben ist dort energischer fortgeschritten als in Connaught, wie sich auch darin zeigt, daß in dieser Provinz die Betriebe von mehr als 30 Acres von 1861 bis 1881 wieder abnahmen (von 23 152 auf 21 708), erst nach der großen Auswanderung am Anfang der achtziger Jahre sich wieder vermehrt haben.

Die Zwergbetriebe von 1—15 Acres (40 a bis 6 ha) machten 1841 81 Prozent, 1892 42 Prozent aller Betriebe aus, die Betriebe von mehr als 30 Acres (12 ha) 7 und 32 Prozent. Welche Umwälzung!

Sehr lehrreich dafür, wie die wirtschaftliche Lage der in Irland gebliebenen Bevölkerung sich geändert hat, ist auch die irische Wohnhäuser- und Wohnungsstatistik. Sie unterscheidet vier Klassen von Wohnräumen.

4. Klasse: Häuser mit einem Wohnraume und einem Fenster, aus Lehm oder anderem vergänglichem Material gebaut.

3. Klasse: Häuser mit 2—4 Wohnräumen und Fenstern.

2. Klasse: Gute Bauernhäuser und kleine Stadthäuser mit 5—7 Räumen.

1. Klasse: alle besseren Häuser.

---

[1] Es ist dazu zu bemerken:
1. Da häufig mehr als ein Betrieb in einer Hand ist, so ist die Zahl der Occupiers, die neuerdings ermittelt wird, kleiner. Die Zahl der Occupiers von Land von größerem Umfange als 1 Acre betrug 1892 471 820.

Nun sind ermittelt:

	Wohnhäuser überhaupt	davon 1. Klasse	2. Klasse	3. Klasse	4. Klasse
1841	1 328 839[1]	40 080	264 184	533 297	491 278 (!)
1851	1 046 223	50 164	318 758	541 712	135 589
1891	870 578	70 740	466 632	312 589	20 617

Um nun auf einfache Weise festzustellen, wie die Bevölkerung wohnt, hat man Unterkunft (accomodation) 1.—4. Klasse unterschieden. Die 4. Klasse enthält alle Haushaltungen, die Häuser 4. Klasse bewohnen und alle in Häusern 3. Klasse Wohnenden, falls mehr als eine Familie darin Unter= kunft fand, die in Häusern 2. Klasse mit mehr als 3 Familien Wohnenden, die in Häusern 1. Klasse mit mehr als 5 Familien Wohnenden. Die 3. Klasse enthält die Familien, die allein in Häusern 3. Klasse, zu zweit oder dritt in Häusern 2. Klasse, zu viert oder fünft in Häusern 1. Klasse wohnen. Die 2. Klasse enthält die Familien, welche allein in Häusern 2. Klasse oder zu zweit oder dritt in Häusern 1. Klasse wohnen. Die 1. Klasse endlich enthält die allein in Häusern 1. Klasse Wohnenden.

Nach dieser Einteilung hatten Unterkunft Familien

	überhaupt	1. Klasse	2. Klasse	3. Klasse	4. Klasse
1841	1 472 739	31 333	241 664	574 386	625 356
1851	1 204 319	39 370	292 280	588 440	284 226
1891	932 113	62 613	454 870	359 308	55 322

Es hatten also Unterkunft 3. und 4. Klasse 1841 82 Prozent aller Haushaltungen, 1891 nur mehr 44 Prozent. Unterkunft 4. Klasse hatten nur mehr 6 Prozent gegen 43 Prozent ein halbes Jahrhundert früher.

Daß das Niveau der Löhne in Irland in den fünfziger Jahren er= heblich gestiegen ist, scheint unzweifelhaft zu sein[2]. Ebenso hat in den west= lichen Grafschaften der neuerdings (infolge der Abnahme der Wanderarbeit und des Verfalls der Kelp=Industrie) wieder eingetretene Druck sich nach der großen Auswanderung der achtziger Jahre sehr gemildert. Die Wirkungen der unterstützten Auswanderung von 1882—84 (vergl. S. 101 ff.) sind vor dem Kolonisationsausschuß so eingehend erörtert worden, daß es lohnt, einiges daraus mitzuteilen.

---

2. Manche von den kleinen Holdings in der Nähe von Städten sind keine land= wirtschaftlichen Holdings, sondern Landhäuser. Das Gesamtergebnis der Umwälzung wird dadurch nicht beeinträchtigt.

[1] 1821 hatte die Zahl 1 142 606 betragen.

[2] Das ist natürlich nicht allein der Auswanderung zuzuschreiben. Aber ohne sie wäre es doch nicht möglich gewesen. Es scheint mir eine Übertreibung zu sein,

Eine der ärmsten Unions von Galway ist der Armenverband Clifden. Bis 1880 war die Auswanderung ganz unbedeutend gewesen. Die Not war damals sehr groß. Die Lokalsteuern erreichten 1881 fast 20 sh. vom Pfund der Schätzung. Von 24 000 Einwohnern wurden 1880: 3807, 1882: 3456 aus öffentlichen Mitteln unterstützt. Das Tuke-Komitee hat 3230 Personen weggeschafft. Die Zahl der im Armenhaus Befindlichen sank von 1882 bis 1889 von 524 auf 368, die der in offener Armenpflege Unterstützten von 2932 auf 652. Schon 1885 kamen an Geldsendungen von Auswanderern an 2000 £, 1888 8000 £, 1889 10 000 £. Die Folge davon ist, daß die Auswanderung ziemlich lebhaft weiter geht. Die verlassenen Pachtungen dienten meist zur Vergrößerung benachbarter Betriebe. Der Tagelohn betrug 1882 10 d bis 1 sh. 1889 1 sh. 6 d bis 2 sh. Diese große Besserung der Verhältnisse — sie sind noch heute ärmlich genug — ist nicht allein, aber zum großen Teil die Wirkung der großen Auswanderung 1882—84. Ähnlich lauten die Berichte aus den anderen Bezirken: Erhöhung der Löhne, Vermehrung der Rimessen aus Amerika, Zusammenlegung der freiwerdenden Kleinstellen in 90 Prozent der Fälle.[1] Daß die Gefahr bestehe, daß die Landstellen aufs neue geteilt werden, wird allgemein bestritten.

Es ist hier von den Rimessen der irischen Auswanderer die Rede gewesen. Seit die Auswanderung aus Irland größeren Umfang angenommen hat, haben diese Geldsendungen die größte Bedeutung gehabt. Sie sind das Mittel gewesen, die Kosten der Auswanderung der Zurückgebliebenen zu bezahlen. Ist erst ein Glied der Familie in Amerika, so ermöglicht es durch seine Ersparnisse, daß immer mehr Angehörige nachkommen. Aber die Rimessen haben einen viel größeren Umfang angenommen, als die Kosten der Auswanderung betragen. Sie sind in manchen armen Gegenden das Mittel gewesen, die Bevölkerung überhaupt zu erhalten, sie haben in zahlreichen Fällen es ermöglicht, die baren Ausgaben zu bestreiten. Und wenn man in England sich darüber beschwert hat, daß die Agitation der Nationalpartei von den Ersparnissen armer irischer Arbeiter und Dienstmädchen in Amerika lebe, so hat man in Irland mit Bitterkeit darauf hingewiesen, daß diese selben Ersparnisse in viel größerem Umfange dazu dienen, abwesenden Grundherren die Pacht zu zahlen. Man hat früher versucht, den Betrag der jährlich nach Irland remittierten Summen mit Hülfe der Banken wenigstens annähernd und in Minimalzahlen festzustellen. Für die vierzig Jahre von 1848—1887 ist so eine Gesamtsumme von etwas über

wenn Cliffe Leslie darin nur die ausgleichende Wirkung des modernen Verkehrs sehen will.
[1] S. C. o. C. 1889 qu. 2697; 1890 qu. 3422 ff., 3459, 5681, 5352, App. S. 496. — Berichte des Tuke-Komitee, namentlich der dritte von 1884.

34 Millionen £ ermittelt [1]. Von 1852—54 und 1880—87 überstieg die Summe jährlich eine Million £. Im ganzen schwanken die Zahlen entsprechend der Leichtigkeit des Erwerbs in den Vereinigten Staaten. Die Auswanderung aus Irland im gleichen Zeitraum kann kaum mehr als 25—26 Millionen £ gekostet haben, so daß selbst jene Minimalsumme einen Überschuß von 8—9 Millionen £ ergiebt. Thatsächlich muß er viel größer sein und ist in neuerer Zeit verhältnismäßig immer größer geworden. Da die Ermittelungen sehr unvollständig sind, hat man sie seit 1888 nicht fortgesetzt. Aber schon die erheblichen Zahlen der Postanweisungen — 1889 wurden durch die Post 1 700 000 £ aus den Vereinigten Staaten nach Irland überwiesen — zeigen, wie beträchtlich die Zahlungen sein müssen [2].

Wenden wir uns Großbritannien zu.

Groß wie die Auswanderung aus England und Schottland ist, hat sie die starke Volkszunahme doch nur etwas gehemmt. In England und Wales betrug in den Censusperioden seit 1841

	der Geburtenüberschuß	die wirkliche Zunahme
1841—51	109 °/oo	125 °/oo
1851—61	126 =	119 =
1861—71	136 =	132 =
1871—81	151 =	144 =
1881—91	140 =	117 =

Trotz aller Auswanderung stieg die Bevölkerung von England und Wales von 1841—91 von 15 914 000 auf 29 Millionen, die Schottlands von 2 620 000 auf 4 026 000.

Allerdings übt aber die Auswanderung auf die Zusammensetzung der Bevölkerung, sowie auf das Zahlenverhältnis der Geschlechter und auf den Altersaufbau einigen Einfluß. An dem ziemlich erheblichen Frauenüberschuß trägt das Vorwiegen der Männer bei der Auswanderung einen Teil der Schuld. Auf 1000 männliche kamen in England und Wales 1841 1046 weibliche Personen, 1861—81 stieg dann diese Zahl von 1053 auf 1055, 1891 aber nach der voraufgegangenen starken Auswanderung auf 1061. Der Frauenüberschuß stieg von 1881 bis 1891 von 700 000 auf 900 000. In Schottland kamen 1881 auf 1000 Männer sogar 1080 Frauen, 1891 1076.

---

[1] Nämlich 1848—57 gegen 10 Millionen, 1858—67 4¹/₂ Millionen, 1868—77 6 Millionen, 1878—87 13¹/₂ Millionen.

[2] In Connaught ist mir erzählt worden, daß vielfach jüngere Leute mit ihren Ersparnissen zurückkommen, einige Jahre bei ihrer Familie leben, bis das Geld alle ist und dann wieder nach Amerika gehen. Der Einfluß dieses halben Müßiggängertums auf eine Bevölkerung, die ohnehin nicht gewöhnt ist, sich sehr anzustrengen, ist kein günstiger.

Während in den älteren Diskussionen immer nur die Rede ist von dem Einfluß der Auswanderung auf die Zusammensetzung der Bevölkerung in den Kolonien, hat man neuerdings immer mehr auf die Wirkungen im Mutterlande hingewiesen, darauf, daß die Auswanderung gerade nicht die wegschaffe, die man los sein möchte, daß sie die Thätigsten, Unternehmungs= lustigsten, Kräftigsten fortführe, die Alten, die Schwachen, die Trägen zurück= lasse, daß sie mit einem Worte zum „survival of the unfittest" im Mutter= lande führe. Schon bei den Beratungen des Ausschusses von 1836 hatte Roebuck (qu. 909) diesen Punkt betont. Aber eine eingehende Erörterung finde ich erst in einem Vortrage von J. H. Elliott von 1868 in der Sta= tistischen Gesellschaft [1], wo hervorgehoben wird, daß es Zeit sei, zu überlegen, ob der Staat auf öffentliche Kosten eine Auswanderungsagentur unterhalten solle. „We cannot without limit be at once a nursery and an alms= house for half the world". England trage die Erziehungskosten, im pro= duktiven Alter arbeiteten die Leute dann auswärts und die einzige Kom= pensation sei, daß sie Kunden Englands würden. Es sei thöricht, die tüchtigsten Dienstmädchen nach Australien zu schicken. Ein Mädchen solle erst hier arbeiten, dann könne es sich auch leicht selbst die Überfahrt verdienen.

Seitdem sind solche Gedanken sehr verbreitet und es ist häufig geworden, von „sending out the backbone of the country" oder „the bone and sinews of the population" zu reden. Wenn Burnett vor dem Koloni= sationsausschuß [2] dieses Argument für „chiefly sentimental" erklärte, so glaube ich doch, daß sehr reelle Interessen derer, welche eine Verminderung der Arbeiterzahl nicht wünschen, sich mit Vorliebe dieser Wendung bedienen [3].

Was direkt die mit körperlichen Gebrechen Behafteten betrifft, so ist zu beachten, daß die Zahl der Blinden in England und Wales im Verhältnis zur Bevölkerung seit 1851 ganz regelmäßig abgenommen hat, von 1021 auf eine Million Einwohner im Jahre 1851 auf 809 im Jahre 1891. Wenn dagegen 1871 auf eine Million Einwohner 3034 Geisteskranke ge= zählt wurden, 1891 dagegen 3358, so ist doch die Frage, ob diese Zunahme wirklich stattgefunden hat und ob die Auswanderung etwas damit zu thun hat. Das freilich unterliegt wohl keinem Zweifel, daß in Landbezirken mit starker Ab= und Auswanderung die Zusammensetzung der Bevölkerung ungünstig beein= flußt wird.

---

[1] Journal of the R. Statistical Society, Jahrg. 1868 S. 307.

[2] 1889 qu. 1908 ff.

[3] S. d. Äußerungen von R. Torrens über der Auswanderung abgeneigte Arbeit= geberinteressen (1881 Proc. R. Colon. Institute Bd. XII S. 179) und die Rede Hazells über den Einfluß dieses Arguments auf die Armenräte (a. a. O. Bd. XIX S. 57).

Sehr bestritten sind die Einwirkungen der Auswanderung auf die Lage des Arbeitsmarktes. John Stuart Mill hat ent= schieden die Ansicht vertreten, daß eine nachhaltige Lohnerhöhung durch die Auswanderung bewirkt werden könne[1]. Die Erleichterung der Lage der arbeitenden Klassen dürfte zum Teil doch auch durch die große Auswande= rung um 1850 bewirkt sein, ebenso wie die Besserung der Zustände der Landarbeiter, seit diese zu Anfang der siebziger Jahre dazu übergingen, das platte Land zu verlassen, in die Städte und über See zu wandern[2]. Die Entvölkerung des platten Landes wirkt ihrerseits ungünstig nicht nur für die größeren Landwirte und Grundbesitzer, sondern auch für die Gewerb= treibenden der kleinen Städte. Vor dem Kolonisationsausschuß erwarteten die Zeugen, welche ländliche Notstände, wie die westirischen und west= schottischen im Auge hatten (namentlich Ruttledge-Fair, Tuke und M'Neill), ebenso sehr eine Besserung von der Auswanderung, wie sich diejenigen skeptisch verhielten, welchen vor allem die städtische Arbeitslosigkeit vor= schwebte (so Lucas, Giffen, Burnett, Sir Hugh Owen). Bei lokalen Not= ständen, z. B. infolge Niedergangs einer Industrie, könne die Auswanderung wohl die Not mindern. Aber sie sei doch immer nur ein Palliativ; die großen Probleme löse sie nicht und die Wirkung sei nicht von Dauer. Schaffe man eine Anzahl Arbeitsloser fort, so würde die Lücke sehr rasch wieder durch Zuwanderung ausgefüllt, selbst wenn keine Lohnerhöhung ein= getreten sei[3]. Für den Einzelnen könne die Auswanderung häufig sehr nützlich sein, einen dauernden Einfluß auf den Arbeitsmarkt übe sie nicht[4].

Es läßt sich wohl nicht in Abrede stellen, daß in England die quietistische Ansicht Giffens den meisten Anklang findet, daß die Auswan= derung wie die Wanderung in die Städte nun einmal da ist und als etwas unabänderliches hingenommen werden muß. Diese Anschauung liegt in England um so näher, als ja ein erheblicher Teil der Auswanderung in britische Kolonien geht. Insofern fällt die Frage nach der Wirkung der Auswanderung zusammen mit der anderen nach der Bedeutung der Kolonien

---

[1] Principles I ch. XIII § 4 und II ch. XIII § 4.

[2] S. Hasbach, die englischen Landarbeiter, S. 379.

[3] Auch für West-Schottland wurde die Befürchtung ausgesprochen, daß die Unterteilung der Kleinpachtungen doch wieder einreißen würde. Sehr einleuchtend erklärte der Zeuge Munro Ferguson (1890 qu. 7270, 7292, 7352 ff.), das bloße Weg= schaffen nütze nichts. Die Auswanderung würde keinen bleibenden Nutzen schaffen, so lange nicht die Bevölkerung selbst davon durchdrungen sei, daß die ermöglichte bessere Lebenshaltung auch behauptet werden müsse.

[4] S. namentlich C. o. C. 1889 qu. 1439, 1550, 1772, 1803, 1824, 1898, 1921 ff., 2897; 1890 qu. 624, 708.

und ihrer wirtschaftlichen Entwickelung für das Mutterland. Es ist eine Frage, die an dieser Stelle nicht erschöpft, deren wesentlichste Punkte nur angedeutet werden können. Die Auswanderung ist das Mittel, Kolonien, die ursprünglich nicht britisch waren — Canada und Südafrika — zu anglisieren oder wenigstens die englischen Stimmen zu vermehren. Die Auswanderung ist das Mittel gewesen, die australasischen Kolonien, wie die Niederlassungen im Westen Canadas überhaupt erst zu schaffen. Die Voraussetzung ihrer Existenz war, daß überhaupt erst die Menschen herangezogen wurden. Für sie alle galt, was der neue Kolonialminister Jos. Chamberlain auf einem Bankett am 11. Mai 1895 über Westaustralien sagte: „Get population and all else shall be added unto you!"

Die Entstehung jener aufblühenden Tochterstaaten in Australasien mit ihrem wachsenden Reichtum ist die Folge der englischen Auswanderung, — daß „dort im Laufe eines halben Jahrhunderts Eigentum im Werte von mehr als 1000 Millionen £ geschaffen ist, woran das Mutterland einen erheblichen Anteil hat", wie Sir Fr. D. Bell vor dem Kolonisationsausschuß erklärte (1890, qu. 1314).

Die Auswanderer und ihre Nachkommen sind in den Kolonien die Konsumenten britischer Industrieerzeugnisse in einem Umfange, welcher in anderen Wirtschaftsgebieten nicht erreicht wird.

Die Auswanderungskolonien bieten für das britische Kapital ein ergiebiges Anlagefeld. Nach einer Zusammenstellung[1] des Statistikers von Neu-Süd-Wales, Coghlan, sind von 1871 bis 1892 rund 340 Millionen £ auswärtiges Kapital, fast ganz britischen Ursprungs, in den australasischen Kolonien angelegt, nämlich 170 Millionen Anleihen der Kolonien und kommunalen Körperschaften, 112 Millionen von Privaten von auswärts her angelegt und 58 Millionen, die von Personen eingeführt sind, die ihren Wohnsitz in den Kolonien nahmen. Auf dieses Kapital sind im gleichen Zeitraum ins Ausland, d. h. wesentlich nach Großbritannien an Zinsen und Gewinnen gezahlt 205$\frac{1}{2}$ Millionen. Mögen die Zahlen im einzelnen anfechtbar sein, sie geben jedenfalls eine Vorstellung von dem Nutzen, den das Mutterland aus seinem Kolonialbesitz zieht[2].

Die Stellung Großbritanniens als eine Weltmacht, die ganze sich gegenwärtig immer kräftiger entwickelnde Reichspolitik beruht auf den Grundlagen,

---

[1] Die Ergebnisse sind mitgeteilt in der Wochenausgabe der Times vom 13. Juli 1894.

[2] Für 1895 wird die Gesamtverschuldung Australasiens an Großbritannien auf 400 Millionen £ geschätzt, die zu zahlenden Zinsen auf 12 500 000 £. Times, Weekly Ed. 15. Nov. 1895.

die durch die Auswanderung geschaffen sind, auf den Beziehungen, die durch die Fortdauer der Auswanderung immer aufs neue angeknüpft werden.

Aber die Auswanderung aus dem Vereinigten Königreich geht nicht nur nach britischen Besitzungen. Ein erheblicher Teil geht nach den Vereinigten Staaten, stärkt dort einen gewerblichen Konkurrenten, ein Staatswesen, das jeden Augenblick in einen Konflikt mit britischen Reichsinteressen geraten kann. Unzweifelhaft verstärkt die englische und schottische Auswanderung die zahlreichen freundschaftlichen Beziehungen zwischen dem „Alten Land" und dem selbständig gewordenen Tochterstaat. Auch die ausgedehnten Kapitalsanlagen, spekulativen Landerwerbungen u. s. w., die von England aus in den Vereinigten Staaten gemacht werden, finden Erleichterung und Förderung durch die Auswanderung. Aber in dieser steckt ein weiteres Element: die irische Auswanderung, die ganz überwiegend sich den Vereinigten Staaten zuwendet. In diesen Kreisen aber ist tief eingewurzelt das Mißtrauen, der Haß gegen England. Mag sich ihre Lage noch so sehr bessern, sie bleiben durchdrungen von der Überzeugung, daß englische Mißwirtschaft sie aus dem Vaterlande vertrieben. Diese irische Animosität spielt selbst in den britischen Kolonien eine gewisse Rolle. In den Vereinigten Staaten ist sie stets bereit und bei der politischen Geschäftigkeit der Iren, bei ihrer Zusammendrängung in den großen Städten auch oft in der Lage, die guten Beziehungen zu England zu stören. Ja noch mehr.

Seit dem Aufruhr von 1848 sind alle Impulse der irischen Nationalbewegung von Amerika ausgegangen. Dort entstand das Feniertum, dort der Plan der Revolution von 1867, dort das System der „moral insurrection", die Home-Rule-Bewegung und ihre Verknüpfung mit der Landfrage, die Landliga und die Anti-Rent-Agitation. Die Massenauswanderung aus Irland hat die Lage der Iren unendlich gebessert. Aber die englischen Herren, die sie mit allen Mitteln förderten, haben ihre Stellung dadurch nicht gebessert. Sie haben die Bewegung nur gekräftigt, welche erst in der vollendeten Reform des Grundbesitzes, in der Schaffung bäuerlichen freien Eigentums ihr Ende finden wird.

Anhang.

Tab 1. Gesamtzahl der Personen, welche seit 1815 aus Häfen des Vereinigten Königreichs nach Ländern außerhalb Europas und des Mittelmeeres gereist sind:

Jahr	Nach den Vereinigten Staaten	Nach Britisch Nordamerika	Nach Australasien	Nach anderen Ländern	Zusammen
1815	1 209	680	—[1]	192	2 081
1816	9 022	3 370	—	118	12 510
1817	10 280	9 797	—	557	20 634
1818	12 429	15 136	—	292	27 757
1819	10 674	23 534	—	579	34 787
1820	6 745	17 921	—	1 063	25 729
1815—1820	50 359	70 438	—	2 731	123 528
1821	4 958	12 955	—	384	18 297
1822	4 137	16 013	—	279	20 429
1823	5 032	11 355	—	163	16 550
1824	5 152	8 774	—	99	14 025
1825	5 551	8 741	485	114	14 891
1826	7 063	12 818	903	116	20 900
1827	14 526	12 648	715	114	28 003
1828	12 817	12 084	1 056	135	26 092
1829	15 678	13 307	2 016	197	31 198
1830	24 887	30 574	1 242	204	56 907
1821—1830	99 801	139 269	6 417	1 805	247 292

[1] Aus anderen Quellen als den Registern der Zollämter ergiebt sich, daß nach Australasien dort nicht verzeichnete Personen reisten: 1821: 320; 1822: 875; 1823: 542; 1824: 780; 1825: 458.

Jahr	Nach den Vereinigten Staaten	Nach Britisch Nordamerika	Nach Australasien	Nach anderen Ländern	Zusammen
1831	23 418	58 067	1 561	114	83 160
1832	32 872	66 339	3 733	196	103 140
1833	29 109	28 808	4 093	517	62 527
1834	33 074	40 060	2 800	288	76 222
1835	26 720	15 573	1 860	325	44 478
1836	37 774	34 226	3 124	293	75 417
1837	36 770	29 884	5 054	326	72 034
1838	14 332	4 577	14 021	292	33 222
1839	33 536	12 658	15 786	227	62 207
1840	40 642	32 293	15 850	1 958	90 743
1831—1840	308 247	322 485	67 882	4 536	703 150
1841	45 017	38 164	32 625	2 786	118 592
1842	63 852	54 123	8 534	1 835	128 344
1843	28 335	23 518	3 478	1 881	57 212
1844	43 660	22 924	2 229	1 873	70 686
1845	58 538	31 803	830	2 330	93 501
1846	82 239	43 439	2 347	1 826	129 851
1847	142 154	109 680	4 949	1 487	258 270
1848	188 233	31 065	23 904	4 887	248 089
1849	219 450	41 367	32 191	6 490	299 498
1850	223 078	32 961	16 037	8 773	280 849
1841—1850	1 094 556	429 044	127 124	34 168	1 684 892
1851	267 357	42 605	21 532	4 472	335 966
1852	244 261	32 873	87 881	3 749	368 764
1815—1852 (38 Jahre)	2 064 581	1 036 714	310 836	51 461	3 463 592
1853	230 885	34 522	61 401	3 129	329 937
1854	193 065	43 761	83 237	3 366	323 429
1855	103 414	17 966	52 309	3 118	176 807
1856	111 837	16 378	44 584	3 755	176 554
1857	126 905	21 001	61 248	3 721	212 875
1858	59 716	9 704	39 295	5 257	113 972
1859	70 303	6 689	31 013	12 427	120 432
1860	87 500	9 786	24 302	6 881	128 469
1853—1860	983 625	159 807	397 389	41 654	1 582 475
1861	49 764	12 707	23 738	5 561	91 770
1862	58 706	15 522	41 843	5 143	121 214
1863	146 813	18 083	53 054	5 808	223 758
1864	147 042	12 721	40 942	8 195	208 900

Jahr	Nach den Vereinigten Staaten	Nach Britisch Nordamerika	Nach Australasien	Nach anderen Ländern	Zusammen
1865	147 258	17 211	37 283	8 049	209 801
1866	161 000	13 255	24 097	6 530	204 882
1867	159 275	15 503	14 466	6 709	195 953
1868	155 532	21 062	12 809	6 922	196 325
1869	203 001	33 891	14 901	6 234	258 027
1870	196 075	35 295	17 065	8 505	256 940
1861—1870	1 424 466	195 250	280 198	67 656	1 967 570
1871	198 843	32 671	12 227	8 694	252 435
1872	233 747	32 205	15 876	13 385	295 213
1873	233 073	37 208	26 428	13 903	310 612
1874	148 161	25 450	53 958	13 445	241 014
1875	105 046	17 378	35 525	15 860	173 809
1876	75 533	12 327	33 191	17 171	138 222
1877	64 027	9 289	31 071	15 584	119 971
1878	81 557	13 836	37 214	15 056	147 663
1879	134 590	22 509	42 178	17 886	217 163
1880	257 274	29 340	25 438	20 242	332 294
1871—1880	1 531 851	232 213	313 106	151 226	2 228 396
1881	307 973	34 561	24 093	25 887	392 514
1882	295 539	53 475	38 604	25 670	413 288
1883	252 226	53 566	73 017	18 348	397 157
1884	203 519	37 043	45 944	17 395	303 901
1885	184 470	22 928	40 689	16 298	264 385
1886	238 896	30 121	44 055	18 239	330 801
1887	296 901	44 406	35 198	19 989	396 494
1888	293 087	49 107	31 725	24 575	898 494
1889	240 395	38 056	28 834	35 356	342 641
1890	233 522	31 897	21 570	28 991	515 980
1881—1890	2 546 018	395 160	383 729	280 748	3 555 655
1891	252 016	33 752	19 957	28 818	334 543
1892	235 221	41 866	16 183	28 127	321 397
1893	213 212	50 381	11 412	32 628	307 633
1894	159 431	23 633	11 151	32 612	226 827
1853—1894 42 Jahre	7 345 840	1 132 062	1 433 125	613 469	10 524 496
1815—1894 80 Jahre	9 410 421	2 168 776	1 743 961	664 930	13 988 088
dazu 1895	195 632	22 357	10 809	42 974	271 772

Tab. 2. Zahl der Personen britischer und irischer Abkunft, welche seit 1853 aus Häfen des Vereinigten Königreichs nach Ländern außerhalb Europas und des Mittelmeeres gereist sind.

Jahr	Nach den Vereinigten Staaten	Nach Britisch Nordamerika	Nach Australasien	Nach anderen Ländern	Zusammen
1853	190 952	31 779	54 818	580	278 129
1854	153 627	35 679	77 526	215	267 047
1855	86 239	16 110	47 284	390	150 023
1856	94 931	11 299	41 329	725	148 284
1857	105 516	16 803	57 858	874	181 051
1858	49 356	6 504	36 454	2 753	95 067
1859	57 096	2 469	28 604	8 924	97 093
1860	67 879	2 765	21 434	3 911	95 989
1853—1860	805 596	123 408	365 307	18 372	1 312 683
1861	38 160	3 953	20 597	2 487	65 197
1862	48 726	8 328	38 828	1 881	97 763
1863	130 528	9 665	50 157	2 514	192 864
1864	130 165	11 371	40 073	5 472	187 081
1865	118 463	14 424	36 683	5 321	174 891
1866	131 840	9 988	23 682	4 543	170 053
1867	126 051	12 160	14 023	4 748	156 982
1868	108 490	12 332	12 332	5 033	138 187
1869	146 737	20 921	14 457	4 185	186 300
1870	153 466	27 168	16 526	5 351	202 511
1861—1870	1 132 626	130 310	267 358	41 535	1 571 829
1871	150 788	24 954	11 695	5 314	192 751
1872	161 782	24 382	15 248	9 082	210 494
1873	166 730	29 045	25 137	7 433	228 345
1874	113 774	20 728	52 581	10 189	197 272
1875	81 193	12 306	34 750	12 426	140 675
1876	54 554	9 335	32 196	13 384	109 469
1877	45 481	7 720	30 138	11 856	95 195
1878	54 694	10 652	36 479	11 077	112 902
1879	91 806	17 952	40 959	13 557	164 274
1880	166 570	20 902	24 184	15 886	227 542
1871—1880	1 087 372	177 976	303 367	110 204	1 678 919
1881	176 104	23 912	22 682	20 304	243 002
1882	181 903	40 441	37 289	19 733	279 366
1883	191 573	44 185	71 264	13 096	320 118
1884	155 280	31 134	44 255	11 510	242 179
1885	137 687	19 838	39 395	10 724	207 644

Jahr	Nach den Vereinigten Staaten	Nach Britisch Nordamerika	Nach Australasien	Nach anderen Ländern	Zusammen
1886	152 710	24 745	43 076	12 369	232 900
1887	201 526	32 025	34 183	13 753	281 487
1888	195 986	34 853	31 127	17 962	279 928
1889	168 771	28 269	28 294	28 461	253 795
1890	152 413	22 520	21 179	22 004	218 116
1881—1890	1 713 953	301 922	372 744	169 916	2 558 535
1891	156 395	21 578	19 547	20 987	218 507
1892	150 039	23 254	15 950	20 799	210 042
1893	148 949	24 732	11 203	23 930	208 814
1894	104 001	17 459	10 917	23 653	156 030
1853 1894 42 Jahre	5 298 931	820 639	1 366 393	429 396	7 915 359
dazu 1895	126 502	16 622	10 567	31 490	185 181

Tab. 8. Zahl der Personen englischer, schottischer und irischer Abkunft, welche seit 1853 aus Häfen des Vereinigten Königreichs nach Ländern außerhalb Europas und des Mittelmeeres gereist sind.

Jahr	Engländer	Schotten	Iren	Briten u. Iren
1853—1855	211 013	62 514	421 672	695 199
1856—1860	243 409	59 016	315 059	617 484
1861	22 145	6 730	36 322	65 197
1862	35 487	12 596	49 680	97 763
1863	61 243	15 230	116 391	192 864
1864	56 618	15 035	115 428	187 081
1865	61 345	12 870	100 676	174 891
1861—1865	236 838	62 461	418 497	717 796
1866	58 856	12 307	98 890	170 053
1867	55 494	12 866	88 622	156 982
1868	58 268	14 954	64 965	138 187
1869	90 416	22 559	73 325	186 300
1870	105 293	22 935	74 283	202 511
1866—1870	368 327	85 621	400 085	854 033

Jahr	Engländer	Schotten	Iren	Briten u. Iren
1871	102 452	19 232	71 067	192 751
1872	118 190	19 541	72 763	210 494
1873	123 343	21 310	83 692	228 345
1874	116 490	20 286	60 496	197 272
1875	84 540	14 686	41 449	140 675
1871—1875	545 015	95 055	329 467	969 537
1876	73 396	10 097	25 976	109 469
1877	63 711	8 653	22 831	95 195
1878	72 323	11 087	29 492	112 902
1879	104 275	18 703	41 296	164 274
1880	111 845	22 056	93 641	227 542
1876—1880	425 550	70 596	213 236	709 382
1881	139 976	26 826	76 200	243 002
1882	162 992	32 242	84 132	279 366
1883	183 236	31 139	105 743	320 118
1884	147 660	21 953	72 566	242 179
1885	126 260	21 367	60 017	207 644
1881—1885	760 124	133 527	398 658	1 292 309
1886	146 301	25 323	61 276	232 900
1887	168 221	34 365	78 901	281 487
1888	170 822	35 873	73 233	279 928
1889	163 518	25 354	64 923	253 795
1890	139 979	20 653	57 484	218 116
1886—1890	788 841	141 568	335 817	1 266 226
1891	137 881	22 190	58 436	218 507
1892	133 815	23 325	52 902	210 042
1893	134 045	22 637	52 132	208 814
1894	99 590	14 432	42 008	156 030
1853—1894 42 Jahre	4 084 448	792 942	3 037 969	7 915 359
dazu 1895	112 538	18 294	54 349	185 181

Tab. 4. Zahl der Personen, welche seit dem 1. Mai 1851 Irland verlassen haben, mit der Absicht auszuwandern.

Jahr	Zahl der Auswanderer	Jahr	Zahl der Auswanderer
1851 vom 1. Mai an	152 060	1874	73 184
1852	190 322	1875	51 462
1853	173 148	1876	37 587
1854	140 555	1877	38 503
1855	91 914	1878	41 124
1856	90 781	1879	47 065
1857	95 081	1880	95 517
1858	64 337		
1859	80 599		
1860	84 621		623 933
	1 163 418	1881	78 417
		1882	89 136
		1883	108 724
1861	64 292	1884	75 863
1862	70 117	1885	62 034
1863	117 229	1886	63 135
1864	114 169	1887	82 923
1865	101 497	1888	78 684
1866	99 467	1889	70 477
1867	80 624	1890	61 313
1868	61 018		
1869	66 568		
1870	74 855		770 706
		1891	59 623
	849 836	1892	50 867
		1893	48 147
1871	71 240	1894	35 895
1872	78 102		
1873	90 149	1851—1894	3 602 425

Tab. 5. Verteilung der aus britischen Häfen nach überseeischen Ländern abgereisten Personen auf Kajüte und Zwischendeck, 1876—1895.

Jahr	Es reisten in	
	der Kajüte	dem Zwischendeck
1876	41 900	96 322
1877	37 147	82 824
1878	43 168	104 495
1879	43 928	173 235
1880	50 734	281 560
1881	54 270	338 244
1882	56 739	356 549
1883	55 840	341 317

Jahr	Es reisten in	
	der Kajüte	dem Zwischendeck
1884	57 403	246 498
1885	51 428	212 957
1886	59 382	271 419
1887	60 754	335 740
1888	65 658	332 836
1889	77 097	265 544
1890	76 081	239 899
1891	74 281	260 262
1892	78 142	243 255
1893	69 986	237 647
1894	68 829	157 998
1895	76 893	194 879

Tab. 6. Zahl der Personen britischer und irischer Abkunft, welche seit 1876 aus Ländern außerhalb Europas und des Mittelmeeres kommend, in Häfen des Vereinigten Königreichs gelandet sind.

Jahr	Aus den Vereinigt. Staaten	Aus Britisch Nordamerika	Aus Australasien	Aus anderen Ländern	Zusammen
1876	54 697	6 629	2 579	7 499	71 404
1877	44 878	5 687	4 637	8 688	63 890
1878	34 040	6 204	4 207	10 493	54 944
1879	20 048	3 497	4 967	9 424	37 936
1880	26 518	4 688	5 910	9 891	47 007
1876—1880	180 181	26 705	22 300	45 995	275 181
1881	29 781	5 761	5 877	11 288	52 707
1882	28 468	6 097	6 871	13 275	54 711
1883	46 703	7 021	6 844	13 236	73 804
1884	61 466	8 861	8 312	12 717	91 356
1885	57 604	9 321	7 946	10 597	85 468
1881—1885	224 022	37 061	35 850	61 113	358 046
1886	52 909	7 167	8 980	10 962	80 018
1887	58 343	6 848	10 258	10 026	85 475
1888	64 031	8 817	10 387	10 898	94 133
1889	71 392	8 642	10 438	12 598	103 070
1890	74 740	9 525	10 223	14 982	109 470
1886—1890	321 415	40 999	50 286	59 466	472 166
1891	68 808	9 000	9 712	15 517	103 037
1892	62 698	9 310	10 606	15 166	97 780
1893	67 428	9 159	10 198	15 334	102 119
1894	83 523	10 256	9 106	15 424	118 309
1895	71 059	10 671	9 608	18 080	109 418
1891—1895	353 516	48 396	49 230	79 521	530 663

Tab. 7. Zahl der vom Auswanderungsamt 1847—1872 nach britischen Kolonien beförderten unterstützten Auswanderer.

Kolonie	Erwachsene				Kinder von 1—14 Jahren oder von 1—12 Jahren¹		Kinder unter einem Jahr		Zusammen	Engländer	Schotten	Iren	Ausländer
	Verheiratet		Ledig										
	Männl.	Weibl.	Männl.	Weibl.	Männl.	Weibl.	Männl.	Weibl.					
Neu-Süd-Wales	14 551	14 694	25 527	28 955	10 505	10 498	1 395	1 398	107 523	50 783	10 649	46 072	19
Queensland · ·	962	1 000	2 999	2 681	648	608	117	97	9 112	2 715	1 730	4 667	—
Victoria · · ·	17 958	17 958	13 201	41 420	11 749	13 257	1 545	1 669	118 757	54 140	27 100	37 438	79
Südaustralien ·	13 243	13 300	15 313	16 383	8 460	8 936	1 249	1 274	78 868	50 754	8 905	19 209	—
Westaustralien ·	739	767	728	2 092	500	509	67	75	5 477	2 681	204	2 592	—
Tasmanien · ·	605	615	392	2 041	591	650	47	40	4 981	1 656	575	2 750	—
Neuseeland · ·	163	168	114	164	96	112	13	14	839	659	50	130	—
Australasien · ·	48 221	48 497	58 274	94 046	32 949	34 570	4 433	4 567	325 557	163 888	49 213	112 858	98
Kap der guten Hoffnung · ·	1 841	1 841	3 405	2 194	1 318	1 228	231	193	12 251	6 663	2 080	3 434	74
Natal · · ·	308	338	559	374	308	302	51	45	2 280	1 687	394	199	—
Falklandsinseln ·	35	34	78	13	19	17	8	7	211	51	151	9	—
Zusammen	50 405	50 705	62 316	96 527	34 594	36 117	4 723	4 812	340 299	171 789	51 838	116 500	172

¹ Bis Ende 1855 von 1—14 Jahren, vom 1. Januar 1856 an, auf Grund der Passengers Act 1855, von 1—12 Jahren.

14*

II.

Die Einwanderung

in die

Vereinigten Staaten von Amerika.

Von

Richmond Mayo-Smith
(New-York).

——— ———

Es liegt in der Absicht des Verfassers, in dieser Abhandlung vornehm=
lich das Verhalten eines neuen Landes gegenüber der Einwanderung, wie
sie sich gegenwärtig gestaltet, darzulegen und die Grundsätze zu erläutern,
die jenes Verhalten veranlaßt haben. Es wird zunächst nötig sein, einen
kurzen Abriß der Geschichte der Einwanderung und der verschiedenen Gesetze
zu geben, die, entsprechend den jeweiligen Wünschen die Einwanderung zu
fördern oder sie zu hemmen, von Zeit zu Zeit erlassen wurden. Sodann
wird es erforderlich sein, die Stellung zu kennzeichnen, welche zur Zeit die
fremdgeborene Bevölkerung einnimmt; denn daraus ergiebt sich der richtige
Maßstab für den Einfluß oder die Wirkung der Einwanderung, soweit
solche Wirkung vermittelst der Statistik nachgewiesen werden kann. Ebenso
müssen wir des näheren auf die Stellung der öffentlichen Meinung zu dieser
Frage eingehen; denn sie bildet die Grundlage für die künftigen Beschlüsse
der Nation in dieser Angelegenheit. Diese Abhandlung soll daher wie folgt
eingeteilt werden:

a. Geschichte der Einwanderung in die Vereinigten Staaten.

b. Einwanderungspolitik bis zum Jahre 1882.

c. Einwanderungspolitik von 1882 bis 1894.

d. Gegenwärtige Handhabung der herrschenden Gesetze.

e. Einwanderung und Bevölkerung.

f. Wirtschaftliche Folgen der Einwanderung.

g. Sociale Folgen der Einwanderung.

h. Künftige Politik. Öffentliche Meinung.

a. Geschichte der Einwanderung.

In gewissem Sinne ist die Gesamtzahl der Bevölkerung der Vereinigten Staaten ein Ergebnis der Einwanderung; eine Ausnahme bilden allein die indianischen Ureinwohner, heutigen Tages ein unbedeutender Bruchteil der Bevölkerung ohne allen gesellschaftlichen oder politischen Einfluß. Die Neger sind Abkömmlinge unfreiwilliger Einwanderer, die in den Tagen des Sklavenhandels in die Vereinigten Staaten eingeführt wurden; sie haben jedoch allen Zusammenhang mit dem Lande ihrer Väter verloren und nehmen infolge ihres früheren Sklaventums eine gesonderte Stellung ein. Sie bilden allerdings ein fremdes Element in der Bevölkerung der Vereinigten Staaten wegen des Raffen-Unterschiedes, auch vermischen sie sich nicht durch Heirat mit der weißen Raffe und werden daher voraussichtlich für alle Zeit ein abgesonderter Bestandteil der Bevölkerung bleiben. Hieraus entsteht die „Negerfrage", eine Frage, die an sich von schwerwiegender Bedeutung ist, aber in keinem Zusammenhang mit der Einwanderung steht.

Die weiße Bevölkerung der Vereinigten Staaten, insgesamt unmittelbar oder mittelbar europäischen Ursprungs, besteht somit aus Einwanderern und aus deren Nachkommen. Diese große Masse des Volkes kann man ohne weiteres in zwei Gruppen scheiden. Zunächst wurde das Land von Kolonisten besiedelt, die unter dem Schutze irgend einer europäischen Macht hierher kamen und eine Niederlassung gründeten, welche sich allmählich zu einer Kolonie erweiterte; diese stand in engem Zusammenhang mit dem Mutterlande, auf dessen Schutz und Unterhalt sie bis auf weiteres angewiesen blieb. Die Ansiedler brachten ihre Sprache, ihre Sitten und Gebräuche mit in's Land und richteten die neue Niederlassung ihren Gewohnheiten gemäß ein. Neue Ankömmlinge waren aller Wahrscheinlichkeit nach willkommen, nahmen aber eine untergeordnete Stellung ein, sobald ihre Herkunft und ihre Sitten nicht die der ersten Ansiedler waren. Wir wissen, wie eifersüchtig die Kolonisten in Neu-England an ihren eigentümlichen religiösen Überzeugungen festhielten und wie sie jene verfolgten, welche ihre Ansichten nicht teilten. Die Einwanderer kamen mit der Absicht an, in der neuen Welt einen Staat zu gründen, der zwar vom Mutterlande abhängig sein, aber doch seine eigene Politik betreiben und sich selbst regieren sollte. Der Geist der Unabhängigkeit erwuchs schließlich zu solcher Stärke, daß die Kolonien sich gegen das Mutterland auflehnten und einen neuen Staat für sich bildeten.

Das langsame und allmähliche Wachstum der Kolonien, welches hauptsächlich auf natürlicher Vermehrung beruhte, die weite Entfernung der Ansiedler vom Mutterlande, das die meisten nie erblickten, und die gemeinsame

Beeinflussung durch Klima und Umgebung, dies alles bewirkte, daß die Kolonisten sich in besonderer Eigenart entwickelten: sie wurden Amerikaner. Dieser Teil der Ansiedler bildete das grundlegende Element der Bevölkerung des neuen Landes, deren Wesen nach der Trennung vom Mutterlande sich immer schärfer herausbildete. Die Ausdehnung der Verkehrsmittel, die Bildung einer Bundesregierung und der Genuß gemeinsamer politischer Rechte waren das Band, welches die verschiedenen Bestandteile der Bevölkerung, die bis zur Zeit der Revolution wesentliche Verschiedenheiten zur Schau trugen, auf's engste mit einander verknüpfte. Diese Zeit kann als die der Kolonisation des Landes bezeichnet werden, und die Männer der damaligen Zeit waren die Begründer des neuen Staates; ihre Nachkommen sind die wahren eigentlichen und echten Amerikaner von heutzutage. Hiermit soll nicht gesagt werden, daß diese Bevölkerungsklasse eine politisch oder gesellschaftlich bevorzugte Stellung einnähme, oder daß sie besser wäre als so manche der später hinzugetretenen Elemente; sobald wir aber dem Ausdruck „Amerikaner" irgend welche Bedeutung beilegen, muß das in ähnlichem Sinne, wie hier angedeutet, geschehen.

Im Laufe des gegenwärtigen Jahrhunderts ist diese ursprüngliche Bevölkerung durch das Hinzuströmen von Hunderttausenden von Europäern vermehrt worden, doch sind dies keine Kolonisten. Sie kommen nicht in geschlossenen Reihen mit der Absicht, ein neues Staatswesen in der Wildnis zu begründen; weder bewahren sie ihrem Vaterlande die Anhänglichkeit, noch erhalten sie sich für längere Dauer ihre frühere Sprache, Sitten und Lebensgewohnheiten; vielmehr kommt ein Jeder von ihnen auf eigene Faust, um sein Glück zu versuchen. Indem sie ihren Verband mit dem alten Vaterlande lösen, passen sie sich den Einrichtungen des neuen Landes an und werden zum größten Teile Bürger desselben. Ihre Kinder büßen mehr noch von fremder Eigenart ein; der Geburt nach Amerikaner fühlen sie sich zumeist nicht weniger als Amerikaner, wie die Nachkommen der ersten Ansiedler. Diese Bewegung ist indes keine nationale, auf Kolonisation gerichtete, sie ist das Ergebnis der Einwanderung vieler Einzelner. Sie ist eine Erscheinung des 19. Jahrhunderts und steht in engster Verbindung mit den herrschenden Begriffen von Weltbürgertum, Freizügigkeit, Selbstbestimmung und persönlicher Freiheit. So lange sie nur Einzelne erfaßte, war sie von untergeordnetem Einfluß; jetzt aber, wo sie einen so riesigen Umfang gewonnen, ist sie für die Vereinigten Staaten von größter socialer Bedeutung geworden und hat daher neuerdings mit vollem Rechte die Aufmerksamkeit der Gelehrten, der Staatsmänner und des Volkes selbst auf sich gelenkt.

Es ist nicht leicht, zwischen den Zeiten der Kolonisation und der Zeit der Einwanderung eine genaue Scheidelinie zu ziehen. Vielleicht darf man sagen, daß das amerikanische Staatsgebäude ungefähr zu Anfang dieses Jahrhunderts der Hauptsache nach aufgebaut und eingerichtet dastand. Damals war die Einwanderung äußerst gering, die Bevölkerung vermehrte sich fast ausschließlich durch die Geburten, und dieser Zuwachs war verhältnismäßig sehr bedeutend, da die Volkszahl sich in weniger als 25 Jahren verdoppelte. Die günstigen Lebensbedingungen und der Reichtum an Landbesitz machten es dem Einzelnen leicht, eine große Schar von Kindern aufzuziehen. Die Einwanderer gingen vollständig in der eingeborenen Bevölkerung auf. Es fehlt uns an statistischen Nachweisen über diese erste Einwanderung; doch wird die Gesamtzahl der Einwanderer von 1789 bis 1820 auf ungefähr 250 000 geschätzt. Mit dem Jahre 1820 beginnt die amtliche Statistik über die Einwanderung, und so können wir mit Fug dieses Jahr zum Ausgangspunkt unserer Geschichte der Einwanderung wählen. Die amtlichen Angaben über die Einwanderung von 1820 bis auf die Gegenwart werden durch nachstehende Tabelle veranschaulicht. Zu beachten ist, daß bis zum Jahre 1855 nur die Gesamtzahl der „Fremden" angeführt ist, später werden die Einwanderer in den Listen von solchen Ausländern gesondert, die in die Heimat zurückzukehren gedenken. Die Zahl der letzteren beträgt etwa 5 vom Hundert der Gesamtzahl der fremden Ankömmlinge, sodaß die Angaben der ersten Hälfte der Tabelle annähernd richtig sind, zumal, da während jenes Zeitraumes die Zahl der eigentlichen Reisenden nur gering gewesen sein kann. Seit dem Jahre 1885 ist die Einwanderung über Land nicht mitgerechnet; daher sind mit Rücksicht auf diese die Angaben zu niedrig gegriffen. Andererseits hat zweifellos eine beschränkte Auswanderung stattgefunden; hierüber giebt die Statistik der Vereinigten Staaten keine genügende Auskunft, so daß sich das schließliche Ergebnis der Höhe der Einwanderungsziffer nicht ganz genau feststellen läßt; sie schwankt in den verschiedenen Jahren. Neuerdings scheint auch eine Art der Einwanderung auf beschränkte Zeit Platz zu greifen, namentlich seitens der Italiener und Ungarn, die hierher kommen, um Arbeit zu finden, und wieder heimkehren, wenn die Arbeit knapp ist oder sie genug erworben zu haben meinen, um ihre Lebensansprüche in der Heimat befriedigen zu können. Kürzlich mitgetheilte Berechnungen führen mich zu der Annahme, daß in den letzten Jahren diese Auswanderung etwa 15 v. H. der Einwanderung beträgt [1].

---

[1] Siehe meine Abhandlung, Immigration and the Foreign-Born, in den Publications of the American Statistical Association, Vol. III.

Nachweis über die Zahl der Fremden und Einwanderer in den Vereinigten Staaten von 1820—1894.

Jahreszahl		Fremde	Jahreszahl		Fremde
Jahr bis zum Schluß am 30. September	1820	8 385	Jahr bis zum Schluß am 31. Dezember	1838	38 914
	1821	9 127		1839	68 069
	1822	6 911		1840	84 066
	1823	6 354		1841	80 289
	1824	7 912		1842	104 565
	1825	10 199	1. Jan. bis 30. Sept.	1843	52 496
	1826	10 837	Jahr bis zum 30. Sept.	1844	78 615
	1827	18 875		1845	114 371
	1828	27 382		1846	154 416
	1829	22 520		1847	234 968
	1830	23 322		1848	226 527
	1831	22 633		1849	297 024
	1832	53 179		1850	310 004
Vierteljahr b. z. 31. Dez.	1832	7 303	Vierteljahr b. z. 31. Dez.	1850	59 976
Jahr bis zum Schluß am 31. Dezember	1833	58 640	Jahr bis zum Schluß am 31. Dezember	1851	379 406
	1834	65 365		1852	371 603
	1835	45 374		1853	368 645
	1836	76 242		1854	427 833
	1837	79 340		1855	200 877

Jahreszahl		Fremde		Gesamt- zahl	Jahreszahl		Fremde		Gesamt- zahl
		Einwan- derer	Nicht- einwand.				Einwan- derer	Nicht- einwand.	
Jahr bis zum Schluß am 31. Dez.	1856	195 857	4 597	200 436	Jahr bis zum 30. Juni	1876	169 986	20 005	189 991
	1857	246 945	4 361	251 306		1877	141 857	23 162	165 019
	1858	119 501	3 625	123 126		1878	138 469	19 307	157 776
	1859	118 616	2 666	121 282		1879	177 826	20 128	197 954
	1860	150 237	3 403	153 640		1880	457 257	24 939	484 196
	1861	89 724	2 194	91 918		1881	669 431	25 732	695 163
	1862	89 007	2 978	91 985		1882	788 992	27 280	816 272
	1863	174 524	1 758	176 282		1883	603 322	41 910	645 232
	1864	193 195	223	193 418		1884	518 592	41 971	560 563
	1865	247 453	667	248 120		1885	395 346	42 412	437 758
	1866	314 917	3 651	318 568		1886	334 203	22 720	357 923
	1867	310 965	4 757	315 722		1887	490 109	22 929	513 038
1. Jan. bis 30. Juni	1868	138 840	3 183	142 023		1888	546 889	20 621	567 510
Jahr b. zum 30. Juni	1869	352 768	11 306	363 074		1889	444 427	20 845	465 272
	1870	387 203	15 717	402 920		1890	455 302	21 123	476 425
	1871	321 350	21 259	342 609		1891	560 319	18 798	579 117
	1872	404 806	18 192	422 978		1892	623 084	20 269	644 353
	1873	459 803	13 338	473 141		1893	502 917	40 750	543 667
	1874	313 339	14 610	327 949		1894	314 467	32 940	347 407
	1875	227 498	17 134	244 632					

Aus dieser Tabelle ergiebt sich klar ein geschichtliches Bild der Einwanderung. Im ersten Jahrzehnt war die Bewegung sehr gering, die Zahl
der Einwanderer belief sich alljährlich auf nur wenige Tausend; die größere
Zunahme im Jahre 1827 wird den zur Zeit in Europa herrschenden üblen
Verhältnissen zugeschrieben. Während des Jahrzehnts von 1830 bis 1840
wurde das Anwachsen der Einwanderung nur in den Jahren 1837 und
1838 durch die zeitweilig ungünstigen Zustände in den Vereinigten Staaten
aufgehalten. Erst im Jahre 1842 erreichte die Einwanderungsziffer 100 000;
im Jahre 1846 und in den folgenden Jahren begann die Einwanderung
im großen Maßstabe, veranlaßt hauptsächlich durch die Hungersnot in Irland,
und hielt sich während einer Reihe von Jahren, infolge der auch in Deutschland herrschenden Mißstände, auf gleicher Höhe. Sie stieg im Jahre 1854
bis auf die außerordentlich hohe Zahl von 427 833; danach sank sie und
blieb, so lange der Bürgerkrieg in Amerika wütete, sehr niedrig. Mit dem
Wiederaufleben der Industrie stieg sie abermals auf die frühere Ziffer, bis
die Handelskrisis des Jahres 1873 der Einwanderung zeitweisen Halt
gebot; im Jahre 1880 nahm sie erneuten Aufschwung und erreichte im
Jahre 1882 die höchste bisher dagewesene Ziffer von 788 992. Von da an
hat sich die Zahl auf dem Jahresdurchschnitt von etwa 500 000 gehalten,
bis sie in der letzten Zeit, infolge der Choleragerüchte vom Jahre 1892 und
der unruhigen Zustände des Jahres 1893 herunter ging.

Diese Zahlen beweisen auf's klarste, daß die Einwanderung hauptsächlich
durch wirtschaftliche Zustände bedingt wird; sobald die Verhältnisse in
Europa sich ungünstig gestalten, steigt unsere Einwanderungsziffer; sie fällt,
wenn in den Vereinigten Staaten die Zeiten schlecht sind und es daher an
Arbeitsgelegenheit fehlt. Zwei Ursachen erhalten die Einwanderungsbewegung in andauerndem und ununterbrochenem Fluß. Die erste liegt in
der erleichterten Beförderung vermittelst großer Dampfschiffe zu billigen Fahr-
preisen, die die Schiffsagenten veranlassen, alle Hebel anzusetzen, um Leute
zur Auswanderung zu bestimmen. Der zweite Grund ist die andauernde
Beihülfe, die von den hier bereits ansässigen Einwanderern den Verwandten
und Freunden im Heimatslande gewährt wird, damit sie ihnen nachfolgen
können. Obgleich die Bewegung in den letzten Jahren erheblich zurückgegangen ist, so darf man doch mit vollem Recht annehmen, daß sie, sobald
die geschäftlichen Verhältnisse sich bessern und die Einwanderer gegründete
Aussicht haben, bei ihrer Ankunft Beschäftigung zu finden, wiederum zunehmen wird.

Es ist außerordentlich interessant, die Einwanderung der Zeitfolge nach
mit Rücksicht auf die einzelnen Nationalitäten zu beobachten; dadurch ge-

winnen wir einen Begriff, in welcher Weise sich die Neigung zum Aus=
wandern zu verschiedenen Zeiten bei den einzelnen Völkern Europas geltend
gemacht hat.   Und eine derartige Übersicht ist auch für uns Amerikaner von
Nutzen, weil sich in den verschiedenen Nationalitäten die ihnen anhaftenden
Eigentümlichkeiten verkörpern.   Die nachstehende Tabelle giebt Ausweis über die
Einwanderung der verschiedenen Nationalitäten in Abschnitten von 10 Jahren.

(Siehe Tabelle S. 222.)

Überblicken wir die Reihe der Endziffern, so ergiebt sich, daß die Zahl
der deutschen Einwanderer am höchsten ist; ihnen folgen die Irländer und
danach die Engländer.   Fassen wir die einzelnen zehnjährigen Abschnitte ins
Auge, so stoßen wir auf merkwürdige Schwankungen; die deutsche Ein=
wanderung wuchs bis zum Jahre 1890 stetig an; während der letzten 5 Jahre
hat sie abgenommen.   Von Irland aus fand die stärkste Einwanderung vom
Jahre 1851 bis 1860 statt und ist ebenfalls in den letzten 5 Jahren ganz
erheblich gesunken; gleiches kann auch für die Engländer und in geringerem
Grade für die Schotten gelten.   Die Einwanderung aus Schweden und
Norwegen war bis zu dem mit 1861 beginnenden Jahrzent unerheblich,
stieg aber dann bis zu dem letzten zehnjährigen Abschnitt von 1881 bis
1890.   Die Einwanderung aus Italien, Rußland, Polen und Österreich=
Ungarn ist neuerdings wesentlich stärker geworden, und dieser Zuzug aus
den süd= und osteuropäischen Ländern tritt mehr und mehr an die Stelle
der früher aus Deutschland und Irland kommenden Einwanderung.   Jene
Einwanderer stehen in Bezug auf ihre Lebensgewohnheiten auf niedrigerer
Stufe als die letztgenannten, verschmelzen sich weniger leicht mit der vor=
handenen Bevölkerung und machen die Einwanderungsfrage für die Bewohner
der Vereinigten Staaten zu einer noch ernsteren, als sie ohnehin ist.   Die
neuerlichen Schwankungen im Zahlenverhältnis der einzelnen Nationalitäten
zeigt die nachstehende Tabelle:

(Siehe Tabelle Seite 223.)

Die Einwanderung aus Süd= und Osteuropa, die im Jahre 1869 noch
ganz unerheblich war und sich im Jahre 1880 nur auf 8,5 vom Hundert
belief, war im Jahre 1891 fast bis auf ein Drittel der Gesamtzahl der
Einwanderer gestiegen.

Was sonst bei Beurteilung der Einwanderung in die Vereinigten Staaten
in Betracht kommt, sind Geschlecht, Alter und Berufsart der Einwanderer;
denn gerade an diesen Umständen zeigen sich die wirtschaftlichen und socialen
Merkmale der Bewegung.   Wie bekannt, ist die Mehrzahl der Einwanderer

Zuzüge von fremden Durchreisenden und Einwanderern nach Nationalitäten und in Abschnitte von 10 Jahren gerechnet.
(Fremde Durchreisende vom 1. Oktober 1820 bis zum 31. Dezember 1867, und Einwanderer vom 1. Januar 1868 bis zum 30. Juni 1894.)

Heimatland	1821–1830	1831–1840	1841–1850	1851 bis 3. Dez. 1860	1. Jan. 1861 bis 30. Juni 1870	1871–1880	1881–1890	1891–1894	Gesamt-zahl
Österreich-Ungarn	—	22	6 074	4 738	7 800	72 969	353 219	248 316	682 894
Belgien	27	1 063	539	3 749	6 734	7 221	13 459	57 452	
Dänemark	169	—	—	17 094	31 771	88 132	35 612	174 125	
Frankreich	8 497	45 575	77 262	76 358	35 984	72 206	30 464	22 311	388 657
Deutschland	6 761	152 454	434 626	951 667	787 468	718 182	1 452 970	400 659	4 914 147
Italien	408	2 253	1 870	9 231	11 728	55 759	307 309	400 620	643 631
Niederlande	1 078	1 412	8 251	10 789	9 102	16 541	53 701	23 464	123 358
Norwegen und Schweden	91	1 201	13 903	20 931	109 298	211 245	568 362	144 769	1 133 419
Rußland und Polen	2 082	646	656	1 621	4 536	52 254	265 088	246 281	612 242
Spanien und Portugal	91	2 954	2 759	10 353	8 993	9 893	6 535	13 494	57 165
Schweiz	3 240	4 821	4 644	25 011	23 286	28 293	81 988	22 181	194 260
Großbritannien:									
England u. Wales									
England u. Schottland	75 603	283 191	1 147 763	1 586 682	1 042 674	944 914	1 452 820	430 262	6 050 659
Schottland									
Irland									
Großbrit. Gesamtzahl	43	98	155	116	210	656	10 918	12 596	24 890
alle übrigen europäischen Länder									
Europa, Gesamtzahl	94 816	485 694	1 597 502	2 452 657	2 064 407	2 351 914	4 731 032	1 844 438	15 627 014
Britisch-Nordamerika	2 277	13 624	41 723	59 309	153 871	383 069	392 802		1 446 875
Merito	4 817	6 549	3 271	3 078	2 191	5 362	1 913	(b)	27 551
Mittelamerika	105	44	368	449	95	210	404	888	2 617
Südamerika	531	766	3 579	1 224	1 397	929	2 304	2 365	13 265
Westindien	3 834	12 301	13 528	10 660	9 042	13 957	29 042	10 834	103 179
Amerika, Gesamtzahl	11 564	33 434	62 469	74 720	164 597	403 726	425 523	14 102	1 591 125
Inseln des Atlant. Oceans	952	163	387	3 464	9 446	10 036	15 798	2 523	35 761
China	2	8	35	41 397	64 301	123 201	61 711	12 410	3901 065
Das übrige Asien	8	40	47	61	341	622	6 007	18 302	29 057
Asien, Gesamtzahl	10	48	82	41 458	64 603	123 823	68 340	30 712	329 122
Afrika	16	52	55	210	312	229	437	917	2 234
Inseln des Stillen Oceans	2	9	29	158	251	10 913	12 574	7 759	109 625
Sämtliche übrige Länder und Inseln	32 670	69 901	52 777	25 823	15 282	1 540	1 291	301	199 951
Summa	143 439	599 125	1 713 251	2 598 214	2 314 824	2 812 191	5 246 613	1 899 250	17 429 407

a. Mit Einschluß von Males u. d. kleineren Inselgruppen.

b. Einwanderer aus Britisch-Nordamerika u. Merito sind seit dem 1. Juli 1895 nicht mit aufgezählt.

Von je 100 Einwanderern (inkl. Durchzügler) kamen auf

Heimatland	1821—1830	1831—1840	1841—1850	1851 b. 31. December 1860	1. Jan. 1861 bis 30. Juni 1870	Fiskal-Jahre 1871—1880	Fiskal-Jahre 1881—1890	Gesamtzahl
Österreich-Ungarn	—	—	—	—	0,34	2,60	6,74	2,80
Belgien	0,02	0,01	0,18	0,18	0,29	0,26	0,38	0,28
Dänemark	0,12	0,18	0,03	0,14	0,74	1,13	1,68	0,92
Frankreich	5,92	7,61	4,51	2,94	1,55	2,57	0,96	2,38
Teutschland	4,72	25,45	25,37	36,63	34,02	25,54	27,70	29,20
Großbritannien u. Irland:								
England a	15,46	12,21	15,36	14,81	24,54	16,38	12,53	15,76
Schottland	2,03	0,45	0,22	1,51	1,68	3,11	2,86	2,10
Irland	35,36	34,61	45,57	35,18	18,82	15,54	12,49	22,56
Großbritannien u. Irland Gesamtzahl	52,85	47,27	61,15	51,50	45,04	35,03	27,88	40,42
Italien	0,28	0,37	0,11	0,35	0,51	1,98	5,86	2,52
Niederlande	0,75	0,23	0,48	0,42	0,39	0,59	1,02	0,65
Norwegen und Schweden . .	0,06	0,20	0,81	0,81	4,72	7,51	10,84	6,00
Rußland	0,06	0,11	0,04	0,06	0,20	1,86	5,05	2,11
Spanien u. Portugal . . .	1,83	0,49	0,16	0,40	0,37	0,35	0,12	0,28
Schweiz	2,25	0,80	0,27	0,96	1,00	1,00	1,56	1,11
Alle anderen Länder Europas	0,03	0,02	0,01	0,01	0,01	0,02	0,20	0,08
Europa, Gesamtzahl . .	68,89	82,74	93,24	94,40	89,18	80,44	89,99	88,75
China	—	—	—	1,59	2,78	4,38	1,18	1,88
Alle anderen Länder Asiens .	0,01	0,01	0,01	—	0,01	0,01	0,13	0,05
Asien, Gesamtzahl . . .	0,01	0,01	0,01	1,59	2,79	4,39	1,01	1,93
Afrika	0,01	0,01		0,01	0,01	0,01	0,01	0,01
Britisch Nordamerika Provinzen	1,59	2,23	2,44	2,28	6,64	13,63	7,49	6,79
Mexico	3,36	1,10	0,19	0,12	0,09	0,20	0,04	0,18
Central- und Südamerika . .	0,44	0,15	0,23	0,06	0,06	0,04	0,05	0,08
Westindien	2,67	2,05	0,79	0,41	0,41	0,49	0,55	0,59
Amerika, Gesamtzahl . .	8,06	5,58	3,65	2,87	7,20	14,36	8,13	7,64
Inseln d. Atlantischen Meeres	0,25	0,01	0,02	0,12	0,15	0,36	0,30	0,22
Inseln des Stillen Meeres .	—	—	—	0,01	0,01	0,39	0,24	0,15
Alle anderen Länder u. Inseln	22,78	11,65	3,08	1,00	0,66	0,05	0,02	1,30
Summe	100,00	100,00	100,00	100,00	100,00	100,00	100,00	100,00

a. Einschließlich Wales und der kleineren Inselgruppen.

Heimatsland	1821—1830	1831—1840	1841—1850	1851 bis 31. Dez. 1860	1. Jan. 1861 b. 30. Juni 1870	Fiskal-Jahre 1871—1880	Fiskal-Jahre 1881—1890	Gesamtzahl
Österr.-Ungarn .	—	—	—	—	7 800	72 969	353 719	434 488
Belgien . . .	27	22	5 074	4 738	6 734	7 221	20 177	43 993
Dänemark. . .	169	1 063	539	3 749	17 094	31 771	88 132	142 517
Frankreich. . .	8 497	45 575	77 262	76 358	35 984	72 206	50 464	366 346
Deutschland .	6 761	152 454	434 626	951 667	787 468	718 182	1 452 970	4 504 128
Großbrit. u. Irl.:								
England a .	22 167	73 143	263 332	385 643	568 128	460 479	657 488	2 430 380
Schottland . .	2 912	2 667	3 712	38 331	38 768	87 564	149 869	323 823
Irland . . .	50 724	207 381	780 719	914 119	435 778	436 871	655 482	3 481 074
Gesamtzahl Großbrit. u. Irland	75 803	283 101	1 047 763	1 338 093	1 042 674	984 914	1 462 839	6 235 277
Italien . . .	408	2 253	1 870	9 231	11 728	55 759	307 309	388 558
Niederlande . .	1 078	1 412	8 251	10 789	9 102	16 541	53 701	100 874
Norwegen und Schweden	91	1 201	13 903	20 931	100 298	211 245	568 362	925 031
Rußland u. Polen	91	646	656	1 621	4 536	53 254	265 088	324 892
Span. u. Portug.	2 622	2 954	2 759	10 353	8 493	9 893	6 235	43 609
Schweiz . . .	3 226	4 821	4 644	25 011	23 286	28 293	81 988	171 269
Alle anderen Länder in Europa .	43	96	155	116	210	656	10 318	11 594
Europa, Gesamtzahl	98 816	495 688	1 597 502	2 452 657	2 064 407	2 261 904	4 721 602	13 692 576

— ungefähr zu drei Fünfteilen — männlichen Geschlechts und die Gründe dafür liegen auf der Hand; hierbei zeigen die einzelnen Nationalitäten, laut nachstehender Tabelle, interessante Unterschiede:

Geschlecht der Einwanderer aus den hauptsächlichsten Nationalitäten, die in den Jahren von 1881—1894 in den Vereinigten Staaten anlangten.

Heimatsland	Zehn Jahre mit Schluß am 30. Juni 1890				
	M.	Proz.-Satz d. Männer	W.	Proz.-Satz d. Frauen	Gesamtzahl
Deutschland	836 290	57,6	616 680	42,4	1 452 970
Irland	334 229	51,	321 253	49	655 482
England	395 273	61,3	249 007	38,7	644 680
Schweden und Norwegen .	346 862	61,	221 500	39	568 362
Italien	243 923	79,4	63 386	20,6	307 309
Rußland (inkl. Polen) . .	174 481	65,8	90 607	34,2	265 008
Österreich	142 221	62,9	83 817	37,1	226 038
Ungarn	94 243	73,8	33 438	26,2	127 681
Schottland	92 252	61,6	57 617	38,4	149 869

Der Durchschnitt aller männlichen Einwanderer beläuft sich auf 61,8 vom Hundert, Irland weist eine verhältnismäßig große Zahl weiblicher Einwanderer auf, wegen der vielen von dort kommenden weiblichen Dienstboten. Bei den Deutschen steigt die Zahl der weiblichen Einwanderer über den Durchschnitt, weil sie vielfach mit der ganzen Familie kommen. Engländer, Norweger, Schweden und Schotten zeigen etwa die Durchschnittsziffer; andererseits ist die Zahl der männlichen Einwanderer aus Italien, Ungarn und Rußland unverhältnismäßig hoch und beweist, daß die Angehörigen dieser Länder entweder eine baldige Rückkehr im Auge haben, oder daß sie zu arm oder zu ängstlich sind, um ihre Familien sogleich mitzubringen, sondern diese erst nachkommen lassen, falls sie selber nicht zurückkehren. Selbstverständlich befindet sich unter den Einwanderern auch stets eine große Zahl unverheirateter Männer.

In Bezug auf das Alter stehen, wie bekannt, die Einwanderer — sowohl Männer, wie Frauen — im thatkräftigsten Lebensalter, das heißt, zwischen dem 15. und 40. Jahre; nachstehende Tabelle giebt hierüber Ausweis:

Alter der Einwanderer nach den hauptsächlichsten Nationen geordnet.

Heimatsland	Die 10 Jahre bis zum 30. Juni 1890.						
	Unter 15 Jahren		Von 15—40 Jahren		Über 40 Jahre		Gesamtzahl
	Anzahl	Prozent	Anzahl	Prozent	Anzahl	Prozent	Anzahl
Deutschland . . .	386 934	26,6	904 002	62,2	162 034	11,2	1 452 970
Irland	92 308	14,1	515 089	78,6	48 085	7,3	655 482
England . . .	151 315	23,5	420 303	65,2	73 062	11,3	644 680
Schweden u. Norwegen	104 254	18,3	414 609	73,0	49 499	8,7	568 362
Italien	47 063	15,3	212 475	69,2	47 771	15,5	307 309
Rußland (inkl Pol.)	65 427	24,7	174 754	65,9	24 907	9,4	265 088
Österreich . . .	50 020	22,1	149 909	66,3	26 109	11,6	226 038
Schottland . . .	36 192	24,2	97 819	65,2	15 858	10,6	149 869
Ungarn	18 785	14,7	95 635	74,9	13 261	10,4	127 681

Die einzelnen Nationalitäten zeigen auch hier interessante Verschiedenheiten. Bei den Deutschen findet sich eine große Anzahl von Kindern, das heißt Personen unter 15 Jahren, infolge der bereits erwähnten Einwanderung von Familien. Die Irländer führen wenig Kinder und wenig ältere Leute mit sich, es sind ihrer zumeist junge Männer und Frauen. Bei den Italienern überwiegen die Männer, die im mittleren Lebensalter stehen und solche, die das 40. Jahr überschritten haben. Gleiches ist bei den Ungarn in erhöhtem Maße der Fall.

Schließlich ist die Beschäftigungsart der Einwanderer von hervor=
ragendstem Einfluß auf den wirtschaftlichen Charakter der Bewegung. Aus
folgender Tabelle ergiebt sich, daß die Zahl der Leute mit festem Beruf sehr
gering ist, daß nur ungefähr 15 v. H. der Männer einem bestimmten Be=
rufe angehören, und daß die größere Mehrzahl derselben unter der Rubrik
„Verschiedene‘ aufgeführt sind, was nichts weiter bedeutet, als daß sie unge=
schulte Arbeiter sind.

Beschäftigungsart	Zehn Jahre bis 1890		
	M.	W.	Gesamtzahl
Höhere Berufsarten	25 257	1 749	27 006
Geschulte Arbeiter	514 552	25 859	540 411
Verschiedene Beschäftigungsarten . . .	1 833 325	245 810	2 079 135
Beschäftigungsart nicht angegeben . .	73 327	42 830	116 157
Ungeschulte Arbeiter	759 450	1 724 454	2 483 904
Gesamtsumme	3 205 911	2 040 702	5 246 613

Die genaueren statistischen Angaben der von den Vereinigten Staaten
veröffentlichten amtlichen Berichte zeigen, daß der größte Teil der Einwan=
derer aus ländlichen oder aus ungeschulten Arbeitern besteht, die im Bau=
handwerk oder in verwandten Gewerben Beschäftigung finden. — Es ließen
sich wohl auch hier in Bezug auf die einzelnen Nationalitäten interessante
Unterschiede nachweisen, doch ist die Zahl der geschulten Arbeiter so gering,
daß die genauen Angaben über diesen Punkt ohne wesentliche Bedeutung
sind. Die Irländer sind der Mehrzahl nach Dienstboten und ländliche Ar=
beiter, die Engländer dagegen meist geschulte Handwerker, die Walliser und
Ungarn stellen die Bergleute, die Deutschen hauptsächlich Handwerker höherer
und niederer Art, wie z. B. Fleischer, Bäcker, Zimmerleute, Tischler u. s. w.
Die Italiener sind meistens gewöhnliche Taglöhner.

Vorstehende Angaben veranschaulichen Wesen und Ausdehnung der
großen Bewegung der Einwanderung in die Vereinigten Staaten, einer
Bewegung, welche zweifellos für diese bisher schon von hervorragender Be=
deutung war und auch heute noch ist. Welche Stellung nun hat die Be=
völkerung der Vereinigten Staaten dem gegenüber eingenommen?

Diese Stellung hat sich im Laufe der Zeit wesentlich verändert, sodaß
es rätlich sein wird, bei ihrer Betrachtung die einzelnen Zeitabschnitte ins
Auge zu fassen, von denen der erste bis zum Jahre 1882 reicht und der
zweite mit den beschränkenden Maßregeln der Gesetzgebung desselben Jahres
beginnt.

b. Einwanderungspolitik bis zum Jahre 1882.

Das erste, dessen ein neues Land bedarf, ist eine Bevölkerung. Mag auch fruchtbarer Boden in Hülle und Fülle vorhanden, mögen die Vorteile, die sich dem Handelsverkehr bieten, unübertroffen und die natürlichen Hülfs= quellen unerschöpflich sein: ohne Bevölkerung gewährt der Boden keine Frucht und das Land bleibt arm und unentwickelt. In einem neuen Lande pflegt sich der Ehrgeiz zu regen, es wünscht seinen Platz unter den älteren Nationen zu erobern und es bemißt seine Stellung nach seiner Bevölkerung und seiner materiellen Wohlfahrt. Die Erde hat hier noch Raum für alle, und die Frage der Übervölkerung liegt fern, daher werden alle neuen Ankömmlinge, soweit sie ehrenhaft und arbeitsfähig sind, willkommen geheißen.

Das mittelalterliche Vorurteil, das in jedem Fremden einen Feind er= blickte, schwindet und bald wird das Gemeinwesen vom Geist der Lehre durchweht, daß alle Menschen Brüder sind, und daß selbst die Armen und Unwissenden nur der Gelegenheit bedürfen, sich zu einer höheren Lebensstellung erheben zu können. Das Weltbürgertum erringt leichte Siege, wenn durch seine Herrschaft niemand benachteiligt wird.

Das Volk der Vereinigten Staaten stellte sich daher bis in die neueste Zeit hinein der Einwanderung freundlich gegenüber nnd ermutigte sie in jeder Weise. Es bedurfte der Arbeitskräfte, um die weiten Lande des fernen Westens zu besiedeln und all jene großen Unternehmungen auszuführen, durch die das Land für die Gesittung erobert werden sollte. Wie die wirt= schaftlichen Zustände der Zulassung neuer Arbeitskräfte günstig waren, so schien die Wirtschaftslehre vom freien Wettbewerb es zu rechtfertigen, daß man alle Arten und Klassen von Einwanderern willkommen hieß. Die Philosophie des Tages drückte in der Lehre von Freiheit und Gleichheit diesem Verhalten· den Stempel ihrer Billigung auf und schließlich fanden Sittenlehre und humanitäres Streben die Befriedigung ihrer höchsten Ziele in einem Verfahren, welches alle Bevölkerungsklassen, Nationalitäten und Rassen durch engere Bande an einander zu knüpfen und ein Zeitalter des Friedens und allgemeiner Menschenliebe zu versprechen schien. Es wird sich der Mühe verlohnen, in Kürze auf diese Punkte einzugehen, denn mit dem Wechsel der Verhältnisse ändern sich anscheinend auch die Grundsätze, nach denen die Menschen diese Art Dinge behandeln.

Das Gebiet der Vereinigten Staaten nahm während der Jahre von 1790 bis 1860 stetig an Umfang zu und die besiedelte Fläche, das heißt, Gebiete mit wenigstens zwei oder mehr Einwohner auf die (englische) Quadratmeile, hat sich, nach Ausweis jeder Volkszählung bis zum Jahre 1890 weiter und weiter ausgedehnt. Die nachstehende Tabelle zeigt die Ausdehnung des Unionsgebietes in Quadratmeilen und die Dichtigkeit der Bevölkerung auf je einer Quadratmeile:

	Fläche	Bevölkerungsdichtigkeit
1790	827 844	4.75
1800	827 844	6.41
1810	1 999 775	3.62
1820	1 999 775	4.82
1830	2 059 043	6.25
1840	2 059 043	8.29
1850	2 980 959	7.78
1860	3 025 600	10.39
1870	3 025 600	12.74
1880	3 025 600	16.58
1890	3 025 600	20.70

Es ergiebt sich aus dieser Tabelle, daß in Folge der steten Ausdehnung des Unionsgebietes der mittlere Durchschnitt der Bevölkerungsziffer sehr langsam gestiegen ist, und daß selbst seit 1860, als das Siedlungsgebiet sich nicht mehr erweiterte, die Bevölkerungsdichtigkeit nicht wesentlich zugenommen hat und es an Raum nicht zu mangeln scheint.

Diese Thatsache erhellt noch deutlicher, wenn wir nicht das Gesamtgebiet der Vereinigten Staaten, sondern nur deren besiedelte Fläche in Betracht ziehen. Mit jeder Ausdehnung der Bevölkerung hält die Urbarmachung der bis dahin noch nicht angebauten weiten Landstriche gleichen Schritt, sodaß die Bevölkerung immer neuen Raum findet, sich zu verbreiten. In der ersten Hälfte des laufenden Jahrhunderts wandte der Zuwachs an Bevölkerung seine Kräfte der Besiedlung neuer Ländereien zu; jede neue Volkszählung erweist eine Hinausschiebung der Grenzlinie nach Westen hin. Mit dem Jahre 1830 begann der Bau der Eisenbahnen und es erleichterte sich dadurch der Zugang zu den neuerschlossenen Gebieten. Vom Jahre 1820 bis 1830 wuchs die Bevölkerung um 32,41 v. H., die bebaute Bodenfläche dagegen vermehrte sich nur um 24,4 v. H., sodaß also die Dichtigkeit der Bevölkerung auf der besiedelten Fläche nur um 1,4 Personen auf die Quadratmeile zugenommen hatte. Vom Jahre 1830 bis 1840 nahm die Bevölkerung um 32,52 v. H., die Bodenfläche um 27,6 v. H. zu, die Bevölkerungsdichtigkeit jedoch nur um 0,8 Kopf auf die Quadratmeile. Selbst während der letzten 10 Jahre ist die bebaute Fläche ebenso schnell an Umfang gewachsen wie die Bevölkerung.

Unter solchen Verhältnissen machte sich eine starke Zunahme der Be=
völkerung, so lange diese bereit war, die westlichen Landstrecken zu besiedeln,
nicht sonderlich fühlbar. Zudem beanspruchte der Bau der Eisenbahnen und
die fortschreitende Entwicklung des Landes eine Menge von Arbeitskräften,
welche die Einwanderung hergab. Ein ähnlicher Bedarf entstand infolge
der Errichtung von Fabriken und der Ausdehnung der Industrie. Die Ein=
führung von Maschinen gestattete es, ungeschulte Arbeiter zu verwenden und
für den eingeborenen Arbeiter ergab sich dadurch eine Besserung seiner bis=
herigen Stellung.

Diese wirtschaftlichen Verhältnisse haben sich in der jüngsten Zeit bis
zu einem gewissen Grade geändert. Der beste Teil des Grundes und
Bodens ist in Besitz genommen, der Bau einer Reihe von Schienenwegen
ist vollendet und es scheint, daß eher zu viel als zu wenig Bahnen
gebaut sind. Die Gewerbethätigkeit hat sich in riesigem Maße entwickelt,
andererseits aber durch die Krisis von 1873 so stark gelitten, daß selbst in
diesem neuen Lande beim Eintreten ungünstiger Zeitverhältnisse Hundert=
tausende brotlos werden. Es liegt im Zuge der Zeit, daß die Bevölkerung
und namentlich die Masse neuer Einwanderer den großen Städten zustrebt,
wo der Wettbewerb sich am stärksten fühlbar macht. Im höchsten Grade
ungereimt scheint die Behauptung, ein 3 Millionen Quadratmeilen (engl.)
umfassendes Land könne nicht mehr als 60 Millionen Menschen ernähren;
die wirtschaftlichen Verhältnisse liegen indes heutzutage anders als vor
30 Jahren; wir hören die Einwanderer selbst sagen, daß die Lebens=
bedingungen hier in den Vereinigten Staaten nicht günstiger seien, als
drüben in Europa, und wir sehen gar manche von ihnen dahin zurückkehren.
Der nicht seltene Mangel an Arbeitsgelegenheit hat die optimistische Ansicht
zerstört, es könne hier jedermann Beschäftigung finden, und die Einwanderer
werden nicht mehr wie früher in gedankenloser Weise beifällig bewillkommnet.

Die Wirtschaftslehre der vierziger und fünfziger Jahre förderte den
freien Wettbewerb. Zwar wurde nicht der internationale Freihandel zum
Grundsatz erhoben, doch galt der freie Wettbewerb in der heimischen Industrie
als eine feststehende Einrichtung. Hiermit schien die unbehinderte Einwanderung in vollem Einklang zu stehen, denn sie brachte dem Arbeitgeber
Arbeitskräfte, wodurch wiederum die Preise der Waren sich für den Abnehmer
ermäßigten. Dem ansässigen Arbeiter schien durch die Einwanderung keinerlei
Gefahr zu drohen, denn Arbeitsgelegenheit gab es vollauf und der Er=
werb von Grund und Boden war nicht schwer. Thatsächlich erwies sich die
Behauptung als richtig, daß die neu Einwandernden bei der Arbeitsteilung
stets die untersten Plätze einnahmen und die Verwaltungsstellen sowie die

einen höheren Grad von Geschicklichkeit erfordernden Berufsarten den Ameri=
kanern überließen. Eine derartige Einrichtung schien für alle Gesellschafts=
klassen vorteilhaft. Auch diese Ansicht ist durch die oben angeführten Gründe
umgestaltet worden. An Stelle von streikenden Arbeitern wurden vertrags=
mäßig verpflichtete Ausländer eingeführt und hierdurch wurde auf die be=
stehenden Arbeiter=Verbände ein neuer unwiderstehlicher Druck geübt. Die
Einwanderung von Leuten mit geringeren Lebensansprüchen, welche bereit
waren, zu Lohnsätzen zu arbeiten, bei denen der amerikanische Arbeiter nicht
bestehen konnte, veranlaßte diesen, seinen Glauben an die Vorteile unbe=
schränkten Wettbewerbs aufzugeben. Er wünschte die Lehre, nach der das
Land bisher nur gegen die eingeführte Ware geschützt wurde, auch auf
seinen Lohn und auf seine Lebensbedürfnisse angewandt zu sehen. Die
Einwanderung erschien ihm nur von Vorteil für den Arbeitgeber, dem sie
die Herrschaft über den Arbeitsmarkt sicherte. So sehen wir denn gar viele,
die den Arbeiterverbänden als Mitglieder angehören, die Lehre vom unbe=
schränkten Wettbewerb mit Mißtrauen und Abneigung betrachten und die
starren Schutzzöllner, die es für notwendig erachten, den amerikanischen Fa=
brikanten und Arbeiter vor dem niedriger bezahlten europäischen Arbeiter zu
schützen, können unmöglich die Ansicht vertreten, daß eben jener billiger be=
zahlte Arbeiter hier solle ohne weiteres eingeführt werden dürfen, um mit
dem amerikanischen Arbeiter in Wettbewerb zu treten.

Wir wollen uns hier nicht in langen Betrachtungen über Politik und
Sittenlehre ergehen. Der Amerikaner stand unter dem Einfluß der durch
die französische Revolution verkündeten Lehre von den Menschenrechten und
war auch geneigt, diese Lehre in die Wirklichkeit zu übertragen. Zudem
hatte er sich stets seiner demokratischen Grundsätze gerühmt und der That=
sache, daß Amerika eine immer offene Zufluchtsstätte für die Unterdrückten
aller Nationen sei. Aus all diesen Ansichten hatte er sich ein politisches
Glaubensbekenntnis zurechtgemacht und dieses bei passenden Gelegen=
heiten wieder und wieder verkündet; erst in neuester Zeit, wo die Lehre jener
philosophischen Politik von den natürlichen Rechten in Verfall geriet, wo selbst
die Grundsätze des republikanischen Regierungssystems von den Angriffen der
Anarchisten nicht verschont blieben, wo die Socialisten mit ihren Ansprüchen
auf Staatshülfe hervortraten, hat der Amerikaner seinen Glauben an die
alten Schlagworte von Freiheit, Gleichheit und Brüderlichkeit, deren Richtig=
keit ihm zu Anfang des Jahrhunderts so einleuchtend schien, verloren.
Immer schwieriger hat sich die Aufgabe gestaltet, Leute von der verschieden=
artigsten Herkunft, oft ohne jegliche politische Bildung, mit einander zu ver=
schmelzen, so daß man auch mit Hinblick auf die politischen Verhältnisse sich

zu fragen begann, ob es ratsam sei, noch ferner alle Einwanderer ohne Rücksicht auf den Grad ihrer Bildung, ihr politischen Befähigung und auf ihren sittlichen Wert unbesehen zuzulassen. Ueberlegungen dieser Art ließen gewichtige Zweifel an der Richtigkeit jener optimistischen Lehre aufkommen, daß die Leute, sobald man ihnen nur die Gelegenheit dazu böte, alle Eigen= schaften in sich entwickeln würden, um die höchste Stufe der Civilisation zu erreichen.

Wir kommen nun zu der wenig umfangreichen Gesetzgebung, welche die in der ersten Zeit herrschende Neigung, die Einwanderung zu begünstigen und zu fördern, zum Ausdruck brachte.

So lange die Einwanderung willkommen war und Arbeitskräfte jeder Art begehrt wurden, bedurfte es keiner besonderen Gesetzgebung, um sie anzulocken. Man hatte sein Augenmerk nur darauf zu richten, daß Miß= bräuche verhindert wurden bei einem Verkehr, wo arme und unwissende Menschen häufig der Ausbeutung durch gewissenlose Leute ausgesetzt waren. Die am frühesten sich geltend machenden Mißbräuche standen im Zusammen= hang mit der Reise über's Meer. Vor Einführung des Dampfers kamen die Einwanderer in Segelschiffen herüber; die Reise war lang und unsicher, der Schiffsraum beschränkt; häufig mangelte es den Auswanderern, die für eigene Beköstigung zu sorgen hatten, an Nahrungsmitteln, häufig auch an genügender Gelegenheit diese zu bereiten. Ärztliche Hülfe fehlte meist gänz= lich, und die Passagiere waren nur zu häufig der Willkür des Kapitäns und der Rohheit der Mannschaft eines Kauffahrteischiffes ausgesetzt. Auf manchen dieser Überfahrten hatten die Reisenden entsetzliche Leiden zu erdulden, und manches Schiff erreichte das Land, nachdem es unterwegs 10 bis 20 v. H. seiner Passagiere durch den Tod verloren hatte, während der Rest durch Krankheit und Mangel an Nahrungsmitteln geschwächt anlangte. Die so= genannten Passagier=Ordnungen zielten darauf ab, solchen Mißbräuchen zu steuern. Die erste derartige Verordnung wurde in den Vereinigten Staaten im Jahre 1819 erlassen; es war darin bestimmt, daß nicht mehr als 2 Passagiere auf je 5 Tonnen Schiffslast kommen sollten. Diese Verord= nung war indes wenig erfolgreich, da keinerlei Bestimmung getroffen war, wie sich der Tonnengehalt zu dem für die Reisenden bestimmten Raum zu verhalten hatte. Wirksamer erwies sich die Verordnung vom Jahre 1855, durch welche nicht nur jedem Passagier genügender Raum zugewiesen, sondern auch für Lüftung des Schiffes, für ausreichende Nahrung sowie für deren Zubereitung und Verteilung gesorgt wurde. Nach der Verordnung vom Jahre 1882 sollte jeder Passagier 100 Quadratfuß an Raum (im Zwischendeck 120 Quadratfuß) und eine Lagerstatt von wenigstens 6 Fuß Länge und

2 Fuß Breite zu beanspruchen haben; ferner wurde die Trennung der unverheirateten Männer und Weiber angeordnet; es wurde für genügende
Lüftung und Beobachtung gesundheitlicher Einrichtungen, für Kochöfen, Vor-
räte an Nahrungsmitteln, für zwei Krankenräume, einen Arzt und Arzneien
gesorgt. Außerdem war es verboten, gefährliche oder entzündbare Waaren
auf den Schiffen mitzuführen, und diese wurden nach ihrer Ankuft daraufhin
untersucht, ob allen gesetzlichen Bestimmungen Folge geleistet sei 2c. 2c.
Alle diese Verordnungen sollten nicht etwa der Einwanderung besonderen
Vorschub leisten, sie entsprangen vielmehr der menschenfreundlichen Absicht
den Nächsten zu schützen.

In den ersten Zeiten der Einwanderung waren die Reisenden auch nach
ihrer Landung allen Arten von Fährlichkeiten ausgesetzt. Ohne Freunde, der
Sitten des Landes und häufig selbst der Sprache unkundig, wurden sie von
allen Seiten betrogen und ausgeplündert. Soweit sie ohne alle Hülfsmittel
waren, fanden sie bald eine Zufluchtsstätte in den Armenhäusern und bei
den mildthätigen Stiftungen, zumal denen der Stadt New-York. Der
Staat New-York versuchte früher als alle anderen Abhülfe für diese Mißbräuche zu schaffen, den Einwanderer zu schützen und ihm bei seiner Ankunft
zu helfen. Im Jahre 1824 ging in diesem Staate ein Gesetz durch, welches
jedem Schiffsherrn, der fremde Passagiere im Hafen von New-York landete,
die Verpflichtung aufzwang, einen vom Bürgermeister oder Stadtschreiber
(recorder) festgesetzten Geldbetrag zu hinterlegen, um die Stadt schadlos zu
halten für den Fall, daß ihr einer der Einwanderer in den ersten zwei
Jahren nach seiner Landung zur Last falle. Diese Maßregel sollte die Einwanderung solcher Personen verhindern, die, nicht im stande für ihren Unterhalt zu sorgen, in den Straßen von New-York planlos umherirren würden;
doch hatte diese Verordnung nur geringen Erfolg, die obengeschilderten Mißstände blieben bestehen und nahmen mit der infolge der irischen Hungersnot
im Jahre 1846 stark wachsenden Einwanderung in riesigem Maße zu. Im
Jahre 1847 veranlaßte eine Anzahl gemeinnützig gesinnter Männer die Ge-
setzgeber, ein Einwanderungsamt für den Staat New-York einzurichten. Das
Amt sollte ermächtigt sein, sich der Einwanderer anzunehmen, die innerhalb
5 Jahren nach ihrer Landung der Armenverwaltung zur Last fielen; diese
Einwanderungsbehörde durfte sie von einem Teil des Staates nach einem
anderen oder über dessen Grenzen hinausschaffen; sie konnte ferner in Verfolg
jener Bestimmungen Grund und Boden erwerben und Gebäude darauf
errichten lassen. Im Jahre 1855 gelang es ihr, einen Landungsplatz für
die neuen Ankömmlinge — allgemein bekannt unter dem Namen Castle
Garden — einzurichten. Hier wurden alle Einwanderer nach ihrer Aus-

schiffung gemustert; die, welche ihre Reise nach dem Innern fortzusetzen
wünschten, konnten sofort bei bevollmächtigten Vermittlern Fahrkarten lösen
und ihr Gepäck wägen und kostenfrei zur Eisenbahn befördern lassen. Es
war dafür gesorgt, daß denen, welche in der Stadt New-York zu bleiben be=
absichtigten, das Geld gewechselt wurde, und daß ihnen vertrauenswerte
Agenten, die ihre Kundschaft in Castle Garden zu suchen berechtigt waren,
Gasthäuser oder Privatwohnungen nachwiesen, wohin ihr Gepäck befördert
wurde. Ebenso fanden die Einwanderer Lebensmittel zu billigen
Preisen, und es ward das Möglichste gethan, um die neuen Ankömmlinge
vor Betrug und Ausbeutung zu schützen. Endlich errichtete die Behörde
auf Ward's Island ein Hospital, wohin man Kranke und Sieche sofort
nach ihrer Ankunft überführte, und wo diese auch noch Aufnahme fanden,
falls sie im Verlaufe des ersten Jahres krank und hülfsbedürftig wurden.

Die Mitglieder dieser Einwanderungsbehörde des Staates New-York
walteten ihres Amtes mit größter Pflichttreue. Es kam niemandem in den
Sinn, die Einwanderung hemmen zu wollen, man suchte sie vielmehr durch
den Schutz, den man den Ankömmlingen zuwandte, zu fördern. Tausenden
wurde durch Errichtung einer Arbeitsnachweisstelle zum Fortkommen in der
neuen Welt verholfen. Für das öffentliche Wohl besorgte Bürger der Stadt
New-York unterstützten die Bestrebungen des Einwanderungsamtes; zumal
solche, die selbst fremder Herkunft waren, mühten sich, in planmäßiger Weise
den neueintreffenden ärmeren Landsleuten die Wege zu ebnen. So wurden
denn von den verschiedenen Nationalitäten Hülfsvereine für Einwanderer
begründet, so der deutsche Hülfsverein, der irländische und andere, welche
Dolmetscher nach Castle Garden sandten und Gasthäuser, Sparkassen, Wechsel=
stuben, Arbeitsnachweise, Heimstätten für Kranke und sonstige Einrichtungen
ins Leben riefen. Alles zielte darauf ab, die Übersiedelung nach der neuen
Welt mit allen Kräften zu fördern. Staatliche Einwanderungsämter, ähnlich
dem von New-York, wurden auch in Boston, in Philadelphia und in anderen
Hafenplätzen eingesetzt. Als die Regierung der Vereinigten Staaten strengere
Maßregeln zur Beaufsichtigung und Beschränkung der Einwanderung anzu=
wenden begann, wurden diese zu anderen Zwecken eingerichteten Behörden
zur Erfüllung der neuen Pflichten nicht für geeignet befunden und an ihre
Stelle trat ein von den Vereinigten Staaten angestellter Oberaufseher für
das Einwanderungswesen (the United States Superintendent of Immigration).

Die westlichen Staaten, denen daran gelegen sein mußte Arbeitskräfte
heranzuziehen, thaten mancherlei Schritte, um die Einwanderung im Fluß zu
halten; so wurden z. B. Berichte über die natürlichen Hülfsquellen der ver=

schiebenen Staaten veröffentlicht und an die Auswanderer schon in Europa
oder bei ihrer Landung in New-York verteilt. Ein Grund für die Errich=
tung eines statistischen Amtes im Staate Indiana im Jahre 1869 war der,
durch Aufklärung über die natürlichen Hülfsquellen des Landes Einwanderer
anzulocken. Auch die Eisenbahngesellschaften, denen ungeheure Strecken Landes
überlassen worden waren, schlugen gleiche Wege wie die Staaten selbst ein, um
neue Zuzügler zu bestimmen, sich auf diesen weiten Gebieten niederzulassen.
Die südlichen Staaten sind in ähnlicher Weise bis in die letzten Jahre
hinein vorgegangen.

Die Gesetze der Vereinigten Staaten über Naturalisation ermöglichten
es überdies dem Einwanderer, nach einem Aufenthalt von nur 5 Jahren
daselbst das Bürgerrecht zu erwerben; er gelangte damit in den Besitz sämt=
licher Rechte und Vorteile, deren sich der eingeborene Bürger erfreute. Bei
etwaiger Rückkehr nach Europa genossen die neuen Bürger der Vereinigten
Staaten dort den Schutz der Konsuln und Gesandten ihrer Regierung; eben
diese Regierung schloß mit den europäischen Mächten Verträge ab, in
welchen letztere ihren bisherigen Unterthanen das Recht zugestanden, den
Verband mit dem alten Vaterlande zu lösen. Bemühungen dieser Art von
seiten der amerikanischen Regierung wurden indes vielfach dadurch erschwert,
daß einzelne ihrer neuen Unterthanen nach Europa zurückkehrten, um dort
unter dem Schutze des ihnen neuerlich gewährten Bürgerrechtes an Umsturz=
bestrebungen Teil zu nehmen. Trotz dieser Schwierigkeiten hat die ameri=
kanische Regierung ihr Möglichstes gethan, um die neuen Bürger der Ver=
einigten Staaten in ihren Rechten zu schützen, und sie hat stets die freie
Wahl des Aufenthaltsortes als natürliches Recht grundsätzlich vertreten. So
erklärte denn im Jahre 1868 die Bundesversammlung, Jedermann habe ein
natürliches und angeborenes Recht auf Auswanderung. ohne welches ein
menschenwürdiges Dasein, Freiheit und Glück undenkbar seien; alle von
einem Beamten der Vereinigten Staaten ausgehenden Verordnungen, Erlässe
Befehle oder Entscheidungen, welche das Recht auf Auswanderung bestreiten,
verkürzen, beschränken oder in Frage stellen, wurden als mit den Grund=
gesetzen der Vereinigten Staaten unvereinbar erklärt.

In demselben Jahre kam ein auf diese Anschauungen begründeter Ver=
trag mit China zu stande, der wie folgt lautet: „Die Vereinigten Staaten
von Amerika und der Kaiser von China erkennen hierdurch ausdrücklich an,
daß es eines jeden Menschen angeborenes und unveränderliches Recht ist,
seine Heimat und sein Unterthanenverhältnis zu wechseln; wie auch ferner
daß es zu beiderseitigem Vorteil gereicht, wenn ihre Bürger und Unter=
thanen frei und ungehindert von einem Lande zum andern wandern und

auswandern dürfen, sowohl zu Zwecken der Belehrung und des Handels, als auch zu dauernder Niederlassung."

Nichts zeigt schlagender, wie sehr politisches Verhalten von Erfahrung abhängig ist, und auf wie schwankenden Grundsätzen die politische Wissenschaft beruht, als jenes erste und nachdrücklichste Ausnahmeverfahren gegen freie Wanderung, das wenige Jahre später gerade China gegenüber zur Anwendung gebracht wurde.   Selbst bei dieser Gelegenheit treten noch einmal die alten Ansichten . zu Tage.   In den Verhandlungen vom Jahre 1879 über die vorgeschlagene Ausschließung der Chinesen sagte der Senator Hamlin aus Maine:

„Ich glaube an Grundsätze, so alt wie unser Staatswesen, nach denen dieses Land die Heimat des freien Menschen ist, wo die Ausgestoßenen aller Länder, wo Anhänger jedes Glaubens, Abkömmlinge jeder Zone unsere reine Luft atmen und an unseren freien Einrichtungen teilnehmen dürfen."

Derartige ideale politische Ansichten lassen sich bei dem heutigen internationalen Wettbewerb und Wettkampf nicht mehr in die Wirklichkeit übertragen.

c. Einwanderungspolitik 1882—1894.

Die Einwanderungspolitik der letzten Jahre kennzeichnet sich durch zweierlei Merkmale, die am besten einzeln betrachtet werden, obgleich sie gleichzeitig auftraten und nicht ohne Einfluß auf einander blieben.   Das erste ist der völlige Ausschluß der chinesischen Arbeiter aus den Vereinigten Staaten, das zweite der Versuch, die europäische Einwanderung derart zu sichten, daß unerwünschte Elemente ferngehalten und die amerikanischen Arbeiter vor unlauterem Wettbewerb geschützt würden.   Die Frage bezüglich der chinesischen Einwanderung läßt sich hier in wenigen Worten abthun; sie machte sich zunächst nur an den Küsten des Stillen Oceans fühlbar.

Die Chinesen kamen zuerst unmittelbar nach der Entdeckung der Goldfelder dorthin und wurden als billige Arbeitskräfte, wie sie der Westen damals benötigte, willkommen geheißen.   Ihre Zahl hielt sich viele Jahre lang in mäßigen Grenzen, um so mehr, da sie in die Heimat zurückzukehren pflegten, sobald sie ein nach ihren Begriffen auskömmliches Vermögen erworben hatten.   Man beschäftigte sie beim Bau der ersten pacifischen Eisenbahn, und die Leiter des Unternehmens versicherten, daß diese Bahn ohne chinesische Arbeitskräfte nicht hätte gebaut werden können.   Später begannen die Chinesen auch bei der Landarbeit und in einigen untergeordneten gewerblichen Betrieben mit den weißen Arbeitern in Wettbewerb zu treten; einige wenige gelangten bis zum Osten des Landes und wurden in ben Schuhfabriken von Massachusetts beschäftigt. Allmählich kamen sie in größerer Zahl; sie arbeiteten zu billigeren Lohnsätzen als die Weißen, und ihre Lebensweise war derart, wie sie kein Weißer führen mochte. Sie hielten hartnäckig fest an heimischer Sitte, Religion und Kleidung, sträubten sich gegen die Gebräuche des Landes und hielten sich überhaupt vom amerikanischen Leben völlig fern. Laut erhob sich der Ruf, das Land werde durch das Eindringen von Barbaren bedroht: bei der ungeheuren Bevölkerung Chinas und deren geringen Ansprüchen ans Leben, so hieß es, sei es nur eine Frage der Zeit, daß Millionen von ihnen herüberkommen und das Land überschwemmen würden. Die Gesetzgebung des Staates Californien versuchte durch zahlreiche strenge Verordnungen der Einwanderung der Chinesen entgegenzutreten, doch wurden Verfügungen dieser Art von den Gerichtshöfen der Vereinigten Staaten meist für nicht verfassungsmäßig erklärt, weil sie den mit China abgeschlossenen Verträgen zuwiderliefen, nach welchen den Chinesen dasselbe Recht wie allen übrigen Ausländern in den Vereinigten Staaten zustehe, und weil allein die Bundesversammlung die Machtbefugnis habe, in Handelsangelegenheiten einzugreifen. Danach wandten sich die Californier an die Bundesversammlung selbst und baten um ein Gesetz, das sie gegen die Gefahr der chinesischen Einwanderung, wie sie sich ausdrückten, schütze. Somit trat diese Frage in den Kreis der nationalen Politik, denn sowohl die Republikaner wie die Demokraten bedurften bei der Wahl von 1876 der Stimmen aus den Gebieten am Stillen Meere. Zur eingehenden Prüfung dieser Angelegenheit wurde eine Abordnung in jene Staaten gesandt, deren im Jahre 1876 erstatteter Bericht sich den Chinesen gegenüber sehr feindlich aussprach; die Folge war das Verbot der Chineseneinwanderung durch Bundesbeschluß. Was sich in erster Reihe dagegen einwenden ließ, war, daß durch diese Maßregel, wie verdienstlich sie immerhin sein mochte, der Vertrag mit China vom Jahre 1868 einseitig von den Vereinigten Staaten ohne Befragung Chinas aufgehoben werde, und daß es diesem Lande nahe gelegt war, Wiedervergeltung zu üben, indem es die Amerikaner aus China ausschloß. Aus diesem Grunde erhob der Präsident Hayes gegen das Gesetz Einspruch. Die Regierung jedoch beeilte sich, den Wünschen der Bundesversammlung nachzukommen, und eröffnete Unterhandlungen mit China behufs Abänderung des Vertrages vom Jahre 1868, um eine vollständige Ausschließung der Chinesen durchzusetzen, oder zum wenigsten zeitweilig ihrer Einwanderung Einhalt zu erwirken. Auf ein solches unbedingtes Verbot wollten sich die Chinesen nicht einlassen, doch stimmten sie einem Vertrage zu (1880), der der Regierung der Vereinigten Staaten das Recht gab, „ihr Kommen und ihren jeweiligen Aufenthalt zu regeln, zu beschränken und zu unterbrechen"; ein völliges Verbot sollte jedoch nicht ge-

stattet sein. Es wurde ferner abgemacht, daß die Beschränkung und zeitweilige Unterbrechung der Einwanderung sich in gewissen Grenzen halten
und nur auf solche Chinesen beziehen solle, die als Arbeiter in die Vereinigten Staaten kämen, nicht aber auf andere. Die zum Aufenthalt Zuge-
lassenen und die zur Zeit in den Vereinigten Staaten sich aufhaltenden
Chinesen sollten ihren Wohnsitz nach Belieben wählen dürfen.   Zudem verpflichtet sich die Bundesregierung, die Chinesen, Arbeiter sowohl wie andere,
die sich vorübergehend oder dauernd in den Vereinigten Staaten niedergelassen, falls sie von irgend jemandem unbillige Behandlung erführen, mit
allen ihr zu Gebote stehenden Mitteln zu schützen und ihnen sämtliche Rechte,
Vorrechte, Freiheiten und Gerechtsame, deren sich die Bürger und Unterthanen der meistbegünstigten Nationen erfreuten, zu sichern, soweit sie durch
diesen Vertrag ein Anrecht darauf hätten.

Die Bundesversammlung benutzte die ihr infolge dieses Vertrages
zustehende Befugnis dazu, die Einwanderung chinesischer Arbeiter für die
Zeit von 10 Jahren zu verbieten (1882); gegen eine frühere Gesetzesvorlage,
die dieses Einwanderungsverbot auf 20 Jahre ausdehnen wollte, hatte
Präsident Arthur Einspruch erhoben, mit der Begründung, daß eine
solche Maßregel thatsächlich einem völligen Verbot gleich käme. Auf chinesische Arbeiter indes, die sich am 17. November 1880 in den Vereinigten
Staaten befänden, oder die innerhalb 90 Tagen nach Erlaß dieses Gesetzes
daselbst anlangten, sollte dasselbe keine Anwendung finden. Wünschte ein
Chinese das Land zeitweilig zu verlassen, so sollte ihm von der Zollver-
waltung ein Schein ausgestellt werden, auf dessen Vorweis hin ihm der
Wiedereintritt ins Land gestattet war. Diese Bestimmungen wurden häufig
umgangen, denn in die Heimat zurückkehrende Chinesen verkauften oft derartige Berechtigungsscheine an Andere, und auf diese Weise wurde den Vereinigten Staaten ein ununterbrochener Strom neuer Einwanderer zugeführt,
und die allmähliche Verminderung des Zuzuges der Chinesen, die man durch
den Vertrag hatte herbeiführen wollen, wurde nicht erreicht. Die Gerichts-
höfe waren zudem überfüllt von Chinesen, die die Erklärung abgeben wollten,
sie seien bereits im Jahre 1880 im Lande gewesen und daher zum Bleiben
berechtigt; da es überaus schwierig war, einen Chinesen vom anderen zu
unterscheiden, konnten Betrügereien nur schwer verhindert werden. Nach
einer Verfügung vom Jahre 1884 sollte der obenerwähnte Schein in Zukunft
als einziges Beweisstück für einen früheren Aufenthalt im Lande gelten.
Die im Bundesgebiet ansässigen Chinesen wurden sehr rücksichtslos behandelt
und vielfach mißhandelt, ja selbst gemordet, ohne daß die Ortsbehörden
gegen die Übelthäter eingeschritten wären. Die Bundesregierung sprach den

Geschädigten Schadloshaltung zu, mehr aber konnte sie nicht thun, denn die Strafrechtspflege liegt in der Hand der Ortsbehörden. — In den westlichen Staaten verlangte die öffentliche Meinung noch nachdrücklichere Maßregeln gegen die Chinesen, und im Jahre 1888 versuchte die amerikanische Regierung China zu einem neuen Vertrage zu bestimmen, durch den die Einwanderung für einen ferneren Zeitraum von 20 Jahren untersagt und die Wiedereinwanderung durch wirksame Mittel verhindert werden sollte. Doch versagte China diesem Vertrage seine Zustimmung, worauf im Jahre 1888 in der Bundesversammlung ein Gesetz durchging, welches die Rückkehr jedes Chinesen, wenn er sich auch im Besitz eines Scheines befand, ein für allemal verbot und die weitere Ausgabe von Scheinen untersagte.

Das letzte gegen die Chinesen gerichtete Gesetz stammt aus dem Jahre 1892. Durch dieses Gesetz wird die Dauer aller zur Zeit in Kraft befindlichen Verordnungen über die Einwanderung chinesischer Arbeiter für weitere 10 Jahre verlängert. Jede Person chinesischer Abstammung, ob in China oder anderswo geboren, sollte, falls sie auf Grund der bestehenden Gesetze überführt worden, daß sie sich unerlaubter Weise in den Vereinigten Staaten aufhalte, von dort entfernt werden. Ferner mußte jeder Chinese in den Vereinigten Staaten bei einem Steuerbeamten um einen Aufenthaltsschein einkommen, bei welcher Gelegenheit er sich als ein nach dem Gesetz berechtigter Einwohner des Bundesgebiets auszuweisen hatte. Jeder Chinese, der sich innerhalb eines Jahres nach Erlaß dieses Gesetzes demselben nicht gefügt hatte, sollte Landes verwiesen werden. Letzterwähnte Verfügung ist zwar praktisch nicht zur Ausführung gelangt, das Gesetz aber ist als verfassungsgemäß anerkannt worden. So hat die Gesetzgebung gegen die Chinesen mehr und mehr an Strenge zugenommen; die öffentliche Meinung in den Vereinigten Staaten hat sich damit einverstanden erklärt unter dem Vorgeben, daß der Chinese ein Fremdling sei von völlig anderer Gesittung als der Amerikaner, daß derartige Elemente sich schwer einbürgern und es daher besser sei, sie ein für allemal auszuschließen.

Das zweite Merkmal der geltenden Einwanderungspolitik der Vereinigten Staaten besteht in dem Versuche, die Einwanderung derart zu sichten, daß unerwünschte Elemente ausgeschlossen werden und die amerikanische Arbeit vor unlauterem Wettbewerb Schutz findet. In jeder Auswanderungsbewegung finden sich viele unerwünschte Persönlichkeiten, die sich die Gelegenheit zu Nutze machen ihren Aufenthaltsort zu ändern, um sich dadurch heimischem Zwange oder der Aufsicht der Behörden zu entziehen. Häufig genug leistete man zudem der Auswanderung von Armen und Verbrechern Vorschub, um sich von ihrer lästigen Gegenwart zu befreien. In den ersten Zeiten der

Kolonisation hatten sich die Ansiedler nicht selten darüber zu beklagen, daß man schlechtes und verlaufenes Gesindel unter der Angabe, die Leute seien als Dienstboten gemietet, in die Kolonien sandte, und diese Mißstände machten sich mit dem Anwachsen der Auswanderung in die Vereinigten Staaten in erhöhtem Maße fühlbar. Schon im Jahre 1854 sah sich die Schweizer Bundesregierung veranlaßt ihren Kantonen mitzuteilen, es sei von seiten der Vereinigten Staaten über das Hinaussenden armen und hülf= losen Volkes Klage erhoben worden und man müsse in Zukunft vorsichtiger sein, um Abwehrmaßregeln der Vereinigten Staaten vorzubeugen. Es wurde behauptet, daß im Jahre 1855 von 2000 ausgewanderten Schweizern mehr als die Hälfte von ihren Heimatsbehörden unterstützt worden seien. Die englische Regierung pflegte die Auswanderung der Irländer zu begünstigen, um der Übervölkerung zu steuern. Von 1851 bis 1886 betrug die Ge= samtzahl der unterstützten Auswanderer 40 154 und die für dieselben auf= gewandte Summe belief sich auf 152 902 £. (Bericht des Local Govern- ment Board von 1886).

Von Zeit zu Zeit wurden Hülfsvereine ins Leben gerufen, um Armen, entlassenen Sträflingen und Anderen die Auswanderung nach Amerika und dadurch den Beginn eines neuen Lebens zu ermöglichen. Oft sandten Armenverwaltungen, ja selbst die eigenen Verwandten völlig mittellose und arbeitsunfähige Personen hinüber, um ihrer ferneren Unterstützung überhoben zu sein; vielfach erwiesen sich derartige Maßregeln als wirkliches Liebeswerk und die Unterstützten wurden zu ehrenwerten und fleißigen Gliedern der Gesellschaft. Im Jahre 1882 bildete sich das sogenannte „Tuke Committee" als eine Gesellschaft zur Unterstützung irischer Familien bei der Auswande= rung; mehr als 260 solcher Familien fanden im Frühling desselben Jahres Hülfe durch diese Gesellschaft, und in den beiden folgenden Jahren sandte sie über 1000 Familien von insgesamt etwa 8000 Köpfen hinüber.

In den Vereinigten Staaten begann sich diese Art von Einwanderung durch die Füllung der Armenhäuser mit fremden Hülfsbedürftigen fühlbar zu machen. Manche verfielen unmittelbar nach ihrer Landung der öffentlichen Unterstützung und blieben ihr für den Rest ihres Lebens zur Last. Aus allen Teilen des Landes liefen hierüber Klagen ein. Der Staat New=York war zumeist benachteiligt, denn in diesem waren mehr als die Hälfte und in der Stadt New=York mehr als zwei Drittel der Unterstützten fremden Ursprunges, obgleich die Zahl der auswärts Geborenen nur ein Viertel der Gesamtbevölkerung betrug. Ein im Jahre 1880 durch die Gesetzgebung im Staate New=York erlassenes Gesetz ermächtigte die staatliche Armenverwaltung, die Kosten für die Heimkehr solcher fremden Armen zu bestreiten, die sich als unheilbar krank oder arbeitsunfähig erwiesen, und vom Jahre 1880 bis 1887 wurden 839 Personen mit einem Kostenaufwand von 18 000 Doll. zurückbefördert. — Eine Schwierigkeit bot sich indes dadurch, daß während Kosten dieser Art den Staaten und den städtischen Behörden zur Last fielen, die Staaten doch nicht die Macht hatten, die Landung solcher Leute zu verhindern, die wenn auch in einem Staate zurückgewiesen, durch einen anderen leicht Einlaß finden konnten. So waren die Binnenstaaten dem Belieben der Küstenstaaten, durch welche die Einwanderer ihren Einzug hielten, preisge= geben. Es wurde daher gefordert, die Bundesregierung solle für sämtliche Staaten gültige Gesetze einführen, in denen die Zulassung von Hülfsbedürftigen und Verbrechern untersagt würde, und die an allen Landungsplätzen streng gehandhabt werden sollten. Auf diese Bewegung ist das Gesetz zur Regelung der Auswanderung vom Jahre 1882 zurückzuführen, dessen Hauptbestimmungen wie folgt lauten:

Von jedem Einwanderer, der in irgend einem Hafen der Vereinigten Staaten landet, soll eine Steuer von 50 Cents erhoben werden.

Bei der Ankunft jedes Schiffes sollen die Passagiere desselben daraufhin untersucht werden, ob sich etwa Verbrecher, Geisteskranke, Schwachsinnige oder sonst gänzlich Hülflose, die der öffentlichen Unterstützung zur Last fallen würden, unter ihnen befänden. Solche müssen dem Hafenaufseher gemeldet und an der Landung verhindert werden.

Die Kosten für die Rückfahrt derartiger Personen haben die Eigentümer der Schiffe, in denen sie anlangten, zu tragen.

Die Ausführung des Gesetzes wurde in den verschiedenen Häfen, wo bereits staatliche Einwanderungsbeamte eingesetzt waren, in deren Hände gelegt.

In Folge der Bestimmungen dieses Gesetzes wurden vom Hafen von New-York aus im Jahre 1883 : 294 Personen zurückgesandt; 1884 : 363 Per= sonen; 1885 : 822 Personen; 1886 : 997 Personen; 1887 : 443 und im Jahre 1888 : 502 Personen.

Nicht völlig befriedigend war die Art und Weise, wie das Gesetz von 1882 zur Ausführung gelangte. Die beiden Behörden, in deren Händen die Machtbefugnisse lagen, das staatliche Einwanderungsamt und die Be= amten der Bundesregierung gerieten mit einander in Streit dadurch, daß dem Einwanderungsamt die Aufsicht zustand, während der Hafenaufseher die Rücksendung der abgewiesenen Einwanderer zu bewerkstelligen hatte und dieser sich häufig weigerte, Leute zurückzuschicken, die vom Einwanderungsamt als untauglich befunden waren. Von seiten der Bundesregierung wurden mehr= fach Ausschüsse zur Untersuchung der Angelegenheit gebildet: so im Jahre

1888 der sogenannte Ford=Ausschuß, 1891 der Owen=Ausschuß, 1892 der Stump=Ausschuß, und im Jahre 1893 der Chandler=Ausschuß, welche die Fortdauer der gerügten Mißstände bestätigten. — Im Jahre 1891 ging ein neues Gesetz durch, welches die Ausschließung ausdehnte auf „alle Schwach=sinnigen, Geisteskranken, Hülfsbedürftigen oder Leute, die der Öffentlichkeit zur Last zu fallen drohten, ferner auf Personen, die eines todeswürdigen oder den Ehrverlust nach sich ziehenden Verbrechens, bezw. eines Vergehens, dem ein sittlicher Makel zu Grunde lag, überführt waren; ebenso auf solche, die sich der Vielweiberei schuldig gemacht, sowie auf alle die, deren Über=fahrt ganz oder teilweise von Anderen bezahlt worden, außer wenn klar nachgewiesen wurde, daß es sich nicht um Personen oben bezeichneter Art handelte, oder um sogenannte Kontrakt=Arbeiter, die schon durch das Gesetz vom Jahre 1885 von der Einwanderung ausgeschlossen waren.“ (Siehe unten.)

Es wurde der schon erwähnte Posten eines Oberaufsehers über das Einwanderungswesen geschaffen, und der Aufsichtsdienst wurde Bundesbeamten anvertraut und fortab strenger gehandhabt. In New=York wurde die Landungs=stelle für die Einwanderer nach Ellis Island verlegt, und das frühere Ein=wanderungsamt ging ein.

Das noch jetzt in Kraft befindliche Gesetz vom Jahre 1893 hatte eine noch strengere Musterung der Einwanderer zur Folge.

Während nun einerseits Gesetze dieser Art neu eingeführt und erweitert wurden, ging eine Reihe anderer Gesetze durch, darauf gerichtet, die Ein=führung von Arbeitern zu verhindern, die sich bereits vor ihrer Einwanderung zu bestimmten Arbeitsverträgen verpflichtet hatten. Die Arbeiterverbände fühlten sich erheblich dadurch benachteiligt, daß viele Arbeitgeber von Europa Leute herüberkommen ließen zum Ersatz für hiesige in Ausstand getretene Arbeiter. Im Jahre 1885 wurde nun ein Gesetz erlassen, welches die Ein=führung solcher vertragsmäßig gebundenen Arbeiter völlig untersagte, dessen hauptsächlichste Bestimmung wie folgt lautet:

„Jeder Kapitän eines Schiffes, der aus irgend einem fremden Hafen oder Platze Leute innerhalb der Vereinigten Staaten landet oder deren Landung gestattet, seien es Arbeiter, Handwerker oder Künstler, welche vor ihrer Einschiffung ein Übereinkommen getroffen oder einen Vertrag abge=schlossen haben, wodurch sie sich zu Arbeit oder Dienstleistungen in den Ver=einigten Staaten verpflichten, soll eines Vergehens für schuldig erachtet und bei Überführung desselben mit einer Strafe bis zu 500 Dollars für jeden solchen Handwerker, Arbeiter oder Künstler belegt werden oder mit einer Ge=fängnisstrafe bis zu 6 Monaten.

„Indes soll dieses Gesetz nicht so ausgelegt werden, daß es etwa irgend einem Bürger oder Unterthan eines fremden Landes, der vorübergehend in den Vereinigten Staaten lebt, verboten sei, Personen, welche nicht Bürger der Vereinigten Staaten und auch nicht daselbst wohnhaft sind, durch Vertrag zu verpflichten, ihm als Privatsekretär oder Dienstboten zu dienen. Noch soll irgend Jemand durch dieses Gesetz gehindert sein — sei es ein einzelner, eine Teilhaberschaft mehrerer oder eine Genossenschaft — geschulte Arbeiter vertragsmäßig in fremden Ländern für die Vereinigten Staaten anzuwerben, für Gewerbszweige, welche bisher in den Vereinigten Staaten nicht geübt werden: vorausgesetzt, daß geschulte Arbeiter nicht anderweitig beschafft werden können. Auch soll dieses Gesetz keine Anwendung finden weder auf Schauspieler, Sänger oder andere Künstler und Leute, die Vorträge halten, noch auf häusliche Dienstboten. — Dieses Gesetz soll jedoch keineswegs so gedeutet werden, als verbiete es irgend Jemandem, fortan einem Verwandten oder Freund, der nach den Vereinigten Staaten auswandern und sich daselbst niederlassen will, Unterstützung zu gewähren.“

Solcher Art hat sich die Gesetzgebung über die Einwanderung bis in die jüngste Zeit hinein gestaltet. Es liegt durchaus nicht die Absicht vor, die Einwanderung ehrlicher, fleißiger und kräftiger Leute zu verhindern, mit alleiniger Ausnahme jener durch Vertrag gebundenen Arbeiter, deren Kommen besonders nachteilig von denen empfunden wird, die von ihren Stellen durch sie verdrängt werden; dagegen ist es erwünscht, Arme, Verbrecher und Leute, die nicht im stande sind, sich selbst weiter zu helfen und die deshalb der Armenverwaltung zur Last fallen, fern zu halten.

d. Gegenwärtige Handhabung des Gesetzes.

Das Gesetz vom Jahre 1893 ordnete eine Untersuchung der Einwanderer vor ihrer Einschiffung an; es mußten also der Kapitän jedes Schiffes und der Schiffsarzt einen Schein ausstellen, auf welchem sie über die ordnungsgemäße Untersuchung der Einwanderer und über folgende Fragen betreffs derselben Auskunft zu geben hatten: Voller Name, Alter und Geschlecht — verheiratet oder ledig — Beruf oder Beschäftigungsart — ob des Lesens und Schreibens kundig — Nationalität — letzter Wohnort — Landungshafen in den Vereinigten Staaten — endgültiger Bestimmungsort, falls es nicht der Landungshafen selbst ist — ob der Einwanderer im Besitz einer Fahrkarte bis zu solchem Bestimmungsorte — ob derselbe die Überfahrt selbst bezahlt hat, oder ob Zahlung durch einen anderen, oder durch einen Verband, eine Gesellschaft, Orts- oder Staatsbehörde geleistet worden — ob der Einwanderer im Besitz von Geld ist, ob er er mehr als 30 Dollars bei sich führt oder weniger und wenn mehr, wieviel? — ob er sich zu einem An= gehörigen begeben will, und wenn so, wie dieser mit ihm verwandt ist, sowie dessen Name und Wohnort — ob der Einwanderer schon früher in den Vereinigten Staaten war und wo? — ob er je im Gefängnis, im Armenhause aufgenommen oder öffentlich unterstützt war — ob er sich der Vielweiberei schuldig gemacht — ob er zur Ausführung von Arbeit in den Vereinigten Staaten durch ausdrücklichen oder stillschweigenden Vertrag ge= bunden ist? — körperlicher und geistiger Gesundheitszustand des Einwan= dernden — ob er verwachsen oder Krüppel, und in Folge wovon?

Die Einwanderer werden in Abteilungen von nicht mehr als je 30 Personen gesondert. Jedes Familienoberhaupt, sowie jeder einzelne Ein= wanderer erhält eine Karte mit seinem Namen und einer Zahl oder einem Buchstaben, die seine besondere Abteilung bezeichnen, um die Feststellung seiner Persönlichkeit bei der Ankunft zu erleichtern. Nach der Ankunft werden dann die einzelnen Abteilungen der Einwanderer von den Aufsichtsbeamten der Regierung geprüft, und für den Fall, daß sich gegen ihre Zulassung Zweifel erheben, werden sie zum Zweck nochmaliger Prüfung zurückgestellt.

So findet in Folge dieses Gesetzes eine doppelte Prüfung der Aus= wanderer statt und zwar einmal von seiten der Dampfschiffahrtsgesellschaften vor Aufnahme der Reisenden und danach durch die amerikanischen Beamten und jedesmal unter Aufsicht eines Arztes. Die Dampfschiffahrtsgesellschaften hüten sich wohl Personen aufzunehmen, deren Abweisung zu befürchten ist, weil anderenfalls sie die Rückfahrtskosten zu bestreiten haben. In jeder Ge= schäftsstelle der Dampfergesellschaften wird ein Abdruck der Bestimmungen, die sich auf die Nichtzulassung gewisser Auswanderer beziehen, aufgehängt, zur Warnung sowohl aller derer, auf welche diese Bestimmungen Anwendung finden, als auch der Schiffahrtsagenten. Der Bericht des Oberaufsichts= beamten über die Einwanderung vom Jahre 1894 besagt, daß die Gesell= schaften sich obigem Gesetze fügen und ihrerseits alle, die sich zur Überfahrt melden eingehend prüfen und diejenigen aussondern, deren Landung voraus= sichtlich nicht gestattet werden würde.

Das Ergebnis der in Amerika stattgefundenen Prüfung während des mit dem 30. Juni 1894 endenden Jahres war folgendes:

Von 288 020 in den Vereinigten Staaten anlangenden Einwanderern wurden 2389 an der Landung gehindert und auf Kosten der Dampfergesell= schaften, die sie hierher gesandt hatten, zurückbefördert; darunter waren 1533, die sich vor ihrer Ankunft durch Arbeitsvertrag gebunden hatten, während der Rest von 836 auf Grund des Gesetzes vom Jahre 1893 zurückgeschickt

wurde. Außer den obigen wurden noch 417 Personen in ihre Heimat zurück=
befördert, weil sie innerhalb eines Jahres nach ihrer Landung in den Ver=
einigten Staaten der öffentlichen Armenpflege zur Last gefallen waren. Hatte
die erste Ursache für ihre Verarmung bereits vor ihrer Landung bestanden,
so mußte die Dampfergesellschaft, die sie gebracht, für ihre Rückfahrt sorgen,
anderenfalls fielen die Kosten der Einwanderungshülfskasse zur Last.

Aus den vorstehenden Angaben ist ersichtlich, daß die Aufsicht über die
Einwanderung keineswegs zu streng gehandhabt wurde. Von einer Gesamt=
zahl von 288 000 wurden nur 2389 Personen zurückgewiesen; es beweist
dieses, daß die Einwanderungsgesetze, wie nachdrücklich auch immer zur An=
wendung gebracht, doch keinen nennenswerten Einfluß darauf hatten, die
Landung irgend eines brauchbaren Einwanderers in den Vereinigten Staaten
zu verhindern. Thatsächlich dienen die bestehenden Gesetze weniger zur Be=
schränkung der Einwanderung, als zu deren Regelung im Interesse des Landes
und der Einwanderer selbst. Man wird zugeben müssen, daß die Vereinigten
Staaten keineswegs die Verpflichtung haben, sich der Bettler und Verbrecher
Europas anzunehmen, während andererseits den Armen, den Kranken und
allen den Leuten, die nicht im stande sind sich weiter zu helfen, kein Ge=
fallen damit geschieht, wenn man ihnen gestattet hier zu landen, wo es
ihnen an Freunden fehlt und sich ihnen keine hülfreiche Hand entgegenstreckt.
Die Gesetze der Vereinigten Staaten sind aus rein menschenfreundlichen Ab=
sichten hervorgegangen, und verletzen weder die Vorschriften der Menschlichkeit,
noch die zwischen den Nationen geltenden Begriffe von Anstand. Von keiner
Seite ist in Europa Einspruch gegen eine Zurückweisung solcher Hülflosen
erhoben worden und kein Volk hält sich für berechtigt, den Vereinigten
Staaten seine Bettler und Verbrecher aufzudrängen. Von den Chinesen ab=
gesehen, richtet sich die Maßregel gegen keine Nationalität insbesondere, so
daß keine der verschiedenen Nationen sich benachteiligt fühlen kann. Die
Vorschriften richten sich nur gegen den Einzelnen; freilich bietet deren Aus=
führung Schwierigkeiten, da es nicht leicht ist, einen Verbrecher oder einen
durch Vertrag gebundenen Arbeiter herauszufinden, wenn nicht durch vor=
herige Mitteilung die Aufmerksamkeit auf ihn gelenkt worden. Doch läßt
sich nicht annehmen, daß viele zurückgewiesen werden, die eigentlich hätten
zugelassen werden sollen, während andererseits gar viele zugelassen werden,
die man mit vollem Recht hätte zurückweisen können.

Gehen wir nun zu der allgemeineren Frage über, in welcher Weise die
Einwanderung die Vereinigten Staaten beeinflußt.

e. Einwanderung und Bevölkerung.

Die Frage der Einwanderung erstreckt sich auf ein viel weiteres Gebiet als auf die bloße Begutachtung einiger Gesetzesparagraphe, die sich auf Bettler, Verbrecher und Vertragsarbeiter beziehen. Die Einwanderung hat einen riesigen Umfang angenommen und vollzieht sich ununterbrochen Jahr für Jahr; sie stockt zwar gelegentlich infolge ungünstiger wirtschaftlicher Verhältnisse, mit jedem Aufblühen der Industrie schwillt sie jedoch von neuem an und beeinflußt das sociale Leben der Vereinigten Staaten in so mannigfacher Art, daß man in ihr eine der Haupttriebkräfte für die Entwicklung der Civilisation erblicken muß. Je mehr sich diese Einflüsse geltend machen, desto eher wird sich die Bevölkerung der Vereinigten Staaten einer Einwanderungspolitik zuwenden müssen, die im weitesten Umfange auf wirtschaftliche und sociale Zweckdienlichkeit Rücksicht zu nehmen hat. Das amerikanische Volk wird sich darüber zu entscheiden haben, ob ihm geraten ist, ferner noch die Einwanderung von hunderttausenden von Leuten aller Nationalitäten zu gestatten, die in vieler Hinsicht unter einander und von den Eingeborenen grundverschieden sind und ob es möglich sein wird, aus so ungleichartigen Elementen eine Nation zu formen, stark und kräftig in sich selbst und mit gemeinsamen Idealen und Zielen. — Dieser Einwanderungspolitik im weitesten Umfange müssen wir unsere Aufmerksamkeit zuwenden und die mit ihr verknüpften Fragen in einer oder der anderen Weise zu beantworten suchen. Zu diesem Zwecke wollen wir zunächst einmal den Einfluß der Einwanderung auf die Bevölkerung der Vereinigten Staaten klar legen und sehen, in wieweit sich dieser Einfluß zur Zeit nachweisen läßt. Man hört gewöhnlich sagen, das schnelle Anwachsen der Bevölkerung der Vereinigten Staaten habe seinen Grund in der Einwanderung und wenn wir erfahren, daß in dem Jahrzent von 1880 bis 1890 über 5 Millionen Einwanderer bei uns angelangt sind, so möchte es wohl scheinen, als würde die Zunahme der Bevölkerung durch eine derartige Bewegung wesentlich beschleunigt. Seltsamer Weise hat sich indes die Thatsache herausgestellt, daß je größer die Einwanderung, desto weniger schnell der Zuwachs der Gesamtbevölkerung. Die Zunahme der Bevölkerung auf das Hundert stellt sich nach den Volkszählungen von 1790 ab, wie folgt:

1790

1800 . . . . 35,10 %

1810 . . . . 36,38 =

1820 . . . . 33,07 =

1830 . . . . 33,55 =

1840 . . . . 32,67 ^{0}/o
1850 . . . . 35,87 =
1860 . . . . 35,58 =
1870 22,63
1880 . . . . 30,08 =
1890 . . . . 24,86 =

Man sieht, daß die Zunahme der Bevölkerung am schnellsten am An=
fang des Jahrhunderts vor sich ging, bevor die Einwanderung noch irgend=
wie erhebliche Ausdehnung gewonnen hatte. Die großen Einwanderungen
der Jahre zwischen 1840 und 1850 und zwischen 1850 und 1890 scheinen
das Wachstum der Bevölkerung allerdings beschleunigt zu haben, so daß der
Durchschnitt der unmittelbar vorangegangenen Jahrzehnte überholt wurde.
Dieses Anschwellen ließ aber bald nach, und in den letzten 10 Jahren ist
Zuwachsziffer niedriger, als je zuvor.[1]

Wirksamere Kräfte scheinen die größere oder geringere Zunahme der
Bevölkerung veranlaßt zu haben. In der frühesten Zeit, als es noch Land
in Fülle gab und jedermann Beschäftigung finden konnte, waren die Fa=
milien kinderreich, denn es heirateten die meisten und zwar in jungen Jahren.
Unter solchen Verhältnissen hatte sich die Bevölkerung wiederholt nach
25 Jahren verdoppelt, eine Thatsache, für welche die Geschichte nur selten
Beispiele hat, die in civilisierten Staaten heutzutage nirgends mehr vor=
kommt. Von 1820 bis 1840 wurde der weite Westen erschlossen, hierdurch
der Überschuß der Bevölkerung abgeleitet, und die Bewegung dahin, durch
den Bau der Eisenbahnen begünstigt, setzte sich ununterbrochen bis zum
Jahre 1860 fort. Auch ohne Einwanderung würden diese ausgedehnten
Gebiete durch den natürlichen Zuwachs der Nation bevölkert worden sein,
denn die Verhältnisse lagen genau so, wie in der Zeit von 1790 bis 1820,
als keine nennenswerte Einwanderung stattfand. Seit dem Jahre 1860
haben sich die Lebensbedingungen ungünstiger gestaltet; die Zahl der Ge=
burten hat sich vermindert, die Familien sind kleiner als früher und die
Neigung zum Heiraten nimmt ab, so daß trotz einer riesigen Einwanderung
von Männern und Frauen in den kräftigsten Jahren die Vermehrungsziffer
bedeutend heruntergegangen ist.

Für alle Fälle ist es völlig unnütz sich mit der Frage zu beschäftigen,

---

[1] In Anbetracht der Thatsache, daß die Volkszählung vom Jahre 1870 aner=
kanntermaßen fehlerhaft ist, so daß die Ziffer 22,63 zweifellos zu niedrig, dagegen
die Zahl 30,08 (1870—1880) zu hoch gegriffen ist — zeigt es sich, daß seit 1860
eine fortschreitende Abnahme des Zuwachses stattgefunden hat.

wie hoch sich die Bevölkerungsziffer der Vereinigten Staaten belaufen würde, wenn seit 1820 keine Einwanderung stattgefunden hätte; auch ohne eine solche würde ein großer Zuwachs zu verzeichnen sein und sicherlich würde die Volkszahl hinter der von heute nicht wesentlich zurückstehen. Ihre Zunahme möchte, sagen wir um 10 Jahre, zurückgeblieben sein und wir würden dann erst im Jahre 1900 die Bevölkerung gehabt haben, die wir thatsächlich schon im Jahre 1890 besaßen. Ob das von Vorteil oder Nachteil gewesen wäre, ist schwer zu entscheiden. Wohl hätten die Vereinigten Staaten an wirtschaftlicher Macht, wie sie ihnen durch das Zuströmen von Tausenden arbeitskräftiger Leute erwächst, ungemein viel eingebüßt; andererseits aber würden viele der Mißstände infolge unüberlegter Einwanderung, auf die wir weiter unten zurückkommen werden, vermieden sein.

Wenn wir aber auch die Frage nicht beantworten können, wieviel Einwohner die Vereinigten Staaten jetzt ohne Einwanderung haben würden, so können wir doch zu erfahren suchen, welchen Anteil die Einwanderung an der jetzigen Bevölkerungsziffer hat, das heißt, wie hoch zur Zeit die Zahl der Einwanderer und ihrer Nachkommen in den Vereinigten Staaten ist. Wenn wir ferner untersuchen, ob sich die Einwanderer oder die Abkömmlinge der alten Kolonisten schneller vermehren, so werden wir uns über die voraussichtliche Beschaffenheit der zukünftigen Bevölkerung ein ungefähres Urteil bilden können.

Auf die erste Frage wird uns durch die Volkszählung vom Jahre 1890 eine Antwort geboten, aus der hervorgeht, daß sich damals 9 249 547 fremdgeborene Personen in den Vereinigten Staaten befanden; hierzu kommen noch 11 503 675 in Amerika geborene Weiße, die von fremdgeborenen Eltern abstammen. Wenn man die wenigen im Auslande geborenen Kinder amerikanischer Eltern, die in der erstgenannten Zahl mit eingeschlossen sind, in Abzug bringt, so ergiebt sich, daß im Jahre 1890 in den Vereinigten Staaten 20 676 046 Menschen fremdländischer Herkunft, also 33,02 auf das Hundert lebten. Es entstammt daher der Einwanderung zweifellos ein Drittel der Bevölkerung; thatsächlich stellt sich diese Zahl weit höher, denn sie schließt von den Einwanderern nur die zur Zeit noch lebenden und ihre unmittelbare Nachkommenschaft ein, während vielfach an Stelle der früheren Einwanderer deren Enkel getreten sind oder gar eine vierte Generation. Es ist anzunehmen, daß fast die Hälfte der weißen Bewohner des Bundesgebietes Abkömmlinge der seit 1820 Eingewanderten sind. Die Verschmelzung der verschiedenen Bevölkerungselemente geht jedoch so rasch vor sich, daß wir unsere Betrachtung auf die Einwanderer und ihre Nachkommenschaft beschränken können. Das Vorhandensein einer so großen Anzahl Fremd-

geborener, die ein Drittel der Gesamtbevölkerung ausmachen, ist eine Thatsache, die bei Betrachtung der amerikanischen Bevölkerung in hohem Maße
ins Gewicht fällt. Es wird dadurch dem Lande ein Element zugeführt,
das, wie viele gute Seiten es auch haben mag, sich doch wesentlich von
dem der Eingeborenen unterscheidet und zugleich so stark ist, daß man es
nicht wohl unbeachtet lassen kann. Es läßt sich ferner noch unter zwei verschiedenen Gesichtspunkten betrachten, einmal mit Bezug auf seine räumliche
Verbreitung, das andere Mal mit Rücksicht auf die Nationalitäten, das
heißt die Völkerbruchteile, aus denen es zusammengesetzt ist.

Wie bekannt, hat sich, infolge der früher im Süden herrschenden
Sklaverei, die Einwanderung vornehmlich den Nordstaaten zugewandt, vielleicht auch, weil das Klima den ersten Einwanderern mehr zusagte und auch
jetzt fließt der Strom der Einwanderer in derselben Richtung, da sie vielfach
ihren bereits hier ansässigen Freunden und Verwandten nachziehen. Die
Masse der im Auslande Geborenen und der von fremdgeborenen Eltern Ab-
stammenden findet sich in den nördlichen und westlichen Staaten. Aus folgender
Tabelle ergiebt sich, in welchen Staaten die Fremden am zahlreichsten vertreten sind; die südlichen Staaten durften außer Betracht gelassen werden,
da hier verhältnismäßig wenige Fremdgeborene leben und ebenso die nur
spärlich bevölkerten westlichen Grenzstaaten.

Staat	Zahl der fremden Bevölkerung im Verhältnis zu der Gesamtzahl.
Vereinigte Staaten	33.02 %
Nord-Atlantische Staaten . . .	47.21 =
Maine	22.87 =
New Hampshire	32.21 =
Vermont	31.43 =
Massachusetts	56.24 =
Rhode Island	58.02 =
Connecticut	50.32 =
New York	56.65 =
Pensylvania	36.28 =
New Jersey	48.32 =
Nördliche Binnen-Staaten . . .	43.02 =
Ohio	33.96 =
Indiana	20.40 =
Illinois	49.06 =
Michigan	54.72 =

Wisconsin	73.69 %
Minnesota	75.42 =
Jowa	43.58 =
Missouri	24.98 =
North Dakota	78.98 =
South Dakota	60.61 =
Nebraska	42.48 =
Kansas	26.78 =
Südliche Binnen=Staaten	7.59 =
Westliche Staaten	48.27 =

Die nähere Betrachtung dieser Tabelle lehrt, daß die fremde Bei=
mischung in den einzelnen Staaten sehr verschieden ist. Am stärksten zeigt
sie sich in den westlichen Binnenstaaten, wie Minnesota und Wisconsin, wo
fast drei Viertel der Einwohner fremdländischer Abstammung sind; sie ist
aber auch in einigen der östlichen Staaten sehr bedeutend, so z. B. in
Massachusetts und Rhode Island, wo es viele große Fabrikstädte giebt. An=
scheinend liegt in der Einwanderung die Ursache, daß in gewissen Teilen
des Landes ein großer Bruchteil der Bevölkerung fremden Ursprungs ist.
Hieraus ergeben sich verschiedene Folgen; denn unbestreitbar gehört zur ge=
deihlichen Entwicklung eines Gemeinwesens eine gewisse Gleichartigkeit der
Einwohnerschaft. Es ist daher unerläßlich, daß in diesen Staaten sich
die neuhinzukommende Bevölkerung mit der bereits angesessenen in gewissem
Grade verschmelze, wie es ja auch thatsächlich fortwährend der Fall ist. Die
einwandernden Fremden müssen notwendiger Weise die englische Sprache
erlernen, denn die Gesetze sind in dieser Sprache geschrieben, und das Eng=
lische ist für den geschäftlichen Verkehr unbedingt nötig. Die Volksschule
zielt darauf hin, den Kindern der im Auslande Geborenen eine gleichartige
Erziehung zu geben; sie lernen dort englisch und werden mit den Sitten
und Gebräuchen des Volkes, sowie mit der Geschichte und den Einrichtungen
des Landes bekannt gemacht. Nicht weniger trägt die Ausübung politischer
Rechte zur Verschmelzung der verschiedenen Volkselemente bei. Wo aber
die Bevölkerung zum größten Teile aus Fremden besteht, da vollzieht sich
der Verschmelzungsprozeß nur langsam; es möchte daher geraten sein, der
Einwanderung nicht eher eine Förderung angedeihen zu lassen, bevor nicht
die hier ansässigen Fremden amerikanisiert sind.

Noch nach anderer Richtung hin ist die Verbreitung der Einwanderer
über das Bundesgebiet von Bedeutung und hervorragendem Interesse. Man
hört oft sagen, es sei ausreichend Raum für noch viel mehr Einwanderer
vorhanden, denn endlos seien die Strecken unbebauten Landes im Westen.

Die Einwanderer scheinen jedoch die großen Städte zu bevorzugen und viele Tausende lassen sich in diesen nieder, anstatt sich tiefer im Lande anzusiedeln, wo ihre Gegenwart erwünscht, ja sogar notwendig sein würde. Wie wir soeben gesehen, besteht ein volles Drittel der amerikanischen Bevölkerung aus Fremdgeborenen; in den großen Städten jedoch verschieben sich diese Verhältnisse so, daß häufig vier Fünftel der Einwohner fremder Herkunft sind. Die letzte Volkszählung zeigt z. B. folgende Ziffern auf:

In den Städten New-York und Chicago stammten im Jahre 1890 thatsächlich vier Fünftel der Bewohner von Fremdgeborenen ab; genauer ausgedrückt, kommen in New-York 80,46, in Chicago 77,90 Fremde auf 100 Einwohner. In den anderen Städten von mehr als 400 000 Einwohnern stellte sich das Verhältnis der Fremden zu den Eingeborenen in Philadelphia auf 56 58, in Brooklyn auf 71,04, in St. Louis 67,46, in Boston 67,96 und in Baltimore 41,67 vom Hundert. Von allen in Betracht kommenden Städten findet sich im Jahre 1890 die höchste Fremdenzahl in Milwaukee im Staate Wisconsin nämlich 86,36 v. H. Danach folgen Holyoke und Fall River in Massachusetts mit 82,98, bezw. 82,71 Fremdgeborenen auf das Hundert der Einwohner. Ferner Lawrence in demselben Staate mit 79,88 v. H., Hoboken in New-Jersey 81,46 v. H., Long Island city im Staate New-York 80,62 v. H., thatsächlich ebensoviel wie in der Stadt New-York. Andere Städte, in denen im Jahre 1890 ungefähr 75 v. H. der Bevölkerung Fremdgeborene waren, sind San Francisco in Californien mit 78,15 v. H., Detroit und Bay City im Staate Michigan mit 77,17, bezw. 76,20 v. H., Buffalo im Staate New-York mit 77,11 v. H., Scranton in Pennsylvanien mit 75,23 v. H., Duluth und St. Paul in Minnesota mit 75,21 bezw. 75,14 v. H. und Cleveland in Ohio mit 74,98 v. H. Die Folge dieser Verhältnisse ist nicht ohne wesentliche Bedeutung; die meisten Städte stehen unter der Vorherrschaft des fremden Elements und die Eingeborenen sind in den Hintergrund gedrängt. Anstatt sich über das Land zu verbreiten, lassen sich die Einwanderer in den Städten nieder und tragen damit zu dem überaus schnellen Wachstum derselben bei, das ein so eigentümliches Merkmal unserer heutigen gesellschaftlichen Zustände ist und das von vielen Sociologen nicht ohne Besorgnis betrachtet wird. Man braucht keineswegs alle Übelstände in den Stadtverwaltungen der Vereinigten Staaten dieser Vorherrschaft des fremdländischen Elementes zuzuschreiben, zweifellos aber zeitigt das Leben in den Städten mancherlei Unerfreuliches und alles, was auf eine Zunahme der städtischen Bevölkerung abzielt, sollte eher gehindert als gefördert werden. Anhäufung von Menschen in den Wohnungen, ungesunde Lebensbedingungen, die häu=

figere Gelegenheit zu Laster und Verbrechen, all dieses sind Begleiterschei=
nungen des großstädtischen Lebens, während vermutlich durch dasselbe die
Lebens= und Schaffenskraft der Bewohner vermindert wird. Auch von diesem
Gesichtspunkte aus würde man eine Abnahme der Flut von Einwanderern
in den Vereinigten Staaten nicht bedauern.

Wenden wir uns nun zu den einzelnen Völkerbruchteilen, aus
denen sich die Einwanderung zusammensetzt, so können wir auf die bereits
im ersten Teile dieser Abhandlung gegebenen Zahlen, welche sich auf die
verschiedenen Nationalitäten beziehen, verweisen. Wenn wir die Ergebnisse
der letzten Volkszählung mit Rücksicht auf die Abstammung der Fremd=
geborenen betrachten, so finden wir das Folgende:

Heimatsländer	Gesamtzahl	Beide Eltern wie angegeben im Auslande geboren	Von d. beiden Eltern ein Teil im Aus= lande, der an= dere in Ame= rika geboren
Alle Klassen	20 519 643	17 011 781	3 507 862
Irland	4 913 238	4 132 199	771 039
Deutschland	6 851 564	5 776 186	1 075 378
England	1 922 638	1 330 123	592 515
Schottland	540 779	393 158	147 621
Wales	220 540	169 832	50 708
Canada (Englisch)	939 746	503 266	436 480
Canada (Französisch)	513 428	442 041	71 387
Schweden	726 430	690 401	36 029
Norwegen	596 131	550 227	45 904
Dänemark	213 036	194 449	18 587
Böhmen	215 514	205 365	10 149
Frankreich	255 488	177 007	78 481
Ungarn	71 519	69 761	1 758
Italien	248 601	236 008	12 593
Rußland	254 635	248 165	6 470
Andere Länder	1 114 088	961 325	152 763
Gemischter fremder Abstammung . . .	922 268	922 268	—

Diese Tabelle zeigt, daß wir in den Vereinigten Staaten bereits fast
7 Millionen Deutsche und beinahe 5 Millionen Irländer haben, Einge=
wanderte und Kinder von Eingewanderten. Ein Drittel sämtlicher Fremden
und fast 11 v. H. der Gesamtbevölkerung der Vereinigten Staaten besteht
aus Deutschen; 23,94 v. H. der Fremden und fast 8 v. H. der Gesamt=
bevölkerung sind Irländer. Die Stärke dieser fremden Elemente macht sich
noch dadurch mehr geltend, daß sie nicht gleichmäßig über das ganze Land
verteilt sind, sondern sich in gewissen Gegenden in größerer Zahl festgesetzt
haben. Die Zusammenstellungen des statistischen Amtes ergeben folgendes:

Bei Berücksichtigung solcher Staaten, in denen im Jahre 1890 eine große Anzahl weißer Bevölkerung von fremder Abstammung lebte, zeigt sich, daß von Weißen irischer Herkunft sich die größte Anzahl in den nordatlantischen Staaten fand, denn in Massachusetts, Rhode Island und Connecticut war fast die Hälfte und in New=York, New=Jersey und Pennsylvanien etwas mehr als ein Drittel der ganzen fremdgeborenen weißen Bevölkerung irischer Abkunft. Eine große Anzahl Irländer befand sich auch in fast allen übrigen Staaten und Gebieten, besonders in Delaware, wo sie mehr als die Hälfte der gesamten weißen Bewohner fremder Abstammung ausmachten. In vielen Teilen des Landes giebt es so wenige Weiße fremder Abstammung, daß das Zahlenverhältnis unwesentlich ist.

Von Fremden deutscher Herkunft finden sich die meisten in den nördlich gelegenen Binnenstaaten; denn in Ohio, Indiana, Wisconsin und Missouri ist deutschen Ursprungs mehr als die Hälfte der gesamten weißen Bevölkerung fremder Abstammung. Ebenso verhält es sich in Maryland und Kentucky, während sie in New=York, New=Jersey und Pennsylvanien fast ein Drittel aller Weißen fremder Abstammung ausmachen. Auch in den meisten übrigen Staaten sind die Deutschen stark vertreten; da aber ihre Gesamtzahl hier nicht groß ist, so sind die einzelnen Zahlen nicht von besonderer Wichtigkeit.

Wie man sieht, bildet die Gesamtzahl der Weißen irischer und deutscher Herkunft mehr als die Hälfte aller Weißen fremden Ursprung; in Ohio und Missouri steigt diese Zahl fast bis auf 75 v. H. und in New=York, New=Jersey und Pennsylvanien auf ungefähr 66 ^{2} $_3$ v. H.

Abkömmlinge englischer Eltern finden sich über das ganze Land zerstreut, zumal in Utah, wo sie 42,77 v. H. aller Weißen fremden Ursprungs ausmachen und so in diesem Gebiet alle anderen fremden Nationalitäten an Zahl übertreffen.

Leute schottischer Herkunft fanden sich in geringer Anzahl fast in allen Staaten und Gebieten und erreichten in Nord=Carolina und Wyoming die Höhe von 13,99 bezw. 9,15 v. H. Die Walliser sind überall nur in geringer Zahl vertreten, am stärksten in Pennsylvanien und Ohio, wo sie 4,05 bezw. 2,58 v. H. ausmachten.

Canadier englischer und französischer Abkunft fanden sich in größter Anzahl in den an Canada angrenzenden Staaten. Die von englischer Abstammung finden sich zumeist in Maine, New=Hampshire, Vermont, Massachusetts, Michigan, Nord Dakota und Washington, wo ihre Zahl von 10,84 v. H. in Washington bis zu 29,91 v. H. in Maine steigt. Canadier französischer Abstammung gab es hauptsächlich in Maine, New=Hampshire,

Vermont, Massachusetts und Rhode Island; ihre Zahl ist am niedrigsten mit 11,89 v. H. in Massachusetts und am höchsten mit 39,40 v. H. in New-Hampshire. Diese hohen Zahlen, besonders die auf die französischen Canadier bezüglichen, erklären sich aus dem Vorhandensein großer gewerblicher Anlagen in den östlichen Staaten und aus deren nachbarlicher Lage zu Canada, Rücksichten, welche in der jüngsten Zeit viele der dortigen Bewohner zur Übersiedelung in die Vereinigten Staaten veranlaßten.

Skandinavier treffen wir in ganz bedeutender Anzahl in den meisten Gebieten der westlichen Staaten und der nördlichen Binnenstaaten. Schweden hatten sich zumeist in Minnesota, Nebraska, Washington, Kansas, Colorado, Utah und Illinois angesiedelt; ihre Zahl stieg von 7,04 v. H. in Illinois bis zu 15,81 v. H. in Minnesota. Von den Norwegern lebten die meisten in Nord-Dakota, Minnesota, Süd-Dakota, Wisconsin, Washington und Jowa; am niedrigsten ist ihre Zahl in Jowa mit 7,18, am höchsten in Nord-Dakota mit 33,22 v. H.

Dänen giebt es am meisten in Utah und Idaho, nämlich 14,43 bezw. 7,31 v. H.

Was die Vertreter anderer europäischer Nationen betrifft, so weist Nebraska die größte Zahl von Böhmen auf, und zwar 6,66 v. H.; die meisten Franzosen wohnen in Louisiana, nämlich 16,42 v. H., die meisten Ungarn in Pennsylvanien, wo sie 1,43 v. H. der weißen Bewohner fremder Abstammung bilden. Louisiana hat auch die größte Anzahl von Italienern, und zwar 8,52 v. H., während solche in Nevada, Californien, Colorado, New-York und New-Jersey weniger häufig sind. Die Russen sind am zahlreichsten in Süd-Dakota angesiedelt, mit 9,28 v. H., außerdem auch in den Staaten Kansas, Nord-Dakota und Oregon.

Größere Massen von Vertretern der einzelnen Nationalitäten finden wir noch in folgenden 7 großen Städten:

(Siehe Tabelle S. 254.)

Wo immer sich die einzelnen Nationalitäten in größeren Mengen vertreten finden, zeigen sie die Neigung, sich ihre Eigenart möglichst lange zu erhalten. Dies gilt sowohl für die Bewohner der großen Städte, wo sie in enger Berührung mit einander bleiben, als auch für Fabrikstädte, wo sie der gleichen Beschäftigung nachgehen. Sie werden stets suchen, ihre Muttersprache beizubehalten, unter einander zu heiraten, sich ihre eigenen Begriffe von Sittlichkeit und von gesellschaftlicher Pflichterfüllung zu bewahren, und sich von dem politischen und geselligen Leben um sie her zurückzuhalten. Es giebt ganze Dörfer in Wisconsin, wo nur Schweden und Deutsche wohnen, und ausgedehnte Stadtviertel in New-York, in denen man die englische

Weiße, deren beide Eltern den nachstehend verzeichneten Nationalitäten angehören, wie auch solche, die nur von einer Seite jener, und von der anderen amerikanischer Eltern entstammen.

Städte	Gesamtsumme der Weißen, die fremden Ursprungs sind	Irland		Deutschland		England		Schottland		Wales		Canada (englisch)		Canada (französisch)		Schweden	
	Anzahl	Anzahl	v. H.	Anzahl	v. H.	Anzahl	v. H.	Anzahl	v. H.	Anzahl	v. H.	Anzahl	v. H.	Anzahl	v. H.	Anzahl	v. H.
New-York	1 215 463	409 924	33,73	425 876	35,04	53 289	4,39	19 351	1,59	1 634	0,13	8 474	0,70	922	0,08	9 297	0,77
Chicago	835 523	169 912	19,46	319 535	37,37	49 076	5,74	16 879	1,97	3 057	0,36	22 299	2,61	5 127	0,60	60 362	7,06
Philadelphia	590 583	260 727	44,15	173 010	29,29	67 315	11,40	14 460	2,45	3 020	0,51	2 746	0,46	210	0,04	2 125	0,36
Brooklyn	571 462	202 065	35,36	209 969	36,75	32 525	5,69	13 882	2,32	1 081	0,19	6 109	1,14	691	0,12	12 636	2,21
St. Louis	304 312	64 312	21,13	141 647	59,60	14 325	4,71	3 395	1,04	531	0,18	2 530	0,83	395	0,13	1 532	0,50
Boston	302 839	161 674	53,39	22 103	7,30	20 182	6,66	8 342	2,72	315	0,10	39 678	13,10	2 133	0,70	4 624	1,53
Baltimore	140 919	38 051	21,10	111 172	61,66	7 919	4,39	1 987	1,10	201	0,11	629	0,35	68	0,04	327	0,18

Fortsetzung obiger Tabelle:

Städte	Norwegen		Dänemark		Böhmen		Frankreich		Ungarn		Italien		Rußland		Andere Länder		Weiße gemischter Abstammung	
	Anzahl	v. H.	Anzahl	v. H.	Anzahl	v. H.	Anzahl	v. H.	Anzahl	v. H.	Anzahl	v. H.	Anzahl	v. H.	Anzahl	v. H.	Anzahl	v. H.
New-York	1 880	0,15	1 933	0,16	12 034	0,99	15 592	1,28	15 296	1,26	54 964	4,52	64 994	5,68	69 830	5,72	46 480	3,82
Chicago	31 302	3,66	9 589	1,12	41 877	4,49	4 841	0,57	1 641	0,19	8 219	0,96	11 294	1,32	64 284	7,51	36 229	4,21
Philadelphia	758	0,13	958	0,16	296	0,05	5 417	0,92	1 635	0,28	10 603	1,79	10 136	1,72	12 900	2,18	24 277	4,11
Brooklyn	5 456	1,02	2 434	0,43	194	0,03	4 745	0,83	1 635	0,15	12 701	2,22	4 745	0,73	12 701	3,37	26 752	4,69
St. Louis	211	0,07	542	0,18	4 260	1,57	4 270	1,40	316	0,11	2 242	0,74	2 221	0,73	10 252	3,37	10 899	3,58
Boston	987	0,33	504	0,17	181	0,06	1 506	0,50	214	0,07	6 696	2,19	6 246	2,06	6 471	2,14	21 143	6,98
Baltimore	206	0,11	146	0,08	2 178	1,21	1 150	0,64	165	0,09	1 327	0,74	5 553	3,05	4 891	2,71	4 344	2,41

Sprache kaum hört. Selbstverständlich ist die Verschmelzung dieser fremden Elemente mit der übrigen Bevölkerung nur eine Frage der Zeit, doch wird sie dadurch erschwert, daß sich die verschiedenen Nationalitäten auch von einander absondern. Bis jetzt scheinen Zwischenheiraten, die zur Verschmelzung der einzelnen Völkergruppen dienen könnten, noch nicht häufig vorzukommen. Fast jeder Mann, welcher Nationalität er auch immer angehöre, kann der Neigung, eine Frau aus demselben Volksstamme zu wählen, folgen. Da die Zahl der männlichen Einwanderer größer ist als die der weiblichen, so sind Heiraten zwischen ersteren und in Amerika geborenen Frauen nicht selten; doch auch in solchen Fällen sind diese Frauen meistens gleicher Nationalität wie die Männer, nur in den Vereinigten Staaten geboren und daher den Amerikanern zugezählt. Im Jahre 1890 hatten von den 19 436 474 Personen, deren Väter Ausländer waren, 16 089 513 ausländische Mütter derselben Nationalität; 922 268 hatten im Auslande geborene Mütter anderer Nationalitäten, und 2 424 693 (12,47 v. H.) hatten Amerikanerinnen zu Müttern. Eine wichtige, mit der Bevölkerung der Vereinigten Staaten in Zusammenhang stehende Frage ist die, ob das fremdgeborene Element sich schneller vermehrt als das amerikanische; meist wird behauptet, die Fremden hätten zahlreichere Familien als die Amerikaner, so daß erstere, die sich schneller vermehren, im Laufe der Zeit die Oberhand gewinnen würden. Es fehlt uns in den Vereinigten Staaten an genauen, auf das ganze Land bezüglichen Nachweisen über Heiraten und Geburten. Die Altersverhältnisse bei den Fremgeborenen sind die Ursache einer hohen Geburtsziffer; so macht z. B. die letzte statistische Aufstellung (1890) folgende Angaben betreffs der fremdländischen und der hier zu Lande geborenen weißen Bevölkerung.

Prozentsatz der Bevölkerung jedes Alters. — V.-St., 1890.

	Ganze Bevölk.	Amerikaner	Fremde
Unter 10 Jahren	24,29	27,73	3,67
10—19 =	21,70	23,44	10,06
20—29 =	21,70	17,67	21,81
30—39 =	13,49	12,59	19,88
40—49 =	9,45	8,00	18,06
50—59 =	6,38	5,21	13,53
60—69 =	3,94	3,18	8,65
70 Jahre u. darüber	2,25	1,97	4,07

Es geht aus dieser Tabelle hervor, daß sich die meisten Fremdgeborenen im Alter von 20 bis 40 Jahren befinden, das heißt in den Jahren, in denen die Frau die meiste Nachkommenschaft zu haben pflegt. Es würde daher

naturgemäß eine hohe Geburtsziffer vorauszusetzen sein, zumal die auf
amerikanischem Boden geborenen Kinder der Einwanderer als Amerikaner
gezählt werden, wodurch die Zahl der Geburten bei den Fremdgeborenen,
die dem Vergleich zur Grundlage dient, kleiner wird. Bei der Volkszählung
von 1890 suchte man die Geburtsziffer für die Vereinigten Staaten und
für verschiedene Klassen der Bevölkerung dadurch festzustellen, daß man ihr
die Zahl der Kinder unter einem Jahr und die der im ersten Lebensjahr
gestorbenen Kinder zu Grunde legte. Diese Zahlen waren jedoch unvoll=
ständig, und die dadurch festgestellte Geburtsziffer blieb vermutlich 20 bis
30 v. H. hinter der Wirklichkeit zurück. Für das gesamte Bundes=
gebiet belief sich die Geburtsziffer auf nur 26,68 vom Tausend der Ein=
wohner, und zwar bei den eingeborenen Amerikanern auf 28,58 vom Tausend
und bei den Fremdgeborenen auf 38,29. Wie aber schon erwähnt, sind
diese Angaben nicht sonderlich zuverlässig.

Nicht ohne Interesse wäre es, festzustellen, ob die fremdgeborenen oder
die amerikanischen Frauen mehr Kinder zu haben pflegen, eine Frage, die
sich indes schwer beantworten läßt, da wir keine Geburtsstatistiken besitzen,
in denen die Nationalität der Mütter angegeben ist. In Massachusetts
wurde anläßlich der Volkszählung vom Jahre 1885 die Frage aufgestellt,
wieviel Kinder jede Mutter gehabt habe, wieviel davon am Leben und wie=
viel gestorben seien. Es zeigte sich, daß es mehr kinderlose Ehefrauen unter
den Amerikanerinnen als unter den fremdgeborenen Frauen gab, und daß
letztere eine größere Zahl von Kindern hatten (durchschnittlich 5,22) als die
Amerikanerinnen (3,37 durchschnittlich). Aus diesen Angaben lassen sich
jedoch nicht völlig zutreffende Schlüsse ziehen, da die Kinderzahl mit der
Dauer der Ehe in Zusammenhang steht, und wir nicht wissen können, ob
in dieser Beziehung bei den amerikanischen und den fremdländischen Frauen
gleiche Verhältnisse bestanden. Die Mitteilungen lassen indes wohl
darauf schließen, daß bei jenen geringere Neigung herrscht, eine große
Kinderschar aufzuziehen als bei letzteren. Es ist dies nicht verwunderlich,
da ja meist in den unteren Klassen, die doch bei der Zählung der Fremd=
geborenen mit einbegriffen sind, mehr Kinder zu sein pflegen als in den
oberen. Man darf mit einiger Bestimmtheit annehmen, daß der Kinder=
reichtum in den Vereinigten Staaten sich verringert, und zwar schneller bei
rein amerikanischen Familien als bei denen, die kürzlich eingewandert sind.
Somit läßt sich voraussetzen, es werde in Zukunft, selbst wenn die Ein=
wanderung nachließe oder auch gänzlich aufhörte, das zugewanderte Element
in schnellerem Maße wachsen als das einheimische. Übrigens hat man auch
ohne Einwanderung einen Rückgang in der Bevölkerung der Vereinigten

Staaten nicht zu befürchten. Bei 60 bis 70 Millionen Einwohnern beträgt der jährliche natürliche Zuwachs etwa eine Million im Jahre, ist also wohl genügend, uns die Arbeitskräfte, deren wir zur Entwicklung des Landes bedürfen, zu liefern. Dagegen würde eine andauernde Einwanderung in dem Umfange, wie sie in den Jahren zwischen 1880 und 1890 stattfand, eine zeitweilige Übervölkerung und damit eine weitere Abnahme in der Geburtsziffer bei den Eingesessenen zur Folge haben, indem Fremde an Stelle des natürlichen Nachwuchses der amerikanischen und naturalisierten Bevölkerung träten. Warum aber sollte man eine derartige Entwicklung wünschen, da doch ein natürlicher Zuwachs den Gesetzen der Natur und dem Werdegang der Nation weit mehr zu entsprechen scheint? Von diesem Gesichtspunkte aus dürfte wohl der Schluß, zu dem wir weiter oben gegelangten, nicht ungerechtfertigt sein, daß wir keine Ursache haben die Einwanderung zu begünstigen, und daß eine etwaige Abnahme derselben keineswegs als ein Unglück zu betrachten wäre. — Ich habe versucht, die Thatsachen auf Grund der vorliegenden Statistik darzulegen, und jeder Leser möge sich daraus seine Schlüsse ziehen.

f. Wirkungen der Einwanderung auf wirtschaftlichem Gebiete.

Der augenfälligste Vorteil der Einwanderung für ein neues Land ist die demselben zugeführte wirtschaftliche Stärkung. Ein fortwährendes Zuströmen neuer Arbeitskräfte ermöglicht es, die Hülfsquellen des Landes zu entwickeln und den materiellen Wohlstand zu mehren. Deshalb auch sind die Arbeitgeber fast immer Gegner jeglicher Beschränkung der Einwanderung, da sie fürchten, dadurch billiger und reichlicher Arbeitskräfte verlustig zu gehen. Sie behaupten, es sei im Lande Platz für jeden, der da kommt, und je mehr die Entwicklung des Landes fortschreite, desto besser befänden sich sowohl die Einheimischen wie auch die Einwanderer. Sie weisen darauf hin, wie rasch die Erschließung des Westens vor sich gegangen, wie man Eisenbahnen gebaut, Städte gegründet, Fabriken eröffnet, den Boden urbar gemacht habe, so daß da, wo noch vor wenigen Jahren die Wildnis herrschte, volkreiche und wohlhabende Gemeinden entstanden seien. Ohne Einwanderung, so sagen sie, wäre all dies nicht möglich gewesen, und die Vereinigten Staaten würden nicht, wie es jetzt der Fall sei, unter die ersten Länder der Welt gerechnet werden, sondern zu denen zweiten Ranges zählen.

Zweifellos besteht die große Masse der Arbeiter in den Vereinigten Staaten aus Einwanderern oder deren unmittelbaren Nachkommen. Im Jahre 1880 gab es unter denen, die in Fabriken und im Bergbau thätig

waren, 31,95 v. H. Fremdgeborene, und 25,33 v. H. beschäftigten sich in
Handel und Verkehr. Hierbei sind die Kinder und Kindeskinder der Ein=
wanderer nicht mit einbegriffen, so daß die Zahl der Arbeiter, die der Ein=
wanderung zugerechnet werden müßte, weit höher ist als die hier angegebene.
Es steht uns das Ergebnis der Volkszählung von 1890 noch nicht zu Ge=
bote, aber infolge der starken Einwanderung seit dem Jahre 1880, sowie
wegen der natürlichen Vermehrung der Fremdgeborenen, muß deren Zahl
heutzutage weit größer sein, als dazumal. Man findet sie in allen Berufen
und Gewerben, in einigen sogar überwiegend, z. B. unter den Bäckern,
Schneidern, Bergleuten, Tischlern 2c. Es läßt sich schwer sagen, wie es ohne
diese Arbeiter gehen würde. Freilich ist ihre Zahl in der Landwirtschaft
nicht so groß wie in den technischen Gewerben; wie schon gesagt, ist es eine
irrtümliche Annahme, daß die Einwanderer sich ohne weiteres dem Landbau
zuwenden, und daß, so lange es noch unbebauten Boden giebt, selbst in
einer übermäßig starken Einwanderung keine Gefahr liege. Von den in der
Landwirtschaft Beschäftigten waren im Jahre 1880 nur 10 v. H. Fremd=
geborene; trotzdem aber giebt es im Westen weite Landstriche, wo die Mehr=
zahl der Bauern Schweden, Norweger oder Deutsche sind, und im Osten
findet man auf den Farmen von Neu-England viele Irländer. Doch haben
die Einwanderer seit Jahren die Masse der ungeschulten Arbeitskräfte ge=
liefert, die erforderlich waren, um das Land durch Eisenbahnen, Kanäle und
Landstraßen zugänglich zu machen; diese Art von Arbeiten, früher von den
Irländern ausgeführt, werden jetzt zumeist von den Italienern geleistet.

Vielfach ist der Versuch gemacht worden, den wirtschaftlichen Wert der
Einwanderung für die Vereinigten Staaten festzustellen. Man pflegte meist
die Kosten zu veranschlagen, die jeder Einwanderer verursacht hatte, bis er
erwachsen und arbeitsfähig war, und multiplizierte dann diese Summe mit
der Zahl der erwachsenen Arbeiter. Diese Kosten bleiben dem Lande, das
den Einwanderer aufnimmt, erspart; dieses genießt dagegen den Vorteil von
dessen Arbeitskraft für die fernere Dauer seines Lebens. Vorausgesetzt z. B.
es beliefen sich die Erziehungskosten für ein Kind bis zum 15. Jahre im
Durchschnitt auf 600 Dollars, und die Zahl der in einem Jahre ein=
gewanderten erwachsenen Personen betrüge 200 000, so ergebe das für die
Vereinigten Staaten in einem einzigen Jahre einen Nutzen von 120 000 000
Dollars. Eine andere Art der Berechnung besteht darin, daß man den mut=
maßlichen zukünftigen Verdienst eines Einwanderers, mit Berücksichtigung
der ihm offenstehenden Aussichten, in Anschlag bringt und hiervon seinen
wahrscheinlichen Verbrauch abzieht. Der nach Abzug der einen Summe von
der anderen sich ergebende Betrag wird kapitalisiert und stellt den gegen=

wärtigen Wert des Mannes dar. Entsprechend diesem Verfahren schätzte der englische Statistiker William Farr den Wert des gewöhnlichen unge= schulten englischen Arbeiters zur Zeit seiner Einwanderung auf 175 £, und so hoch würde sich der Gewinn der Vereinigten Staaten an jedem erwachsenen männlichen Einwanderer belaufen.

Ich habe bereits an anderer Stelle darauf hingewiesen, wie trügerisch all die Versuche sind, den Wert eines Einwanderers in Geld abzuschätzen. Der Einwanderer stellt nur dann den kapitalisierten Wert seines Netto=Ein= kommens dar, wenn er zu arbeiten willens ist und wenn er Arbeitsgelegen= heit findet. Will aber der Einwanderer nichts thun, ist er arbeitsscheu und nichtsnutzig, ist er zu Ungesetzlichkeit und Verbrechen geneigt, so hat das Land nicht nur keinen Gewinn durch ihn, sondern geradezu Verlust. Einige Beispiele für diese Behauptung findet der Leser im folgenden Abschnitt, wo die Wirkungen, welche die Einwanderung auf wirtschaftlichem Gebiete hervor= gebracht hat, näher beleuchtet werden. Jedoch ist eine bei weitem wichtigere Frage die, ob die Vereinigten Staaten des durch die Einwanderung herbei= geführten Zuwachses an Arbeitskräften bedürfen, und ob sie denselben ver= wenden können, ohne die hier ansässigen Arbeiter zu schädigen. Dies alles sind sehr wichtige Fragen, die sorgsam geprüft werden müssen, sobald die großen Gesichtspunkte, unter denen die Vereinigten Staaten die Einwande= rung zu behandeln hätten, zur Erörterung gelangen.

Wie schon bei den Aufstellungen über die Berufsart der Einwanderer angegeben, sind ihrer mehr als drei Viertel ungeschulte Arbeiter, und deren Arbeit ist es gerade, die sich von so großem Nutzen für die Entwicklung der natürlichen Hülfsquellen des Landes erwiesen hat. Man darf aber be= züglich dieser Art von Arbeitskräften behaupten, daß sie nicht mehr so not= wendig sind wie früher. Freilich sind die Vereinigten Staaten noch nicht in ihrer ganzen Ausdehnung erschlossen; noch sind weitere Eisenbahnen zu bauen und große Strecken Landes dem Verkehr zu eröffnen; doch die nötigste und schwierigste Arbeit ist gethan und deshalb die Nachfrage nach unge= schulten Kräften nicht mehr so groß wie früher. Ferner führen die Maschinen jetzt einen großen Teil der groben Arbeit aus, und selbst auf den Farmen findet man Dampfpflüge und andere Maschinen in Anwendung. Überdies vermehrt sich die Zahl der ungeschulten Arbeiter von Jahr zu Jahr einfach schon durch den natürlichen Zuwachs der einheimischen Bevölkerung, und wir haben keinen Mangel an Arbeitskräften zu befürchten. Einen Beweis für das überreichliche Vorhandensein von Arbeitskräften dieser Art liefert die Thatsache, daß es in schlechten Jahren eine Menge von Arbeitslosen giebt, gerade so wie in den Ländern der alten Welt. Arbeitsmangel macht sich

17 *

hier zu Lande vielleicht noch stärker fühlbar als in Europa, weil Handel und Gewerbe hier mit einem Nachdruck betrieben werden, der bei günstigen Zeitläuften ganz vortrefflich ist, sich aber in schlechten Zeiten durch vielfache Zahlungseinstellungen und Geschäftsstockungen schwer rächt. In dieser Hinsicht haben die letzten beiden Jahre uns mancherlei Erfahrungen gebracht. Nach Angabe des Einwanderungsaufsehers betrug die Auswanderung aus den Vereinigten Staaten im Jahre 1894 190 000 Personen, das heißt mehr als die Hälfte der Einwanderung in demselben Jahre. Es handelt sich dabei zumeist um Einwanderer, denen es nicht gelingt, hier Arbeit zu finden und die nach Europa zurückkehren, weil der Lebensunterhalt dort billiger ist. In einem in Massachusetts herausgegebenem Kommissionsbericht über die Arbeitslosen heißt es, die Arbeitslosigkeit habe durch den Wettbewerb der eingewanderten Fremden zugenommen. Die Kommission hat daher vorgeschlagen, die städtischen Behörden und öffentlichen Körperschaften sollten bei Abschluß von Aufträgen so weit wie möglich den Ansässigen die Arbeit zuwenden. Es sollte ferner, nach dem Vorschlag der Kommission, bei den Abmachungen darauf Bedacht genommen werden, daß nicht auswärtige, zumal aber ausländische Arbeiter in größerer Zahl eingeführt würden, wenn nicht etwa nachgewiesen werden könnte, daß in der Nähe Arbeitskräfte zu angemessenen Lohnsätzen nicht zu beschaffen seien.

Es scheint somit in den Vereinigten Staaten kein Mangel an Arbeitskräften zu herrschen, der etwa einen fortwährenden Ersatz vom Auslande her nötig machte. Thatsächlich erwartet viele der Einwanderer hier in Folge fehlender Arbeitsgelegenheit gar bittere Enttäuschung, und es heißt ihnen keinen guten Dienst leisten, wenn man sie veranlaßt hierher zu kommen; die gute alte Zeit, wo sich Aussichten zum Fortkommen für Jedermann boten, sind vorbei und kehren aller Wahrscheinlichkeit nach nie wieder. Mit dem Wechsel der Verhältnisse muß sich auch die Einwanderungspolitik ändern. Noch von einem anderen Gesichtspunkte aus kann man die Folgen der Einwanderung auf wirtschaftlichem Gebiete betrachten, die einen so großen Einfluß auf die Einwanderungspolitik der Vereinigten Staaten ausüben; wir meinen den Wettbewerb der zuwandernden Arbeitskräfte mit den bereits hier vorhandenen. Wir haben bereits der Gesetzgebung Erwähnung gethan, die sich gegen die Anwerbung von vertragsmäßig gebundenen Arbeitern richtet; es ist hier zu Lande stets als eine ungerechtfertigte Härte empfunden worden, daß es Arbeitgebern gestattet sein sollte, von Europa Leute kommen zu lassen zum Ersatz für hiesige Arbeiter, zumal wenn solche sich im Ausstande befanden. Die Arbeiterklassen besitzen in Amerika, in Folge des allgemeinen Stimmrechtes, große politische Macht, und die politischen Parteien sind stets geneigt, die Gesetzgebung nach dem Verlangen der Arbeiter zu gestalten. Soweit es sich um den Einzelnen handelt, scheint es nur verständig, wenn er sich vor seinem Kommen Beschäftigung sichert; geschieht aber solches gleichzeitig von vielen, so muß das unausbleiblich bei den hiesigen Arbeitern Widerspruch und Feindseligkeiten hervorrufen und zu einer Gesetzgebung führen, wie wir sie eben jetzt haben.

Rein wirtschaftlich betrachtet, läßt sich eine derartige Gesetzgebung bis zu einem gewissen Grade rechtfertigen, wenn man sich nicht etwa auf den Standpunkt des „laisser faire" stellt, wonach alle Dinge dem freien Wettbewerb überlassen bleiben sollen. Zweifellos hat ein unbehinderter Wettbewerb gar viel für sich; es werden durch einen solchen die Preise geregelt und die Interessen des Gemeinwesens gewahrt, die Fabrikanten werden dadurch gehindert sich ein Monopol zu schaffen, und andererseits wird die Willkür der Arbeiterverbände in Zaum gehalten. Aber die Arbeiter in den Vereinigten Staaten stehen bereits unter dem Druck eines ausgedehnten Wettbewerbes. Die Arbeiter sind hier zu Lande so wenig seßhaft und die Verkehrsmittel so entwickelt, daß sofort von allen Seiten eine große Menge von Arbeitskräften zuströmt, sobald eine außergewöhnliche Nachfrage entsteht. Treten z. B. die Angestellten der Straßenbahnen in Neu-York oder Brooklyn in Ausstand, so läßt die betreffende Verwaltung aus Boston, Chicago oder anderen Städten für die Ausständigen Ersatz kommen. Diese Leute erhalten freie Eisenbahnfahrt und sie werden bei der Ausübung ihrer Arbeit durch die Polizei oder wenn nötig durch Militärgewalt geschützt. Bei einem etwaigen Ausstande der Lokomotivführer auf der Chicago-, Burlington- und Quincy-Bahn im Staate Illinois z. B. werden beschäftigungslose Lokomotivführer aus Massachusetts oder Pennsylvanien geholt, um an die Stelle jener zu treten. — Die Vereinigten Staaten umfassen ein so ausgedehntes Gebiet, und die Zahl der Arbeiter ist so groß, sie sind so weit hin verstreut und gehören so vielen verschiedenen Nationalitäten an, daß unmöglich alle dem gleichen Gewerbe Angehörigen sich in einem einzigen Verbande vereinigen können. Daraus entsteht die Folge, daß sobald sich die organisierten Arbeiter zu den Arbeitgebern in Gegensatz stellen, sie sich einem Wettbewerb aus den gesamten Vereinigten Staaten gegenüber gestellt sehen. Die Gelegenheit zum Wettbewerb mit unseren Arbeitern über die ganze Welt ausdehnen, wie das die erleichterten Verkehrsmittel den Arbeitgebern ermöglichen, das heißt den Grundsatz des freien Wettbewerbes auf die Spitze treiben und alle Anstrengungen der Arbeiter zur Verbesserung ihrer Lage fruchtlos machen. Die Arbeiterverbände sind nicht im stande ihre Wirksamkeit auf jene fremden Länder auszudehnen; ebensowenig besitzen sie den geringsten Einfluß auf die

fremden Arbeiter, von denen viele eine andere Sprache sprechen als sie selbst,
und die mit den hiesigen Arbeitsverhältnissen gänzlich unvertraut sind ebenso
wie mit den Zuständen, aus denen hier der Kampf zwischen Kapital und
Arbeit entspringt. Gestehen wir auch der organisierten Arbeiterschaft das
Recht auf den Versuch ihre Lage zu verbessern zu, so ist damit für sie noch
wenig gewonnen, denn es scheint über ihre Kraft zu gehen, einem Wettbewerb, der sich über die ganze Erde erstreckt, Widerstand zu leisten. Hätte
ein Volk seine Hauptaufgabe darin zu suchen, seine Arbeiten zu einem möglichst niedrigen Lohnsatz, ohne Rücksicht auf die Verhältnisse der arbeitenden
Klassen, ausgeführt zu sehen, dann müßten alle Hindernisse fortgeräumt und
ein Arbeitsmarkt für die ganze Welt eröffnet werden.

Das führt uns zu einem zweiten Punkte der Betrachtung über den
Wettbewerb der eingewanderten mit den amerikanischen Arbeitern, und zwar
betrifft er die Einführung von Arbeitern, deren Ansprüche ans Leben weit
geringer sind als die der Arbeiter in den Vereinigten Staaten. Das war
z. B. der Fall bei den Chinesen und einer der Gründe, der zu ihrer Ausschließung führte; ihre Bedürfnisse sind äußerst gering, daher können sie sich
mit einem Lohn begnügen, der für keinen amerikanischen Arbeiter ausreichend
wäre, um seine Familie anständig zu ernähren. Die Chinesen entsagten
jedem Vorteil und jeder Annehmlichkeit des äußeren Daseins, die allen, selbst
den niedersten Volksklassen zugänglich zu machen, das stete Streben der
Civilisation gewesen ist. Sie führten weder Weib noch Kind mit sich, lebten
dicht gedrängt in den jämmerlichsten Wohnräumen und begnügten sich mit der
erbärmlichsten Nahrung. So wurden sie denn ausgeschlossen, denn es war
für den amerikanischen Arbeiter unmöglich, bei so verschiedenartigen Ansprüchen
den Wettbewerb mit ihnen aufzunehmen.

Neuerdings weist ein Teil der aus Europa Eingewanderten ähnliche
Eigentümlichkeiten auf. Man hat keinerlei Versuch gemacht, Vertreter einzelner
Nationalitäten an der Einwanderung zu verhindern, denn ein derartiger
Versuch würde bei ihnen Übelwollen und feindselige Stimmung hervorrufen.
Durch das Gesetz vom Jahre 1893 werden nur die von der Einwanderung
ausgeschlossen, bei denen es zu Tage liegt, daß sie nicht imstande sind,
ihren Lebensunterhalt zu erwerben; aber auch die Anwendung noch eines
anderen Mittels liegt nicht außer dem Bereiche der Möglichkeit, nämlich der
Ausschluß jener Einwanderer, die der untersten Arbeiterklasse angehören
und deren Wettbewerb sich für die amerikanischen Arbeiter am unangenehmsten
fühlbar macht. Es sind die verschiedensten Vorschläge zur Abhülfe gemacht
worden; einer davon ist der, von den Dampfergesellschaften — dadurch thatsächlich von den Einwanderern — eine hohe Abgabe bezw. eine Kopfsteuer

zu erheben. So würde es jedem, der nicht schon durch Fleiß und Sparsamkeit eine kleine Summe zusammengebracht hätte, sehr erschwert nach
Amerika zu gehen; auch würde die Einführung von Arbeitern verhindert,
die nur zur zeitweiligen Aushülfe dienen sollen und die auf die Straße ge-
worfen werden, sobald man ihrer nicht mehr bedarf. Durch eine Kopfsteuer
würde den Bemühungen der Dampfergesellschaften Einhalt gethan, die lediglich
um ihre Schiffe zu füllen, Leute aus den ärmeren Klassen veranlassen herüber-
zukommen, ohne sich vorher zu erkundigen, ob auch Arbeitsgelegenheit für
sie vorhanden. Völlig verarmtes und untaugliches Gesindel bliebe ausgeschlossen, denn selber hätte es keine Mittel, und es würde sich niemand
finden, der ihm Geld vorstreckte.

Von anderer Seite ist der Vorschlag gemacht, den Bildungsgrad als
Maßstab zu nehmen und zu verlangen, daß jemand seine eigene Sprache
lesen und schreiben könne. Durch eine derartige Prüfung würden wahrscheinlich viele der ärmeren und weniger anstelligen Leute ausgeschlossen und
nur die erwünschten Elemente zugelassen werden. Noch andere wollten den
Auswanderer mit einem vom Konsul unterzeichneten Schein ausgestattet
wissen, auf dem die Heimatsbehörde beglaubigte, daß der Betreffende niemals
Almosen oder Armenunterstützung empfangen habe, daß er nie wegen eines
Verbrechens oder Vergehens in Anklagezustand versetzt worden, daß er sich
eines guten Leumundes sowie des Rufes von Fleiß und Mäßigkeit erfreue
und gesund an Körper und Geist sei. Ein derartiges Verfahren hätte für
die Auswanderer vielerlei Plackerei und Kosten zur Folge, weshalb allerdings
wohl manche der Unwissendsten und Nutzlosesten unter ihnen von der Reise
abgehalten würden.

All diesen Vorschlägen liegt der Wunsch nach einem Verfahren zu Grunde,
durch welches eine Art Auswahl unter den Einwanderern getroffen werden
könnte, so daß man die ärmeren Klassen in ihrer Heimat zurückhielte, dagegen die Fleißigen, sowie die körperlich und geistig Tauglichen zuließe.
Die Einwanderung ist für uns keineswegs etwas so notwendiges, daß wir
jeden Ankömmling bewillkommnen sollten; eine Auswahl ist unbedingt nötig,
und besonders ist darauf Bedacht zu nehmen, daß die Arbeiterverhältnisse
in den Vereinigten Staaten nicht durch unlauteren Wettbewerb leiden. Es
ist von größerer Wichtigkeit, die Lebensführung der arbeitenden Klassen auf
ihrer Höhe zu erhalten, als sich billige Arbeitskräfte zu sichern. Was diesen
Punkt betrifft, so steht sicher der größere Teil des amerikanischen Volkes
mit seiner Teilnahme und Unterstützung auf seiten der arbeitenden Klassen.
Die zeitweilig verminderte Einwanderung ist die Ursache, daß die Frage
augenblicklich an politischer Bedeutung eingebüßt hat; sobald aber die Ein-

wanderung wieder einen stärkeren Aufschwung nimmt, so wird auch das
Bestreben zu neuem Leben erwachen, sie so zu regeln, daß der Lebenszuschnitt
der arbeitenden Klassen nicht herabgedrückt werde. Die in den Vereinigten
Staaten bereits ansässigen Einwanderer stellen sich auf einen gleichen Standpunkt; sie, die hier bereits Fuß gefaßt, haben nichts dagegen, dem fremden
Zuzug gewisse Schranken gesetzt zu sehen. Ein Zufluß von Einwanderern,
aus den Verwandten und Freunden der bereits hier Ansässigen bestehend,
wird immer stattfinden, und ihn zu hemmen, ist weder möglich noch überhaupt wünschenswert. Von den im Jahre 1894 im Hafen von New-York
landenden Einwanderern hatten 91 037 nahe Verwandte in den Vereinigten
Staaten und 29 827 waren schon früher hier gewesen. Derartige verwandt-
schaftliche Beziehungen werden auch unter den ungünstigsten Verhältnissen
die Einwanderung nie gänzlich in Stillstand geraten lassen; aber hiervon
abgesehen, wird das Streben sich stets darauf richten, die Einwanderer zu
prüfen und zu sichten, um nur die besten unter ihnen zuzulassen. Dies führt
uns zu dem letzten Punkt unserer Betrachtung, der sich mit dem Einfluß der
Einwanderung auf die sociale Lage des amerikanischen Volkes beschäftigt.

g. Sociale Folgen der Einwanderung für das amerikanische Volkstum.

Das Hereinströmen von Millionen fremder Einwanderer aus den verschiedensten Nationalitäten, von denen viele eine andere Sprache als das hier
gebräuchliche Englische sprechen, muß auf die Bildung des amerikanischen Volks-
tums von unermeßlichem Einfluß gewesen sein. Waren doch diese verschiedenen
neuen Elemente unter von einander ganz abweichenden politischen Anschauungen
aufgewachsen und in Bezug auf gesellschaftlichen Brauch und sittliche Begriffe von einander grundverschieden. Es ist indes ungemein schwierig,
derartige Einflüsse genau zu bestimmen oder abzugrenzen, denn die Einwanderer verschmelzen bald mit den hier zu Lande Geborenen und werden
Glieder derselben Gemeinschaft. Die Regierung der Vereinigten Staaten
hat stets den Grundsatz befolgt, den neuen Ankömmlingen die gleiche Behandlung angedeihen zu lassen wie den Altangesessenen, ihnen politische
Rechte und sobald wie möglich alle dem Staatsbürger zustehenden Vergünstigungen zu gewähren. Man hatte den Wunsch, nicht nur ihre Arbeitskraft auszunutzen, sondern sie zu amerikanischen Bürgern zu machen und sie
so schnell wie möglich mit der übrigen Bevölkerung völlig zu verschmelzen.
Daß der eingeschlagene Weg von Erfolg begleitet war, dafür liegen Beweise
in Menge vor; die Einwanderer haben sich die Sitten und Gewohnheiten

der neuen Heimat schnell zu eigen gemacht und sind zuverlässige patriotische Bürger der Vereinigten Staaten geworden. Auf die zweite Generation macht sich der Einfluß der Umgebung in noch stärkerem Maße geltend, sie verliert alle Empfindung dafür, daß sie fremder Herkunft oder Abstammung sei. Beispiele hierfür bieten sich überall und sie sind zu zahlreich, um noch ins Auge zu fallen. Die umwandelnde Kraft, die ein neues lebensvolles Gemeinwesen ausübt, ist ungemein groß und fraglich bleibt es allein, ob dies Umwandlungsvermögen sich für alle Zeiten stark genug zeigen wird, um die großen noch fortwährend zuströmenden Massen zu verarbeiten, vornehmlich solche aus Nationalitäten, die weit von den Merkmalen der amerikanischen Civilisation entfernt zu sein scheinen.

Nach einigen Richtungen hin vermögen wir die Stärke jener socialen Wirksamkeit und die Art, wie sie sich geltend macht, in Zahlen nachzuweisen: zunächst mit Bezug auf den politischen Einfluß der Ausländer. Die männliche Bevölkerung der Vereinigten Staaten besitzt das allgemeine Stimmrecht und da die Einwanderer schon nach 5 Jahren das volle Bürgerrecht erlangen, so können sie bald politischen Einfluß ausüben. Es sind zum großen Teil erwachsene männliche Personen und sie weisen deshalb eine verhältnismäßig größere Zahl Stimmberechtigter auf, als die übrige Bevölkerung. Während die Fremdgeborenen im ganzen nur 14 v. H. der Gesamtbevölkerung ausmachen, beläuft sich die Zahl der stimmberechtigten Fremdgeborenen auf 25,67 v. H. der gesamten männlichen Einwohner von Amerika. So genießen sie denn als Wähler einen größeren Einfluß, als ihnen ihrer Zahl nach zukäme. Hierfür einige schlagende Beispiele. Nachstehende Tabelle zeigt das Verhältnis der fremdgeborenen erwachsenen Männer gegenüber der Gesamtzahl der erwachsenen Männer, ebenso die Zahl der Naturalisierten bei den Fremdgeborenen und deren gesamte Wählerzahl.

(Siehe Tabelle S. 266.)

Wie man sieht, steigt die Zahl der fremdgeborenen Männer in einigen Staaten auf 40, 50, ja auf 60 v. H. Nur ein Teil von ihnen ist naturalisiert, so daß sich die thatsächliche Zahl der fremdgeborenen Wähler für das gesamte Bundesgebiet auf nur 15 v. H. beläuft, obwohl sie in einigen Staaten bis auf 34 v. H. steigt. Es darf indes nicht übersehen werden, daß der Rest der Fremdgeborenen noch naturalisiert werden kann, so daß die mögliche Zahl der Wähler aus der ersten Zahlenreihe der Tabelle hervorgeht. Mit Rücksicht hierauf ist es interessant die Zahlen zu beachten, welche über die im Verhältnis zu ihrer Gesamtziffer in den verschiedenen Staaten naturalisierten Fremden Aufschluß geben. Dieses Verhältnis wird

Die Zahl der fremdgeborenen Wähler in den Vereinigten Staaten.

	Fremdgeborene Männer v. 21 Jahren und darüber auf 100 Männer des gleichen Alters	Naturalifiert auf 100 fremb. geborene Männer von 21 Jahren und darüber	Naturalifierte fremdgeborene M. auf 100 Männer von 21 Jahren und darüber
Vereinigte Staaten	25,67	58,55	15,02
Nordatlantifches Gebiet . . .	33,23	54,32	18,05
Maine	15,14	36,52	5,52
New Hampfhire	22,05	38,90	8,57
Vermont	19,36	46,95	9,08
Maffachufetts	38,66	43,76	16,91
Rhode Island	40,18	38,83	15,60
Connecticut	34,99	49,39	17,28
New York	38,73	60,74	23,52
New Jerfey	35,08	60,30	21,15
Pennfylvania	27,19	53,19	14,46
Nördl. Binnengebiet	30,97	64,75	20,05
Ohio	21,53	70,28	15,13
Indiana	12,33	75,90	9,25
Illinois	36,39	62,12	22,60
Michigan	40,22	58,76	23,63
Wisconfin	52,93	64,71	34,25
Minnefota	50,85	63,67	37,46
Iowa	29,92	68,89	20,61
Miffouri	17,11	66,99	11,46
North Dakota	64,89	48,87	31,71
South Dakota	44,35	66,75	29,60
Nebraska	31,80	64,47	20,50
Kanfas	19,07	69,37	13,22

von der Thatfache beeinflußt, daß viele der Einwanderer noch nicht lange genug im Lande find, um naturalifiert zu werden, während hie und da fich eine Abneigung zeigt politifche Rechte zu erwerben; die große Mehrzahl der Einwanderer hat jedoch die Neigung, von ihrem Stimmrechte Gebrauch zu machen und am politifchen Leben Teil zu nehmen. Alle diefe Zahlen er-ftrecken fich nur auf die wirklich im Auslande geborenen Fremden und auf die Wähler unter ihnen. Würden auch die Kinder der Fremdgeborenen, denen das Wahlrecht zufteht, mitgerechnet, so würde die Zahl der Wähler fremder Herkunft mehr als verdoppelt. In den gefamten Vereinigten Staaten ftammen 34 v. H. der Wähler von im Auslande geborenen Eltern ab. Im Staate Wisconfin und Minnefota beträgt ihre Zahl 72,5, bezw. 75,5

v. H.; selbst in den östlichen Staaten ist ihre Zahl sehr groß, in New-York
52,46 v. H., in Rhode Island 42,1 v. H. und in Massachusetts 41,29
v. H. In den großen Städten, wie z. B. New-York, ist die Zahl der fremd=
geborenen Wähler eine ganz riesige.

Es läßt sich schwer nachweisen, inwieweit sich dieser große Einfluß des
fremden Elementes in politischen Dingen fühlbar macht. Freilich umschließt
die Bezeichnung „Fremdgeborener" Leute, die den verschiedensten
Nationalitäten entstammen, die sich daher bei den Wahlen in gewissem
Maße die Wage halten. Die Gesetzgebung ist in allen Staaten die gleiche,
ohne Rücksicht auf die größere oder geringere Zahl der Fremden. Entweder
stehen die Fremden noch unter dem Einfluß ihrer Führer und gehen auf
deren Wink ihre Stimmen für eine oder die andere der politischen Parteien
ab, oder sie sind bereits von den hier herrschenden politischen Ideen beein=
flußt und wählen in gleicher Weise und nach gleichen Grundsätzen wie die
geborenen Amerikaner. Es läßt sich nicht behaupten, daß die Verderbtheit
des politischen Lebens in Amerika auf die fremdländische Wählerschaft zu=
rückzuführen sei, wenn auch ein großer Teil derselben aus armen und un=
wissenden Menschen besteht, mit denen sich leicht unlautere Wahlen zu stande
bringen lassen. An der Spitze gelegentlicher socialistischer und anarchistischer
Umtriebe pflegen meist Ausländer als Führer zu stehen, aber die Amerikaner
nehmen nicht weniger Teil daran und der Staat Kansas, welcher zur Heimat
der sogenannten „Volkspartei" (Populist party) geworden, weist eine geringere
Zahl im Auslande Geborener auf, als irgend ein anderer der westlichen
Staaten. Es ist unmöglich die Zahlen als alleinige Grundlage anzunehmen,
da so viel von der geistigen Beschaffenheit der einzelnen Wähler abhängt.

Auch andere sociale Erscheinungen werden zuweilen, laut den statistischen
Zusammenstellungen über mangelnde Schulbildung, Verbrechen und Irrsinn,
dem Einfluß der Fremden zur Last gelegt. Wir könnten uns wohl für
berechtigt halten, all diese Erscheinungen bei den Einwanderern in erhöhtem
Maße vorauszusetzen, da dieselben zumeist den unteren Gesellschaftsklassen an=
gehören. Nach den statistischen Mitteilungen möchte es scheinen, als ob alle
solche Mängel und Gebrechen häufiger bei den Fremdgeborenen als bei den
Amerikanern vorkämen. Wir wollen uns mit einigen Angaben hierüber
genügen lassen:

Die Analphabeten in den Vereinigten Staaten finden sich meist unter
den Einwanderern, so z. B. im Staate Massachusetts; von denen die über
10 Jahre alt waren, gab es unter der heimischen Bevölkerung hier nur
wenige (1,29 v. H.), die des Lesens und Schreibens unkundig waren,
während von den Fremdgeborenen gleichen Alters 21,50 v. H. jeder Schul=

bilbung völlig ermangelten und 27,50 v. H. die englische Sprache weder schreiben noch lesen konnten. Seit dem Jahre 1875 haben die Analphabeten unter der heimischen Bevölkerung abgenommen, während ihre Zahl bei den Fremdgeborenen gestiegen ist; wenn daher festgestellt wird, daß 7,73 v. H. der Bewohner von Massachusetts ohne alle Schulbildung sind, so ist das nicht der Schule, sondern der Einwanderung zuzuschreiben.

Gegen den Analphabetismus unter den Fremdgeborenen giebt es kein Heilmittel, denn sie befinden sich gewöhnlich in vorgerückteren Jahren; von 108 365 fremdgeborenen Analphabeten hatten mehr als 100 000 das zwanzigste Lebensjahr überschritten und waren daher dem Schulbesuch entwachsen. Diese Art von unheilbarer Unkenntnis des Lesens und Schreibens wird niemals gänzlich ausgerottet werden. Von den einheimischen Analphabeten sind nur 9530 schon 20 Jahre oder darüber: eine sehr niedrige Zahl gegenüber der Gesamtbevölkerung.

Die Analphabeten unter der fremdgeborenen Bevölkerung von Massachusetts verteilen sich hauptsächlich auf zwei Nationalitäten, die Iren und die französischen Canadier. Von den 108 365 Fremdgeborenen über 10 Jahren ohne alle Schulbildung waren nicht weniger als 67 169 Iren und 24 190 französische Canadier. Von der Gesamtzahl der völlig Bildungslosen im Staate Massachusetts entfallen auf die Irländer 54,95 v. H. und auf die französischen Canadier 19,78 v. H. In Massachusetts sind unter ersteren im Alter von 10 Jahren und darüber 27,85 v. H. des Lesens und Schreibens unkundig: eine größere Zahl, als sie sonst bei den Fremdgeborenen vorkommt. Von den französischen Canadiern sind 41,39 v. H. ohne jegliche Schulbildung, während 29,06 v. H. das Französische, aber nicht das Englische zu schreiben und zu lesen vermögen, woraus sich ergiebt, daß nur 30 v. H. der englischen Sprache in Wort und Schrift mächtig sind. Ähnlich verhält es sich mit den Italienern, doch hat dies weniger zu bedeuten, weil es sich hier vor der Hand um geringere Zahlen handelt; immerhin sind von den in Massachusetts ansässigen Italienern 49,88 v. H. aller Schulbildung völlig bar; 24 v. H. können wohl italienisch, aber nicht englisch lesen und schreiben, so daß nur ein Rest von 26,12 v. H. bleibt, der das Englische vollständig beherrscht.

Diese Zahlen geben eine Vorstellung davon, mit einem wie bedenklichen Übelstande die Bewohner von Massachusetts infolge des Zuströmens dieser fremden bildungslosen Massen zu kämpfen haben. In der zweiten Generation pflegen diese Übelstände schon einigermaßen abzunehmen, weil den Kindern der Fremdgeborenen die Freischulen, in denen sie lesen und schreiben lernen können, offen stehen; dennoch bleibt es eine schwierige Aufgabe, diese den ungebildetsten Kreisen entstammenden Kinder zu unterrichten, da das geringe Maß von Bildung schwer haftet, wenn sie zur Arbeit in die Familie zurückkehren. Andererseits scheinen die statistischen Angaben nachzuweisen, daß der Mangel an jeglicher Schulbildung sich nicht selten auch auf die zweite Generation ausdehnt, denn von den 13 898 hier zu Lande geborenen Analphabeten waren 7924 ganz oder teilweise ausländischer oder unbekannter Abstammung. Unter sämtlichen Analphabeten in Massachusetts waren nur 5974, deren Eltern schon in Amerika geboren worden. Man kann wohl sagen: hätten die Leute in Massachusetts nur mit der eigenen Unbildung zu kämpfen gehabt, so würde sich bald die Zahl der des Lesens und Schreibens Unkundigen auf ein geringes Maß beschränken, und man würde es hauptsächlich mit den unvermeidlichen Fällen zu thun haben, die aus den verschiedenen Gestaltungen des Unglücks, wie Verarmung, Blödsinn und schlechter Gesundheit hervorgehen, die nie völlig zu unterdrücken sein werden.

An der unter den Massen herrschenden Armut ist zum großen Teil die Einwanderung schuld. In Massachusetts befanden sich im Jahre 1885 unter den Armen 44 v. H. Fremdgeborene, während solche nur 27 v. H. der Gesamtbevölkerung ausmachten. Eine sehr große Zahl der obdachlosen Kinder, selbst der in Amerika geborenen, sind fremder Abstammung; sie verkörpern also die zweite Generation der Einwanderer. Thatsächlich scheint diese mehr noch als die erste Generation dem Unglück als Beute zu verfallen, und das ist völlig begreiflich, wenn wir uns die Lage dieser Fremdgeborenen vergegenwärtigen, die oft mittellos ohne Eltern und Verwandte mitten unter Fremden stehen.

Es ist behauptet worden, daß Geisteskrankheit unter der fremdgeborenen Bevölkerung häufiger sei als unter der einheimischen; wenn wir aber bedenken, daß der Irrsinn nur bei Erwachsenen vorkommt, so wird sich herausstellen, daß, während ein Fünftel, die als Opfer dieser Krankheit in Betracht kommen könnten, Fremdgeborene sind, auf diese nur der vierte Teil aller Geisteskranken kommt. In Massachusetts, wo im Jahre 1885 die Fremdgeborenen 27,1 v. H. der Gesamtbevölkerung betrugen, fanden sich ihrer unter den Irrsinnigen 37 v. H., unter den chronisch Kranken 32,8 v. H., zu den Blinden stellten sie 29,2 v. H., zu den Krüppeln 27,8, zu den Taubstummen 17 v. H. und zu den Blödsinnigen 10,4 v. H. Diese Zahlenverhältnisse lassen sich daraus erklären, daß bei Einheimischen und Fremdgeborenen verschiedenartige Altersstufen in Betracht kommen.

Weiter heißt es, das Verbrechertum werde durch die Einwanderung vermehrt. Auch hierbei dürfen wir nicht außer Acht lassen, aus welchen

Altersklassen die Bevölkerung sich zusammensetzt, denn es werden mehr Ver=
brechen von Erwachsenen als von Kindern begangen. Im Jahre 1890
machte in den Vereinigten Staaten die von amerikanischen Eltern ab=
stammende weiße Bevölkerung 62,5 v. H. der gesamten weißen Einwohner=
schaft aus, dagegen betrug die Zahl der von amerikanischen Eltern ab=
stammenden weißen Gefangenen nur 45 v. H. von sämtlichen Gefangenen.
Hieraus könnte man schließen, es sei die eingeborene weiße Bevölkerung
unter den Gefangenen weniger stark vertreten als die frembgeborene; diese
Beweisführung verliert jedoch an Kraft, wenn wir sie auf die erwachsenen
Ausländer beschränken. Denn während die Gesammtzahl der männlichen
Ausländer von 18 Jahren und darüber 26,4 v. H. aller weißen Männer
von 18 Jahren und darüber betrug, zählte man unter sämtlichen weißen
Gefangenen dieses Alters nur 26,2 v. H. Frembgeborene. Diese beiden
Zahlen kommen einander so nahe, daß man kaum behaupten darf, es gebe
unter den Frembgeborenen mehr Verbrecher als unter den Einheimischen.
Dehnen wir diesen Vergleich auf die einzelnen Gebiete der Vereinigten
Staaten aus, so gelangen wir zu den überraschenden Ergebnissen, wie die
nachstehende Tabelle zeigt:

Staaten	Prozentsatz der fremb- geborenen männlichen Ge- fangenen im Verhältnis zur Gesamtzahl der männlichen Gefangenen	Prozentsatz der fremb= geborenen Männer von 18 Jahren und darüber im Verhältnis zu der gesamten männlichen Bevölkerung des gleichen Alters.
Ver. Staaten insgesamt . .	26,22	26,38
Nordatlantisches Gebiet . .	31,69	32,21
Südatlantisches Gebiet . .	10,12	6,82
Nördliches Binnengebiet . .	22,55	29,75
Südliches Binnengebiet . .	15,25	8,39
Westliches Gebiet	32,18	36,07

Diese Zahlen erweisen die eigentümliche Thatsache, daß in den Gebieten,
wo die wenigsten Frembgeborenen leben, sie im Verhältnis zu ihrer Zahl
die meisten Verbrecher stellen. Das trifft für die südatlantischen und süd=
lichen Binnengebiete zu; in den norbatlantischen, nördlichen Binnengebieten
und westlichen Gebieten bleibt ihre Teilnahme an den Verbrechen hinter
dem Durchschnitt zurück. Die einzige mir einleuchtende Erklärung hierfür

ist, daß im Süden die Fremden, obwohl an Zahl gering, sich in den großen Städten zusammendrängen, wo die meisten Verbrechen begangen werden. Vielleicht kommt es aber auch daher, weil die in diesen Gebieten ansässigen Ausländer den südlichen Ländern Europas, also heißblütigeren und gewalt= thätigeren Völkern entstammen. Diese Annahme wird noch dadurch unter= stützt, daß sich erwiesenermaßen die verhältnismäßig geringste Zahl der Verbrecher unter den Fremdgeborenen in den nördlichen Binnenstaaten findet, wo, wie wir wissen, die meisten von ihnen auf dem flachen Lande leben.

Diese Beispiele zeigen zur Genüge, daß die Fremdgeborenen an den Gebrechen und den strafbaren Handlungen, die in der Bevölkerung zum Vorschein kommen, mindestens den nach dem Zahlenverhältnis auf sie ent= fallenden Anteil haben. Die Zustände sind nicht ganz so schlimm, wie sie zuweilen dargestellt werden; es kann jedoch kein Zweifel darüber herrschen, daß die Lösung der socialen Fragen in den Vereinigten Staaten durch die Einwanderung dieser Massen von Leuten aus den unteren Klassen erschwert wird. Aus den Zahlen ergiebt sich wohl die Rechtfertigung für eine Gesetz= gebung, welche wenigstens teilweise den Verbrechen und der Hülflosigkeit, diesen steten Begleiterscheinungen der Einwanderungsbewegung, Einhalt zu thun versuchte. Die Gesetzgebung will die bereits früher erwähnte Politik der Vereinigten Staaten unterstützen, indem sie den aus einer unüberlegten Einwanderung entspringenden Mißständen vorzubeugen trachtet, ohne gleich= zeitig das Recht der freien Bewegung zu beeinträchtigen; sie will dem Ein= wanderer nicht verwehren, sich eine neue Heimat zu suchen, die ihm bessere Aussichten bietet als die alte.

h. Künftige Politik. Öffentliche Meinung.

Es ist in Vorstehendem bereits angedeutet, wie sich die Einwanderungs= politik der Vereinigten Staaten in Zukunft voraussichtlich gestalten wird. Sie wird bestehen in Ausführung der bereits geplanten Gesetze, die auf den Ausschluß jener unerwünschten, die Einwanderung begleitenden Elemente hinzielen; jedoch ist keineswegs anzunehmen, daß man die Einwanderung je völlig verbieten oder verhindern werde. Mit dem Wiederaufblühen der Gewerbsthätigkeit wird sich eine erneute Nachfrage nach Arbeitskräften ein= stellen, die zum Teil durch die Einwanderung befriedigt werden kann. Den westlichen und südlichen Staaten fehlt es noch an Ansiedlern, und dort möchte eine Beschränkung der Einwanderung, die über das jetzige Maß hinausginge, heftigem Widerstande begegnen. In den östlichen Staaten trägt man geringeres Verlangen nach neuer Einwanderung, denn solche hat hier schwere Lasten an Armensteuern und Unterstützungsgeldern im Gefolge, zumal wenn die Einwanderer sich hauptsächlich in den großen Städten niederlassen.

Die öffentliche Meinung in den Vereinigten Staaten entspricht etwa der vorstehend gekennzeichneten Gesetzgebung. Sehr Wenige nur dürften ein völliges Verbot der Einwanderung befürworten, doch würden alle ohne Ausnahme für eine strenge Anwendung der bestehenden Gesetze, welche Verbrecher und Arbeitsunfähige ausschließen, eintreten. Selbst die Arbeiterklassen, welche die Klage erheben, es werde das auf die Vertragsarbeiter bezügliche Gesetz nicht in Anwendung gebracht, fordern keine strengeren Maßregeln. So dürfte denn die öffentliche Meinung befriedigt sein, so lange nicht die Zukunft neue Übelstände im Gefolge der Einwanderung herbeiführt.

Columbia College, 26. Juni 1895.

III.

Die Entwicklung

der

Einwanderungsgesetzgebung in Brasilien.

Von

Dr. R. A. Hehl

(Rio de Janeiro).

— · — — —

Der Beginn der europäischen Einwanderung nach Brasilien zwecks Urbarmachung der in großer Ausdehnung brachliegenden Ländereien und der Förderung bäuerlicher Ansiedelungen fällt in das Jahr 1817, wo der damals in diesem Lande residierende Prinzregent von Portugal die Erlaubnis erteilte, eine Schweizerkolonie in der Nähe von Rio de Janeiro zu errichten. Frühere Versuche der Kolonisierung zu demselben Zwecke mit nicht portugiesischen Elementen waren unbedeutend und gänzlich mißglückt, sie kommen hier nicht in Betracht.

Die Portugiesen, die seit der Entdeckung des Landes im Jahre 1500 durch Pedro Alvares Cabral, zeitweilig einwanderten, beschäftigen sich nicht mit der Landwirtschaft, die den in Masse eingeführten Sklaven überlassen wurde, sondern nahmen Teil an der Verteidigung des Landes als portugiesische Kolonie gegen die Angriffe der Indianer aus dem Innern und die Einfälle von Engländern, Holländern, Franzosen und Spaniern von außen, die teils von den respektiven Regierungen, teils von Individuen dieser Nationen auf eigne Faust in fast ununterbrochener Folge ins Werk gesetzt wurden. Hunderttausende müssen auf diese Weise zu Grunde gegangen sein, wie man aus einer Statistik aus dem Jahre 1818 schließen kann, wonach die Totalbevölkerung des Landes sich auf 3 618 000 Seelen belief, unter denen nur 843 000 Weiße.

Aus dieser Aufstellung, die jedenfalls genau genug ist zur Ableitung des Verhältnisses zwischen weißer und schwarzer Bevölkerung, läßt sich aber auch leicht schließen, daß der Weiße ein strenges Regiment führen mußte, um von der Masse der importierten Schwarzen nicht erdrückt zu werden und ferner, daß die Weißen unter sich einig sein mußten, um gegebenen Falles gemeinsam handeln zu können. Da unter den Weißen jedenfalls

13*

auch sehr viele Besitzlose sich befanden, so gewährte man diesen solche Vor=
teile, die ihre Mitwirkung sicher stellen würden und es bildete sich die Klasse
der Aggregados heraus, die von den Besitzern unterhalten wurden und
deren einzige Pflicht es war, diese nach Kräften zu schützen.

Die unmittelbare Folge dieser Organisation war, daß der Weiße, oder
im allgemeinen der Freie, überhaupt nicht mehr arbeitete. Die moralischen
Folgen waren noch ungleich schlimmer.

So kam das Jahr 1808 und mit ihm die Übersiedelung des portu=
giesischen Königshauses in der Person des Prinzregenten Johann, der es
englischem Schutze zu verdanken gehabt hatte, nicht in französische Gewalt
vor seiner Abreise gefallen zu sein. Dieser Fürst war also zu Gegen=
leistungen verpflichtet, die England zur Abschließung eines Handelsvertrages
und zur Erwerbung einer königlichen Ordre ausnützte, die die Ausfuhr von
Sklaven für Brasilien auf afrikanische Häfen südlich vom Äquator be=
schränkte. Nach dieser Zeit bis zum Jahre 1888, wo die Sklaverei den
endlichen Todesstoß durch das Gesetz vom 13. Mai erhielt, wurden sowohl von
der Regierung wie durch Private alle möglichen Versuche angestellt, um freie
Arbeit einzuführen, resp. einen successiven Ersatz der Neger durch freie Ar=
beiter ins Werk zu setzen, aber nur die Regierung war erfolgreich in der
von ihr eingeschlagenen Richtung der Gründung von Kolonien mit rein
fremden Elementen. Die Großgrundbesitzer haben sich vergeblich bemüht,
für den abgehenden Schwarzen einen Weißen in die Reihen ihrer Arbeiter
zu stellen. Erst nach der Emancipation ist ihnen der Ersatz gelungen,
weil die Zwangsarbeit aufgehört hatte. Die agrarischen Erfolge derselben
sind seit der Zeit von den besten Aussichten auf die Zukunft für diejenigen
gewesen, die am wenigsten an dem alten Zopf festhielten und sich am
ehesten gewöhnten, den Arbeiter als berechtigt zu dem Werte seiner Arbeit
zu betrachten.

Der schnellste und bedeutendste Umschwung in dieser Beziehung hat
zweifelsohne in São Paulo stattgefunden, dem größten Kaffeestaat der
heutigen Union, wo zur Zeit des angeführten Gesetzes von 1888 noch die
meisten Sklaven Verwendung fanden. Der Schlag war hart, denn er ließ
alle Güter im gegebenen Augenblick ohne Arbeiter; die Besitzer standen vor
dem Ruin, wenn sie nicht sofort die Anwerbung von freien Kräften be=
schlossen und ins Werk gesetzt hätten. Die Resultate sind die möglichst
günstigen gewesen, denn Hunderttausende sind seit jener Entschließung in
diesen Staat eingewandert, der allen übrigen in der Entwicklung seiner
materiellen Hülfsquellen vorauseilt.

Die Gründung der eingangs erwähnten Schweizerkolonie wurde durch Dekret vom 16. Mai 1818 von dem inzwischen zum König von Portugal unter dem Namen Johann VI. ausgerufenen Prinzregenten genehmigt und es wurden den Einwanderern hiebei folgende Vorteile gewährt:

1. Erlaubnis für alle Freiburger katholischer Religion sich in Brasilien niederzulassen.

2. Zahlung der Reisekosten bis zum Bestimmungsorte für 100 Familien, sowie Obdach für dieselben bis zur Errichtung von Werkstätten.

3. Schenkung von einem Grundstück, Arbeitstieren, Rindern und Sämereien an jede Familie.

4. Unterhalt in Naturalien oder in Geld während der ersten zwei Jahre, sowie während des ersten Jahres 160 Reis und während des zweiten Jahres 80 Reis (1 Real = ⅛ Pf.) täglich.

5. Der Name der Kolonie sollte Nova Freiburgo (Neu-Freiburg) sein und sollte dieselbe eine Kapelle und einen Geistlichen von der Nation der Einwanderer erhalten.

6. Die Ansiedelung sollte alle Privilegien der portugiesischen Ortschaften (villas) genießen.

7. Die Verwaltung sollte bis zur Wahl eines Gemeinderates unter der Leitung eines Direktors stehen.

8. Die Kolonisten sollten während der ersten zehn Jahre von allen persönlichen und Territorial-Abgaben, außer denen auf Gold und königliche Privilegien, befreit sein, sowie vom aktiven Dienst im Heere.

9. Den Kolonisten, die nach Europa zurückzukehren wünschen würden, sollte gestattet sein, ihre ganze bewegliche Habe und die Hälfte ihrer Immobilien zu veräußern.

Dies für die Einwanderer sehr günstige Dekret war dennoch ohne den gewünschten Erfolg, denn das zur Ansiedelung bestimmte Land war vollständig unfruchtbar. Die Ortschaft wurde zwar gegründet und die Kapelle erbaut, die Kolonisten aber, die 1700 an der Zahl nach und nach ankamen, zerstreuten sich bald wieder bis auf einige Wenige. Die Meisten sollen Militärdienste genommen haben, andere siedelten sich auf eigne Faust in besserer Lage an und sind durch Fleiß und Ausdauer weiter gekommen. Einige zählten später sogar zu den reichsten Leuten der Provinz.

Zu derselben Zeit überließ der König auch einem deutschen Konsortium ca. 5500 Hektaren Land zu Kolonialzwecken im Süden der Provinz

Bahia. Sie wurde nach dem Namen der späteren Kaiserin „Leopoldina" genannt. Die Kolonisten legten sich auf den Kaffeebau, für welchen das Land sich ausgezeichnet eignete und wurden zumeist sehr wohlhabend. Ihre Nachfolger sind allerdings durch unkluge Bewirtschaftung wieder zurück= gekommen.

Nach diesen zwei Gründungen geschah nichts weiteres zu Gunsten der Kolonisation bis zum Jahre 1825. Es war eine Zeit politischer Wirren und Aufregungen, die dazwischen lag. Der Prinzregent war nach dem Tode der Königin Maria I. von Portugal im Jahre 1818 zum König ausgerufen worden und fügte bei dieser Gelegenheit dem Titel König von Portugal und Algarves noch den von Brasilien bei, in der Absicht, das Mutterland von diesem Lande aus ferner zu regieren, mußte jedoch 3 Jahre später auf Drängen der Cortes nach Portugal zurückkehren. Als Regenten von Bra= silien ließ er seinen Sohn D. Pedro zurück, der das Land im darauffolgen= den Jahre für unabhängig von der portugiesischen Krone erklärte und sich unter dem Namen D. Pedro I. zum Kaiser von Brasilien machte. Der Loyalität seines Volkes mißtrauend, suchte er schon im folgenden Jahre fremde Söldner einzuführen und bei dieser Gelegenheit war es, daß er zu= gleich die Gründung einer deutschen Ansiedelung in Rio Grande anordnete.

Die angeworbenen Soldaten, 500 an der Zahl, kamen im nächsten Jahre (1825) an und wurde dieses Kontingent zwei Jahre später durch weitere 2400 Mann Irländer verstärkt. Nach kaum sechsmonatlicher An= wesenheit revoltierten jedoch diese Soldaten, denen sich die Deutschen an= schlossen, so daß das Einschreiten der brasilianischen Truppen nötig wurde. Viele kamen in den stattfindenden Gefechten um, 1400 Irländer wurden zurückgeschickt und ein kleiner Rest ging nach der Provinz Bahia, um sich dort anzusiedeln. Das deutsche Bataillon wurde aufgelöst und die Mann= schaften wurden nach Rio Grande geschickt, wo sie sich zum größeren Teil auf der oben genannten Kolonie, die den Namen São Leopoldo erhalten hatte, niederließen.

Im Jahre 1825 wurde auch ein neues Übereinkommen mit England ge= troffen, in dem stipuliert wurde, daß die Sklaveneinfuhr binnen 4 Jahren unterdrückt werden würde. In diesem Dokument waren wieder die noch enger gezogenen Grenzen angegeben, innerhalb welcher die Ausfuhr aus Afrika während dieser vier Jahre noch gestattet sein sollte.

Während der folgenden Jahre bis zu seiner Abdankung am 7. April 1831, verfehlte der Kaiser bei seinen Thronreden nie die Notwendigkeit auszusprechen, der fremden Kolonisation günstige Aussichten zu eröffnen, aber ohne großen Erfolg. Nur unbedeutende Ansiedelungen wurden gegründet, unter anderen die Kolonie São Pedro de Alcantara in der Provinz Santa Catharina.

Am gedachten 7. April entsagte der Kaiser der Krone zu Gunsten seines sechsjährigen Sohnes, der zwei Tage darauf unter dem Namen Pedro II. zum Kaiser ausgerufen wurde.

Während der Minderjährigkeit dieses Fürsten, der die Krone 63 Jahre mit unvergleichlicher Selbstverleugnung getragen, geschah nichts bemerkenswertes, um die Kolonisation zu fördern und erst nachdem derselbe die Regierung in die Hand genommen, begann eine Zeit, in welcher dieser für das Land brennend werdenden Frage wieder einige Aufmerksamkeit geschenkt wurde. Bis zum Jahre 1850 wurden die Staatskolonien Petropolis in der Provinz Rio de Janeiro, Santa Isabel in Espirito Santo und eine Kolonie gleichen Namens in Santa Catharina, sowie die Privatkolonie Mundo Novo und Padre Eterno in Rio Grande do Sul gegründet und die Bevölkerung der schon existierenden vermehrt.

Die bis zu diesem Jahre eingewanderten Kolonisten waren neben Schweizern fast nur Deutsche, ihre Anzahl mag sich bis dahin auf 17 000 Individuen belaufen haben.

Bemerkenswert während dieses Zeitraums von nahe zwanzig Jahren war noch die Abmachung von 1831 mit der englischen Regierung, der das kaiserliche Dekret vom 7. November folgte, das die Sklavenausfuhr durchaus verbietet. Es wurde aber nur schwach gehandhabt, denn die Einfuhr dauerte fort, wenn auch nicht so öffentlich und in derselben Ausdehnung wie vorher, bis 1850, wo ein neues Gesetz und die darin angedrohten Strafen, unterstützt von englischen Kriegsschiffen dem Handel ein Ende machten.

Bis dahin war nichts geschehen, um den Kolonisationsangelegenheiten den gebührenden Platz im Staatshaushaltsgesetz einzuräumen und es wäre so geblieben, wenn nicht die Notwendigkeit an die Regierung herangetreten wäre, ihre Rechte auf den Grund und Boden durch Gesetz klarzustellen und bei dieser Gelegenheit wurde auch der Kolonisation in der allgemeinen Gesetzgebung zum ersten Male gedacht.

Dieses sogenannte Landgesetz wurde im Jahr 1850 geschaffen. Es definiert das Recht des Grundeigentums, das im Lande auf sehr unsicherer Grundlage stand, denn es gab Eigentum, das von der Regierung durch Kauf erworben, solches, das von Privaten gekauft, die oder deren Voreltern

es von der Krone für geleistete Dienste geschenkt erhalten hatten und schließ=
lich einfach in Besitz genommenes Land ohne jedweden Titel.

Von der ersten Klasse war sehr wenig vorhanden, von der zweiten
schon viel mehr und die dritte kam den beiden ersteren in allen bewohnten
Landstrichen ziemlich gleich.

Dem Staate war nichts verblieben. Diesen annormalen Zuständen
suchte man durch das Landgesetz ein Ende zu machen, und die Möglichkeit
der Anlage von Kolonien auch in bewohnten Gegenden zu schaffen, weshalb
auch der Kolonisation in einigen Paragraphen gedacht wurde.

Der Hauptinhalt des Gesetzes ist folgender:

1. Herrenlose Ländereien (terras devolutas) können nur durch Kauf
in Besitz genommen werden.

Terras devolutas sind alle solche Ländereien, die weder einem dem
Gemeinwohle im engeren oder weiteren Sinne bestimmten Zweck dienen noch
durch Kauf oder kaiserliche Schenkung erworben worden sind.

Besitztümer, die, obwohl ohne rechtmäßigen Eigentumstitel, sich teil=
weise in Kultur befinden, auf welchen für den Besitzer ein Wohngebäude
errichtet ist, sollen bis zur Größe von einer sesmaria (225 Alqueires =
1089 Hektaren) und unter der Bedingung der Vermessung derselben in dem
von der Regierung vorzuschreibenden Termin nicht als terras devolutas
betrachtet werden.

2. Die Regierung soll eine Aufstellung der terras devolutas veranlassen
und dieselben in öffentlicher Versteigerung oder in anderer Weise zum Preise
von ¹/₂ bis 2 Reis per Quadrat=Braça (2.37 bis 9.50 Mark per Hektar)
veräußern dürfen, wobei der Besitzer des Nachbarstückes das Vorkaufs=
recht hat.

3. Alle Besitzer solcher Ländereien sollen gehalten sein, die für Straßen=,
Weg= und Wasserbauten in ihren Ländereien notwendigen Oberflächenteile,
unentgeltlich und nur mit dem Recht auf Entschädigung für die auf solchen
Teilen etwa existierenden Kulturen und Baulichkeiten, abzutreten. Ebenso
soll der Eigentümer verpflichtet sein, das auf seinem Besitztum befindliche
uud seine Bedürfnisse überschreitende Wasser ableiten zu lassen.

4. Der ausländische Landläufer soll nach zwei Jahren naturalisiert
werden können und vom Dienste im Heer befreit sein, nicht aber von dem
in der Nationalgarde.

5. Die Regierung soll die jährliche Einführung von Kolonisten veran=
lassen und zu diesem Zwecke und zu gebotener Zeit die notwendigen

Summen vom Parlamente fordern, wenn der Erlös aus den Landverkäufen nicht hinreichend ist.

6. Die Regierung soll autorisiert sein, Haft und Geldstrafen bis zu drei Monaten, respektive bis 200 Milreis, gegen Zuwiderhandelnde in Anwendung zu bringen.

7. Die Regierung soll autorisiert sein, ein eigenes Ressort, mit der Benennung „Repartição Geral das terras publicas" (General=Bureau der öffentlichen Ländereien), zur Handhabung dieses Verwaltungszweiges zu gründen.

Von diesem Gesetze und durch die vollständige Unterdrückung der Sklaven=einfuhr glaubte man, die Einwanderung in größerem Maßstabe erwarten zu können, da man dem Einwanderer gesetzlich die Befreiung vom aktiven Militärdienst nach seiner Naturalisation, die zwei Jahre nach Antritt seines Grundstückes erfolgen konnte, garantiert hatte. Außerdem war man in den Stand gesetzt worden, überall Kolonien zu gründen, wo früher unrechtmäßige Prätendenten protestiert haben würden.

Die Verordnungen über die Geschäftsführung des General=Bureaus ließen allerdings lange auf sich warten, denn sie wurden erst 1854 ver=öffentlicht und ungefähr zu derselben Zeit wurde die Gründung von Special=Bureaus in den einzelnen Provinzen angeordnet, aber jedenfalls wurde einige Ordnung in den früheren chaotischen Zustand gebracht, der das Recht des Staates auf devolute Ländereien zu absorbieren drohte.

Später, im Jahre 1876, wurde die Inspecção Geral de terras e colonisação (General=Inspektion der Ländereien und Kolonisation) ins Leben gerufen und obiges Institut mit ihr verschmolzen. Die Hauptaufgabe dieser Generalinspektion war die Kolonisierung, während jenes Bureau sich vor=züglich mit der Sichtung des Eigentumsrechtes der Ländereien und ihrer Vermessung zu befassen gehabt hatte. Die speciellen Büreaus in den Pro=vinzen wurden durch sogenannte delegacias ersetzt, deren jeder ein gewisser Oberflächenteil der respektiven Provinz zwecks Vermessung der devoluten Ländereien, allgemeiner und specieller Einteilung in Kolonien und Kolonie=lose mit den notwendigen Requisiten, untergeordnet war. Ebenso hatten diese delegacias die Ankunft und Verteilung der Kolonisten auf den einzelnen Grundstücken zu überwachen und über alles Rechnung zu führen.

Die Erfolge der Kolonisation in dem Jahrzehnt von 1851 bis 1860 waren jedenfalls viel bedeutender als in den vorhergegangenen dreißig Jahren. Gleich zu Anfang desselben wurde die Eröffnung der Kolonie Donna Francisca in der Provinz Santa Catharina, die im Jahre 1849 von einer Gesellschaft auf den dem Prinzen von Joinville im Norden ber=

selben Provinz zugehörigen Landkomplex geplant worden war, durch Dekret vom 15. Mai 1850, genehmigt. Der bei dieser Gelegenheit in Kraft tretende Kontrakt der Gesellschaft mit der Regierung war auf fünf Jahre abgeschlossen und gewährte folgende Vorteile:

1. Zuschuß zu den Reisekosten der Einwanderer und Befreiung der Effekten und landwirtschaftlichen Geräte vom Eingangszoll.

2. Erlaß der Hafengebühren für die mit Immigranten ankommenden Schiffe, sowie der für den Verkauf von Grundstücken gesetzlich festgestellten Taxen beim ersten Verkaufe, sowie aller anderen öffentlichen Abgaben, die durch die Centralregierung zu erheben sein würden. Sklavenarbeit war verboten und andere minder wichtige Maßnahmen waren getroffen.

Dieser Kontrakt ist bis zum Jahre 1887 von der kaiserlichen Regierung immer wieder mit zeitgemäßen Veränderungen betr. die Anzahl der einzuführenden Kolonisten und die pekuniäre Beihülfe des Staates von fünf zu fünf Jahren erneuert worden.

Um größere Vorteile zu erlangen, schloß die Gesellschaft einige Jahre später mit der republikanischen provisorischen Regierung ein neues Übereinkommen ab, das aber, zusammen mit nahezu hundert ähnlichen Konzessionen, schon ein Jahr später von der konstitutionellen Regierung als verfallen erklärt wurde.

Die Erfolge dieses Unternehmens sind die denkbar günstigsten gewesen, wenn man bedenkt, daß die Ländereien im allgemeinen nur mittlerer Güte waren.

Ein zweites Unternehmen, welches im Jahre 1851 von Dr. Hermann Blumenau in derselben Provinz gegründet wurde, kann wohl als der erfolgreichste aller bis jetzt dagewesenen kolonisatorischen Erfolge in Brasilien bezeichnet werden, denn es entstand unter den ungünstigsten Bedingungen, mitten im Urwalde und in nicht unbedeutender Entfernung von einem kleinen Exporthafen, mit dem die Örtlichkeit durch einen Fluß von sehr zweifelhafter Schiffbarkeit verbunden war.

Aber das Land war gut, die Bewässerungsverhältnisse nach Wunsch und das Klima für den Nord-Europäer nicht unzuträglich. Diese drei Momente mögen Dr. Blumenau wohl bestimmt haben sein Werk zu beginnen. Bis 1860 führte er es fort mit eigenen Mitteln und später, bis zur vollständigen Emancipation oder Einverleibung des Kolonialdistriktes in den allgemeinen Verwaltungsmechanismus im Jahre 1882, für Rechnung des Staates. Heute ist die ehemalige Kolonie sowohl der bevölkertste wie auch der ergiebigste Verwaltungsdistrikt des Staates Santa Catharina, dank der Einsicht und Energie seines Gründers.

Ein unglückliches gleichzeitiges Unternehmen, auch durch eine Privat=
gesellschaft ins Leben gerufen, war die an den Ufern der Flüsse Mucury und
Todos Os Santos im Jahre 1851 geplante Kolonialunternehmung,
die eine traurige Berühmtheit erlangte und später die Hauptursache der
Stellungnahme der preußischen Regierung gegen die Auswanderung nach
Brasilien wurde.

Die erste Niederlassung sollte bei Santa Clara am unteren Mucury ge=
gründet werden und sich nach und nach in der Richtung des Hochlandes aus=
dehnen, wohl durch die Gründung einzelner Ortschaften, und das war
verfehlt.

Die Kolonisten mit wenigen Ausnahmen sind in Santa Clara und im
Innern des Waldes, — denn in Santa Clara beginnt der Wald und er=
streckt sich etwa 20 deutsche Meilen in der Richtung nach Philadelphia —
vom Fieber weggerafft worden und der Rest ist endlich in Philadelphia,
der letzten der geplanten Ansiedlungen am Todos Os Santos zur Ruhe
gekommen und lebt dort heute unter den Eingeborenen in nicht ungünstigen
Verhältnissen. Einige Wenige sind auch auf der Militärkolonie Urucú, am
Flusse gleichen Namens geblieben und bilden dort eine kleine Gemeinde.
Philadelphia liegt hoch, hat ausgezeichneten Boden und angenehmes Klima,
während Santa Clara stark von Fiebern heimgesucht wird und der Boden
nur fleckenweise ertragfähig ist. Der Ort mag heute etwa 100 Eingeborene
als Bewohner zählen.

Das Fehlschlagen dieses Unternehmens hat, wegen der Ursachen, die
es herbeigeführt, die unangenehmsten Folgen für die brasilianischen
Kolonisationsbestrebungen gehabt, denn der Zuzug aus Deutschland hat
während langer Jahre fast aufgehört, und wenn Brasilien heute nicht einmal
100 000 deutsche Einwanderer aufzuweisen hat, während die drei oder vier-
fache Anzahl in den verflossenen vierzig Jahren hätte einwandern können, so
ist der Hauptgrund in jenem unglücklichen Unternehmen mit seinen Folgen
gelegen.

Weitere Gründungen gemischter Nationalitäten seitens des Staates waren
in diesem Jahrzehnt die Kolonien Rio Novo und Leopoldina in der Provinz
Espirito Santo und die Kolonien Santa Maria da Soledade in der Provinz
Rio Grande do Sul, sowie die von der Provinzialregierung dieser Provinz
gegründeten Kolonialdistrikte Nova Petropolis, Mont 'Alverne, Santa Cruz
e Sant 'Angelo. Außerdem traten in dieser Provinz noch etwa 15, zum
Teil vom Staate unterstützte Privatunternehmungen ins Leben, von denen
die bedeutendsten São Lourenço und Teutonia waren.

In Juiz de Fora an der Grenze der Provinzen Rio de Janeiro und

Minas Geraes wurde von der Gesellschaft Uniāo e Industria die Kolonie
Dom Pedro 2. gegründet.

Alle Privatunternehmungen die hier aufgeführt sind, hatten zufrieden=
stellende Resultate zu verzeichnen und ebenso die Provinzialkolonien. Weniger
glücklich war die Entwicklung der Staatskolonien, wegen der Mischung der
dieselben zusammensetzenden Elemente. Wenn es für den deutschen Ein=
wanderer, der den Stamm der fremden Kolonisation in Brasilien gebildet
hat, schon schwer genug wurde, sich, durch die absolute Notwendigkeit ge=
zwungen, den fremdländischen Anschauungen und Lebensgewohnheiten, die
zum Teil ihre Berechtigung im Klima haben, im fremden Lande anzu=
passen, so konnte nicht noch erwartet werden daß er zu gleicher Zeit mit
anderen Nationen, wenn gleich auch Kolonisten, Beziehungen anknüpfen und
unterhalten würde Dasselbe gilt, wenn auch in geringerem Maße bei der
Mischung von Italienern mit Spaniern und Portugiesen, denn diese sind
wenigstens alle lateinischer Abstammung, und verstehen sich deshalb besser
untereinander. Wo deshalb Nationen heterogenen Ur=Charakters zur Bil=
dung von Kolonien verwendet werden, da kann die Liebe zur Scholle nicht
aufkommen, der Mensch bleibt fremd und das Werk kann nicht gedeihen.
Anders ist es, wenn eine Kolonie schon einen Stamm besitzt, der ihr einen
bestimmten Charakter verleiht; dort mögen fremde Elemente zugezogen werden
ohne das Ganze zu gefährden, vorteilhaft für die fernere Entwicklung wird
dies aber auch dann nicht sein. Daß die Regierung selbst diese Übel=
stände einsah, geht aus dem Umstande hervor, daß sie im Anfange der sech=
ziger Jahre die freie Einwanderung mit Subsidien an Geld und Land für
die Immigranten versuchte, denen ihr Reiseziel nach Ankunft in Rio de
Janeiro also vollständig freigestellt wurde. Leider waren aber die politischen
Verhältnisse des Landes von 1863 ab nicht der Art, eine solche Einwande=
rung zu ermutigen, sodaß nur einige Hundert Deutsche dem Rufe folgten.

Der Versuch in dieser Richtung war also als verfehlt oder verfrüht zu
betrachten und konnte deshalb das frühere System nicht aufgegeben werden.

Aber es wollte nicht mehr glücken; die Kolonie Assunguy, die 1860
in Paraná gegründet wurde, kostete unendliches Geld und kam kaum vor=
wärts, und ebenso erging es der 1862 in der Provinz São Paulo ge=
gründeten Kolonie Cananea und in Santa Catharina den Kolonien Therefo=
polis und Angelina.

Man hatte eben mit anderen Nationalitäten zu rechnen, da die deutsche
Einwanderung infolge des 1859 erlassenen preußischen Reskriptes gegen die
Auswanderung nach Brasilien fast aufgehört hatte. (Nach offiziellen Daten
betrug diese Einwanderung, die nicht direkt nach Santa Catharina [Dona

Francisca] ging, nur 3 846 Personen im Decennium von 1863 bis 1873.)
Dazu kam der Krieg, in den Brasilien 1863 mit Paraguay verwickelt
wurde, und dessen Wichtigkeit bei Beginn desselben unterschätzt worden war.
Hierdurch erfolgte ein rasches Abnehmen der Einwanderung zu kolonisatorischen
Zwecken, bis sich die Regierung 1866 entschloß, den Einwanderern größere
Garantien und Konzessionen zu machen, die in dem Dekret vom 19. Januar
1867 ausgesprochen, und in dem dasselbe begleitenden „regulamento"
spezifiziert waren.

Dieses Dokument ist so wichtig und zeigt mit solcher Klarheit die
große Notwendigkeit, die der Wiederbelebung der Kolonisierung zuerkannt
wurde, daß es, wenngleich auch nur im Auszuge, hier mitgeteilt werden muß.

Das k. Dekret lautet:

Da es geboten erscheint die Gründung und den Aufbau der Staatskolonien in
einheitlichem Sinne zu organisieren, in denselben eine angemessene Verwaltung einzuführen und den Bewohnern Garantien für ihr gegenwärtiges sowohl wie späteres
Wohlergehen zu geben, habe ich nach Vortrag des Staatsrates für innere Angelegenheiten beschlossen, daß die dieses Dekret begleitenden Maßnahmen zur Ausführung
gelangen.   Mit kaiserl. Unterschrift.

Die diese Resolution begleitenden Maßnahmen sind in 45 Artikeln enthalten,
die in 4 Kapitel eingeteilt, wie folgt disponieren:

I. Kapitel. Gründung von Kolonien, Verteilung von Ländereien und Eigen-
tumsbedingungen.

1. Die Gründung geschieht durch Dekret mit Angabe des Namens der Kolonie
und des Kolonialdistriktes, in dem sie gelegen ist, nach Vermessung und Einteilung
durch den Regierungs-Ingenieur.

2. Jeder Kolonialdistrikt soll zum wenigsten 4 Quadratlegras (16128 Hektaren)
Oberfläche haben, die in städtische und ländliche Koloniallose einzuteilen sind.

3. Die Ingenieure sollen einen in jeder Hinsicht genauen topographischen Plan
von dem Distrikte aufnehmen, und in denselben, im Einverständnis mit dem Direktor
der Kolonie den Stadtplatz und die Lage der in demselben zu erbauenden öffentlichen
Gebäude sowie Straßen, Plätze, Gemeindeservituten, Kirchhof u. s. w. angeben.

4. Die Landlose sollen aus 3 Klassen bestehen und zwar sollen die der ersten
Klasse 605 000 Quadratmeter, die der zweiten 302 500 und die der dritten 151 250
Quadratmeter Oberfläche haben.

Die städtischen Lose sollen 22 bis 44 Meter Front und 44 bis 110 Meter
Tiefe haben. Alle Lose sollen in den Plan eingezeichnet und numeriert werden.

5. Der Preis des Landes per Quadratmeter soll durch den Direktor, mit Bezug
auf Fruchtbarkeit des Loses und seine Lage, im Einklange mit dem von dem In-
genieur gefertigten Memorial festgestellt werden und zwar zwischen den Extremen
von 2 bis 8 Reis die Praça (8.26 bis 33.04 Mark der Hektar) für Landlose und
10 bis 80 Reis (41.30 bis 330.40 Mark der Hektar) für städtische Grundstücke. Nachdem solche Verkäufe durch den Provinz-Präsidenten genehmigt worden, sollen sie in
den Plan eingetragen werden.

6. Den sofort bezahlenden Kolonisten steht das Recht der Wahl der disponibelen Lose zu. Käufer mit Abschlagszahlungen in fünf gleichwertigen jährlichen Raten, nach Antritt des Loses, zahlen zwanzig Prozent mehr. Der Diskonto für frühere Zahlungen ist 6 Prozent.

7. Familiensöhne von über 18 Jahren Alter können, unter denselben Bedingungen wie die Eltern, Landlose selbständig übernehmen.

8. Die Lose sind vollständig vermessen und mit ausgehauenem Pfade von 22 bis 44 Meter Länge zu jeder Seite desselben, sowie mit Landmarken an den Ecken des Grundstückes zu übergeben. Desgleichen soll ein Waldschlag von 4840 Quadratmeter innerhalb des Grundstückes gemacht und ein für eine Familie genügendes provisorisches Haus aufgestellt sein.

9. Die Besitztitel sind provisorische und definitive; die provisorischen geben nur die Lose an, während die definitiven das unbestreitbare Eigentum garantieren. Die ersteren werden von dem Direktor der Kolonie an Kreditkäufer, die letzten an Barkäufer von dem Präsidenten der Provinz ausgestellt und zwar innerhalb dreier Monate nach Antritt oder Barkauf des Loses und ohne weitere Kosten für den Käufer.

10. Kreditkäufer können keinen Teil des gekauften Grundes veräußern oder verpfänden. Das ganze Anwesen ist bis zur vollständigen Tilgung der Schuld und etwaiger Strafgelder als dem Staate verschrieben zu betrachten, doch können Legate gemacht, und Erbschaften bei Übernahme der Schulden angetreten werden.

Alle provisorischen Besitztitel sind in ein spezielles Register einzutragen.

11. Die definitiven Besitztitel sollen die Lage zu den Nachbarlosen, die Abweichung der Magnetnadel, die Aufnahme des Grundstückes nach Längen und Azimuthalwinkeln, die Oberfläche desselben und die Kaufbedingungen angeben. Außerdem sollen auf dem Titel die Verpflichtungen des Käufers wiedergegeben sein.

12. Hat der Kolonist zwei Jahre nach Übernahme des Loses keine definitive Wohnstätte auf demselben errichtet, so verliert er sein Recht auf dasselbe und das Los wird öffentlich verkauft. Von dem Erlös erhält der Enteignete die Summen, die nach Tilgung aller seiner Schulden der Verwaltung gegenüber etwa noch zu seinen Gunsten übrig bleiben. Dasselbe Verfahren soll bei allen über zwei Jahre verlassenen Kolonien in Anwendung kommen.

II. Kapitel. Verwaltung.

13. Der provisorische Verwaltungsrat wird durch den von der Regierung ernannten Direktor, den Arzt und sechs schuldenfreie Kolonisten, die durch den Provinzialpräsidenten namhaft zu machen sind, gebildet werden. Seine Dauer soll ein Jahr betragen.

14. Der definitive Verwaltungsrat mit dreijähriger Dauer, besteht aus derselben Mitgliederanzahl und sind die Besitzer aus 12 von der Gemeinde vorgeschlagenen Kolonisten zu ernennen. Der Rat ist beschlußfähig mit vier Stimmen und der des Direktors.

18. Der Direktor ist in Ausnahmefällen allein beschlußfähig.

19. Der Direktor ist ermächtigt, die Sitzungen zu vertagen und die Ausführung der Resolutionen des Rates zu suspendieren, muß aber hiervon sofort dem Präsidenten der Provinz Anzeige machen.

21. Der Präsident der Provinz kann den Verwaltungsrat auflösen und nach eingeholter Ermächtigung der k. Regierung eine Neuwahl anordnen.

22. Sind zur Bildung des Rates nicht genug qualifizierte Kolonisten vorhanden, so beschließt der Direktor allein.

23. Der Verwaltungsrat ist beschlußfähig für die Verwendung des Einkommens der Kolonie, mit Bezug auf folgende Ausgaben:

1. Neubau und Ausbesserung von öffentlichen Gebäuden, Straßen und Brücken.
2. Eröffnung von Koloniewegen, Vermessungen, Waldschläge und Bau provisorischer Wohnungen.
3. Hülfeleistungen und Vorschüsse an Kolonien.
4. Beschaffung von Rasse-Tieren für die Landwirtschaft, sowie für Neupflanzen zu kulturellen Versuchen.

24. Ebenso ist der Rat beschlußfähig mit Bezug auf die jährlichen Ausgaben und Einnahmen, zum Verkauf verlassener Kolonien, zur Anordnung des Ausschlusses von Kolonisten sowie der über diese zu verhängenden Rügen und Geldstrafen.

25. Die Einnahmen der Kolonie bestehen aus den von der Regierung zu bewilligenden jährlichen Zuschüssen, dem Ertrage aus dem Verkaufe der Koloniallose, dem Erlös aus den Geldstrafen der Kolonisten und den Vorschüssen an dieselben und dem Resultate des fünfprozentigen Abzuges von den Tagelöhnen der Kolonisten, nach Bestimmung des Artikels 35 dieser Verordnung.

26. Die Handhabung der Verwaltung der Kolonie ist Sache des Direktors.

27. Alle Civilstreitigkeiten zwischen Kolonisten der Staatskolonien können ohne gerichtliche Rechtsformen oder Regeln durch erwählte Schiedsrichter geschlichtet werden.

III. Kapitel. Empfang und Ansiedelung von Kolonisten.

28. Jede Kolonie soll ein specielles Empfangshaus für Kolonisten erhalten.

29. Jeder ankommende Kolonist soll während der ersten zehn Tage Beköstigung erhalten, die aus dem Koloniefonds vorzustrecken ist.

30. An dem Tage, an welchem der Kolonist sein Los antritt, soll derselbe durch den Direktor als Geschenk zwanzig Milreis erhalten und hat er Familie, so ist jedes Mitglied derselben von über zehn und unter fünfzig Jahren, zu eben solchen Geschenken berechtigt.

31. Der Kolonist soll die Sämereien zu seiner ersten Pflanzung sowie die zur Bearbeitung des Bodens notwendigen Werkzeuge erhalten.

Alle für den Kolonisten verausgabten Summen für Waldschlag, provisorische Wohnstätte, Unterhaltung im Empfangsgebäude, Sämereien und agrarische Werkzeuge werden demselben debitiert.

32. Die Kolonisten sollen berechtigt sein, wenn Arbeiten auszuführen sind, bei denselben während der ersten sechs Monate nach ihrer Ankunft Verwendung zu finden. Das Minimum der monatlichen Arbeitstage ist zu fünfzehn festzusetzen und sollen hierbei zwei Kinder (Minderjährige) für einen Erwachsenen gerechnet werden.

34. Vorarbeiten für neue Koloniallose sollen im Tagelohn ausgeführt und so geleitet werden, daß immer zwanzig bis fünfzig Lose zum Empfang neuer Kolonisten bereit sind.

35. In Kolonien von über fünfhundert Einwohnern soll ein Abzug bis zu fünf Prozent von dem festgesetzten Tagelohn arbeitender Kolonisten gemacht werden, dessen Ertrag der Koloniekasse zu überweisen ist.

IV. Kapitel. Verschiedene Bestimmungen.

36. Nachlässige Kolonisten sind zu rügen.

37. Liederliche und gemeingefährliche Individuen sind auf Befehl des Präsidenten der Provinz von der Kolonie auszuschließen.

38. Geldsendungen sollen durch den Kolonialdirektor ausgeführt werden können.

39. Der Direktor hat das empfangene Geld sofort an das Provinzialschatzamt mit den notwendigen Angaben einzusenden, damit dasselbe ohne Kursschwankungen zum Tageskurs gebucht werden kann. Die Sendung geschieht ohne weitere Unkosten für den Kolonisten.

40. Die Kolonie ist Sklaven als Wohnstätte verboten sowie auch solchen Individuen, die Sklaven verwenden.

41. Der Präsident der Provinz wird halbjährlich einen Bericht und jährlich einen Rechnungsabschluß und Kostenanschlag für das folgende Jahr, der durch den Verwaltungsrat aufzustellen ist, an die k. Regierung einsenden.

42. Der Direktor der Kolonie soll dreimonatliche Rechnungsaufstellungen an das Provinzialschatzamt senden.

43. Es sollen Kolonien mit landwirtschaftlichen Asylen, die einem Verwaltungsrat untergeordnet sind, für Individuen unter 18 Jahren, die ohne Eltern oder von denselben verlassen wurden, gegründet werden, in welchen den Zöglingen sowohl Unterhalt wie Unterricht auf Staatskosten erteilt werden soll.

44. Die Dispositionen dieser Verordnungen sind möglichst auf alle bestehenden Kolonien in Anwendung zu bringen.

45. Weitere Instruktionen werden nach Bedarf durch das Ackerbauministerium erlassen werden.

Die in dieser Verordnung bewilligten Vorteile und Garantien waren jedenfalls weitgehend genug, um die Einwanderung von neuem in Fluß zu bringen, aber entweder wurde sie nicht genügend bekannt oder das Mißtrauen war größer als das Vertrauen auf die konsequente Durchführung des Programms. Faktum ist jedenfalls, daß in den 3 Jahren 1869—1871 nach offiziellen Angaben, mit Ausschluß der Portugiesen, nur 3323 Individuen einwanderten.

Im Jahr 1866 tauchte auch in Regierungskreisen die Idee der Kolonisierung durch Emigranten aus dem Süden der Vereinigten Staaten von Nordamerika auf, die nach dem Secessionskriege ihre Heimat verlassen wollten, um sich, unzufrieden mit der Wendung der Dinge daselbst in Brasilien anzusiedeln. Die zu dem Zwecke gepflogenen Verhandlungen mit den Emissären wurden seitens der Regierung in liberalster Weise geführt, denn man glaubte das Problem der freien (unkontraktlichen) Einwanderung bei dieser Gelegenheit zu lösen, jedenfalls aber eine größere amerikanische Einwanderung heranzuziehen. Nach Schluß der Verhandlungen kam wirklich eine nicht unbedeutende Anzahl dieser Immigranten ins Land, unter ihnen aber nur wenige anständige Familien, der Rest war in den Großstädten der

Union aufgelesenes Gesindel, das weit entfernt sich als Kolonisten niederzulassen, die Regierung, nach dem Beispiele ihrer Werber und der Transport-
gesellschaften in unverschämtester Weise brandschatzte. Glücklicherweise hörte
diese Einwanderung bald auf.

Das Land war nun einen großen Posten Geld ärmer geworden, allerdings auch um eine Erfahrung reicher. Diese brachte aber wenig Nutzen,
denn gleich nachher wiederholte sich dasselbe Manöver mit englischen Unter-
nehmern, die sich erboten, Immigranten dieser Nation unkontraktlich einzuführen und auf von ihnen zu bestimmenden Bezirken anzusiedeln. Wiederum
folgte große Enttäuschung, denn die Unternehmer kamen den eingegangenen
Verpflichtungen nicht nach und die Regierung sah sich genötigt, die ankommenden Kolonisten auf die Kolonien Cananea und Principe Dom Pedro
zu verteilen. Hier gebärdeten sich dieselben ebenso wie ihre Vorgänger, die
Amerikaner, die auf denselben Kolonien untergebracht worden waren und
verlangten schließlich en masse zurückgesendet zu werden, was wahrscheinlich
auf Staatskosten geschah.

So kam unter immerwährenden Schwierigkeiten das Jahr 1871 und
mit ihm das Gesetz, das den Nachwuchs der Sklaven freigab. Dieses Gesetz
und die abzusehenden Folgen desselben veranlaßten die Regierung zu erneuten
Anstrengungen, den beinahe versiegten Zuzug wieder zu beleben und damit die vorhandenen Kolonien zu verstärken. Die Aufgabe der Gründung
neuer Kolonien sollte Privatgesellschaften zufallen, da die Regierung in dem
vorhergehenden Jahrzehnt mit diesen Anlagen so traurige Erfahrungen
gemacht hatte. Der Plan war jedoch nicht durchführbar, denn es bestand
ein Kontrakt zur Einführung von 100 000 Immigranten europäischer Nationalitäten. Der Unternehmer, dem die Werbung in Deutschland aus bekannten
Gründen erschwert war, hatte sich deshalb nach Italien gewendet und begann im Jahre 1873 seine Werbungen in jenem Lande mit größerem Nachdruck und gutem Erfolge. Die Einwanderer konnten aber nur mit Schwierigkeit auf den bestehenden Kolonien, deren Stamm fast überall deutsch war,
untergebracht werden und ebensowenig konnten die Privatgesellschaften und
Unternehmer, die in den Südprovinzen des Reiches, einschließlich São Paulo
und in Espirito Santo operierten, größere Verpflichtungen für die Aufnahme
von Immigranten eingehen. Der Staat entschloß sich also zur Gründung
neuer Kolonien mit rein italienischen Elementen und hat diese Entschließung
später nicht zu bereuen gehabt, denn die Italiener erwiesen sich im allgemeinen als gute Landbebauer und arbeitsame Leute, die schnell vorwärts
kamen und dadurch Propaganda für das Land machten. Man findet deshalb von jener Zeit an die italienische Einwanderung, mit kurzen Zwischen-

räumen, in stetem Wachsen begriffen, und heute übersteigt sie an Anzahl schon weit die der Portugiesen seit der Zeit der Errichtung des Kaiser= reiches.

Die große italienische Einwanderung beginnt also vom Jahre 1874 ab, wo in der Provinz Rio Grande die Kolonien Carias, Conde d'Eu, Dona Isabel und Silveira Martinos gegründet wurden und in Santa Catharina die Kolonien Azambuja und Luiz Alves. Die in derselben Provinz bestehenden und mit deutschen Elementen gegründeten Kolonien Itajahy und Principe Dom Pedro, deren Wachstum durch neuen Zuzug aus Deutschland sehr langsam fortschritt, wurden ebenfalls stark mit italienischen Elementen durchsetzt. In Paraná entstanden die italienischen von der brasilinischen Regierung unterstützten Kolonien Nova Italia, Alexandra, Eufrasina und Pereira im Küstenstriche und auf dem Hochlande in der Umgebung der Hauptstadt Curitiba zwölf kleinere Bevölkerungscentren von größtenteils deutschem Stamm neben Polen und Italienern.

In São Paulo wurden die Kolonien Sant' Anna, São Bernardo, Gloria e São Caetano ebenfalls mit Italienern gegründet und in der Provinz Rio de Janeiro die Kolonie Porto Real, zu deren Bevölkerung auch Franzosen außer den Italienern zugezogen wurden. In der Provinz Es= piritio Santo schließlich wurden die bestehenden Kolonien Rio Nova, Santa Izabel und Santa Lepoldina stark mit italienischen Einwanderern vermehrt.

Die Erfolge der Kolonisation in diesem Zeitabschnitt (1870—1880) können im allgemeinen als zufriedenstellend bezeichnet werden, wenn man von den Kosten absieht, die vorzüglich die Ansiedelung von Italienern dem Staate verursachte. Die Ausgaben für Einwanderung beliefen sich nämlich auf 37 600 589 Milreis, während in den Jahren von 1851—1870 nur 12 802 762 Milreis verausgabt wurden. Andererseits betrug die ganze Anzahl der in dem Jahrzehnt Eingewanderten 202 832 Individuen und der im Laufe der vorhergehenden 20 Jahre ca. 230 000, in beiden Summen die Portugiesen mitgerechnet. Hiernach kostete jeder von 1871—1880 Ein= gewanderte dem Staate im Mittel 185 Milreis und jeder der von 1851 bis 1870 Angekommenen etwa 55$\frac{1}{2}$ Milreis oder weniger als den 3. Teil.

Trotz dieser keine Ausgaben scheuenden Politik der Regierung, die Ein= wanderung in solchen Zug zu bringen, daß die dem Lande versprochene gänzliche Aufhebung der Sklaverei ohne größere gesellschaftliche Störungen und in der kürzesten Zeit ermöglicht werde, sollte dieselbe doch noch eine große Enttäuschung in den letzten Jahren dieses Decenniums erfahren. Das unselige Princip, immer wieder neue Nationalitäten anziehen zu wollen, das dem Lande schon so viele Opfer gekostet und Unbequemlichkeiten ver=

urfacht hatte, sollte noch einmal seinen verderblichen Einfluß ausüben. Dies=
mal waren Deutsch=Russen von der unteren Wolga diejenigen, die dem Lande
die Arbeitskräfte zuführen sollten, deren es bedurfte.

Nach zufriedenstellenden Verhandlungen mit den Emissären dieser
Europamüden und nachdem dieselben die ihnen angebotenen Landkomplexe
auf dem Hochlande von Paraná in Augenschein genommen und gut befunden
hatten, wurden diese von der Regierung für hohe Preise von Privaten er=
standen und für die Erwarteten in Parzellen, die sogar genügend groß für
eine reguläre Viehzucht waren, eingeteilt. Die ankommenden Besiedler,
einige Tausend an der Zahl, zeigten aber nur wenig Lust zur Arbeit, thaten
nichts, was auf eine ernstliche Absicht des Bleibens hätte deuten können und
stellten nach Aufhören der Regierungssubsidien die Arbeit überhaupt ein, um
eine Plage für die übrigen Bewohner zu werden, sodaß sich die Verwaltung
schließlich bemüßigt sah, ihrer Rückkehr in jeder möglichen Weise Vorschub
zu leisten.

Wenn sich die Regierung zur Zeit, wo diese Einwanderungsfrage an
sie herantrat, über die wirklichen Gründe klar geworden wäre, die diese Leute
zur Auswanderung trieb, und die darin gipfelten, daß sie nach mehr denn
hundertjähriger privilegierter Seßhaftigkeit in ihrem zweiten Vaterlande, nicht
in das Aufhören dieser Privilegien willigen wollten, so wäre das gescheiterte
Unternehmen gar nicht zu stande gekommen.

Brasilien gewährt wohl dem Einwanderer die Vorteile, ohne die er
nicht bestehen kann, aber nicht seinen in Brasilien geborenen Nachkommen,
wie man es anderwärts wohl gesehen hat und unter anderen bei den
Deutsch = Russen, von denen soeben die Rede war, in ihrem zweiten
Vaterlande.

Gegen Ende der siebenziger Jahre kam die Regierung in die Hände der
liberalen Partei, die das Princip der für den Staat kostenlosen Einwande=
rung vertrat und darauf hinarbeitete, jede mit Ausgaben verbundene
Neubildung von Kolonien, sowie die Unterstützung von Privaten zu ver=
meiden. Es wurde deshalb dem gesetzgebenden Körper in der Sitzung von
1880 ein diesbezüglicher Entwurf unterbreitet und von demselben zum Gesetz
erhoben. Das infolge dieses Gesetzes erlassene kaiserliche Dekret eröffnet dem
Ackerbauministerium einen Kredit von 1 352 483 470 Rs. (etwa 3 Millionen
Mark) zur Bestreitung der Ausgaben zwecks Befreiung der Staatskolonien
von der Kolonialverwaltung (emancipação) und verbietet zu gleicher Zeit
die Gründung neuer Civil=Kolonien auf Rechnung des Staates.

Wie in jedem derartigen Dekret ist schließlich bemerkt, daß alle zu=

widerlaufenden früheren Dispositionen über dasselbe Objekt als aufgehoben zu betrachten sind.

Die Einverleibung der infolge dieser Verordnung emancipierten Kolonien in den allgemeinen Verwaltungsmechanismus wurde dann in schneller Folge durch kaiserliche Verfügungen bewirkt, so daß am 6. Mai 1882 alle Staats= kolonien mit Ausnahme der vier 1875 mit Italienern in Rio Grande gegründeten und der Kolonie D. Francisca in Santa Catharina aufgehoben waren. Der Kontrakt mit der Kolonisationsgesellschaft von 1849 in Ham= burg wurde im Jahre 1882 erneuert.

Da die Einwanderung 1880 nahe an 30 000 Individuen heran= gereicht hatte, so nahm man an, daß es nicht notwendig sei, fernere Unterstützungen zu bewilligen und diese wurden zurückgezogen, mußten jedoch schon im Jahre 1882 erneuert werden, denn die Einwanderung war infolge dieser Verfügung schon im Jahre 1881 auf 11 000 zurückgegangen.

Dies sind die Hauptmomente aus diesem Jahrzehnt bis zum Jahre 1888, dem denkwürdigsten in der neueren Geschichte Brasiliens nach der Überzeugung jedes denkenden und fühlenden Menschen, denn es brachte am 13. Mai das durch die Prinzessin=Regentin sanktionierte Gesetz der Auf= hebung der Sklaverei, dessen Entwurf dem gesetzgebenden Körper 8 Tage vorher unterbreitet worden war. Die in den brasilianischen Annalen nie dagewesene Schnelligkeit, mit der dieser Entwurf, der die socialen Verhält= nisse des Staates in seinen Grundfesten zu erschüttern angethan war, dis= kutiert und zum Gesetz erhoben wurde, ist der vollgültigste Beweis für den Umschwung, der in den letzten 40 Jahren in der Denkungsart der Einge= borenen stattgefunden hatte, und der nicht zum wenigsten dem mobifizierenden Einfluß der Einwanderung zuzuschreiben ist.

Es ist hier nicht der Ort festzustellen, ob das ungefähr in die Worte: „Die Sklaverei ist aufgehoben und alle gegenteiligen Bestimmungen sind zurückgenommen" gefaßte Gesetz nicht ohne weiteres alles Anrecht der Sklavenbesitzer auf das ihnen ebenfalls durch Gesetz garantierte Eigentums= recht an ihre Sklaven ungerechterweise über den Haufen warf, oder ob der Staat im Rechte war, indem er den Eigentümern keine Entschädigung zu= erkannte, aber es ist notwendig, die Folgen dieses Gesetzes anzuführen, die auf die Einwanderung einen außerordentlichen Einfluß ausübten.

Wie leicht verständlich schuf sich das kaiserliche Haus durch den Akt fast so viele Feinde als ihrer Sklaven enteignete Herren vorhanden waren, und verlor hierdurch seine Hauptstütze. Unzufriedenheit im Heer und wankel= mütiges Verhalten der Regierung den hierdurch entstehenden Folgen gegen= über bereiteten dann den Militäraufstand vom 15. November 1889 vor,

infolgedessen der Kaiser abgesetzt und die Republik proklamiert wurde. Eine zweite
Folge der Emancipation war die Überschwemmung des Landes mit mehr als
einer Million Freigelassener, die in fast ihrer Gesamtheit die erlangte Frei=
heit am besten durch Faulheit und Nichtsthun zu genießen glaubten und
zur Plage der Landstriche geworden sind, wo sie am meisten konzentriert
waren. Ihr Vorhandensein in der Gesellschaft wird so lange ein Hindernis
der Entwicklung der freien Arbeit sein, als ihr böses Beispiel andauert,
d. h. so lange als die Generation existieren wird. Die dritte Folge war
endlich die Erkenntnis der Notwendigkeit, die Einwanderung auf jede mög=
liche Art zu vermehren. Die zu diesem Zwecke aufgewandten Mittel über=
steigen bei weitem alles bisher dagewesene, aber die Resultate waren auch
ungleich größer. Man versuchte nicht nur den Zuzug aus den meisten
europäischen Staaten einzuleiten, resp. zu vermehren, sondern sendete sogar
eine Kommission nach China, um mit der Regierung des Reichs der Mitte
die Einwanderung von Unterthanen dieses Landes nach Brasilien zu verein=
baren. Glücklicherweise hat dieser Versuch zu keinen nennenswerten Resul=
taten geführt. Nur etwa 500 Mongolen haben das Land heimgesucht, und
so schlechte Erinnerungen zurückgelassen, daß es wohl eine Weile dauern
wird, ehe man ein ähnliches Projekt wieder aufnimmt. Noch unentschieden
sind die Versuche zur Einführung von Japanern, aber auch hier ist kaum
anzunehmen, daß die angebahnten Verhandlungen bei dem jetzigen Stande
der Dinge in jenem Reiche irgend welchen praktischen Erfolg haben werden.
In neuester Zeit hat man sogar von einer Kolonisation durch Canadier aus
Untercanada geredet, wo das Mittel der Bevölkerung kaum 3 Individuen
per Quadratkilometer beträgt. Es ist dies beinahe eine so wunderliche Idee,
wie wenn man von einer brasilianischen Auswanderung nach Canada reden
wollte. Beide Länder sind äußerst schwach bevölkert und beide suchen die
Einwanderung zu befördern. Der Erfolg, wenn sich die Idee wirklich
realisierte, würde nur eine neue Enttäuschung für Brasilien sein, und wenn
diese auch nur in dem Verluste von Geld und Arbeit bestände[1].

[1] Um die Aufzählung der Versuche und Erfolge zwecks Heranziehung der Einwanderung während der Kaiserzeit zu ergänzen, sei noch bemerkt, daß auch während
dieser Zeit zweimal Projekte auftauchten, die die chinesische Einwanderung zum Zwecke
hatten. Das erste Mal zur Zeit der Minderjährigkeit Peters II., wo wirklich eine
Anzahl dieser Leute zur Einrichtung der Theekultur eingeführt wurden und das
zweite Mal nach dem Inkrafttreten des Liberationsgesetzes von 1871. Dieser letzte
Versuch hatte keine reellen Folgen. Die Verhandlungen wurden nach dem Abtreten
der Partei, welche diese Einwanderung zum Ersatz der Sklaven befürwortete, von
der Regierung sofort abgebrochen. Von den bei der ersten Gelegenheit Eingewanderten werden nur noch spärliche Reste angetroffen.

Die Zahl der Eingewanderten von 1881 bis 1889 betrug nach An= gaben der Inspectoria Geral das terras e colonisaçãs 394 780 Indivi= duen, von denen 236 328 Italiener. Verglichen mit dem vorhergehenden Decennium ergiebt sich hiernach eine Zunahme von 191 948 Individuen. Die bedeutendste Einwanderung war die des Jahres 1888 gewesen, wo die= selbe 131 745 Seelen betrug.

Die Erfolge der Kolonisationsbestrebungen während der ersten fünf Jahre der republikanischen Verwaltung bis Ende Jahres 1894 stehen trotz der politischen Wirren, deren Opfer das Land während dieser Zeit gewesen, unerreicht in der Einwanderungsgeschichte des Landes da. Es wanderten nämlich in diesen fünf Jahren nach statistischen Daten 597 133 Individuen ein. Die für dieses Resultat gebrachten Opfer waren aber enorm; hunderte von Konzessionen zur Gründung von sogenannten burgos agricolas (Dorf= schaften) für Einwanderer waren mit großen Vorteilen für die Konzessionäre gegeben worden, die Propaganda für die Einwanderung wurde wesentlich erweitert und großartige Beförderungskontrakte wurden abgeschlossen. Im Innern des Landes wurden die Vermessungskommissionen überall verstärkt und neue gebildet, neue Empfangsgebäude wurden hergestellt und die gesund= heitliche Beschaffenheit der existierenden verbessert. Zu gleicher Zeit wurde eine neue Kolonialverordnung geschaffen, die durch Dekret vom 28. Juni 1890 in Kraft trat und folgende Bestimmungen trifft:

Erster Teil.

1. Unbehinderter Einlaß in die Republik für alle arbeitsfähigen In= dividuen mit Ausnahme von eingeborenen Asiaten und Afrikanern.

2. Freie oder teilweise freie Überfahrt für:

a. Familien von Bauern und deren Eltern,

b. ledige Individuen männlichen Geschlechts zwischen 18 und 50 Jahren,

c. Handwerker und Künstler sowie Gesinde von 18 bis 50 Jahren.

Kranke und Krüppel können nur in Gesellschaft von Familien, die wenigstens zwei arbeitsfähige Mitglieder haben, unter dieser Rubrik zu= gelassen werden.

Kein Einwanderer hat Recht auf diese Vergünstigungen, wenn er nicht bei der Ankunft erklärt, wohin er sich zu wenden gedenkt. Er hat nur das Recht, von der Regierung dorthin befördert und dem betreffenden Kolo= nialdistrikte übergeben zu werden, um dort die weiteren Vergünstigungen und Erleichterungen seitens der betreffenden Verwaltung zu erhalten. Dieselben Bedingungen bestehen für Handwerker und andere Nicht=Ackerbauer, für die, nach Ankunft an ihrem Bestimmungsort, die Regierung keine weiteren Ver=

pflichtungen übernimmt. Tagelöhner und Gesinde sind von den Arbeit=
gebern zu unterhalten, bis sie imstande sind, für sich selbst zu sorgen.
Der Arbeitgeber hat eine Erklärung in diesem Sinne abzugeben und ist
verantwortlich bei Nichterfüllung des gemachten Versprechens.

3. Die Immigranten stehen unter dem speciellen Schutz der Regierung
und der Inspektoren der Kolonisation während der ersten sechs Monate nach
ihrer Ankunft und alle Immigranten, die sich in Privatdienst begeben haben,
können während dieser Zeit noch eine andere Wahl über ihr endliches Ver=
bleiben, mit dem Rechte auf Beförderung durch die Regierung, treffen.

4. Alle gerechtfertigten Reklamationen der Einwanderer während dieser
Zeit werden von der zuständigen Behörde angenommen nnd in Erwägung
gezogen werden. Der schuldige Teil soll durch die Gerichte zur Erfüllung
seiner Verpflichtungen gezwungen werden.

5. Die Dampfergesellschaften, die während eines Jahres 10 000 Ein=
wanderer ohne Klage derselben befördert haben, erhalten von der Regierung
eine Gratifikation von 100 000 Frcs.

6. Recht auf Rückbeförderung auf Rechnung des Staates haben nur:

a. Witwen und Waisen, die ihren Ernährer während des ersten Jahres
nach ihrer Ankunft im Lande verloren haben,

b. diejenigen Einwanderer, die während derselben Zeit in dem von ihnen
gewählten Dienste verunglückt sind.

Außer der Rückpassage sollen solche Leute von 50 bis 150 Milreis,
je nach Anzahl der Mitglieder der betreffenden Familie, auf Verlangen als
Reisespesen erhalten, aber nur solche sollen dazu berechtigt sein, die mit vom
Staate bezahlter Passage angekommen sind.

Der zweite Teil des Dekretes handelt von den ländlichen Grundstücken,
den Pflichten der respektiven Eigentümer, dem Verkauf und der Zahlung
solcher Grundstücke seitens der Regierung, den dem Kolonisten gewährten
Erleichterungen und dem Kaufbriefe. Ferner stipuliert dieser Teil noch die
Rechte der Grundeigentümer für den Fall der Nichterfüllung der Verpflich=
tungen seitens der Einwanderer und die denselben gewährten Vorteile für
die Abtretung der Ländereien u. s. w.

Folgende sind die Hauptpunkte:

1. Die für kolonisatorische Zwecke angebotenen Areale dürfen, wenn
nicht kultiviert, nicht weniger als 500 und wenn kultiviert nicht weniger als
300 Hektaren Oberfläche haben und die mittlere Entfernung zum nächsten
Markt oder bis zur nächsten Eisenbahnstation darf 13 200 Meter nicht
überschreiten.

2. Ein über die Ländereien einzureichendes Memorial soll alle

wünschenswerten Angaben über die Kulturfähigkeit, die maschinellen Einrichtungen und Verbindungen nach außen u. s. w. enthalten, sowie einen Plan der Einteilung des Areals in Kolonieplätze, die in unkultiviertem Lande 15 Hektaren betragen sollen und in kultiviertem 5 Hektaren, von welchen wenigstens die Hälfte bebaut sein muß, mit Zugrundelegung von sachlicher Verteilung der existierenden Gewässer, Waldbestände u. s. w.

3. Der Maximalpreis von unkultiviertem Lande soll 25 Milreis per Hektar und von kultiviertem 50 Milreis betragen. Der Preis des provisorischen Hauses, im Minimalwert von 250 Milreis, das der Verkäufer auf dem Landlos herzustellen verpflichtet ist, ist im obigen Preise nicht mit einbegriffen.

Die Zahlung des Grundstückes seitens des Kolonisten soll in jährlichen Raten und zwar so geschehen, daß der ganze Betrag einschließlich Kapitalzinsen zum höchsten Satze von 9 Prozent in 10 Jahren getilgt ist.

4. Die Eigentümer sollen dem Einwanderer die notwendigen Gerätschaften, Sämereien ꝛc. vorschießen, sowie auch Existenzmittel liefern für die ersten neun Monate. Der respektive Betrag wird dem Grundpreise zugeschlagen gleichwie alle anderen Ausgaben, die der Verkäufer gehabt und die durch die Hypothek auf das ganze Anwesen bis zur vollständigen Tilgung der Schuld garantiert bleiben.

5. Dem angesiedelten Einwanderer soll ein provisorischer Besitztitel ausgestellt werden, in dem alle Posten seiner Schuld aufgeführt, und auch alle geleisteten Abschlagszahlungen zu quittieren sind. Nach Tilgung der ganzen Schuld soll dieser provisorische Titel sofort durch einen definitiven und bedingungslosen Eigentumstitel ersetzt werden, auf dem die Tilgung der Schuld ausgesprochen, wie auch die durch das Dekret No. 451 B vom 31. Mai 1890 gewährten Vorteile namhaft gemacht sind. (Das Dekret Nr. 451 B vom 31. Mai 1890 bestimmt die Anwendung des Systems Torrens bei dem Kaufe und Verkaufe von Grundstücken und anderem liegendem Vermögen).

6. Kommt der Einwanderer in zwei auf einander folgenden Jahren in Rückstand mit seinen Abschlagszahlungen, so steht dem Eigentümer das Recht der Exmission zu, doch soll er dem Exmittierten den Wert aller nutzbaren Arbeit auf dem Grundstücke, sowie die Hälfte der schon gemachten Zahlungen zurückerstatten, nachdem die schwebende Schuld getilgt ist.

7. Verläßt der Ansiedler den Platz, ehe die ganze Zahlung geleistet ist, so begiebt er sich hierdurch jedweden Anrechtes auf Entschädigung, doch soll es jedem Ansiedler, nach Übereinkommen mit dem Verkäufer, gestattet sein, sein Anwesen, auch vor Tilgung seiner Schuld, zu verkaufen. In Fällen des Zweifels über den reellen Wert der Vorschüsse soll der Friedensrichter

des Diſtrikts einen Sachverſtändigen heranziehen, deſſen Entſcheidung maß=
gebend ſein ſoll.

8. Alle Eigentümer der Unternehmungen, die die genannten Bedin=
gungen erfüllen, ſollen nach Maß der von ihnen angebotenen Ländereien und
agrariſchen Hülfsmittel, für die Anſiedelung jeder Familie 200 Milreis
Prämium erhalten und weitere 250 Milreis für die proviſoriſche Behauſung.
Sind die angebotenen Areale größer, ſo ſollen noch 1500 Milreis per Kilo=
meter anzulegender Weglänge bis zum nächſten Abſatzmarkt hinzugefügt
werden und ſind dieſelben ſo groß, daß 800 Familien angeſiedelt werden
können, ſo ſollen außerdem noch 800 Milreis per Kilometer Verbindungs=
wege bewilligt werden. Schließlich ſoll jeder Eigentümer für jedes Hundert
von auf ſeinen Ländereien angeſiedelten Koloniſten 5000 Milreis ebenfalls
als Prämium erhalten.

Hauptſächlich erwähnenswert ſind folgende Beſtimmungen:

1. Zu dem für in Kultur befindliche Grundſtücke feſtgeſetzten Preiſe
iſt der Wert dieſer Kultur nach Lokalſchätzung zuzuſchlagen.

2. Die erſten zehn Unternehmungen, die kontraktlich wenigſtens 200
Einwandererfamilien anſäſſig gemacht haben, ſollen ein Recht auf 20 000
Milreis Prämium haben, und ebenſo die erſten zehn Eigentümer, die über=
haupt in der vorgeſchriebenen Art koloniſieren wollen, 50 Milreis Prämium
für jede angeſiedelte Familie bis zur Anzahl von 50.

3. Die Vergünſtigungen des obigen Dekrets ſollen auch den Ländereien
zugute kommen, die ſich in einer Entfernung bis zu 66 Kilometer von re=
gulären Verbindungen zu Waſſer und zu Lande befinden.

Werden die Kolonialdiſtrikte in Staatsländereien angelegt, ſo wird
die Regierung einen Zuſchuß zum Bau einer Eiſenbahn von 100 Kilometern
bewilligen.

4. Die Regierung wird Zinſen von 6 Prozent auf ein Maximal=
kapital von 10 000 Contos de Reis (1 Conto = 1000 Milreis) der
Bank oder Geſellſchaft garantieren, die die Verpflichtung übernimmt, Lände=
reien an Auswanderungsluſtige in Europa zu verkaufen, die ohne Beiſtand
der Regierungskaſſen nach hier auswandern und die Ländereien zu den im
obigen Dekret aufgeführten Bedingungen zu erwerben ſich verpflichten.

Ein weiteres Dekret vom 21. März 1891 beſtimmt noch:

1. Daß den Familienmitgliedern der Koloniſten die Verwandten von
50 bis 60 Jahren, ſowie Minderjährige von 12 bis 60 Jahren in dem
Verhältnis eines Alten und zweier Minderjähriger per Familie von 3 oder
mehr Perſonen zugerechnet werden können.

2. Kinder von 8 bis 12 Jahren, die in Begleitung ihrer näheren
Verwandten ankommen, genießen ebenfalls die festgesetzten Vergünstigungen
der Reisekosten, mit Vorbehalt der Feststellung der verwandtschaftlichen Beziehungen zu ihren Begleitern durch den brasilianischen Konsul der Ab-
fahrtsstelle.

Mit Zugrundelegung dieser Dekrete wurden während der provisorischen
Regierung, also bis zum 14. März 1890, 325 Kontrakte mit Gesellschaften
und Privaten abgeschlossen, mit denen die Regierung Verbindlichkeiten übernahm,
deren Höhe nach den Bestimmungen dieser Dekrete bemessen werden kann.

Um der Spekulation vorzubeugen, waren aber die Bedingungen zur
Gründung der respektiven Anlagen der Art gestellt, daß nur Konzessionäre
mit bedeutenden eignen Mitteln imstande waren, denselben nachzukommen,
während die Übrigen, teils Spekulanten, teils Vertrauensselige, nach Ab-
lauf der zu den Gründungen bewilligten Zeit mit der Verfallserklärung
ihrer Konzessionen überrascht wurden.

Schließlich verblieben am 31. Dezember 1894 nur 32 dieser Kontrakte
mit gesetzlicher Gültigkeit. Durch die in den beiden Vorjahren (1892 und
1893) verfallenen 79 Kontrakte allein waren die Verbindlichkeiten des
Staates um rund Zweihundert Millionen Milreis verringert worden.

Wie zu anderen Zeiten, so wurde auch jetzt wieder der Strom der
Einwanderung durch den Schrei nach Einschränkung der Ausgaben, womit
hauptsächlich die mit der Kolonisation gemachten gemeint sind, zu hemmen
versucht und hätte die Regierung nicht schon am 2. August 1893 einen
Kontrakt mit der Companhia Metropolitana zwecks Einführung einer
Million Immigranten abgeschlossen gehabt, so würde vielleicht wirklich eine
Stockung eingetreten sein, denn das Parlament weigerte sich sogar in seiner
Sitzung von 1893 den notwendigen Kredit für die Zahlung kontraktlicher
und auf das Dekret vom 28. Juni 1890 basierter Ausgaben zu bewilligen.
Wie die Verhältnisse lagen, konnte nichts geschehen, denn die Auflösung des
Kontraktes hätte die Regierung zu der Zahlung von enormen Reugeldern
gezwungen, da die Metropolitana mit Genehmigung der Regierung, um die
ganze Beförderung der Immigranten an sich zu ziehen, acht verschiedene
Unternehmungen, die zu demselben Zwecke gegründet waren, wie die ihrige,
ausgekauft hatte. Diesem Umstande ist es wohl zu verdanken, daß die
Einwanderung noch bis 1903 in jährlichen Quantitäten von 50 bis 100 000
Individuen fortfahren wird und schon vor dieser Zeit werden die im Lande
sich vollziehenden Evolutionen und die immer größer werdende Erkenntnis,
daß die Zukunft des Landes nur durch Heranziehung arbeitsamer Elemente

gesichert werden kann, eine neue Richtung zur Folge haben, die die Einwanderung wieder mehr als je begünstigen wird.

Um das Budget für Kolonisationsangelegenheiten zu erleichtern, wurden
schon im Jahre 1892 die durch Regierungsbeamte ausgeführten Vermessungen
in einzelnen Staaten an Privatgesellschaften abgegeben, wobei aber schon nach
kurzer Zeit Verluste zu verzeichnen waren.

Außerdem entledigte sich die Regierung im Jahre 1893 ihrer kolonisatorischen Obliegenheiten in den Staaten São Paulo und Espirito Santo
und im folgenden Jahre derer in dem Staate Rio Grande, also in den
Staaten, wohin sich die Auswanderung im Vereine mit Santa Catharina
und Paraná vorzüglich richtet. Diese Staaten haben jetzt ihre Kolonisationsangelegenheiten selbst zu vertreten und erhalten von der Reichsregierung nur
einen geringen Zuschuß zu den Ausgaben, außerdem aber die ihnen zuge-
wiesenen Immigranten, die von der Metropolitana befördert werden.

Der Regierungskontrakt mit dieser Gesellschaft ist übrigens von solcher
Wichtigkeit für das Verständnis des Ideenganges der offiziellen Organe zur
Zeit seines Abschlusses, daß er hier wenigstens in seinen Hauptbestimmungen
im Auszuge Platz finden muß.

Der Kontrakt stipuliert, wie schon angeführt, die Einführung von einer
Million Einwanderer im Zeitraum von 10 Jahren, vom 1. Januar 1898
beginnend, aus Europa sowohl wie aus portugiesischen und spanischen Besitzungen.

Die einzuführenden Individuen müssen zu 90 Prozent dem Ackerbau
und 10 Prozent dem Handwerker- und Künstlerstande angehören, wobei natürlich nur die männlichen arbeitsfähigen Individuen in Betracht kommen.
Sechzig Prozent der in jedem Jahre Einzuführenden, aber nicht mehr, können
von einer Nationalität sein.

Die Immigranten sollen im Einklang mit den jeweiligen Bestimmungen
der Regierung nach den Hafenstädten Pernambuco, Bahia oder Victoria geliefert werden oder, wenn solche Bestimmungen nicht vorliegen, nach Rio de
Janeiro oder Santos, von wo die Regierung dieselben weiter befördern
wird. Die Zahl der jährlich Einzuführenden soll 100 000 betragen, doch
soll dieselbe von der Regierung, unter Vorbehalt entsprechender Kontraktver-
längerung, auf die Hälfte reduziert werden können.

Die Beförderung der Immigranten soll in Dampfern erster Klasse und
mit den notwendigen Bequemlichkeiten, bei reichlicher und zuträglicher Kost
geschehen und übersteigt die Anzahl 100 Individuen, so ist die Begleitung
eines Arztes geboten. Schließlich ist gesagt, daß die Effekten der Immigranten auf denselben Schiffen wie diese zu befördern sind, und daß die

Gesellschaft alle Individuen, die nicht kontraktmäßig angeworben sind, inner=
halb 30 Tagen nach Ankunft in einem brasilianischen Hafen zurückzu=
befördern hat.

Der von der Regierung vereinbarte Passagepreis beträgt für jeden Ein=
wanderer über 12 Jahren . . . . 6 £ 15 sh. — d.

von 7 bis 12   = ... 3 = 7 = 6 =

= 2 = 7   = ... 1 = 13 = 9 =

Kleinere Kinder werden nicht gerechnet. Für Weiterbeförderung von Rio de
Janeiro oder Santos nach Paranaguá oder Desterro, wird ein Zuschlag von
1 £, resp. ¹⁄₂ £, resp. ¹⁄₄ £ per Individuum gewährt.

Dies ist in allgemeinen Umrissen die Geschichte der Entwicklung der
fremden Kolonisation in Brasilien bis zur Gegenwart. Dieselbe wäre wohl
besser und mit mehr Nutzen für das Land sowohl wie für die einwandern=
den Fremden gediehen, wenn man zu geeigneter Zeit, also etwa in den
fünfziger Jahren, wo schon genügende Erfahrungen gesammelt waren, eine
diesen entsprechende Gesetzgebung, die Rechte und die Pflichten der Ein=
wanderer sowohl wie die des Staates jenen gegenüber betreffend auf un=
veränderlicher Basis erlassen hätte, anstatt durch kaiserliche Dekrete und
ministerielle Verfügungen, die jeden Tag widerrufen werden können, unsichere
Situationen zu schaffen. Viel Geld und viele Enttäuschungen wären dem
Staate erspart worden.

Trotzdem ist die Einwanderung seit Jahrzehnten in fortwährendem und
teilweise raschem Steigen begriffen gewesen und kann sogar die spontane
Einwanderung wegen der vielen Beziehungen, die durch die Einwanderer
schon mit dem europäischen Kontinent bestehen, als gesichert angesehen werden,
wenngleich ihre augenblickliche Stärke noch lange nicht den Bedürfnissen des
Landes entspricht. Nach offiziellen Daten betrug diese Einwanderung

im Jahre 1890   24 689   Individuen,

„   „   1891   21 871   „

„   „   1892   16 328   „

„   „   1893   19 977   „

„   „   1894   20 383   „

Zusammen 103 248   Individuen

in dem letzten Quinquemium.

Zum Schlusse mögen noch einige Aufstellungen folgen, die in tabella=
rischer Form die Entwicklung der Einwanderung während der gewählten
Zeitabschnitte und nach Nationalitäten zeigen und deshalb von Interesse
sein dürften.

Bei der Zusammenstellung derselben ist zwischen Immigranten im allgemeinen und Kolonisten unterschieden worden.

Immigrant ist jeder Einwanderer, Kolonist nur derjenige, welcher sich dem Landbau zuwendet. Obwohl nun die Elemente fehlen, die notwendig sein würden, um eine strenge Scheidung zu ermöglichen, so kann man doch zu einem annähernd richtigen Resultate gelangen, wenn man das einwandernde portugiesische Element von den Kolonisten unterscheidet, denn der Portugiese ist in Brasilien nur ganz ausnahmsweise Landbauer, und der geringe Prozentsatz, der sich diesem Erwerbszweig zuwendet, kann als Kompensation für die Einwanderer anderer fremder Nationen gelten, die sich nicht mit demselben befassen.

In den letzten Jahren sind nämlich viele Italiener eingewandert, die auch Handel treiben und Handwerke ausüben, und diese sind den Kolonisten zugerechnet, ebenso alle Fremden anderer Nationen, die nicht Ackerbauer sind. Weiter muß noch bemerkt werden, daß die Daten bis 1860 auf Schätzungen beruhen, die mit möglichster Genauigkeit ausgeführt sind, während die folgenden Aufzeichnungen statistischen Angaben entnommen sind. Die letzte der Aufstellungen (Nr. 4) ist ebenfalls nur approximativ und hauptsächlich zwecks Orientierung über die hauptsächlichsten Immigrationscentren beigegeben.

Erste Übersicht.
Einwanderung nach Zeitabschnitten.

1818—1830	= 13 Jahre	ca.	40 000	Individuen,	
1831—1850	= 20	„	„	110 000	„
1851—1860	= 10	„	„	144 000	„
1861—1870	= 10	„	„	86 150	„
1871—1880	= 10	„	„	202 832	„
1881—1889	= 9	„	„	394 780	„
1890—1894	= 5	„	„	597 133	„

Zusammen 1 574 895 Individuen.

Zweite Übersicht.
Einwanderung von Kolonisten nach Zeitabschnitten.

1818—1830	= 13 Jahre	ca.		8 000	Individuen,
1831—1850	= 20	„	„	9 000	„
1851—1860	= 10	„	„	50 000	„
1861—1870	= 10	„	nach Zählung	35 988	„
1871—1880	= 10	„	„	129 812	„
1881—1889	= 9	„	„	303 414	„
1890—1894	= 5	„	„	475 633	„

Zusammen 1 011 847 Individuen.

Dritte Übersicht.

Einwanderung von Kolonisten nach Nationalitäten und Zeitabschnitten.

1. Deutsche	1818—1860 ca.	37 000	
	1861—1880	22 326	
	1881—1894	28 488	87 814
2. Italiener	1871—1880 ca.	75 000	
	1881—1894	560 740	635 740
3. Spanier	1871—1880 ca.	8 000	
	1881—1894	108 922	116 922
4. Russen und Polen .	1871—1880 ca.	10 000	
	1881—1894	39 552	49 552
5. Österreicher . . .	1871—1880 ca.	9 000	
	1881—1894	14 632	23 632
6. Verschiedene Nationen	1818—1860 ca.	30 000	
	1861—1880	41 474	
	1881—1894	26 713	98 187

Zusammen   1 011 847.

Die Kolonisten verschiedener Nationen setzen sich zusammen aus Franzosen, Belgiern, Engländern, Amerikanern, Schweizern, Schweden, Dänen, Argentinern, Orientalen, Syriern, Marokkanern u. s. w.

Vierte Übersicht.

Kolonisationsanfänge in einzelnen Staaten und ungefähre Anzahl der eingewanderten Kolonisten bis 1894.

Rio Grande	1824	220 000
Santa Catharina	1829	70 000
Paraná	1860	60 000
São Paulo	1862	450 000
Rio de Janeiro und Hauptstadt .	1818	70 000
Espirito Santo	1847	45 000
Minas Geraes	1851	20 000
Pernambuco, Bahia, Amazonas, Pará, Maranham		20 000
Eingewanderte Nichtackerbauer .		56 847

Zusammen   1 011 847.

Pierer'sche Hofbuchdruckerei Stephan Geibel & Co. in Altenburg.